一盞夠用的燈

兩岸參看的振動

五南圖書出版公司 印行

實踐感知的相識與參看
——叢書作者們之間的關係發展

知識之間是怎麼發生關聯性的？知識工作者是如何探求與生產知識的？這篇序文對批判心理學叢書的介紹不由論述內涵來引介，而由叢書總編夏林清與作者們關係發生與發展的歷史性來給予讀者一個觀看參讀的視角。

心理學在臺灣已發展數十年，坊間對歐美心理學各種各類的理論與方法亦均多有傳播，唯獨尚未有對批判心理學有所介紹與探討的書籍。2021年春天我偶然與五南出版社王俐文交談了我這 20 年往來兩岸，感慨臺灣出版業在市場壓力下發展的不易，我自己多年與學生們積累的譯稿在大陸已陸續出版，王俐文當即邀約我選出幾本在臺灣出版。於是，我就快速選編了這一套批判心理學的叢書，這一突然增加的差事並不輕，但能在五南出版社的支援下，快馬加鞭地趕工卻是喜悅的！一來，在輔仁大學心理系任教時，曾卯力投入工作的《應用心理研究》期刊，一直也是蒙受著五南出版社的支援，此種只問耕耘不計收穫的心胸帶給我再次投入工作的力量。二來，由 35 年前知道批判心理學的這支路線迄今，我是在持續著的社會實踐的田野中與歐美批判心理學的思想與做法參照，沒想過要出書介紹他們，但我又確實與他們多次交流友情甚篤，能有機會幫他們的書出繁體中文版，十分高興。

我們將陸續出版下列六本書：《心理學的迷思》（已出版）、《精神分析與革命：解放運動的批判心理學》、《非科學的心理學：理解人類生活的後現代路徑》（已出版）、《心理的探尋考察：社會治療的實務指南》、《平民角落：自身處境的抵抗與轉化》、《一盞夠用的燈：兩岸參看的振動》。前四本是英國與美國批判心理學的著作，後兩本則是臺灣在地的發展路徑、實踐經驗與論述討論。如序文題目所示，我想說明我自己與叢書作者們認識的小歷史，而我之所以會認識他們又是與臺灣的社會變化局勢

中我的處境與作用的位置有什麼樣的關係；用這樣的角度來寫篇序文是希望讀者能思辨一個主題：自己在心理學這一門幾乎完全移用來自歐美的知識方法中學習時，又是如何發展自身的？我的一個根本立場是：即便在現代性全球知識傾銷傳播的傾斜關係的政勢中，要能辨識出自身立足於在地的一方基石，始能有接地氣的創新力。

1. 張開的左眼與行走著的地

1970 年代，因保釣運動、《夏潮》雜誌與鄉土文學論戰而張開左翼眼睛的我，在後續 10 年分兩個時段在美國碩、博心理諮詢專業學習的機會裡，探尋著在歐美心理治療與諮詢發展光譜中的左翼思考與實踐。在美國心理諮詢這一行的研究所課程中缺失了世界的左翼思想似乎很正常，我是在課堂外的幾個巧遇拾讀中知道美國學院少有但歐陸有，而美國非學院的成人教育實踐中亦存在著。如星子般引導我行路的事件和人物依發生的時序是：1976 年初我初步了解了 1968 年歐洲學生運動對大學體制與 70 年代思潮的衝擊，但因保釣運動美國校園內臺灣學生右派左派鬥爭的攪動，只待在賓州州立大學十一個月就回臺工作，故根本不知道歐洲特別是德國，心理學發生了什麼爭論；這一對德國批判心理學的進一步閱讀則到了 1984-1987 年間才發生。會有感有知地搜尋式的閱讀推動力，則來自於實際生活中具體的經驗與實作。

1977-1982 年間，我自己下工廠也帶學生跑廣慈博愛院雛妓收容所，對工業勞動與階級處境開始有了體悟。1983-85 年在哈佛教育學院讀博時，兩件課堂外的事發生了。那兩年大陸改革開放後第一批到美國的留學生陸續到達哈佛教育學院，我因為當時已在臺灣實務界工作數年，稍具專業運作能力且比多數大陸同學早一年到校園，所以用課餘時間邀集了數位大陸同學進行了一段成長分享的友伴小團體，在日常學習生活中彼此也成了好朋友。我對大陸建國後的政經制度變革與兩代人日常社會生活方式的改變第一次有了直接的聽聞；我開始正視大陸社會在世界左翼的體制變革實驗的視野裡，有著重要且不容被簡化粗暴對待的位置，但這都只停留在校園同學生活的互動中，少數兩三筆被我轉代入課堂報告中，授課教師有欣賞亦有大表不解的否定訊息。另一意外的發現則是因為我已在臺灣啟

動過工廠女工的工作方案，所以暑假期間跑到教育學院 Gutman 圖書館樓上的成人教育中心翻讀美國成人教育歷史材料，意外讀到田納西高地學校（Highlander School）的建立與結束；高地學校是 1932 年 Myles Horton 為培養工人組織幹部而成立的學校，但被麥卡錫主義攻擊而關閉了；美國為排除勞動階級的力量無所不用其極是有具體事例的！也正在此時，保羅弗萊雷（Paulo Freire）到哈佛演講，我沒趕上去現場但視野中有了巴西農民成人教育豐沛的樣態！

是這些具體的經歷，讓我接上對德國批判心理學的閱讀，這說明了我對缺了的知識的補讀動能來自生活的具體經驗。1985 年修完課程，徵得哈佛教育學院與臺北榮總醫院精神科的同意，我把 1 年的實習課放到榮總去完成了[1]。

1986、1988 年是我在臺灣實踐田野的重要拐點，我開始了與中小學老師的協作[2]與因鄭村棋的投入而跟進了《中國時報》的工會運動。原先我寫的博士資格小論文（相當於博士資格考試）的題目，是《臺灣社會的歷史變遷與成人學習》，1987 年秋天去交完後回到臺灣，1988 年轉入中時工會成立抗爭的現場，參與到工會成立與組織建立過程的複雜與動態中，我幾乎決定放棄論文工作了！某日在疲勞繁重工作中意識到拿到哈佛的博士會是把好用的劍，是腳踩在地上的鬥爭性讓我決定完成論文書寫工作。

2. 歷史中的社會活動與社會關係

中時工會成立的抗爭是臺灣解嚴歷史拐點上的一頁篇章，那兩三年我見證了各式社會活動是怎樣地提供了機會，促使著原本的社會關係的既定方式的被挑戰與變化，所謂成年人的學習與發展當然是要看他們在所參與的活動（任何活動都是社會活動）中與他人和環境的互動，互動中發生了什麼作用以及這些作用是如何發生的。1990 年，帶著一箱材料（那時還沒 USB，我在讀博過程中最貴的投資就是換了台電動打字機）到哈佛寫完論文，搜尋與閱讀到蘇聯與東歐的活動理論是在此時，初識 Fred Newman 也在這一年。

依憑能找到、有限的對蘇聯集體農場與東歐活動理論介紹的英文文

章，我得以在心理學範疇中，放置了我們在臺灣自主工會運動脈絡中，對個人、集體與社會體制變革的想像；那幾年當然同步知道一些大陸解放前後的實踐者的歷史材料，如王凡西與張聞天，但大陸的心理學界則尚剛剛走上另一條再出發，拚命與西方接軌的路上。「實踐者的行動理論」是我在哈佛師從 Donald A. Schön 與 Chris Argyris 的主軸，我開始運用這一實踐認識論的方法橫軸，在歷史時間的縱軸上下移動。必須看見的是，我會因在進出 Gutman 圖書館玻璃大門時注意到貼在門上的 Fred Newman 的社會治療活動傳單，是有其前述我這名實踐者的實踐與知識關聯發展的歷史緣由的[3]，美國內部竟然有一支馬克思主義者的哲學、心理與教育等專業工作者由 70 年代初走到現在，怎能不去一探究竟！應是 1991 年春天，我只遠遠於群聚的對話場中參與觀看了 Fred，並未深入。5 月論文一通過，沒等畢業典禮就回臺了。再見社會治療這群美國的實踐者們則是在 2002 年了！當然這中間的 10 年亦是在臺灣全力拚搏工作著。2002 年，申請了到 Columbia Teacher's College 研修半年，大部分時間則在紐約東邊中心參與活動；見識到了 Fred 與 Lois Holzman 的知識解讀批判能力不是只在文章中，更落實在群體中的對話活動、非裔街區文化教育方案與政黨政治活動中，思維的意識型態形構方式、情緒產生的社會控制路徑、精神樣態被問題化病理化，無一不與美國資本主義的社會機制纏繞運作；他們所為和我在臺灣與日日春協會的協作[4]所實驗的做法，得到了參看的交流的機會，此一機緣翻轉了當時的疲憊身心。由 2003 年後到 2017 年，Lois 與其同志們不只來臺交流了三次，且與我共同參加了大陸的理論心理學與馬克思研究學會的兩次活動，社會關係是在例行化或有意識發動或無意但偶發促動的社會活動中或不變或變化著的。我與王波的關係[5]是在我為促進美國馬克思主義實踐者與大陸馬克思主義研究者認識的行動中發生的。

3.心理學與馬克思思想

即便在過去 30 年，美國、大陸和臺灣在資本主義全球化發展過程中，各自在全然差異的政勢格局中，但行動者的作為仍可能讓不同社會歷史時空裡的體悟認識，得到相互衝擊的辨識學習。2009 年的某天，陳光興老師打電話給我說他的歐洲左翼學者朋友要他推薦一人能到南京師範大

學即將舉辦的第十三屆國際理論心理學大會上發言，他推薦了我；我去參加的同時便也邀了 Lois 一起參加。我想應要讓大陸同行也認識這位美國的馬克思主義者與發展心理學家。那時王波剛由南師大心理研究所畢業，且正在思索科學實驗室心理學的哲學與倫理的問題。稍後，王波選擇跟隨張異賓老師去南京大學讀博了。王波的此一選擇也牽引了我與 Lois 在 2011 年於杭州參加了馬克思的哲學學會所舉辦的「第三屆當代資本主義研究國際學術研討會」；我因此機緣認識了先前只知其文與名的 Ian Parker。Parker 給我的第一個印像是個怪怪的、不喜多言的獨行俠；研討會後主辦方請大家在西湖某處晚宴，大家都是坐車去的，唯不見 Parker，等到我們快吃完了，Parker 走來了，他自個走路找來餐廳！2015 年 4 月，我邀約他來參加輔仁大學社科院「2015 社會治療・治療社會研討會」[6]，我知道他是不需主辦方太照顧他的！他只告訴我他兒子會與他相會並要去花東自駕旅遊；於是我們就幫忙買票、租車與保險，他與家人就自由行去了。Lois 與 Parker 都知道 2016 年發生在我身上的被不實臉文誣陷的網路攻擊事件，兩人都傳遞了支援關切；2021 年年初，Parker 寄來了他最新的書稿《心理分析與革命：解放運動的批判心理學》，盼我們能翻譯並要我寫中文版的序文。Lois、Parker 與後起之秀的大陸年輕學者王波都讓我充滿讚歎地讀著他們對馬克思思想與心理學的解析與批判，相信讀者會在陸續出版的書中讀到；然而，前述互動何以發生在大陸呢？

　　要看見的一個脈絡背景是，2000 年後，大陸心理學界努力與國際接軌的快速發展，而大陸馬克思哲學與西方哲學的研究更是老幹新枝地對西方心理分析詳加探究；邀約 Lois 同去是我主觀企圖，在坐聽大陸馬哲學人與教育者的報告中，還遇見 Parker 以及大衛・哈維則是意外收穫。這一點呼應了前段 1984 年於哈佛初遇大陸改革開放後留學生的感悟。除了對德國、英國和美國的批判心理學有所介紹外，這套叢書中有一本是夏林清與王波的文章合集，一本是廉兮、林香君與龔尤倩等人的文章集子，我與臺灣作者群的關係，可借用王波下面所陳述的分辨來放置：

　　「一般而言，英語世界區分了兩種批判心理學，大寫的批判心理學特指 K. Holzkamp 等學者於 1970 年代在柏林自由大學開創的德國心理學派；

小寫的複數批判心理學指接續了馬克思批判議程預言的對傳統心理學不信任的各種激進左派話語的鬆散結合⋯⋯這裡要強調『批判心理學事業』和『批判心理學學科』的區分。德國批判心理學一度有試圖補充傳統心理學使之更完善的傾向，但小寫批判心理學基本都反對將自身作爲心理學的二級學科。可以說，批判心理學家在從事「批判心理學」這項事業，但是反對有一個學術建制上的批判心理學。」（王波，〈德國批判心理學：歷史語境與核心問題〉，收於《一盞夠用的燈：兩岸參看的振動》，五南出版社）。

4. 平民角落的實踐者

「平民角落」一書的書名納入了廉兮與香君各自表達她們多年踐行的用語[7]。在臺灣，1947-1950 年代初期國民黨因恐共而埋葬地掃蕩島內左的力量，1997 年後政黨輪替更確立了統獨坐標爲宗，左右的思想分類便以此坐標爲準，服務於政治權力和資源的集中了。然而，我們一直走在自己認定的志業道路上，並不孤單！

2001 年與 1996 年與廉兮和香君相識，彼此對實踐落地的感通如同長途跋涉各自登山，行至半山處，三人於路邊茶寮喝著大碗茶、邊聊著天，通氣潤身是我們協作關係的質地。林香君可說是翻牆而出拓地實驗的臺灣師大心理人，她翻了牆但從未忘本且反哺有道，廉兮則是在與其父母 1950 年赴臺生活的生命歷史由脫落（赴美深造）到接續，她是通過自己對美國批判教育學的反思，做下了踐行入花蓮的生命選擇，而後始與老年父母再相逢！這幾年她所逐漸地知曉了父母年輕時的某些生命碎片般的訊息，碎片已難整全，但是歷史碎片已俱足藉之返身的力道，廉兮正琢磨著呢。龔尤倩等其他諸位作者，則均於不同時期與我們三人是亦師亦友的同行者。我之所以決定要有「平民角落」的文集，就是要彰顯吾道不孤，山路縱崎曲且會遇險境，但腳走在地上抬頭見明月，踏實的！

夏林清

2021 年 9 月 21 日中秋節於四川成都龍泉驛隔離旅館中完稿

註釋

1 見〈鑲嵌於地景中的花徑：與吳就君老師相識相熟的10年記事（1975-1986）〉，刊於《台灣心理劇學刊》2021年8月專刊，頁97-101。

2 成立基層教師協會，見李文英《教師「群」像與主體生成：回顧基教社群發展與自身教育歷程交織成型》，2021.08.28，尚未出版。

3 見Fred Newman《心理學的迷思》一書中夏林清的中文版跋，頁250-251，五南出版社。

4 王芳萍《差異美學、關係跨界、底邊連線：妓權運動的文化實踐》，輔仁大學心理學研究所博士論文，2016。

5 見王波的〈知識返身解殖與去心理學化同行：來自臺灣心理學的經驗〉，收於《一盞夠用的燈：兩岸參看的振動》，五南出版社。

6 從3月18日到5月13日計八個場次的系列研討，Ian Parker參加的是4月30日第6場：社會思想論壇——在歷史中反思社會科學）

7 「平民」取自廉兮《庶民視角的教習踐行：邊界文本與抵殖民的家園政治》一文，見臺灣文學研究第6期，2014年6月；「角落」則取自香君於宜蘭創設的「中華角落關懷互助協會」。

兩岸差異接壤的一個裝置

勒馬回首望來時路，涉水登山風息熏身。

我是 1970 年代在臺灣走入心理學這一行，王波是 2000 年後長成於大陸心理學的年輕人；我們是兩代人，但我們情誼建立的相認基礎卻是對大陸與臺灣社會引入西方主流心理學之錯置濫觴的辨識。2008 年，參加大陸理論心理學研討會時初識王波，那時他還是研生。因為由 1980 年代開始，我就選擇不走向市場商品化的心理治療者，而稱自己是一名四處走動的心理教育工作者；因而年輕王波初識我時，我已在多年的實踐工作中，辨識了一條心理學知識方法的解殖路徑。年輕王波肯定是看見了心理學的知識方法和心理學工作者在一社會中的參與行動和其心理學實踐間的關聯性，因而我們兩人才會發展了 15 年的情誼。不知是少年老成還是三生記憶猶存，王波人年少但行文通訊常古意盎然，時而尚有些嚼字稍重。然而，作為擁有革命歷史社會主義中國內部，剛長成的大陸年輕一代的心理學者，他於 2000 年後就持續推進由馬克思政經哲學對西方心理學發展的歷史過程與論述特性進行分析；這恰恰是，於親美附美之國民黨治理下（民進黨亦然）的臺灣島內，所長成的夏林清身上所缺失的一塊歷史！我與王波的結緣便是兩岸歷史差異發生接壤的一個環扣作用。

大陸心理學早於 1920 年即於南京師大成立，臺灣大學則是於 1949 年設立臺灣第一個心理系；然因大陸上世紀 60、70 年代的政治變革運動，心理學學門在被取消後於 1977 年再恢復。1977 年臺灣的夏林清已留美返臺教書與工作。彼時臺灣工業化都市化過程中的家庭與青少年問題叢生，是在這樣的歷史過程與社會脈絡中，年輕的夏林清開始對西方心理諮詢與治療效用的探詢追問；並同時滋生了素樸的階級意識。1983 年，再次出國讀博的夏林清，才開始在歐陸哲學與社會學的思潮中十分粗淺地認識了馬克思。2008 年經由與王波相識相熟的緣分，我有機會稍稍認識了大陸西哲與馬哲的研究走法，2011 年 10 月《第三屆當代資本主議研究國際學

術研討會》，增加了對大陸資本主義研究活動的粗淺認識。同一時段，我與北京北師大出版社副總編周益群討論出系列批判心理學與社會治療書籍的可能性；稍後，我們便規劃了兩套書，批判心理學由王波主編，社會治療則由我負責。兩岸兩代心理學工作者均需在所身處的社會中各自努力。王波對心理學的提問是：心理學何以是一個馬克思主義哲學的問題？夏林清則是於持續的社會實踐的活動中探問：「心理學的知識與方法」和「人的發展」是在那樣的社會歷史脈絡中發生著怎樣的作用？

我與王波不同的探問，是我們兩代人在兩岸心理學發展過程中「差異接壤」的交流學習的起點！「差異」本就實存，然而差異不必然亦無需是阻隔與斷裂的溝壑，如何在相異中增長對彼此歷史過程與社會系統立體構形的理解，才是需我們繼續努力的課題。

本書兩組文章的風格、內容與行文的巨大差異即是一種無啥邏輯章法的裝置，盼讀者海涵。

夏林清

馬克思主義與中國心理學發展

　　馬克思主義對中國心理學研究有著非同一般的意義。這種意義的特殊性，透過筆者親歷的一次思想衝撞，也許能夠更加切膚地表現出來。15年前於國外學習期間，筆者曾與多倫多大學塔法洛里教授會談。在一番廣泛而深入的討論行將結束之時，這位對中國頗為了解的心理學教授突然問道：「你知道心理學是一門研究人性（human nature）的科學，如果我們在其科學的層面談論它。而如果我沒有理解錯，馬克思也關注人性問題。但為何不少來自中國的心理學研究者卻忙於引介和模仿西方範式，從而將研究人性的這塊領地讓給西方心理學主導呢？」如果只從意識型態的視角看，塔法洛里教授這裡對我國心理學的婉轉評價，也許不啻馬克思主義教科書上的老生常談。但是這種出自在西方國家主流大學任教的嚴肅學者的批評，卻讓我不得不認真對待和反思。2008年春，中國心理學會理論心理學與心理學史專業委員會學術年會在青島召開。我在會上拜見了聞名已久的夏林清教授一行。以夏教授為代表的輔仁學派，既具備學院派的深刻嚴謹，又能放下身段投入草根教育與運動，致力於結合在地經驗生產具有本土性契合，並能賦予行動者力量的手工知識，為形塑本土心理學的新面貌做出了卓越貢獻。多年後承蒙夏林清教授邀請，我得以搭乘「普悠瑪」迤邐環遊寶島，走過臺北、花蓮、臺東、高雄、臺中、南投等地，結識了燕堂、尤倩、芳萍、廉兮、依虹、慧絢、秀華、鴻章、小塔等諸位老師。諸師襟懷朗落，學究天人；脫手相贈，灑落無塵。唯草木愚夫，識荊恨晚。數日過從，驚鴻一瞥，已令我親身體會到這一學脈在廣闊天地的學術田野發榮滋長。我們在大學研討心理學知識返身解殖的可能路徑，去太魯閣原住民部落和青年談話，傾聽東南亞配偶移民的曲折故事，以及由當事人講述的在「秋鬥」中鬥智鬥勇的經歷。那可謂一場愛麗絲夢遊的奇趣之旅。我們都知道愛麗絲在樹林裡第一次遇見柴郡貓時的問答──「我也不太知道要去哪裡」。「那走哪條路都沒有關係了」。但在我看來，輔仁學

派經由行動研究所開發的種種別開生面的理念和實踐道路，都顯示他們找到了在層層限制中層層超越的天職呼召。這種學院範式與基進取徑相容並包的思想格局，爲我們打開了在同一性研究之外謀求其他可能的想像力。

我還記得站在七星潭海邊的獵獵風中，從 2200 萬年至 900 萬年前間火山噴發生成的海岸山脈高聳入雲，抵擋著來自太平洋的洶湧潮水。浪花在撞擊礁石的碎裂中隱隱喧囂，凝結成咬開鎖鏈的風中之鹽。那一瞬間，大海用一萬枝蠟燭奪目地停止。那一瞬間，也正是思辨／投機停止之處（where speculation ends）：「在思辨終止的地方，在現實生活面前，正是描述人們實踐活動和實際發展過程的眞正的實證科學開始的地方。關於意識的空話將終止，它們一定會被眞正的知識所代替」[1]。實際上，我們並不存在「心理學知識」的貧困。早在 2002-2011 年，我國心理科學的年發表論文數量就進入世界前 10 名，在規模上已經超過了日本心理學研究。但是其「論文的影響力亟待提高。隨著研究規模的擴大，中國心理學論文的影響力卻有微降，始終沒有接近世界平均水準」[2]。緣由何在？當我早年從傳統心理學研究領域追隨張一兵教授遊牧到馬克思主義哲學的高原，再一次記起深埋心底的塔法洛里教授之問。可以發現，存在著相當多的前康德水準的心理學研究（更不要說前馬克思了）。在此意義上，維特根斯坦曾將包括腦生理學在內的試圖用實驗方法解釋或研究心靈「奧祕」的嘗試，都歸於緣木求魚的努力[3]。它被錯置了生理學規律與心理學規律之間關係的範疇錯誤所困擾，也就是把心理學的概念理解成了物理學那樣的概念。如此這般，康德在道德實踐中通過自我決定將自身實現爲自由的世界與由外部因果必然性決定的世界，就被還原成自然化認識論的一個世界。

而這種缺乏反思性（reflexivity）的作爲知性科學的心理學，幾近另一種假科學之名而行的舊形而上學的新形式。「舊形而上學的思想並不是自由的思想。因爲形而上學漫不經心地未經思想考驗便接受其範疇，把它們當作先在的或先天的前提」。這種「素樸的意識大都應用一些現成的自然而然的範疇，漫不加以懷疑，也從來沒有追問過，究竟這些範疇本身在什麼限度內具有價值和效用」[4]。黑格爾對康德的這種批判至今仍足以啟發我們追問：一方面，如何讓心理學在馬克思主義的地平上重新出發，從其根本之處重新考察它的前提、界限、範疇、假設，以此在中國現實大地

上眞正獲得源本與基始的力量。另一方面，如何將馬克思主義時代化，以面對當代資本主義不斷心理學化的新情況，這是心理學者和馬克思主義者都不得不思考的一個馬克思主義心理學的問題。

我們的心理學研究者在炙手可熱的心理學化浪潮中似乎並未意識到自己遭遇著雙重迷失：於外熱衷追逐西方心理學的主流方向，尤其是占主導地位的盎格魯—美國傳統（實際上，從某種角度而言，今時之世人們研究的主流心理學很多時候不過是美國的本土心理學），而漠視其內部不斷產生的各種反對力量（如批判心理學）；於內常常無法自識其「方法論他者」和不同社會歷史語境的心理學研究之間的層層中介，以致所謂馬克思主義指導下的心理學研究往往只是作爲口號停留在心理學教科書的前言之中。馬克思主義在心理學學科中的當代性布展，在中國幾乎是內隱地缺席的。對心理學主流方向無批判的追逐，在我們急迫的現代化情勢中甚至被上升爲普遍的文化無意識。在赫胥黎的敵托邦《美麗新世界》中，這位與奧威爾和扎米亞京齊名的英國人憑藉他淵博的生物學和心理學知識爲我們描繪了福帝紀元 632 年（即西元 2540）年的社會情形。心理學家作爲社會等級最高的阿爾法加（Alpha+），通過心理學手段（比如經典條件反射、催眠、甚至藥物「索麻」等）控制低等階級的思維，創造了一個高效管理和控制的技術化的「快樂」、「富有」、「安全」的新社會。而 49 年之後，其遠在東方的一位中國同行也寫了一部與心理學有關的小說，並以此獲得了中國文學界最高獎項茅盾文學獎。這就是張潔的《沉重的翅膀》。小說如此命名的寓意是中國的工業現代化是帶著「沉重的翅膀」起飛的。而心理學則在這個起飛過程中發揮著特殊作用。在小說中，心理學被作爲現代文明和進步的象徵，同時也是與舊的保守力量鬥爭的武器。即使這兩部小說並不能代表中西兩種文化對心理學的整體看法，但至少折射出心理學在兩種文化中的不同際遇。在西方文化中，心理學在誕生不久就陷入各種問題的包圍之中，這些問題不僅關於心理學自身作爲科學的各種危機敘事，諸如合法性危機和可重複性危機等，更是對心理學作爲一種科學敘事的社會歷史位置與後果之反思。對於前者，我們已經有比較深入的認識。但是對於後者，即心理與心理學得以成立的前提與界限，及其與現代社會再生產的內在勾連，還缺乏深入的探索。

　　另一個困境是，囿於曾在中國影響深遠的前蘇聯馬克思主義哲學教科書體系，試圖在心理學中貫徹馬克思主義的研究者往往缺乏「了解之同情」，有可能會在尚未澄清馬克思哲學歷史原像的情形下就開始「非法地」拼接兩者，從而將馬克思的隻言片語直接地、外在性地挪用到心理學研究中。如此這般學科之間的邊界就被「毫無疑問地」直接略過了。也就是說，我們缺乏眞正從馬克思主義的內在邏輯出發「內生性」地開出的對心理和心理學的前提與界限的批判研究。

　　而這種批判的貧困的後果就表現在兩個方面。首先，中國「本土」的心理學不僅無法從根基處切入西方傳統心理學的現代性演化邏輯，卻常將其把握爲理所當然的（taken-for-granted）、似乎不可逆轉的現成之物。作爲西方現代性範式的傳統心理學因此就成爲中國心理學自我想像的典範，結果導致中國心理學面對西方話語衝擊時的失語狀態乃至「反向格義」。這正如在急迫的中國現代化情勢中「倏、忽」（倏忽本義即做事快而不加反思）運用西方二元論斧鑿中國傳統「混沌」（即自然內生的）的性命之學，從而將諸如王充一般地歸爲唯物主義者，並將王陽明歸爲唯心主義者那樣，而眞正的本土心理學則始終無法全面地展開。實際上，西方心理學演化邏輯在根本上從屬於西方現代化模式，走出中國式現代化道路，加快構建中國自主知識體系，都內在地要求必須上升到現代化基本邏輯高度，從而眞正展開中國本土心理學之建構。另外需要指明的是，即使下沉到科學哲學層次，深入清理和理解西方社會科學的理路，仍不足夠爲華人社會的科學發展奠下扎實的基礎，因爲科學哲學並不能爲自身奠基。「如果沒有工業和商業，哪裡會有自然科學呢？甚至這個『純粹的』自然科學也只是由於商業和工業，由於人們的感性活動才達到自己的目的和獲得自己的材料的」[5]。只有回到政治經濟學批判語境，基於具體的、歷史的和現實的生產方式考察心理與心理學得以成立的前提和界限，及其與現代社會再生產的內在關聯，才能讓（本土）心理學眞正再出發。當前我們心理學研究的流行做法是使用西方的方法論，圍繞西方的問題，將西方的資料轉換成中國的資料，然後建構和計算相應的統計模型和效應值。比如，鑒於西方主導的某種心理學理論模型，中國心理學如果去模仿其方法論路線，蒐集和分析中國人的資料，從而相應地建構多了幾個因素或者少了幾個因素

的中國式理論模型，那麼這種模型看起來的確是中國本土的。然而實際上，類似的研究卻忽視了諸多心理學概念本身恰恰是西方具體的、歷史的和現實的生產方式的產物，並非普適的、可以直接挪用的像「克分子」、「重力」、「加速度」、「中微子」這樣的自然科學概念。甚至對自然科學概念的直接挪用都可能導致誤解，故而亦需審慎。這裡的「克分子」就是示例之一。在它被無批判地直接用於翻譯諸如「molar behavior」這樣的西方心理學術語時，往往會導致對其原初語境的嚴重曲解[6]。正是在此意義上，當日本學者手塚富雄充滿自我懷疑地向海德格爾提出日本語言的缺陷，即「自從與歐洲思想發生遭遇以來，我們的語言顯露出某種無能。我們的語言缺少一種規範力量，不能在一種明確的秩序中把相關的對象表象為相互包涵和隸屬的對象」，故而必須求助西方概念時，海德格爾才予以當頭棒喝式的反詰，「對東亞人來說，去追求歐洲的概念系統，這是否有必要，並且是否恰當」？[7]另外，更要注意的是，即使在本土心理學運動中，我們發掘和發展了諸如「人情與面子」「孝道」「緣分」「家族主義」，或者「中庸思維」這樣的本土概念，但是在很多情況下，仍然忽視了對這些概念的本土建構是如何被框定在像帕森斯的結構功能主義之類的方法論預設之中的。它預設現存結構的合理性，各構成部分為既定結構的穩定運行而協同合作。由此這些概念不僅屬於「限制性的行動能力」（restrictive action potence）範疇，而且它傾向於認為存在著可規定的單純「事實」，而觀念（甚至語詞）不過是與真理對應（或不對應）的種種再現。由此概念和範疇被處理成一種技術性的、對看似光溜溜的物件的客觀描述和概括。這恰好是各種「經驗主義」心理學的狡計。它更進一步認為理論來自於經驗，而價值不能由理性推出，這就保證了終極關懷和理性的二元分裂（此即休謨難題），也就保證了理論研究是經驗研究的附庸，而心理學則能夠一直價值中立地研究下去。

　　其次，隨著西方社會日益深入的心理學化，心理解釋學（psychological hermeneutics）的話語體系系統重構了資本主義的政治經濟學現實。亦即空前成功和普及的心理諸科學（psy-sciences）以內部殖民的方式整體性地重塑了普羅大眾的精神構造和日常生活經驗。原本被屬望為改變世界之力量的無產階級，在政治上被改造成適應和服務資本主義

再生產的心理學化的僞主體。作爲馬克思解放議程最具彈性的替代方案，心理學解構了革命敘事，成爲這種心理學化的主體理解自我與社會的中介。康德式你能夠因爲你必須的道德律令，被轉換成勇敢運用自我決定的積極進取自我實現的新自由主義新形式。資本增值附著在這種剩餘主體性（surplus subjectivity）的再生產之上，從而實現了自身的再生產。這就是內隱地將心理學與資本主義生產方式鉸鏈起來的新自由主義心理治理。作爲資本主義的新統治形式，它將馬克思的解放議程再次擱置了。然而由於在馬克思所處的時代，這種心理學化的新情況尚不明顯，要知道在他去世前 4 年，現代心理學才誕生。而且馬克思也沒有打算成爲一位心理學家。在其著作中，對心理學的討論並不是直接出場的。故而無論是對心理學界，還是對馬克思主義學界，基於馬克思哲學的歷史原像，系統清理心理學的前提與界限，及其與資本主義再生產的內在勾連研究都是一個亟待深入開掘的學術空場。

進而言之，由批判的貧困所導致的兩種後果更不會理解它們兩者可能會複雜地交織在一起的情況。國際著名心理學家丹茲格明確指認了心理學的統識（hegemonial）功能。心理學的概念和範疇往往被認爲是對某種心理或行爲的客觀中立的描述。但是當我們借助可供的（affordable）概念工具處理自我和世界的關係時，這種概念往往內在地發揮著一種政治功能。「這種描述性的範疇經常通過建立一種被認爲理所當然的話語框架，爲合法化特定的社會安排和社會實踐提供資源……心理學範疇具有政治維度，因爲它們不僅是描述性的，更是規範性的」[8]。這種心理學化的概念和範疇是可供市民主體理解資本主義政治經濟學現實的僅有工具，他們由此將自身陷於僞境並認同於一種遮蔽了其自身本質力量的僞主體性。心理科學所提供的各種實用性知識和標準化工具不僅被應用於市民主體的日常生活，而且廣泛地在諸如教育、醫療、科技、軍事乃至政策制定等公共事務中發揮作用。「通過這種方式，由這些技術定義的心理學研究的範疇被轉換爲制度實踐的範疇。隨之而來的是，規訓權力從在類似實驗室的條件下產生的現象擴展到了實驗室之外的構成了部分生活的現象之上」[9]。

更要注意的是，這些原本被社會歷史地建構起來的概念和範疇，可以成爲眞正的社會現實和人的身分的一部分。也就是說，市民主體根據心理

學生產的概念和範疇思考和行動，從而將這些概念和範疇再生產出來（act-out）。這意味著，經典物理學這樣的自然科學並不生產自己的研究對象（當然量子力學可能並不認同這一點），而兩相對比，心理學宣稱要研究的對象正是被它自身生產和再生產出來的。結果弔詭的是，諸如「人格」、「智商」、「心理彈性」這樣的西方概念最終確實變成了中國本土的概念。亦即中國人根據這種概念理解和塑造自己的日常生活，從而將它實現爲社會現實存在，所以它就眞的成了中國人身分的一部分。中國人原本參差多態的傳統日常體驗（erlebnis），一種可以切身把握的具體普遍性的能動生命活動，直接與生活交織的當下具體鮮活的經驗，被捲入西方的「概念絞肉機」，然後加工成作爲抽象普遍性而標準規範的，但實際上支離破碎的新的心理學經驗（erfahrung）。這種使符號成爲眞實，使眞實成爲符號的概念與現實之間的複雜往復迴圈效應（looping effect），不僅使中國本土心理學的建設困難重重，而且由於其極具彈性的內在機制，也使資本主義得以通過這種機制將政治經濟學現實心理學化。亦即，它將原本作爲政治經濟學的現實力量存在的無產階級心理學化成按照這種機制自我塑造和行動的空洞能指。這意味著對我們中國人來說，文化「解殖」（de-colonize）與「去心理學化」（de-psychologise）應該是並行的協同過程。而對這一點，我們當前的心理學研究是看不出來的，乃至是無意識的。如果不把馬克思主義時代化，通過思想史線索的清理，讓內隱於文本中的馬克思所預言了的對心理和心理學前提與界限的批判議程在心理學研究中直接在場，那麼我們就無從把握這種複雜的迴圈作用，由此既在心理學中失去了馬克思，又在馬克思中失去了心理學。易言之，我們亟需跨越馬克思主義與心理學學科邊界的交叉性批判研究。

　　另需指出的是，收入本書的篇什，陸續完成於不同時期，自有其不成熟處。原文照錄，爲呈現一路走來的心路歷程。眞正運思者罕言，「我」從這裡出發，到那裡結束（此即作爲確定的抽象之物的同一性 history）。運思是一種歷險和衝撞，於是「我」將把自己在通向思之路途中遭遇的理念、證據與結論，連同「我」的猶豫、懷疑與戰慄一起呈現給「你」（此即活生生的、開放的、現實的卻不可直觀的歷史性 Geschichte）。正如利科所說，「只有對話才有一個『你』，對這個『你』的認同來自對話

本身。如果文本的意義向任何能閱讀的人開放，那麼正是那種意義的全時性（omni-temporality）向未知讀者開放文本的意義；然而閱讀的歷史性乃是這種特殊的全時性的對立物。從文本逃離了其作者和作者境遇的那一刻起，它也逃離了其原初的讀者。因此，文本能夠為自己吸引新的讀者」[10]。真誠希望本書能夠為自己吸引新的讀者。是為序！

王波

廈門大學哲學系特聘教授

壬寅年王波識於紫金山南麓

註釋

1 《馬克思恩格斯選集》第1卷（1995），頁73-74。人民出版社。

2 衛垌圻等（2014）：〈近10年中國心理學研究態勢的文獻計量分析〉。《知識管理論壇》，*3*，30-31。

3 涂繼亮等譯（2003）：《維特根斯坦全集》第11卷，頁253-254。河北教育出版社。

4 黑格爾（1996）：《小邏輯》（賀麟譯），頁118。商務印書館。

5 《馬克思恩格斯選集》第1卷（1995），頁77。人民出版社。

6 王波（2021）：〈論一種漢語心理學概念譜系學的可能性：以克分子行為概念為例〉。《蘇州大學學報（教育科學版）》，*5*，20-23。

7 海德格爾（1996）：〈從一次關於語言的對話而來〉。見孫周興選編《海德格爾選集》下卷，頁1006。三聯書店。

8 Danziger, K. (1997). *Naming the mind. How psychology found its language*. Sage Publications, p. 185.

9 Danziger, K. (1997). *Naming the mind. How psychology found its language*. Sage Publications, p. 186.

10 Ricoeur, P. (2016). *Hermeneutics and the human sciences essays on language, action and interpretation*. J. Thompson Eds. & Trans. Cambridge: Cambridge University Press, p. 154.

目 錄

第一章
知識返身解殖與去心理學化同行
——來自臺灣心理學的經驗

王波

夏林清（1953-），女，祖籍浙江，出生於臺北陽明山山腳，1974年獲政治大學教育學系學士學位、1978年獲美國賓州州立大學諮商教育碩士學位、1984年獲美國哈佛大學諮商與諮詢心理學碩士學位、1992年獲美國哈佛大學諮商與諮詢心理學博士學位。曾任輔仁大學學生輔導中心主任、臺灣大學入學考試中心教育服務處處長、輔仁大學心理學系教授兼任系主任。1980年代末迄今先後於臺灣推動成立臺北市勞工教育資訊發展中心、粉領聯盟、日日春互助關懷協會、蘆荻社區大學與臺灣行動研究學會；曾任輔仁大學社會科學院院長兼任心理系教授。主要專業領域為行動研究、團體動力學與社群發展、家庭關係、社會治療與成人教育。

1993-1997年擔任「亞洲南太平洋成人教育委員會」東亞區域協調員；1996年獲臺灣教育學術團體聯合會「諮商輔導貢獻獎」、2000年獲美國East Side Institute「傑出貢獻獎」、2002年獲美國社會治療中心「社會心理治療貢獻獎」、2002年獲美國傅爾布萊特基金會「傑出學者交流獎助」、2003年獲英國巴斯大學「英國皇家學院研究訪問獎助」、2005年獲嶺南大學群芳文化研究及發展部「全球千名婦女爭評2005年諾貝爾和平獎」。近十年多次到中國講學與進行培訓，其交流領域則跨心理、社工與教育專業。

夏林清在翻譯引介系列團體工作與行動研究專書的同時，曾以解殖的知識路徑說明自己作為一名心理學工作者的發展過程。1990年代初，她針對臺灣解嚴後勞資衝突事件中工人的參與進行了解，著有《由實務取向到社會實踐：有關臺灣勞工的生活的調查報告（1987-1992）》一書。2011年針對工業化對臺灣勞動階層之家庭經驗，以故事的寫法完成《斗

室星空：「家」的社會田野》一書，在《斗室星空》一書中夏林清以一種視家為社會田野的視野來引導心理教育的工作者發展出不同於歐美去社會脈絡與去歷史的家族治療套路的工作方法。

王　　波：從主流心理學的學科建制分類來看，您長期致力於團體動力與社群發展、生涯發展與成人教育、組織學習與專業實踐、性別與心理治療、乃至家庭關係等領域的探索。但在具體的學術研究中您又身體力行，以心理教育工作者的身分，而不是心理學家或者治療者的身分，投入到草根教育與運動的計畫中，試圖結合在地經驗生產具有本土性契合，並能賦予行動者力量的手工知識，為形塑臺灣心理學的新面貌做出了卓越貢獻。在這種交錯的學術生態中，您揭示了臺灣心理學知識返身解殖的可能路徑，從而描繪出人文社會科學在衝突碰撞中朝向多元化研究範式發展的總體趨勢。在我看來，您所開發的諸如身心復元、群己關係乃至雅樂舞等種種別開生面的理念和精神與文化研究取向，都反映了您這一路走來苦心孤詣的地方性知識的點滴積累。這種經典範式與另類取徑相容並包的學術景觀為我們打開了在同質性研究之外謀求另外一條進路的想像力與可能性。您是如何將自身的理論和實踐研究與臺灣的地方性歷史人文地景接合在一起的？您認為它們之間有何種可能的相關性？

夏林清：我一直不會稱自己為理論心理學（theoretical psychology）的心理學者而是心理學工作者。在臺灣，我所走的一條心理學的道路，是與臺灣社會處境中真實的社會鬥爭相關聯在一起的。我說的社會鬥爭是指特定群體在其日常社會生活裡，為他／她們所承受的社會壓迫所做出了對抗行動，而這對抗行動促進了整體社會不同利益群體間的衝撞與認識；而個人和群體的主體性就是得在真實發生的社會過程中演變發展的。1987 年臺灣解嚴時，我 34 歲，已在大學教書數年。1986 年剛把哈佛大學諮詢心理博士的兩年課程的課修完，回臺灣完成一年的實習課與接續教學工作；1987 年就解嚴了。由那時起，我就一路參與了臺灣自主工會的

運動、妓權運動與中小學教師專業自主運動。雖然，臺灣解嚴所釋放出來的社會動能實實在在地影響與教育著我和我的學生們，但我的心理學實踐工作的啟蒙卻是 1970 年代上旬，在工業化都市化都會邊緣的犯罪／非行青少年。爲何這一點是重要的？

因爲當時的臺灣就像今日中國，實用主義與工具理性式解決問題的心理教育及諮詢套路正在興起，作爲一名投入具體工作的青年工作者，我被工作的無力與挫折感衝擊，當時國民黨的統治雖十分威權與保守，但已有一些冒出來的左翼思想，《夏潮》雜誌是一個例子；對政治威權壓制的不滿推動我在左翼思想中思索我的無力挫折。我因而沒選擇走上實用主義的工作套路裡。所以，我會說我一直就是名心理學工作者，而我的研究工作大部分都是針對具體臺灣情境中的實踐研究。對實踐經驗進行概念化梳理的工作都發生在 2000 年後了。

王　　波：我對您直面臺灣的社會歷史問題，從現實的社會處境中走出一條反抗壓迫的實踐理路，並找了自己作爲心理學工作者的位置這一心路歷程非常敬佩。我非常理解，在當時的臺灣，從事您所做的工作，是一項需要犧牲的，對智慧和勇氣的嚴峻挑戰。就您的回應，我想起詹明信的一句話，「理解理論最簡易的方法是將它理解爲對於英美經驗主義的攻擊。無論何種理論都旨在質疑下述觀念：存在著可規定的單純『事實』；觀念（甚至語詞）是『物』，也就是說它們是與眞理對應（或不對應）的種種再現。」由此可見，理論並不是平常理解的那種安樂椅上的思辨，或者躲在書齋裡的玄想。實際上，理論的核心蘊涵恰恰是其批判性：它直指那種對「事實」的社會歷史中介性無思的現成把握。所以詹明信又說，「所有形式的理論都預設，在思想方案與其語言形式或恰當觀念形式的表述之間，存在著一個要經歷所有『中介』或『表徵』的過渡環節。因此，理論的任務在於展現這些中介或表徵，並從其本身出發對這些中介或表徵進行考察。」對這種中介性的考察正是您強調的「特定群體在其日常社會生活裡，爲他／她們所承受的社會壓迫所做出了對抗行

動」的內在要求和真正開始。所以「心理學實踐」和真正意義上的「理論心理學」不僅不矛盾，反而是相輔相成的。抽乾「理論」的批判性，將「理論」處理成一種工具性的和附屬性的對經驗的梳理和總結，在我看來恰好是「經驗主義」心理學的狡計。而且，這種經驗主義必定導致您所批評的實用主義與工具理性。因為實用主義不僅有自己的經驗主義本體論（或者如威廉・詹姆斯所言，「實用主義代表了哲學中人們很熟悉的一種態度，即經驗主義的態度。」），而且由於「經驗主義認為理論來自於經驗，道德信仰不能由理性推出，該原則保證了終極關懷和理性的二元分裂，是工具理性得以成立之基礎」（此即休謨難題）。所以我認為理論具有一種深刻的思想史基礎和深遠的實踐意義。

夏林清：詹明信的「對英美經驗主義的攻擊」的註解指出了心理學理論工作的一個根本的政治性的選擇，然而，「返回根本」與「政治選擇」卻非憑空可得，亦非書齋式批判可達之處，它其實是一場得發展的出具穿透力道的文化陣地戰。

在亞洲的我們，確實在過去的三五十年間，活生生地經歷了心理學知識的傳輸與流行是如何覆蓋性地替置掉了上一兩代人的文化話語權，而這一事件是和資本經濟與工具理性專業所相結合的政治治理權一起發生的。所以，心理學工作者有意圖地努力耕耘，並立志要將自己發展成「好的實踐者」，這是「機會」是否可能發生的要件！我在臺灣 30 年也就是做了這件事而已。

值得點明以供中國參考的一個重點，就在於放置到全球化資本與文化知識的全景中，我們是在一不對等的傾斜地勢中，站在泥濘窪地中思索並力搏「如何有機會」。如前述，「機會的發生」是一場持久的陣地戰，在我的案例裡，一方面有一群工作者和工人或性工作者相結合摸索——如何在惡劣的社會環境中，群策群力，圖謀生活困局的改變之道，而此一道途是一條不迴避對抗權力且同步反身改變自己的行動過程。這正是批判心理學關注的「人的主體性」主題。我是在這一種社會實踐的進程中，尋找

到歐陸活動理論與美國社會治療的參照點。但我之得以使用我自己成為一發揮卡榫作用的，你所謂的「中介過渡環節」，心理教育的行動者（研究者），Kurt Lewin 的團體動力學和我的老師 Donald A. Schön 的反映實踐與 Chris Argyris 的行動科學是有意義與價值的；而我由小到大來自老祖宗文化傳遞的，在自然中存在著的身體的放鬆與心神的凝聚則如河床岩磐感知著現代性的沖刷力。

可以這麼想像地表達，年輕時的我，左翼熱情想像與國民黨白色政治恐懼心中相拮抗，由臺灣追到美國再尋覓到英國與歐陸，在團體動力的各式實踐法門中，探究著民主過程的變幻道理。當追本溯源地了解了他山之石後，就像是進過洋人練兵場，故知道兩地戰場迥異，變造武器工具同時摶土造屋，才能在「培養好的社會運動實踐或運動組織工作者」的方向上，將心理學中的行動實踐的知識與方法，和屬於地方性手工業式的，社會運動取徑的心理教育工作者的生命發展結合起來。我就是如此嵌卡進入了技藝協力的開拓如葛蘭西所說的文化陣地戰中。不過，是實踐者們先入場，靠實踐行動的社會作用力道，才可能有陣地戰。理論與實踐的關聯性則是既深遠又立即顯現於當下！

王　波：您談到了葛蘭西關於爭奪市民社會領導權的陣地戰問題。葛蘭西批判了經濟計畫模式下單純為政治服務的「蘇聯式馬克思主義」文化觀的貧乏性，敏銳地發現了「對勞資關係應用福特調節法」，並透過創建消費經濟，歐洲社會可以在新的、更為寬泛的（市民社會的）民主基礎上重組這種劃時代的未來資本主義統治的全新形式。資產階級對工人進行的總體統治不僅使資產階級擁有國家政權（列寧在《國家與革命》中討論的權力和國家觀念），而且更擁有文化意識型態的領導權，以之製造非強制性的認同和統識（葛蘭西對馬克思主義國家觀所做的新拓展：文化霸權或者統識概念）。面對這種新情況，無產階級必須從傳統的諸如罷工和起義這樣的「運動戰」向新形勢下的爭奪文化霸權的「陣地戰」過渡，由此才能重新獲得自身的主體性。這

種指認對心理學在整個資本主義再生產體系中的角色具有非同
一般的理論意義。如果說在馬克思所熟悉的早期資本主義過渡
階段，諸如泰勒制那樣的傳統心理學還因其粗糙的直觀外形和
嚴酷壓榨的外部操控而被具有人本主義情懷的學者出於道德的
義憤進行批判，由此一種將人類從這種被奴役狀態解放出來的
承諾仍然具有廣泛的號召力，那麼在發達資本主義社會，心理
學成爲無產階級自我理解和塑造的意識型態機器，無產階級的
解放議程已經被「心理學化」的生命政治治理全面接管並無害
化了。

這意味著心理學不單是對客觀事實的描述（descriptive），它更
重要的特質在於其規範性（normative）的力量。而心理學化即
以心理學通約日常生活，並生產供應全球消費的心理學文化，直
到我們按照心理學的常模和精神病理學來塑造自己。由此可以說
心理學作爲一種生產性實踐，它生產了自己意圖研究的對象及其
規律，而被試卻主動認同心理學的這種統識力量，結果被操弄在
知識權力話語的魔術方塊中。由此，無產階級的解放敘事被改造
成了一個心理學故事。

夏林清：我們在臺灣由工人運動走向不同的社會底邊群體的工作歷程，
確實可作爲葛蘭西由運動到陣地戰發展過程的亞洲的一個注解。
但我不太明白你說的「無產階級的解放議程已被心理學化的生命
政治治理全面接管並無害化了」的無害化是指什麼？在我的經驗
裡，批判心理學，在臺灣這樣的地方，要得以發生的一個必要起
點，就是心理學工作者是靠著具體且持續的實踐作爲，結合一群
到數群人，共同變化對自己和他人的處境遭遇的理解方式，此一
重新認識的過程一方面是彼此是否能相互關聯起來的發展機會，
另一方面能對你所謂的全球消費的心理學文化的生產實踐，發生
若干的抵制作用。譬如說，由 1997 年臺北公娼抗爭事件所一路
延續開展的對性道德汙名與身心障礙者的性的各式文化活動與論
壇，就涵納了多樣社會群體在一起，同時無需什麼兩性心理學式
的說法。其實，我認爲中國和臺灣一樣，我們的社會內部原來就

存在這些或邊緣、或角落的社會小空間，只是心理學者不識它而已。

王　波：無害化是對一種很精巧的治理方式的權宜表達。比如 1968 年 5 月的巴黎風暴和 8 月的芝加哥騷亂，在前者發生期間，左派學生們不甘示弱，手挽手高唱《國際歌》迎面而上，他們的隊伍中赫然出現了西方左派的精神偶像沙特和思想大師傅柯。據說傅柯甚至頂著他著名的「帶象牙色澤的光頭」向員警投擲石塊。目擊者們回憶說，「那個時刻的傅柯是興高采烈的。他喜氣洋洋地扔著石頭──儘管同時還小心翼翼地注意著不把他那身漂亮的絲絨西裝弄髒」[1]。但這「都是形式化的革命，樂於使用誇張、大話等政治修辭學手段」。轉眼之間，革命的激情很快就冷卻了。那些曾經放浪形骸的嬉皮士，那些在大街上高呼革命口號的左派大學生，那些中產階級的孩子們，在畢業以後搖身一變，名曰「雅皮士」，白天出現在窗明几淨的高級辦公室，夜晚則穿上考究的服裝，混跡於高檔的會所、酒吧和俱樂部，過著優裕的中產階級生活[2]。經過一番「政治無害化」處理之後，中產階級的孩子們告別革命了。

但這裡對心理學的無害化是指心理學對人類解放議程的全面接管。解放似乎已與人們的日常生活經驗格格不入，成為對無產階級來說毫無意義的「跨越遊戲邊界的對永恆在場者的迷戀」（德希達語）。例言之，對一個歐美人來說，所謂的解放，可能就是做一個隆鼻手術這樣的私人事件，然後他們擁有一系列可用的主流心理學話語來解釋這一私人化過程。或者，飲食失調（eating disorder）在西方（包括日本），是一個很普遍的問題，但心理學家往往看不到這一現象背後發生的從個體心靈之上碾壓過去的宏觀政治經濟學過程，而只是教給這些個體一些他們日常經驗可以理解的實用的心理學技巧。當然，無害化並不是說把什麼都弄錯了，或者在經驗研究上有什麼錯誤，問題是它可能會掩蓋真正急難的問題。也正像您說的那樣，無害化就是將公娼抗爭事件這樣的解放實踐轉換成某種「兩性心理學」。

夏林清：我明白你的意思了。你所指出的「精巧的治理方式」，在人們日常生活的現實裡要能被人們自己體悟到，當人們還可能有機會選擇不加入被如是治理的局勢時，他們得以實驗與追尋另一種行動與生活的方式，這也就是社會解放的實踐歷程。我得說這真是需要心理學工作者持續不懈的努力，它不可能只是研究專案，它必須是工作者投身涉入到一持續變化的社會過程中，實踐的作為與路徑本身也就會是理論工作的地方，「研究項目」不過是你一路找路、走路與開路的隨身工具而已。對我而言，實踐與理論是一體兩面或雙層次的工作者與他人相結合的一個發展的過程。譬如，1989 年我是在遠東化纖工人罷工事件的參與過程中，使用「活化社會關係的行動場域」來描繪辨識年輕女工因參與罷工衝突，經歷著她們自身與工會組織、政治權力與家人關係的變化。女工們的參與行動啟動了原來就存在但狀似靜態不被察覺或之前未有機會被體悟認識的社會關係脈絡，她們的學習在這種行動場域裡快速地發生著。另一個示例則是，我是在與臺北前公娼一路走過這 12 年的過程中，使用「身心復元」來替換治療或療癒這種心理治療用語。啟發我的人是前公娼白蘭，白蘭在做一名合法娼妓時，她不喜歡多接客，她一般只接兩個客人，所以她有閒暇餵養著娼館前街後巷多隻流浪貓；白蘭家世坎坷，13 歲就從娼，20 歲後她成為合法公娼後，逐漸發展出不多接客且閒散與貓（她養過多種動物）玩耍的生活方式。她的生活其實是以性工作者自主的生命選擇，發展出復元身心之道。但這是她在公娼工作合法化的生活景象，2000 年廢娼後，她終於失去了這種生活的可能，現在她已癱瘓無法自立生活！

王　波：白蘭是如何啟發您使用「身心復元」來替換治療或療癒這種心理治療用語的？她既然發展了出（適應公娼生活的）復元身心之道，為何又在廢娼後癱瘓無法自立了？這種復元身心之道不能遷移到新的生活境遇中？

夏林清：先說白蘭，我是由她從業接客的立場和生活方式得到啟發。她對待性工作的自立自主的選擇所帶來的照顧流浪貓的生活方式本

身，就涵養了她自我復元的機能，她由幼時被賣到私娼館，但實則供養一個東部山邊貧困家庭的傷痛，不是什麼「治療」有法子可以幫上忙的。所以她自己在 20 歲後，自主從娼（合法）復元著自身，我們也可說她自己長出了一種怡情悅性地遊徜於前街後巷的生活之「術」。也就是說，並不是我們的心理工作，對她進行了什麼身心復元之「術」，所以她才被復元了；恰恰相反，我們的參與，只是見證了 2000 年廢娼後，其原有生活方式流失，她若再接客就是罪罰化的非法者，她不願意接受！這一拒絕致使她成了勞動市場中不合格的受雇者。之後，無法自立謀生的挫敗失能驅使她某日喝酒過多昏迷腦傷。你要反過來看我作為心理學工作者和前公娼的關係，白蘭癱瘓與官秀琴（官姐）的跳海自殺說明的是汙名排除的社會壓迫剝奪了她們以性工作自立生活的可能。這種心理學工作者與她們的關係是一起進行社會鬥爭的夥伴關係而非治療者與被治療者的專業化關係。我在官秀琴走後決定開始拿起這個思想，來探究如何與社會不同群體或個人一起工作，發展出「身心復元」的生活道理與辨識可能原已被人們援用但或隱而未顯，或如斷簡殘篇的「術」。例如，最近半年，我們便試著和鄰里社區的中年婦女，探討「更年期」這個命名與標籤可如何被拆解拿開。

王　波：這是不是意味著「解殖」（de-colonize）與「去心理學化」（de-psychologise）是並行的兩種協同過程？無論是文化殖民還是心理學化，都預設了一種讓我們生活於其中的先定概念或範疇，由此或者塑造了我們的身分，或者規訓了我們的心靈。而您的在地實踐有意識地生產了一種作為其他可能選擇的「手工知識」，諸如「身心復元」和「活化社會關係的行動場域」等作為一種「拆解權力系統的解放性工具」（傅柯語）。

理論與其對象的關係來自於範疇，範疇決定了心理學研究對象的哪一個方面將被從前科學的現實中選擇出來進行研究。而傳統心理學對範疇的操作性定義往往無法抓住人類精神生活的本質方面。所以傳統心理學有時候會生產出一些在技術上具有顯著

性（significant），但在現實生活中卻常常落空的知識。而在我看來，您的工作與「批判心理學」息息相關。「批判心理學」不僅超越了對心理學基本概念和範疇的無思，還針對「一定的（資本主義）社會類型中的生活階段」中出現的特殊問題提出了新的革命性心理學範疇。比如針對資本主義條件下的人類心理和行為提出的「普遍化的行動能力」（generalized action potence）和「限制性的行動能力」（restrictive action potence）這樣一對概念。後者指人際關係中的工具性，放棄長遠目標以獲得短期利益的行為及導致異化的行為。限制性行動能力是資本主義社會個體典型的應對模式，它導致了僵化的和孤立的思維，充滿焦慮和內心強迫的情緒。其替代物就是號召解放行動的普遍化的行動能力。在這裡，批判心理學並不像傳統心理學那樣透過質詢（interpellation）將被試操作進入某種具體範疇中，而是站在主體立場針對資本主義社會特有的問題提出包含解放議程的革命性範疇，以賦權予「被試」改變世界的能力。您能具體闡釋下您所開發的一些革命性和解放性範疇（比如身心復元等，您為何提出這一系列「解放性工具」），及其是如何與人類精神生活的本質方面相關聯的麼？

夏林清：我是在 1980 年代末期第一次讀到歐洲活動理論和 Klaus Holzkamp 的理論。1990 年的一整年我帶著一堆田野資料（是指我自己的田野及實作紀錄，如《中國時報》工人們的工會籌組資料，和生產芭比娃娃的美寧工廠關廠抗爭）返回哈佛完成論文。當時我正經歷過《中國時報》工會成立抗爭、遠東化纖罷工抗爭和新光紡織關廠抗爭，所以搜尋找到了批判心理學的不同人物與他們的理論，包括美國工人教育的 Miles Horton 及社會治療的 Fred Newman。可是，我的指導教授 Donald A. Schön 要我寫一個「純然的故事」，不准我掉書袋用理論。後來，我才認識到他幫了個大忙，因為如此書寫時，湧現衝突的社會過程與其中不同行動者的樣態，以及我這名參與其中的行動者（研究者）和場中人的關係位置與情感均於字裡行間顯現。而這種置身於其中的處境知識可以得到被行動者辨識與表達的機會，會創造一種被自己與

他人肯認與審視的關係條件（是指關係的發生與發展是一種社會條件）；這種關係條件是行動者把握與展現實踐性智慧知識的謀略所生產出來的，而此一知識生產也會如鋪墊般，再創造條件支持了其他的行動實驗者。當「解殖與去心理學化的過程」和「研發能推進解放議程的實踐活動的社會介入（social intervention）過程」漸次發生時，實踐者的小社群就有機會長出來。這會是臺灣批判心理學在地性的發展起點。

另外，特別重要的就是，在全球化的語境中，人們在不同地方的社會生活仍是各有獨特樣式的。辨識自己所處的社會裡的個人與群體的心理表現，是如何反映了政治歷史脈絡與資本權力之社會機制的運作刻痕，應是心理學實務與理論工作者都需返回的根本處。我對中國心理學的發展，也特別在這一點上有所期待。

王　　波：鑒於您與中國學界多年的頻繁交往，不知道您對中國的心理學研究有何觀察或者更多具體的期許？

夏林清：就我對中國心理學的實踐與理論工作的發展提出一點點看法。我很希望中國的心理學發展能有多種樣式發展的可能，而不是被目前自然實證典範的主流心理學全然主導。但這會需要下面兩個條件：(1) 省級二本甚至三本學校心理學系及其所在學院對自己的處境與特色的認定。中國心理學系所在學院多元多樣，比如它可以設在教育、文藝、社科、理工、醫學與政法等等之下，這其實是優點，但在評鑑制度與一元化標準由上而下的現況裡，省級大學的特色不但不易被認可，還會被貶抑。這種對地方條件與歷史過程的不尊重是很糟蹋人與浪費資源的。(2) 心理學工作者能掌握思想與工作的方法，針對當代社會中，個人與群體的生活遭遇、生命樣態和求變發展的可能路徑持續關切。為什麼我沒提一本或幾個尖端的心理學院或系？因為依我的了解，這些院系的教授們要能不被多個項目與一元化評鑑標準追著跑好像很難，「人在江湖，身不由己」是最常聽到的結論！真切希望中國充分利用當前大好的發展機會，使心理學可以奠基於社會內部，並彰顯出歷史的進程。

參考文獻

程巍（2006）：《中產階級的孩子們：60年代與文化領導權》。三聯書店。

Miller（2003）：《福柯的生死愛欲》（高毅譯）。上海人民出版社。

第二章
一盞夠用的燈：辨識發現的路徑

夏林清

政治性的心理學者

「當窮人受苦時，當他們的溫柔與生命

已耗損殆盡時，你做了什麼？

我甜蜜國家的去政治性的心理學者

你將無能回答。

沉默的禿鷹，吞食你的勇氣

你的悲慘，啄食著你的靈魂

然後，你將在羞愧中沉默？」

（摘自 Fred Newman 改寫瓜地馬拉詩人 Castillo 之詩作〈去政治性的知識分子〉我在 2002 年讀到它）

老馬

總得叫大車裝個夠，

它橫豎不說一句話，

背上的壓力往肉裡扣，

它把頭沉重地垂下！

這刻不知道下刻的命，

有淚只往心裡嚥，

眼前飄來一道鞭影，

它抬起頭望望前面。

（臧克家 1932 年的詩，我在 1976 年第一次讀到它）

去政治性的心理學工作者

「心理學知識與方法」和「人與社會的發展」是在怎樣的關係中，發生著怎樣的作用？心理學工作者回應這一個問題的社會位置與發展答案之方法路徑的多元面貌，絕對是豐富心理學知識範疇與激盪心理教育專業社群發展的必要條件。如果我們進而探究心理學在任一特定國家中的發展對該社會的影響力量，就會進入視心理學知識與社群代表了怎樣的特定社會利益，而這些同或異的社會力道（social forces）又是怎樣的社會權力（social power）的工具或力量；這也就是拉丁美洲心理學者 Martin-Baró[1]所謂的心理學的政治面向（the political dimension of psychology）（Martin-Baró, 1994, p. 47）。

50 年代臺灣出生的我，年輕時就有意識地對付著自己的政治恐懼症，努力地、不順理成章地在臺灣歷史斷裂與政治壓制的環境中，變成一名去政治性的心理教育工作者；我對政治與歷史的覺察意識與我在心理教育領域中的實踐工作是相應聯繫的。

由 1986 年迄今，我以心理教育工作者的身分投入在草根教育與運動的方案中。在社會活動的脈絡裡，創造條件與發展方法以利弱勢社群的學習與發展就是我的心理學生涯的全部。在這些年中我參與了許多社會事件，亦記錄了系列的案例。生命選擇、專業發展與社會探究這三者，對我而言是合而為一的。這「合而為一」是一個關係看見與發展的整合過程。在行動中認識（knowing-in-action）（Schön, 1983）正是這三者間關係得以被發現、確認與發展的道理。

來時路的敘說與回觀

2002 年 11 月，輔大心理系 30 週年系慶「心理學的開展：創新領域、社會議題、方法論」研討會中，我以自我敘說的方式寫下了一個回顧自己的故事。在這裡，我使用這份故事文本作為自己和自己發展歷程回觀談話（back-talk）的材料，來和「敘說探究」（narrative inquiry）、「對行動反映」（reflection-on-action）、「視框分析」（frame-analysis）、「探究路徑」

（the path of inquiry）、「行動中反映」（reflection-in-action）與「移動探測實驗」（move-testing experiments）參照聯繫，做一些討論。全文主要結構成二大個段落，藉「來時路的敘說與回觀」說明「對行動反映」與「視框分析」和「敘說探究」的關係；「探究的路徑」則以「行動中反映」與「移動探測實驗」二概念為討論焦點。

一盞夠用的燈：一個敘事反映（narrative reflection）的故事

年輕時，鑽入體制隙縫，

一路找伴尋路。

三年前的一個夜晚，

突然見到自己佇立於廣袤黑暗中；

獨自穿越蒼茫大地的恐懼，

剎那間溶解回到無邊的暗夜天地之間。

生命在世，即無退路，

釋放還原了的恐懼，

在佇立獨行之際，迎風

撲面而過！

「千年暗室，一燈即明」

心燈如豆，夠用即可。

為什麼只需夠用的一豆燈？

因為這幾年的我，早已嵌卡在

綿密編織的結構層中。

在社會結構層的隙縫中，

撐出個夾層，

讓殘軀散魄有個喘息遊走的空間，

是我日以繼夜的工作。

夾層隙縫僅足容身，

結構牆垣密實堅硬；

「光」僅需照亮得到手足可觸之處，

如豆心燈映照著的是
往縫裡插針埋樁的功夫。

1. 小歷史

(1) 1953年陽明山山腳出生
外省眷村邊緣長大

爸爸離開情報局的決定，使我們三個小孩有軍情系統的兒時玩伴，卻無需喝其奶水，仰其鼻息。

由一個系統中做決定離開是要付出代價的，我爸付出了不小的代價；我們在這個代價中學得自在與尊嚴。

我家也座落在眷村之外，上學；我走過本省曹家聚落屋宅的廊簷窗下，走進外省眷村的子弟小學。

曹家聚落的豬、狗、雞味和眷村燒餅饅頭的味道是兩種熟悉卻彼此區隔的氣息。我在區隔之間走進走出！

眷村的男孩是試煉族群政治區隔的兵種，打架不算什麼。

眷村的女孩則在四通八達門戶洞開的家戶之間，玩得瘋瘋野野。玩得瘋野是一種極致的樂趣，回到眷村外山邊的家，則進入一種抽離的寧靜。

(2) 1964-1967士林初中畢業，1967-1970衛理女中畢業
考試與教養的馴服壓制

我在考試制度與對教養關切的夾層中，脾氣暴躁，令人難忍；玩得瘋野的餘燼延伸成逃離壓制、共生做夥的情義。S是牧師的女兒，是我焦孟不離的玩伴。

當我被老師指定練習平均台，一不小心摔下來時，她正用她修長棕色的身體翻起越過120公分。

牧師家庭西式的生活教化沐養了她在信仰中的琴藝，卻壓不住指尖重音，崩裂出的憤怒。

S是禮拜儀式的伴奏也是空曠教堂中發洩壓抑的琴手。

我媽也試過用鋼琴與芭蕾熏習我，只是小學三年級，這一切奢侈的習

藝就隨著滑落的成績戛然而止。

有伴的逃逸，充滿歡愉，35 歲時才知道 13 歲的雀躍興奮的親密是「lust」，也是「desire」。高中住進教會女校，是大哥、小哥當時額首稱慶，至今仍津津樂道的我媽的善舉。家中少了一個脾氣爆裂的物件，當然是一陣解脫！

這個脾氣暴躁的惡人，所記得的卻是刺骨懸梁的自律之苦。

初中每早的脾氣是對自己無法早起讀書的生氣，初三被送進好班，和 S 的分離失落在強鄰環繞的好班中，澈底的被抑制到考試焦慮之下，初三畢業，我被我媽送進衛理，她被她媽送回宜蘭蘭陽女中。

一切自理的集體生活場是我急促發育、騷亂失衡身心的馴養場。

入初一時，129 公分，初三畢業，132 公分，高三畢業時 156 公分，初次月經降臨於高中聯考的第一天！

自然捲的短髮在賀爾蒙與情緒起落的刺激下如鋼絲般豎起，功課壓力、量多的經痛，量身定作的胸罩、賽跑回宿舍排隊洗澡、洗衣曬衣、滿臉痘子，又做了二年負責洗廁所的清潔股長；自律，是自己馴服了自己！

暴躁的脾氣就這樣清除了，反骨往裡藏吸進了腹腔內。

(3) 1970-1974，大一保釣、大二尼克森訪中國、蔣介石逝世那年畢業禁制與發展

大一新生訓練，系教官在另一頭傳下單子說：「來，填一下入黨的單子！」前排有人說：「我要回去問爸媽。」教官說：「有什麼好問的，就這麼一個黨。」在這樣的年代中，同一年保釣學運卻在校園燒起！當學生集結遊行，校內與訓導長對談、校外與臺大學生會合時，我站在校園路邊震驚興奮地觀看。我的政治與社會意識在那一年啟蒙。

保釣學運驟起迅落，但已啟動了的提問卻如朝向多陽取暖的花莖，知道了它該朝向的方向。

大二，後來成為國民黨要將的年輕代課教授[2]，在教育心理學的課堂上激昂地敘說自己飛往香港看尼克森訪問大陸的電視轉播，我則在他的激越不平中接下他丟給班上無他人接住的英文書——Carl Rogers 的《On Becoming A Person》。這一個時期的我，一方面寫下自己大學最得意的教

心報告──「臺灣大學生的奴役性：由學習心理學來看」，另方面因課堂學習的不滿足自顧自地結伴到校外搞起服務性的小方案[3]。

保釣的震懾源自對體內政治恐懼的感應覺察，禁制的區域卻也正是探頭鬆動手腳的發展地帶！

(4) 1974 畢業工作，YWCA 三個月旅館櫃臺，救國團 1 年半解離與創造；1976 年出國，同年毛澤東、周恩來相繼去世，制式的體制內也有解離。玩耍休憩的空間被規訓馴服是被既定的邏輯擺玩，學會遊戲規則，熟練駕御它是邏輯內的贏家。

主動部分解離的人，爲了自覓生機，輸贏不拘，痛快與意義的追尋使他或往內或朝外長得古怪些。

旅館是家外的投宿，蘭陽育樂營是[4]校外的學習。二者皆預設了「回家」（青少年營隊是糾正式學習）的正軌，但也都提供了解離釋放，逃逸反叛的空間。

YWCA 的投宿客中，有家／枷所難容的伴侶；育樂營聚集了對社會規訓系統進行游擊戰役的青少年。我的腹內反骨感應著他們的召喚。

YWCA 與救國團在當時的政治局勢中，都是青年工作的當紅炸子雞，更是正當運用國家資源的「正確」機構。

在這樣的機構中，我像是初生之犢，興高采烈地做自己認爲對的事，卻正好搭上諮商專業在臺灣新興的勢頭。生命與時勢的機緣讓我成爲臺灣輔導界本土實務出身的先行者。

這二年，我剛走上專業的第一個起點，我家卻經歷了經濟與關係結構的解構。爸事業拖磨數年終結於欠債轉手，媽替大舅背了一身親朋好友的債務，大哥闖了情禍，一溜煙跑出國去了；小哥當完兵也出國了。外婆 1975 年 10 月肝癌去世。後一年，爸媽在重挫巨變後重新相伴生活，我陪了一年，是家中唯一的收入來源。

2. 社會脈絡中的專業行動

年輕時的熱情促使我在機構（當時是救國團）內膽大無謀地把手上的工作創新地搞[5]，1976 年秋第一次出國，在 Penn. State 只待了 11 個月，其

中只要有假就跑費城、紐約參加海外保釣學運尾聲零星的演講活動。以學運的角度來看，我並沒有躬逢其盛地投身，倒像是河邊的草木，在激越的水流漩渦中往下生長著地下莖。1977 年夏天回到臺北，保釣激流中鼓漲的社會意識，在二個月短暫地紡織女工經驗與半年精密電子女工宿舍輔導方案的社會脈絡中，轉化成日後專業實踐行動某種特定形式的粗胚[6]。25 年後重看當年的行動，由蘭陽育樂營（救國團張老師）青少年到工廠女工，我的專業行動形式的三個構成要件，在當時即已發生：下田野式的投入、經驗對照與認識轉化的社會活動設計及群體對群體的互動影響歷程。

下田野式的投入：

在蘭陽育樂營時，我得負責找足 70～80 名的青少年來參加，當時少年隊移轉來的約 30 名，還差一大堆，怎麼辦？我到火車站前的綠灣咖啡廳，在昏暗的燈光中，喝咖啡聊天混熟後，拉客！在五分埔平價住宅區街巷中找閒晃的少年聊天，拉客！那一年，在可免費參加三週育樂營的宣傳下，湧來了具有不同幫派背景的大小兄弟。

經驗對照與認識轉化的社會活動設計：

我們[7]曾經爲當年精密電子廠線上女工設計了一次「國賓大飯店早茶」的活動，設計的源由是和女孩們在宿舍看小說聊天時知道許多人假日上臺北，只在車站或西門町，而她們看到大飯店裡的人來人往，有些想像卻從未進去過。我們計算了一下，當時一碟點心是 15 元，如果我們一群十多個人去，分攤一下，還好！所以某個星期日早上，我們就帶著她們吃早茶去了！她們在國賓飯店內的感受與觀察就成了下二週小組聊天非常主要的材料。一個女孩對鄰桌媽媽允許小孩叫了又不吃的奢侈行徑，十分不滿；另一個女孩仔細觀察到了女侍應生對客人卑躬曲膝，迎合容忍的服務身段，對照自己在生產線的工作，她清晰地肯定生產線女工辛苦但無需看人臉色的尊嚴。這種沒有現在工具性專業包裹的活動設計，自自然然的帶領著我在青少年、在女工的日常生活世界中作用著。

群體對群體的互動影響歷程：

一個人是不能獨立弄一個方案或活動的，我老是和一小群朋友一起和

另一群生活在不同社會處境中，承受著某種痛苦辛酸的人們互動影響著，專業上可將它歸納為「團體方法」。但說它是團體方法時，自己和對方是怎樣不同的社會群體就去脈絡化的不見了，自己被對方生命經驗衝撞的影響也抽離忽略了。

(1) 專業方法跟著生命選擇走

1981 年在應心系與輔大輔導中心工作 3 年後，我做出了揚棄「治療諮商者」選擇「老師」（教育工作者）作為專業認同工作角色的決定。這個選擇在當時是逆勢而行的，因為各種外來治療風尚正在興起（Virginia Satir 1982 年來臺），做「治療」的專業評比身價又高於教師。然而，「教育者」比治療者、諮商師四通八達，它可上山下海地在人們熟悉的文化角色中推進關係，開展生命變化與學習的歷程；它在你我記憶與生活中，可以以舊瓶新酒之姿，通腸暖腹，「治療者」卻極可能上演穿新鞋走老路、畫地自限的戲碼。在做出這個選擇前，我剛走完了 2 年廣慈博愛院雛妓輔導方案，「唱歌」是最有效的輔導活動，「秋夜怨」是我向她們學的第一首臺語歌。在這個階段，我側身於大學教書裡，依賴一份穩定的收入安家，同時夥同助教學生，往外走是我生命選擇跨越界線後的專業路徑。

(2) 「組織」的故事：生命方案（life project）與社會介入方案（social intervention project）

「組織」有三層意涵：(a) 一個人如何「組織」（organizing）他的生活、生命經驗？(b) 一組人或一群人如何能組織在一起分工協作？(c) 當一個組織（organization）為了更能更有作用地推動社會變革而成立後，它如何掌握發展方向，踐行理想，修正錯誤，又倘若它無能修正錯誤時，它如何得以轉變或結束？參與在社會運動中 20 年，繽紛的故事散落在這三層「組織」的土壤中。任何一個社會介入方案，一定也同時是涉身或投身其中者的生命機遇與有意識選擇的生命方案。公娼抗爭及組織工作者王芳萍與周佳君的故事即為一例（王芳萍，2003）。

「生命方案」與「社會介入方案」是一對概念，我確實在過去 20 年中，看見了個人的生命選擇與他的智慧能力促使一群人得以在集體行動的社會活動脈絡中，發展出群策群力的社會介入方案，而許多個人的生命故

事亦因而轉折前行。「群策群力」這個概念彰顯了人的主體意識及參與實踐行動中的協作智能。

(3) 脈絡知識與實踐行動

越來越覺得，我其實參與在一個以實踐行動生產知識的社會歷程中。當你投身在一個實踐歷程中一段時日之後，你會發現當你需要對別人說明你做了什麼，又發生了什麼時，你必得敘說一個複雜的故事時，你實已立基於在地脈絡化的知識之中了。由實踐知識的觀點來說，任何一個實作的案例均是獨特的，即便當許多實作者的陳述，聽起來像是陳腔式的知識複製，看起來實作者也未能有意識地介入到問題情境中，推進一個細微的變化歷程（他可能較粗糙簡化地對待了生命現象的細緻辯證之處），但任何一個實際案例的現象場中，都發生與蘊涵著在地脈絡的與生命現象變化相關的知識；對認同於專業發展實踐的工作者而言，能磨鍊出對複雜人類現象中細微動態之生命經驗的詮釋理解能力，而這些理解同時又是可以轉化成適切到點的協助行動（有許多讀來擲地有聲的論述分析，是無法轉化成行動被實行出來的），正是知行合一的實踐知能。在我所參與的許多場抗爭案例中，社會實踐行動所辨識指陳與對話的影響歷程，像是一個社會彈道（social trajectory path），在日常生活中被政經、國家、制度等體制所壓制、馴化與束縛的尊嚴、慾望與能力，開始得到一個復甦（relive）的機會；這種復甦的學習發生在 Alex Honneth「社會學習」與 Voghosky「發展紐帶」（developmental zone）概念（夏林清，2002）所指認之經驗範疇內。我稱之為「社會彈道」，則是想捕捉集體行動中所共享之集體經驗的意像。

3. 人在歷史中

人的一生通過特定時空。在許多特定社會力量交織的某個歷史時空中，一個人有其身處的位置與流變於其中的社會力場，你若能覺察辨識承載你浮沉起落的社會力量，並能藉力使力，某個轉承運作的節點（nodal point）就在你的意識與行動過程中相應而生了。過去 25 年，有二個時空節點我清楚地經歷過，寫這一段時，武俠小說中凌空虛渡的意象出現，若

真有凌空虛渡的輕功，應該是對氣流、風及可著力之一丁點實物萬分敏銳與精準吧！

(1) 邏輯層次的混淆

1973 年的「張老師」開創了臺灣青少年諮商的工作，它是宋時選先生參訪美國「熱線」（hot line）後的作為，70 年代的臺灣，「張老師」設立在救國團之內，發揮了良好的政治櫥窗的效果；而這個小單位也藉由救國團遍及全省的勢力，傳播了心理輔導的理念。70 年代臺灣都市化與工業化，聚集在都會區周邊的青少年與年輕男女工人，在被問題化的同時亦成就了心理教育相關科系學生練身手的機會。作為政治櫥窗的張老師，被期望與要求要回應社會問題，虞犯青少年育樂營與工廠青少年的輔導工作，也只有擁有政黨與國家支持的救國團才可能有辦法調動資源（如軍方的協助）完成的工作。70 年代的「張老師」，在臺灣諮商輔導界，幾乎是各相關大學科系培訓實務新兵的練習場，它所援用的套裝同理心訓練及輔導員培訓模式，甚至延伸到各個教育與社工機構。Schön 以「科技理性」與「反映理性」[8]（Schön, 1983; Altrichteretal, 1993；夏林清譯，1997）的概念來分析套裝或由上而下的訓練模式；「張老師」套裝模式成功的輸送傳播固然亦反映了臺灣教育輔導界科技理性思維邏輯與官僚體制行政威權或領導（如任何什麼生涯輔導、兩性教育⋯⋯都是但由政令宣導方式往下輸送一個套裝的課程設計）的結合，但推波助瀾增長其聲勢的政治作用力與 70、80 年代心理教育相關科系年輕學生不滿學校內的學習、自尋出路的強大動力有關。對我而言，後二個社會力量導引我發現了實踐認識論的入口。「張老師」這樣一個以專業來號召義工，但其運作的邏輯卻不得不受限於組織所肩負之政治作用的機構，多年來一直賴以維生的二個操作邏輯，其實是錯置不當的。以義工為主要人力卻猛往「專業化」面貌發展，於是少數專張為了支撐龐大家業與社會責任只能不斷以模式化方案培訓一批又一批義工，身心俱疲而無法深化，同時年輕義工若自己無能察覺「小專家」套裝制服的誇張不實，就會一方面扭曲了「義工」素樸助人的原初精神，另方面僵硬鈍化了自己的耳目；這是第一個維生的邏輯。第二個邏輯則是它企圖（或不得不）以個人與團體人際層面的影響歷程來回應（解

決）社會問題。青少年犯罪與工廠青年問題都是 70 年代臺灣特定發展狀
況中顯現的特定現象（80 年代來到 90 年代，外遇離婚以致於現在的網路
援交亦為被問題化的二例），這些現象被社會問題化地予以標籤定性正是
國家機器管控調整社會秩序時的不義之舉，專業的實踐與反省力當然得破
解這一不義。在前一個階段的政治環境中「張老師」當然沒有這個可能
性！然而，這二個錯置的維生邏輯，是我年輕時挫折困頓的來源，卻也是
認識得以深化的力場節點。

(2) 實踐場域的開拓

1977 年初次出國回來，碰上鄉土文學論戰，讓我有機會見識政治運
動與文學運動間的張力；1986 年第二次出國回來，臺灣處在解嚴前夕，
積蘊於工、農、原住民與女人身上的動能，像溫度漸升慢火燉煮著的一鍋
稀飯。政治解嚴使得不同階級與權力處境中的人群各憑本事力謀生路，當
然多年黨外政治力量所凝聚的社會力，也在這個階段朝向政黨化的政治運
動走去。政黨政治運動處理了政治錯誤與壓迫的積怨，卻回應不了政經掊
制的生活權益與生命尊嚴的問題，這便是 80 年代後期社會運動的土壤。
那個時期我 36、37 歲修完博士課程，帶著 1 年的實習課與論文回來，其
實心中正在猶豫要不要寫論文，拿博士。當然，一如以往，我的這個決定
也不是在學院環境與學術生涯的生存考量下當機立斷地做出是否的抉擇，
這個決定拖了 5 年，直到 1990 年才決定回哈佛寫完論文。這 4 年的歷程
正是另一個實踐場域的開拓。

1986 年鄭村棋晚我 1 年回來，不久便進入了臺灣省總工會做組訓組
長，1 年後被《中國時報》找去做專跑勞工新聞的記者，同年，中時組工
會，鄭與 2 名同事因協助工人被免職。那二、三年不明不白，廠就關了，
失了工作的工人只有自力救濟（夏林清，2003），各個工會重組的抗爭事
件一件跟著一件冒出來（如中時工會成立抗爭、新光關廠抗爭、遠東化織
工會抗爭等）；面對這種情勢，我們只能找幾個夥伴，帶著學生下田野了
解實況，分辨個人、團體、組織與集體行動的不同層次，摸索工作方法，
要能幫工人建立自己的組織，又要一起在勞、資與官方的仗戰中不被打
敗，這種辛苦無比的工作真是一場接一場的社會鬥爭（social struggle）。
其實，當人文社會科學專業介入社會既存現況中發揮作用時，它的作用歷

程在社會影響的本質上就是進入了不同社會力量交互作用較勁的爭鬥場域。認清這一層，專業工作者就不會天真無邪地自以為是，他對專業知識與方法發展的看法就不會受限於某個特定社會的知識生產的體制與主流的論述說法。在這個階段中，田野調查的方法，組織與抗爭方法的發展及為了自主工會組織發展和工人學習而設計進行的教育與訓練方案均以十分草根的方式，一步一腳印地發展著[9]。在臺灣這樣一個與自身社會運動歷史斷裂，又與世界進步思潮運動隔離的地方，這一種社會實驗過程，得在被懷疑誤解為「有不明政治企圖的野心者」或「盲修瞎幹頭腦簡單的實務者」的壓力下，在工作中（都是涉及弱勢工人基本權益的複雜難題）靠參與投身者行動實踐的具體成果（如工會組成了勞資衝突沒有無聲無息地就被解決掉了），才得以爭取到具有存在價值的基本認同。「懷疑誤解」只會把人曲解定位，從而隔離孤立而已，日常生活人來人往之間，同事、同行與朋友或習而不察或有意打壓的貶抑評斷則更為傷人；不過當專業工作確實在實作中領悟到知行合一的實踐知識與社會問題環境變革之間的關係，唯有透過自己作做為一個介入作用者（亦即研究者）才能一窺堂奧時，這些社會壓力就是可承受的了！

　　總的來說，我對成人教育、社會教育、草根教育、基進學習、女性主義等等論述的搜尋閱讀及理解能力主要來自於由1986年開始投入的自主工會運動。它也使得移植應用歐、美知識成果的窘境沒有發生在我身上，因為臺灣任何一群為自己具體生活難題掙扎出聲的人們都彰顯了這一個特定社會歷史時空的脈絡特徵，而沒有任何一種方法是能移植適用的。因之，人文社會科學的專業，只要落實地面對特定群體，在地辛勤工作，掌握住認識的方法，經年累月地磨鍊描述詮釋與有效協助的能耐，在地知識的豐富與獨創性是必然會發生的。

(3) 社會力場中的節點與對抗點

　　「社會」不是一塊水泥構造物似的實體，它是一個動態的力量場域，動態是指變動不息，但卻不見得是發生新事物的演變，很多時候變幻現象場中「動態平衡」（dynamic balance）的機制不斷維繫著既存現況（the status quo）的不變。社工、教育與治療專業工作者終其一生的志業即在

探究個人、群體、組織與體制的變革之道，而個人、群體、組織與體制之間亦是互通聲息，交織作用著的。覺察力夠的工作者，工作的場所儘管不同，但他不會切割地對待這四個不同邏輯層次的運作系統；他對他自己選擇成為一個發揮特定社會作用力之變革觸媒的反省也是會樂意跨越專業化條框之限制的。能踐行覺察與反省自己的工作者較有可能發現與遇見正在掙扎著尋找對抗點的生命力量。Bell Hooks「對抗點」的概念曾協助我理解公娼抗爭的社會意義（夏林清，2002），一個成功的治療案例與一場成功的社會抗爭，主要依賴的是當事者與其生命困局纏鬥的力量，「對抗」是必然的，只是其對抗之表現形式風貌不一；工作者與當事者生命的結盟就是一個「對抗點」的展現。我將治療者、教育者與社會運動之運動者並列，正是因為他們都是對近乎無解之生命痛苦，與令人喪志無力之社會拑制深有所感，且總存留著壓箱底的熱情，等候復甦時機的一種人。然而，體制化的區隔時常中傷了他們之間的了解，也阻絕了生命掙扎與社會鬥爭經驗交融交織地生產智能的機會。

照見與看見

「一盞夠用的燈」的完成是意料之外的收穫。它是 2002 年 10 月為了輔大教心／應心／心理這一個 30 年二度更名的心理系 30 週年系慶研討會而寫出的文章，寫它是責任也是對這個容我棲身之所的感念。翁開誠以「小歷史與大脈絡」為題收住了我們這一代前後幾個人回顧敘說自己專業生命的邊界，開始下筆寫時，腦中並無譜。

往回看時，「題目」出現，「一盞夠用的燈」就由心頭流到筆尖。這一敘說本文的流動與完成是「照見」亦是「看見」。「照見」指文本中承載的「視框」對生命經驗的取捨與組織決定了敘說文本的主題與結構。在寫者敘說行動中「照見」本領的「映照」下，寫者與觀者得以相互地同時地看見與被看見。

自我敘說探究（self-narrative inquiry）與框架分析（frame-analysis）一個人「說自己」的行動本身也可以成為反觀自己的素材，因為敘說文本與言說行動本身即承載了說者的視框（frames of seeing）、看的方式（ways of seeing）與自己和自己、他者與世界之關係方式（ways of relating）的

訊息，當言說行動未展演表達之前，這些訊息未必是全然地被言說者所覺識的。綜理 Voyghosky 與 Wittgenstein 論述創立展演心理學（Performing Psychology）的 Fred Newman，就直言言說行動之本身對個體而言是發展的一個完成歷程（a completing process）（Holzman, 1999）。C. Mattingly 亦對故事敘說作為一種反映方法的理解簡要明晰：

> 故事敘說與故事分析能夠催化一種反映的進行，因為它涉及了一種引導實踐的隱藏性建構。故事指出了深層的信念與假設，而這是人們常無法以命題或概述形式來訴說但卻是導引他們行動的實踐理論及深刻持有的意象。（Schön, 1991, p. 236）

借用「照見」、「映照」與「看見」的光的隱喻來說，人的自我敘說文本與言說行動本身即因其承載之隱含知識（tacit knowledge）而具照見之特定作用。言說者針對自己的敘說文本與行動回觀審視時，自我敘說的探究歷程就在 Schön 稱之為「對行動反映」（reflection-on-action）的回視行動中啟動了。

這幾年，輔大應心／心理系諮商諮詢組多篇碩士論文都是在自我敘說之探究方法中完成的，對一個以培育教育者與諮商者為職志之系所而言，這一方法被學生探索與追尋相信是不難理解的。以我自己前面的敘說為例，「一盞夠用的燈」這六個字的題目以隱喻式意象的手法總結勾勒了我前半生（50 歲可以這麼說了吧！）生命與專業的實踐。這一小段文字中存在的元素——體制結構的變與不變和行動者（個人與群體）的關係與對生命獨自來去及有限作用之本然事實的指認是兩個被編織構連的元素。

循此回觀反映，我亦可接著指出其他段落文本中的視框特色。不過，我並不如此往前，因為本文的目的是借自己的敘說文本與回觀反映來勾勒說明行動研究的幾個核心概念。「視框分析」（frame-analysis）就是與「對行動反映」（reflection-on-action）、「敘說探究」（含自我敘說探究）相連繫的重要概念。

在行動研究中「視框分析」，是指行動者（即研究者與實踐者）是如何框定當事人和當事人與其系統環境之間的角色、作用和問題的方式。

（Schön, 1991）不論反觀自己或協助他人增加覺識提高其介入能力，能辨識屬於個人言行中的視框，並將之揭露反映出來是進行「反映對話」（reflective conversation）的基本要件：

介入視框（intervening frames）指當一個行動者要能在一特定場域中採取系列行動時，不論他是否清楚地覺識到，他一定已具有對這個情境的特色及其和自己行動之間「關係」的「設定」，這一組設定建構了這一位行動者的行動目標與策略；這一組設定為『介入視框』的特色。（夏林清，1999, p. 48）

Argyris 與 Schön 的行動理論對「信奉理論」與「使用理論」的區辨，以及他們所建立之反映對話與協同探究（collaborative inquiry）的方法就將對實踐行動的科學考察精神落實下來。依「信奉理論」與「使用理論」來看，辨識出一行動者的介入視框是不足夠的，因為行動者在行動現場中真實進行的行動策略，有可能和其介入視框不符合（mismatch），而行動者有可能或覺察或未覺察或為了掩飾其不一致、不相符而生產另一層防衛策略。看見人際行為互動之自我與相互建構之複雜性，並正視任何解構與變革之道是無法迴避此一複雜的人際行為共構之世界，是 Argyris 的行動科學對變革理論最重要的貢獻。然而，不論這之間的複雜性是那種風貌，行動者投身於變革實踐中的第一件差事仍是：

盡可能如實地以假設或前提的形式組織起自己對特定脈絡之現實（reality）的描述；而這些假設或前提對其他類似的脈絡是具參考適用性的。（Argyris & Schön, 1996, p. 75）

Argyris 十分行動邏輯式的陳述（盡可能如實地以假設或前提的形式……）是其行動科學操作方法所必須的要求，Schön 則以反映對話的方法鼓勵了不同敘說形式對特定脈絡之現實描述（Schön, 1991）。在臺灣的體制化教育現況中，學生敘說表達的機會與對話發展的教導關係是容易被犧牲掉的，被壓制緊箍著的生命對自由與想像的渴望，十分迫切地尋找允

許經驗流動感發生的方式與路徑；這就是為什麼許多碩士班研究生在臺灣近幾年多元方法論典範爭論的空間中，對敘說方法與行動研究方法報以熱烈回應的道理。當這種生命發展被體制化束縛的事實又是座落在對社會壓迫之覺醒意識低落、歷史遭斷裂曲解命運之政治環境中時，「無能言說」和「無以言說」幾乎是不少學生的樣態。於是，「自我敘說」幾乎是一個自我治療的悲愴樂章。

陳孟瑩的碩士論文《被封住的嘴：由探究他人到自我探究》的完成即為一個實例（陳孟瑩，1999）。孟瑩原先是要去了解國中小教師日常學校生活之社會建構歷程中的「教師的無力感」，她也下了田野做了詳實的田野筆記，然而行至中途自己一直是一個乖小孩與沉默學生的內在痛苦開始浮出水面成為了主題。她的成長與求學故事反映了不少人的共同脈絡——無高學歷的但靠辛苦工作自修考試，由基層小公務員一步一步往上的公務員家庭，小孩得以一步一步在父母安排下念升學率高的學校，這種成長歷程是二種壓抑的成品，對父母為了子女好的一種不得違抗的關愛意志的概括承受和升學紀律主導之私立中學生活規範的體制化鎮壓（用鎮壓取代常用的規訓一詞是因為體制規訓的做法已的確壓迫了年輕的生命迫使其往內自殘！）。請看陳孟瑩由國中的「觀看者」位置到高中憂鬱自閉式的每日私自流淚的片段描述：

> 我像是一個站在旁邊「觀看」的人，觀看著學校將學生分成二群人，觀看者與我相同「智能不足」的人被分到後段班，觀看著社會如何對待這二群人，以及這二群人的變化，看著時間的流逝，然而，除了觀看還是觀看，其他的，我什麼也不能做，我只能做一個「觀看者」。（p. 32）

> 國高中生活，較國小更加的緊密，上學的時間長，晚上再加上補習，隨著聯考的到來，寒暑假也常用來念書，學校早已幫你安排好如何的「過生活」，回到家，父母安排你如何的過生活，而覺得自己好像是行屍走肉。

> 在學校與家庭之間遊走，安排自己過更忙的生活，以麻痺那種會意識到痛苦的「痛苦」。我開始害怕過寒暑假，因為寒暑假，有太多的空閒時間，讓那種痛苦浮上心裡，努力的將心力放於課本中，讓自己沒有多餘的

時間去有任何感受。最大的娛樂，就是睡覺，沒有什麼動力去做任何事，假日就是睡覺，將自己沉醉於幻想之中，對任何事物，似乎是不太有感覺，反正發生了什麼事，也不會引起我太大的情緒，但重要的事，又會看到自己是「沒感覺」的，看到自己是有問題的，而這個問題又是不知怎麼解決的，有不知所措的無力感！我不再詢問有關「人生的意義」或是「如何能活得快樂」等問題，我知道那不但得不到解答，而且還會被人看成是「不知惜福」或是「挫折忍受度低」的人，我也不敢讓人知道我活的不快樂，不敢在人面前哭──我覺得連哭的權力都沒有。我也不敢去確定我的感覺，「我真的覺得很痛嗎？」我懷疑起自己的感覺，別人說你「應該沒有痛的感覺」，我為我感覺如此清晰又找不到出路，感到不知所措。（p. 33）

　　日記是個人最私密的東西，國一時我便開始寫日記，寫私人日記時，他人是不在場的，應該最可以隨心所欲的展現自我，然而，我總是感到「他人在場」。事實上，他人是不在現場，但「他人」已存在於我心，連最私人的空間也被占據而無法保有它，我感到無比的恐慌。開始回家把自己關在房間裡，也許在此時，我才覺得有些喘息的機會，有時，在房間裡，會久久的，不知原因的大哭一場，一出房間，我又恢復了「正常」。躲在房間裡的時間太多，被爸爸說我是有「自閉症」，我不只覺得我有「自閉症」，覺得還可能是「憂鬱症」！「惡夢並未因此而終止，「它」也用另一種方式表現出來，我開始出現身體上的毛病：小時候的身體本來很好，很少生病，但是從國中之後，我開始常常生病，沒多久就要感冒一次，媽媽說我是缺乏運動，但我覺得恐怕還有其他的原因。最痛苦的就是午休，每天中午剛吃飽飯便要趴下來午睡，總覺得胃裡的東西還沒有消化好，趴的動作又把胃壓著很不舒服，常常會胃脹氣，午休時間，我好像沒有幾天是真的睡過的，但又必須強迫的趴在桌上，到打下課鐘（終止午休的鐘），我每天幾乎都是第一個起來的。除了胃脹氣，開始會有氣悶的現象，常常覺得胸口有一股鬱氣難以紓解；開始會腰酸背痛，到高中時，我每天放學回家，我的腰只能支撐我到十點，十點就要趕快去睡覺，否則腰會痛到受不了。這個社會並沒有因此放過我，因此而鬆手，它更進一步的來侵犯我，就是將我「定罪化」，訂名為「自閉症」或是「憂鬱症」。（頁34）

　　正是陳孟瑩發生與通過了一個自我探索的發現之旅後，她得以精鍊地說明「乖」是一種「抗議」：

　　「乖作爲抗議」的處境是很尷尬的。在主流的社會中，我們不與主流靠攏（既然作爲「抗議」也就是對主流文化的不滿）。然而，來到改革團體，因爲「乖」的束縛而難以接近，所以總是站在中間，向哪一邊都難以跨越。這種人也有一種特性：封閉性，由於向哪邊走都不對，向哪邊走都受到挫折，因此，就常常封閉在自己之內，內在充滿了掙扎，卻也因只在自身內而不輕易開口的特性，使得彼此更難以找到相同之人可以支持與支援。朋友的這句話，我開始把我們視爲「一類人」，然後想起了我們這一類人的處境：各自在邊緣的位子做「垂死的掙扎」。

　　陳孟瑩在通過論文探究歷程後，清楚地描述她所體認到心理治療專業實踐與自身內在所共同擁有的在名之爲「病人」身分中的生命經驗：

　　一如當初進入心理系以及心理研究所，「自助而助人」是我的初衷，然而回想二十幾年的教育生涯，到底學到了什麼？是否學習以某種特定的眼光來看人，是否學得一種我比你有「知識」的專家姿態？是否是自負所學的知識卻實際上是以狹隘的眼光來「協助」個案？封上了「諮商師」、「治療師」、「助人者」等好聽又有權威的名號後，在這些名號的光環底下，我們是否忽略了什麼，是否因爲這樣的名號與頭銜而自得意滿，把個案真正的樣貌給扭曲了？研究生的身分是否穿上了一件美麗又保護的外衣而以「病」的看待呈現在面前的個案？許多的疑惑或許正是來自身爲弱勢「病人」的心情而來的，當我學習著如何做一個「治療者」與「研究者」的同時，內心裡「病人」的身分一直向我提出「警告」，使得我感到強烈的分裂感。這樣的分裂感也許正是從小到大體制在每個人身上的形塑的影響，也正是身爲知識分子所遭遇到的難題。矛盾與衝突存在自己之內，存在我與指導教授之間，存在我與受訪者之間；對於「研究者」、「被研究者」、「治療者」、「病人」、「教師」、「學生」這幾組關係身陷其中的糾纏，又苦無解決之道。於是我想至少不要再複製，不要再製現存的關係，

以最純然簡單的方式將故事呈現，期待能縮短這幾組關係的距離，重組這幾組關係的對待方式。（頁83）

　　陳孟瑩的故事僅是這些年學生們的一種追尋在臺灣環境中，能與其身、他人與體制環境間複雜關係相呼應且又能被他們自己所使用之知識。過去10年，在協助與推進學生或在職工作者實踐能力往前的路途中，我的確一再體認到臺灣這個特定環境中，「敘說自己」的強烈動能，當我們把這股強勁動能放置到臺灣近40年二代人成長的社會變動過程中來看時，C. Mattingly 對反映性故事敘說與行動研究關係的說明，指出了理解這股敘說行動能量的歷史性的入口：

　　亞里斯多德視敘事為再現行動世界的自然框架，此一觀點最簡單的闡釋是敘事鏡照了行動世界，它告訴我們發生了什麼大事。在現代與後現代時期，故事鏡照了行動世界（擬態觀點）的這個概念不再受到歡迎，因為很明顯（而且具有認識論的重要性）的是：任何行動的再現也只是一種詮釋，所訴說的故事只是眾多可能性中的一種。（Schön, 1991, p. 248）

　　我視自己與學生們的努力是一種企圖，企圖在被粗暴快速工業化與國家機器力圖現代化之社會機制所壓縮承擔、扭轉糾結著的生命經驗中，進行觀看與敘說的突圍求生與結盟發展的雙重策略，而在觀看與敘說的協作關係中，尋找再現的詮釋面目與能引導自己行動向前的方向。我認為這是一種集體關係與共享知識的創作，因為我們努力地辨識與探究自己與他人的可能性－協作地發展－在臺灣特定歷史時空中演化轉進的社會過程。

探究的路徑

1. 探究的路徑與脈絡意義

　　D. Schön 在 1991 年所提「探究路徑」的概念可以引導我們將實踐者與其介入其中的情境視為一整體，從而探究二者之間的來往作用，Schön 視之為反映研究的一種方向：

　　在每一個不同的案例情境中，實踐者均在一開始先形成一理解該情境及問題現象的視框，並設計行動介入，該介入行動再帶動了後續的探究路徑而導致最後的後果；針對實踐者在每一案例中探究路徑的特性，後果及脈絡意義進行研究。（Schön, 1991）

　　以「一盞夠用的燈」為例，我可以審視自己在 20 歲到 50 歲的實踐為一個具有方向性的序列移動為探究路徑，亦可以審視每一方案或與一特定對象群的互動為一案例，來看介入的探究方法、後果與歷程。「探究路徑」的概念所映照的是行動者的介入策略之設計、展演（perform）特性、其作用影響的效果以及所彰顯出來的脈絡意涵。「一盞夠用的燈」中，有年少時生命本能的求生存與發展的策略，也有成年後有意識的社會行動與專業實踐的策略。

　　視行動者為策略性行動者（strategic actor）（夏林清，1993；夏林清，2002），描述記錄其行動的策略，同時辨識其介入行動中所承載的視框，並視後效作用為行動策略之重要構成部分（即行動的後果）並對「後果」負起面對與檢查的責任，彰顯了「探究」的第一層意涵，亦即探究行動介入與既存現況變化之間的關係。將行動後效的考察納入到行動者的實踐責任之內是 Argyris 與 Schön 實踐方法的重要設計。

　　這一層的探究設計一方面防止了行動者不面對自己行動對他人與環境之影響或無效性，另一方面也就減少了行動者和其實踐脈絡距離化（distancing）閃躲逃避的機會；因而，特定實踐方案或持續實踐努力在一特定社會過程中的脈絡意義也才有可能被辨識與發展出來。

　　心理學與教育界的許多朋友常會覺得我搞了很多不同的方案，但若由探究路徑來看，每一個方案都是一具方向性的社會實驗，而自己對實踐行動後果的面對與方向感的堅持接續是探就路徑的浮顯，亦是社會實踐特定路徑的發展。

2. 移動─探測實驗（move-testing experiments）與行動中反映（reflection-in-action）

　　行動後果和該行動為一整體的觀點引導我們進入 Schön「移動─探測實驗」的概念。移動─探測實驗是 Schön 視行動者為其介入行動之實驗者，進而提出三種實踐實驗類型中的一種 [10]。Schön 對移動─探測實驗的簡易描述是：

　　將行動的後果和這一行為視為一個整體。你喜歡你在行動中所得到的後果？如果你喜歡，這一移動就被肯定；如果你不喜歡，它就被否定。（Schön, 1982）

　　Schön 亦以下棋為喻來說明人在複雜情境中的行動。一個人在下棋時意外地下了一步好棋時，不會因為它的結果是出乎意料之外便否定這步棋帶來的作用。重要的是對後果的喜歡與不喜歡，可欲與不可欲的部分均能如實看見才得以設計下一移動。也因而，行動實驗的科學性就在於它同時對下二者同時予以考察：(1) 行動者行動設計與執行之視框，推理論斷與策略表現，和 (2) 其後果效應及其反饋作用的人際建構。另一個 Schön 所提出對應複雜情境中人的行動實驗的概念即為「行動中反映」：

　　「當某個人在行動中進行反映時，他就成為了實踐脈絡中的一位研究者，他不是依靠既存理論與技巧的類別，而是針對一獨特的案例建構了一個新的理論。他的探究並不限在為達成先前所設訂之目標的方法與手段裡，他也不會分割地對待目標與手段，他視目標與手段的關係是互動建構的，就如同他對一問題情境的框定一樣。他的思考是不會與實作抽離的，他做決定的方式是一定可以轉化成行動的，因為他的行動即是一種實驗，他在行動中推進他對事物的探究。」（Schön, 1983, p. 68）

　　Schön 這一段話極為整合精鍊！你幾乎不可以拿掉任何一個字或忽略任一句話。以「一盞夠用的燈」專業方法跟著生命選擇的那一小節中，所

提及揚棄「治療者」認同「教育者」的決定來說，這個角色認同的抉擇行動是具有脈絡意義與督促實踐深化的後效作用的。這個選擇事實上是一項有意識的抵制行動，抗拒了西方資本主義社會中所發展成形之強調個人適應的心理學[11]與市場導向工作模式對專業的體制化與窄化。

這一「抗拒」是在地實踐的思考結果，亦是以變革欲望動能重新框定「老師」角色進而轉進到後續行動方案的決策方式。在那一個角色認定的選擇之後，我於 1983 年再出去念書 2 年，才水到渠成地接上 Schön 與 Argyris 專業實踐批判反思的路線。在 1983 以前，我其實不知 Schön 與 Argyris 是何人，即便 Argyris 在當時已是一號人物。1986 年開始在臺灣再出發時，和中、小學教師、工人婦女等族群的關係便都是在教育者的身分下發展的。

再用另一個近年來的實例來說明。

1997 年我參與臺北公娼抗爭，1999 年成立了日日春協會（性工作者關懷互助協會）。日日春以關懷性工作者、推動性工作者除罪化，與性產業合法化爲職志。當時，成立「日日春」的決定亦是在 2 年艱辛抗爭歷程中，對臺灣性別與階級之社會壓迫體認深刻，由社會實踐的角度觀之，我們的體認是屬於臺灣社會集體經驗與歷史的一個部分；如何做決定接續地實踐下去？「日日春」協會的成立便是拿起這一實踐立場與責任的決定。2002 年下半年，北市公娼制度已廢，性產業全面地下化；臺灣政黨政治的惡質環境讓性產業合法化，性工作者除罪化的相關法令的修訂不易得到立法諸公的垂青；縱然 1997 公娼抗爭的力道確實在當時性道德汙名壓迫的長牆上打開過那麼一個洞口，然而僞善道德的社會與政治機制也未嘗停息過它黏糊補洞的社會功能。在這樣的處境中，「日日春」決定了推王芳萍參選 2002 年臺北市市議員選舉，主打單一議題：性工作者除罪化、性產業合法化。

整個參選的過程亦爲一次移動—探測的實驗。文化性活動（街頭表演、行動劇、國際娼妓文化節、論壇、社區公園晚會）與候選人沿街拜訪就是所有的選舉活動。這一個移動探測的實驗帶領我們在選後決定將日日春的日常工作移師至歸綏街春鳳樓（舊的娼館原址），以春鳳樓茶館爲名繼續以文化活動方式推進工作。在 2003 年的春天，臺灣的媒體可能已十

分厭煩政黨政客們無休止又無啥趣味的政治技倆，日日春茶館開張的消息竟意外地得到媒體的關愛（2月16日中國時報為一例）。報端記者報導所激發的各種想像與記憶，驅動了一波一波的人潮把小小的春鳳樓擠得水洩不通。我們3位工作者與少數義工在忙累至極中仍得對這一非預期的空前盛況進行反思，這也是「日日春」這一種拓荒性社會方案精采與重要之處。「日日春」執行長王芳萍在選後回顧參選的一段話就充分表達了這種實驗性：

重新看我與自己、我與政治、社會關係。選舉不是為了傳統選戰定義的以選票多寡看輸贏。我們在試，「性交易」議題與社會的互動。及政治行動可能的方向。嫖客拜訪競選總部、匿名性工作者關懷的來電、花街柳巷區色情產業的模式……、性與階級鑿烙在生活中的印記，在選戰過程中浮現。接近群眾找答案，恐懼不是那麼緊跟著自己了。「選舉」可以不必用固定的成敗定論來看。把它視為一種「探究行動」的設計與過程，確實，是「行動的持續探究」，才能讓事物得以繼續綿延發展，才能讓歷史有條件說話或發生前進的作用。（2003，3月22日，行動研究學會2003年會）

在這樣的實驗過程中，「在行動中反映」的方法與能力是重要的。2月16日中時新聞報導後的二週「春鳳樓」茶館滾滾人潮中，中、老年男性居多。這些男性中的許多人都帶著他們記憶中和這一個行業的關係與經驗來到「春鳳樓」。

「日日春」工作者在川流的人潮中努力使訪客能駐留片刻，以便能在交談中了解「訪客」的社會面目。在性工作被道德汙名化的社會現實中，「嫖客」是和妓女一樣被汙名的，「春鳳樓」的男性訪客們就給了我們重要的機會來重新認識他們。以日日春工作者鍾君竺為例，所謂的「在行動中反映」是什麼意思呢？鍾君竺的三則工作田野紀錄是這麼描述著的！

68歲的先生，講話有點C，想看A片，不喜歡紀錄片。講起多年前臺南娼館「點燈盤」的典故，他說那時小姐前面都會擺一個小盤子，裡面

放一支菸，一杯酒，如果客人中意小姐了，便上去將菸點著，小姐如果也願意和這個客人交易，便將點著的菸接過來抽，妳一口我一口的抽到房門口去。他說到現在還會去萬華找流鶯，但不是真跟流鶯交易，而是進房後就跟小姐聊聊天，給一點錢，「因為小姐都有不得已的苦衷。」小時候家裡也是民生西和延平北附近的商家，80 幾歲，一直到初中念的都是日本學校，功課好（後來念臺大）又愛玩，18 歲時就夥同七個死黨（被當時父母鄰居說是「壞孩子」）一起來公娼館。第一次就是在公娼館啟蒙的，但可不第一次進來就有膽量交易，他形容第一次進來時「皮皮剉」，只敢點菸盤，到第五次了才敢和小姐進行交易。他來時，正是因為最近要和那七個死黨見面，所以想來春鳳樓看看合適不合適。軍校年輕學生，第一次來時看公娼啟示錄，看到一半就出去哭，找他聊時他很自然地說起父親的奮鬥史，從白手起家開一家小店到玩大家樂輸光家產、再到現在開一家佛具行，賣些拜拜會用的東西，家道起伏很大，所以看到公娼的處境特別覺得同情與理解。（鍾君竺，田野筆記，2003 年 3 月）

　　鍾君竺可能在二個小時內接待招呼了 20 幾位訪客，和其中 3 位有機會交談了 3～5 分鐘到 10 多分鐘不等的時間，在當場她需憑她在接觸交談中的了解立即生產往前探究的方向與行動。

　　鍾君竺在當下行動中所展現的了解來自於她之前的生活、學習與工作經驗中累積與形成的視框。易言之，當鍾君竺已經能夠在忙碌應對中寫下了如上的描述時，表示她在互動的當下即已具有了某些能轉化成探索關係之交談行動的了解能力；但對要負責探索「春鳳樓」可以如何發展出一個在臺灣妓權現況中，具有召喚特定群眾，且能創造有意義的參與學習空間的經營方式，這一件複雜、創新與開拓性的任務來說，鍾君竺必須得視來訪人潮、媒體反應與互動事件為社會現象，對這些現象進行反映理解，且同時看見自己作為一場中介入者的言行舉止和這個場的互動建構關係。倘若它能夠如此進行反映思考，她在一週前（人潮未發生前）和一週後對「春鳳樓」這個物理空間的人文空間理解已然變化了。這一較先前更為豐富複雜的了解亦自然地要求著鍾君竺做出後續的決定與行動。Schön 所提出的行動者與環境的「反映對談」（reflective conversation）與認識架構的

實驗（frame experiment）就是勾勒這種行動中認識歷程的概念。

我曾於 1986 年將我對 Schön 的理解以圖表示，現修正該圖於下頁。Schön 的貢獻在於他辨識與指認了「了解與改變」這一辯證相生的認識歷程是實踐者社會踐行中的科學探究邏輯！

再返回〈一盞夠用的燈〉。今日再回觀 Schön 與 Argyris 於 1983-85 及 1990-1991 年對我的教導，感激之情依然清晰強烈，除此之外，更見到行動探究方法對專業實踐的整治之功。因為，只要專業工作者抓緊這一實踐方法，香蕉式、買辦式、學院式與盲修瞎鍊的專業工作者的各種合理化、商品化、工具性或意識型態掛帥的說法與做法都會有機會被揭露、釐清與發展的；當然，我並不那麼簡單純然地是一個方法論者，即方法論的立場與實踐是否一定帶來揭露、澄清與發展的機會？這之下存在一個政治問題！我對這個政治立場的確認來自「一盞夠用的燈」中自己身上屬於臺灣此一特殊歷史實體中的體認，而這一體認也在 2002 年夏天在美國批判心理學與社會治療者 Fred Newman 的實踐中獲得了支持與參看！

接續斷裂的歷史

Newman 在論及憂鬱症時說！「在歷史裡，我們無從失落！」（Out there in history, we are not vulnerable to "loss"），當我選擇以去政治化為前言時，這篇文章的寫與說就是「完成式」中的一步而已。

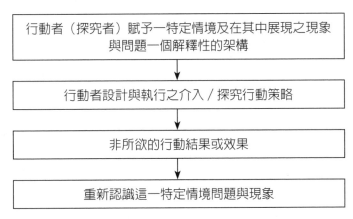

行動者認識架構的實驗：反映對談的認識歷程

　　人與社會的發展是永無止境地完成發展的進行式，我在心理教育的實作方案中，重新認識心理學的知識與方法，這一個發現與尋找的過程同時也是一個成年人「去政治化」的變化歷程。我發現心理學方法的學習使我在實踐中初步具備了對社會現實開放探究的能力，而這一在社會現實中探究的能力也才使得臺灣歷史政治的斷裂與鎮壓經驗，不再經由一隔離的否認機轉，繼續阻隔我去發現心理學在歷史中的位置。因此，我僅認為20多年的社會實踐不過令我初探接續斷裂歷史的意識與基本工夫；但這一看見亦拉大加深了照見自己有限實踐作用的時空視域，可說可行與可再重說與再重構的差事也就又生出了好幾件！就下回再說吧！

註釋

1　Martin-Baró，薩爾瓦多西班牙裔神父，終身致力於建立拉丁美洲解放心理學。Martin-Baró 於 1986 年在薩爾瓦多被暗殺身亡。

2　大二時，已過世的鄭心雄老師剛由威斯康新大學取得諮商博士回國任教，當時政大教育系教授胡秉正先生因病住院，他開的教育心理學便由鄭心雄老師於學期中間接下來。當時恰逢尼克森訪中這件大事，在當時那個消息封鎖的年代，鄭心雄老師還特別搭飛機到香港去看電視轉播。當然，我們的課堂也自然是他表達政治見聞的空間。

3　我最早的一個自主性服務方案是大二時和柯華葳（曾任中央大學學習與教學研究所）一起用唱片與吉他帶領小朋友的教育性活動。當時我們自己四處詢問何處有當義工（這種名詞在當時均未被使用）的地方，結果我們便在救總辦的教養院找到設計活動與帶領兒童的機會。

4　蘭陽育樂營是救國團張老師青少年幼獅育樂營的前身，民國 76 年蘭陽育樂營轉為幼獅育樂營，這一轉折在地點參與、青少年的年齡與來源上均有變化。地點由礁溪明德訓練班轉到大溪（後來再有其他地點），地點的改變是有意義的。
　　明德訓練班一向是軍中嚴格管訓不良士兵的營所，蘭陽育樂營則與少年隊合作，以三週暑期住宿營隊形式吸收12～18歲屢犯青少年與少年隊管訓青少年；到了幼獅時期則年齡降至12～15歲，來源也轉與國中輔導室合作，以國中推薦參與之青少年為主。民國 64 年我是負責蘭陽育樂營輔導活動的組長。由活動設計、培訓帶隊義工、招募湊足 70 人的育樂營與完成三週住宿隔離式的密

集輔導活動和後續 3 個月～6 個月每週一次的小組小團體輔導是我的責任。

5　我接下蘭陽育樂營工作的一個主要方向便是如何不再只以軍中輔導教官與義張輔導員扮黑白臉的手法馴服當年稱之為不良或非行之青少年，我也就走訪了當時剛回國在彰師大任教之宋湘玲老師，請教結構性小團體方法，同時力邀吳就君與吳靜吉老師訓練義務張老師。吳就君的訓練團體（training group）與吳靜吉的創造性身體運動方法，是那二年育樂營輔導員急就章但卻具創造彈性的專業滋養。

6　1977 年夏天我到桃園大園鄉某一紡織廠當了 2 個月的女工，恰好和當年夏天甫由南部國中（屏東內埔的客家女孩為主）剛畢業的 15 歲小女工做同事。在當時，我的這種投入方式當然不是基於什麼對方法論的認識，而是在啟蒙了的社會意識下，一個社會熱情的出口。然而二個月的工廠女工生活的體驗卻自然地給了後來對專業知識與方法追尋的方向感。

7　當時，我和陳䫆（現馬偕醫院精神科資深社工員）、潘英海（曾任中研院民族所研究員）與林友文（文化兒福畢業的義張，現人在國外）組成了一個小團隊，自己寫了案子和精密公司人事部洽議，接下了宿舍輔導的方案，後期鄭村棋亦在潘英海的邀約下加入工作。為了這一個實驗性方案的進行，我們也找了吳靜吉老師進行督導討論。

8　Schön 清楚指出科技理性的三個基本的假設為：(1) 實務的問題可以具有通用的解決之道。(2) 這些解決之道是可以在實務情境之外的地方（如行政或研究中心）發展出來的。(3) 這些解決之道可以藉由出版品、訓練、行政命令等等途徑轉換成教師行動；而反映理性則持三種不同假設：(1) 複雜的務實問題需要特定的解決之道。(2) 這個解決之道只能在該特定脈絡中發展出來，因為問題是在該脈絡發展與形成的；實務工作者更是其中關鍵且決定性的因素。(3) 這些解決之道並不能任意地用到到其他脈絡中去，但是它們可以視其他實務者視為工作假設，並在他們自己學校的環境中進行檢驗。（夏林清譯，1997，260）

9　1988 年我和鄭村棋開始帶領幾個學生進行關廠事件與小外包廠的田野調查，同年開始有學生在大學畢業後進入當時新興的自主工會當祕書。日日春祕書長王芳萍就是當年在中時工會成為抗爭後的第 2 位工會祕書。第 1 位是臺大城鄉所學生黃麗玲。為了和投身運動與進入田野的工作者進行討論，我們便於 1988 年成立了一間小小的工作室，1989 年則正式命名為臺灣勞工教育資訊發展中心，運作迄今。1988、89 年我們亦為了協助中正機場桃勤工會發展中正機場工會聯合會，進行了一系列的勞工人際關係學習團體與工會教育講座，當時的上課地點是在南崁一間三太子廟的二樓，因為當時桃勤工會的常

務理事丁水龍是那間廟的主要支持者，我們才有空間可借用。

10 D. Schön 在《反映的實踐者》一書中（2004 年 9 月由遠流出版），論及「行動中反映」的結構使用了探索實驗（exploratory experiment），移動─探測實驗與前提─檢測實驗（hypothesis-testing experiment）這一組概念來闡釋行動現場當機立斷之行動實驗的嚴謹性質。

11 我在這裡指的是許多以個人作為一種問題標籤化的心理學分類知識，或是忽視了各種不利個體發展之文化社會條件作為影響人們發展樣態與表達方式的社會力道（social forces）而只強調人對社會環境的適應功能作為適應良好與否，心理健康與否的心理學知識與方法。

參考文獻

王芳萍（2003）：〈與底層女性親密前行：探索鬆解關係的路〉。行動研究學會 2003年年會發表論文。

夏林清（1993）：《由實務取向到社會實踐：有關臺灣勞工生活的調查報告》。張老師出版社。

夏林清（1999）：〈制度變革中教育實踐的空間：一個行動研究的實例與概念〉。《應用心理研究》，*1*，33-68。

夏林清（2002）：〈基進的學習空間：投身涉入與親密了解〉。《應用心理研究》，*13*，149-155。

夏林清（2002）：〈尋找一個對話的位置：基進教育與社會學習歷程〉。《應用心理研究》，*16*，119-156。

夏林清（2003）：《由實務工作到社會實踐：臺灣勞工生活調查報告（1986-1992）》。張老師出版社。

陳孟瑩（1999）：《被封住的嘴：由探究他人到自我探究》。輔仁大學心理學系碩士論文。

Altrichter, H., Posch., P., & Somekh. B.（1997）：《行動研究方法導論：教師動手做研究》（夏林清譯）。遠流出版社。

Argyris, C., & Schön, D. A. (1996). *Organizational learning II: Theory, method and practice*. Addison-Wesley.

Holzman, L. (1999). *Performing psychology: A postmodern culture of the mind*. Routledge.

Martín-Baró, I. (1994). *Writings for a liberation psychology* (A. Aron & S. Corne,

Eds.). Harvard University Press.

Newman, F., & Holzman, L. (1996). *Unscientific psychology: A cultural-performatory approach to understanding human life*. Praeger.

Schön, D. A. (1983). *The reflective practitioner*. Temple Smith.

Schön, D. A. (1991). *The reflective turn*: *Case studies in and on educational practice*. Teachers College, Columbia University.

第三章
平民角落：自身處境的抵抗與轉化

夏林清

1975 年　22 歲的我正式進入臺灣心理輔導領域；我是 5 位第一任專任張老師中的一位，編號 9 號。

1981 年　我揚棄了「心理治療者」的意象，逆勢操作（心理治療在專業市場價碼上高於教育者）選擇了「教育者」的認同。（夏林清，一盞夠用的燈，2004a）

1987 年　由解嚴前後迄今，和一群投身在工人運動、教師運動與妓權運動中的工作者，推進了一個又一個的心理教育方案（夏林清，1999、2002a、2004a）。2005 年因著輔仁大學 80 週年校慶的機緣，規劃與進行了「歷史中的心理學」方案，和學生們來回北京與臺北，探索著輔仁心理學學長們的行路軌跡，思索著不同時空中心理學工作者的關聯性。「政治歷史皺摺中的心理教育工作者」是自己為 30 年的工作所做的一個定調的命名。[1]

　　這篇文章就是要由這個命名開始回觀疏理並陳述心理教育的實踐工作對心理學知識在地發展的取徑開拓。

由實務工作到社會實踐

　　由 1975 年成為一名專職的諮商輔導實務工作者開始，「實務工作」的社群（心理、社工、教育專業及草根組織）就是我認同投入與選擇支持的；由 1987 年解嚴前後迄今，運動取向的社會變革（movement-oriented social change）亦是我一直投入的範疇，因而「社會實踐」成為我統攝回

觀自己與學生們實作的立足點（夏林清，1993）。由認同「實務工作」到定性實務工作即「社會實踐」是我個人得以不受臺灣心理學知識「基礎」與「應用」勞動分工之位階分化的箝制，它同時也逐步彰顯了一條不去政治化與去規訓馴化之抵制對抗的專業實踐路徑。不論是年輕時卯力學習過的團體動力、心理劇與身體工作，或是博士階段受教於 Chris Argyris 與 Donald Schön，對行動科學與專業實踐的學習，都是當自己有意識地將自己嵌卡在臺灣社會不公義體制結構處境中，謀求進路的他山之石。我個人所經歷發生的並非個別化的孤立現象，逆向而行的行跡反映了臺灣 70 年代與 80 年代心理學領域的發展條件、在地脈絡與知識權力和物質資源的地景形貌：

> 「我視自己與學生們的努力是一種企圖，企圖在被粗暴快速工業化與國家機器力圖現代化之社會機制所壓縮承擔、扭轉糾結著的生命經驗中，進行觀看與敘說的突圍求生與結盟發展的雙重策略，而在觀看與敘說的協作關係中，尋找再現的詮釋面目與能引導自己行動向前的方向。我認為這是一種集體關係與共享知識的創作，因為我們努力地辨識與探究自己與他人的可能性——協作地發展——在臺灣特定歷史時空中演化轉進的社會過程。」（夏林清，2004a，頁 147）

　　作為一名入行 30 年的心理學工作者，我經歷了臺灣心理諮商／教育輔導／治療領域專業發展樣貌的一個特定切面（夏林清，2004a）。這一個切面是許多實務工作者都經歷但對其所蘊涵的社會政治機能卻不見得有機會辨識與言明的。我由 1977 年就開始在輔仁大學心理系任教，主要教授團體動力、生涯發展、家庭關係與行動研究等課程，1989 年成立研究所開始招收碩士生後，我開始援用 Donald A. Schön 之「專業實踐者（reflective professional practitioner）」的理論與方法，與翁開誠協作，努力發展一個立基於實務工作中的專業知識路線，以下陳述這一發展過程。

立基於在地實踐脈絡的選擇

　　每位進入心理諮商與治療領域中的工作者，都學習與使用過「個別」

與「團體」的方法，重點是在臺灣的脈絡中，實務工作者是在「怎樣的在地脈絡」中「如何」使用方法的？他的「使用行動」參與在社會現況中發生了怎樣的作用？他又是「如何面對與反省」自己介入行動的後果作用？把提問的焦點由與概念模式吻合否（我做的是哪一派，像不像、對不對……）轉向對「脈絡化」與「如何」的探究，發現與發展在地實踐知識的抉擇機會就會出現了！這種機會是具有方向性與政治性的，因爲這樣的提問會帶領實務工作者經由自我反映通向對既存現實（the existed reality）的建構與既存現況（the status quo）變化與否的探究。實務工作者對自身這個「我」作爲介入媒介或變革工具的反映，也同時將他的這個「我」與他所對待來往的他者及特定現況間關係的辯證張力拉到可公開考察的亮處。因此，我年輕時期在心理輔導領域中的投入，對我最大的教育不在於特定輔導與治療知識和方法的熟練，而在於當特定的做法介入了既存現況時，它啟動了一個，我對已被問題化之個人與群體身上，所展示的、建構其成爲問題點的脈絡化叢結的看見、聽見與尊重的過程。看見的是，他（他們）作爲客觀社會存在的主體是如何承擔住強勁細密之體制化作用力量；聽見的是，他們在體制化作用力量所加諸於其身的、具強制性的適應馴化要求中，所發出的生命掙扎與扭結抵制的聲音；尊重的是，生命無時無地皆有可能發生的奮起鬥爭！這是一個實務工作者的社會學習歷程（夏林清，2002a），而這一個社會學習歷程中內含了一個對現代心理學不當移植的、辨識與拒絕的抵制性自主歷程。

我的社會學習與抵制性自主歷程的啟蒙處是 70 年代臺灣四個被問題化的群體：孤獨流離於都會中近似「發病」卻不可能就醫的青年個案、逃家輟學的幫派或被標籤化的不良青少年、盛行鑰匙圈遊戲的男女工人與廣慈博愛院收容教育的雛妓（夏林清，2004a）。在以助人工作者的社會身分參與到這四個群體被問題化處理的社會過程裡，發生了破與立的兩個作用：

1.「破」解現代心理學不當移植套用的抵制性自主

對專業科系畢業的實務工作者而言，發現課本與課堂上知識體系對回

應人們困境難題的不適用幾乎是出校門後 2、3 年中的共識，然而這一發現不必然帶領實務工作者走進立足於在地脈絡的實踐位置，除非他能由實務工作裡每日遇見的殘局與爛攤中，體悟到了二種權力的運作痕跡：「基礎與應用主從關係所預設的實證主義現代主流心理學的知識權力」與「科技理性管理操作的體制權力」；並在體認權力運作的痕跡時，願意和資源與利益集中的主流化道路分離。

我應該算是臺灣心理輔導機構培養的第一代專業工作者，在 1972～1982 年間，接受了鄭心雄、劉焜輝老師個別諮商的教授，又在吳就君與吳靜吉老師的示範帶領中，熟悉了身體運作的創造性方法與訓練團體（training group）為基礎的團體動力與心理劇方法；也參加了 1982 年 Virginia Satir 的臺灣家族治療工作坊。在出國念書時再追本溯源地參加了國家訓練實驗室（NTL）[2] 的團體訓練，塔非史塔克大團體訓練與熟悉了第一序、第二序的改變理論（Wtzlawick, Weakland, & Fisch, 1974/2005）。然而，這許許多多的「專業」資源（含人脈關係）在我選擇了「教育者」揚棄了「治療者」的認同點（夏林清，2004a，頁 137-149）上，就不再具有專業化的市場價格與專家化形象積累的效用。這個認同的選擇一方面帶領我離開了 80 年代臺灣開始流行的各種治療風潮，另方面就去蕪存菁的憑藉著我對「團體方法」與「諮商治療」的掌握轉向前行。「團體方法」是「對民主化探究歷程的追求」，「諮商治療」是「發展能真切聽見，如實懂得他者的關係」。那麼，經由「動態過程」與「發展中的關係」對「變」的理解及自身參與其中的作用過程就是能耐磨練之處了。於是，移位到社會田野中，在社會活動（日常生活活動、工作活動、抗爭活動與教育組織性活動……）的脈絡中發展能動的關係與追求民主。

2.「立」足於社會田野的嵌卡存在

「心理學是有用的，但你應當面對社會，心理學一支腳在實驗室裡，另外一支腳踏在社會實踐裡。」（孫昌齡，「輔仁 80」，2005）

二足分立，來回奔忙，日以繼夜的白天一個工、晚上一個工是 1986

年迄今的生活方式。二足分立於學院教學研究工作與解嚴前後社會運動的萌發現場，這之間所存在的階級區隔與社會距離創造了強大的實踐張力，正是在這一強大張力中來回工作，我形容自己是「嵌卡」在結構中（夏林清，2004a），「嵌卡」是不得脫身，也不允許自己輕易逃離。在這一張力場中，我曾在描述不同案例的文章中，爲辨認實踐歷程的開展與作用而發展了一些概念。[3] 學院內培育助人工作者的教學位置與教育實踐的社會田野創造了二足分立的張力場。下面分別以投身於社會運動中心理教育工作者的實踐取徑和學院內教學與學生論文生產的實驗來說一個「心理學知識方法」和「人與社會發展」關連扣合的故事。

穿過解嚴，走進基層：
社會變革取徑的心理教育工作者

1987 年臺灣解嚴，我由 1986 年在哈佛進修兩年後返臺，正趕上解嚴前社會動能騷動不安的時刻與社會這一股壓制已久，尋求變革的動能共振，我開始在學校教學研究與校外社會參與著；1989 野百合學運衝擊了那幾年的大學生，因而解嚴前後興起的自主工運吸引了一小群年輕大學生的投身（張育華，2006；顧玉玲，2005）。這一支工會組織工作者的小隊伍[4]一路學習如何與工人協作參與了多個自主工會與聯合會的成立與發展工作，稍後亦因著工作的發展成立了數個 NGO，並於 1999 年籌設了蘆荻社區大學（李易昆，2003）。

由 1987～2005 年，臺灣政治發生了政黨輪替與國族主義的戲碼，臺灣經濟的產業結構則已根本性地變化了，合法外勞、非法黑工與臺灣失業工人交相編織支撐著勞動市場的地景。臺灣自主工運由興轉弱，政黨政治吸納的 89 年野百合學運菁英分子已是政黨政治演出要角，而我們仍在基層工作。18 年前二十出頭的大學生，如今已邁向 40 歲的中年，18 年的運動實踐夠辛苦卻值得，因為在歷史的記憶裡，能在基層位置裡穩定的、相互支持地磨練著社會運動的草根方法，卻沒有因政治壓力而短命夭折或各自棄離遁逃，算是不易了！它當然算是臺灣人民民主力量的一項成果。目前的這個階段，我們正努力創造條件讓這一集體之路徑與行跡的實踐知識

得以辨識與表達出來。

在基層的位置幹活

> 我有幸，長期貼近基層勞動者奮力搏鬥、挫敗擠壓、長出／或沒能長
> 出力量的歷程；我有幸，共同參與衝撞體制的抗爭，並撕裂般地被滋養與
> 改變。如果我大量使用「我們」作為敘述的主詞，那確實是因為行動的背
> 後是組織性支持力量，而熬夜打拼的素香、靜如、燕堂、醒之、競中……
> 也是作者欄中必須被併列的名字。（顧玉玲，〈得獎感言：記錄、發聲、
> 實踐〉，2005.10.11，中國時報）

沒有在基層的位置中持續不懈地工作，就不會發展出基進的方法，也
沒有任何一個社會可以移植另一個社會所萌發的路徑與方法；然而工作者
記錄、回觀與反思的知識，卻可以如穿越時空之如豆燈火，使其他在暗夜
中摸索前行的工作者，得以藉些許亮光，辨識自己眼前形勢與舉足落腳之
判準。

為什麼選擇在「基層的位置」中工作？道理很簡明，基層的人口眾
多，勞苦大眾的他者容顏就在你左右；再來，「基層」即政治與經濟權力
的中、下層，資本主義工業管理體制與政治權力的運作系統皆由上而下操
弄著。位居較高社經位置或選擇順流謀利的專業工作位置在其自身物質條
件受階級政治權力保護的同時，失去了許多對層疊交錯的場域張力是如何
摧逼壓迫著人的具體接近的機會，工作者在基層較有機會面對利益取捨的
生命抉擇。

25 歲那一年的 7 月到 9 月，我由美國回來，進入了桃園大園鄉的紡
織廠，做了 2 個月的女工（夏林清，2004a）。離開時認清了一件事：我
無法改變我的階級出身，但我可以改變我參與的位置。這個體悟是重要
的，「階級」的「類」和「成員個體」的選擇層次得以不被混同，而複雜
的交互滲透作用是需細緻辨認的。然而，階級背景及其所挾帶的資源與養
成的生活習性像是一張黏著在屁股上的椅子，這把椅子不會因為我往工廠
蹲就消失了，但我至少可以做決定帶著它移動。帶著它移動到勞動階層的

生活與工作環境中時，這把椅子的優越條件就立即在對照中顯現，譬如，15 歲的女工沒有退路，只能在強度紡織廠的勞動中被操磨適應，而我可以困乏遁逃。位置選擇是一種自由，它來自於對階級處境與文化歧異敏覺辨識之際對自身投入的承諾；使用這一種選擇與承諾的自由，同時就啟動了面對利益取捨衝突的立場抉擇。

如果說，我的 70 年代末的「工廠生活 2 個月」其實是一個「實務工作者」在左翼運動思潮衝撞下，對大理論與熱情革命想像的一次壓抑著政治恐懼的孤獨實驗[5]，那麼在 1987 解嚴後自主工運與 1990 在野百合學運牽引下投入到社會運動中的工作者就顯得吾道不孤了！至少，有那麼一群人投入到解嚴後的社運中，而得以在政黨輪替的政治運動中，對照突顯了五年級生往上的政治菁英權力路線與往下扎根的實踐路線。（張育華，2006）這種對照對個人、集體與社會另類發展的想像對實踐思想具有啟蒙作用：

人們是如何和他自己的社會位置發生關係的？如何維持自己在一特定社會位置中的利益？他們在什麼樣的條件下會放棄他們的利益？或是為自己的利益奮戰？或是選擇一種適應的策略？（夏林清，2002b，頁 135；Honneth, 1991）

社會探究的實踐者

對我而言，對研究方法典範所彰顯之意涵的理解，並不在於它們在學院內爭鬥方法論典範的戰鬥力，而在於它在一個特定的社會過程中，面對特定社會群體及其所生活著的問題處境，力圖探究社會變革（個人、集體及制度）路徑時，對行動者辨識現象場域複雜性與行動抉擇有效性（有效指的是對互為主體／主體間協作關係的發展）的作用。這其實正是 Donald A Schön 在闡釋「行動中反映」（reflection-in-action）概念時，指出的實踐者的行動即為一種實驗，而其行動是要被置放入實踐者的探究（inquiry）中來看待的（Schön, 1983）。在受益於 Schön 與 Argyris 之教導後，援用 Schön 的專業實踐與反映思考方法到臺灣時，我卻由一開始便

使用「社會探究」與「社會學習」（夏林清，1990）來界定我們在臺灣的實驗。

倘使我們回溯到行動研究與變革知識在西方社會現代心理學中的發展脈絡，Kurt Lewin 這位被稱為「團體動力之父」的社會心理學家，由德國轉到美國落地生根的知識探究取徑，在 50、60 年代於美國被接收的變化、吸納的方向，就恰恰和我們相反。Lewin 在 1940 年代中，提倡為社會變革（social change）服務的社會心理學知識，他在發明了訓練團體（training group）的原初方法後不久，便因車禍死亡。他的理論與方法，在 50、60 年代美國大型企業與中產社區興起的社會脈動中，被吸納轉變成了以服務於社區領袖和企業組織發展為主的行動研究。「社會」兩個字其實是失落了！正是在怎樣社會位置中的實踐者選擇如何實踐的差異決定了方法論與知識論的選擇與發展樣態。同理，Paulo Freire 的成人解放教育源起於巴西農民識字教育，歐洲 60、70 年代學生運動與反戰運動也是今天批判教育學與批判心理學萌芽的溫床。而當蘇聯發展心理學家 Vygotsky 在遭史達林鎮壓多年之後，卻在美國分別被實證主義心理學工作者與批判心理學工作者，在不同的立場上以不同的手法援用、闡釋與發展（Holzman, 1999）。

我對知識論與方法論典範分辨的能力並非仰賴學院的學術訓練，而是源自由年輕一路走來的政治覺察和社會運動的參與，亦即我一直未從在具體問題環境中企圖回應特定人群實際生活難題的這個處境位置中離開過，我曾用「專業方法跟著生命選擇走」來勾勒自己的這個發展歷程（夏林清，2004a），它也就是理解「基進」（radical）為澈底或追根究柢回到根部的一種面對社會正義的姿態立場。我也就稱在探索這樣一條道路的人為社會探究的實踐者。在這樣的方向上，我們這一群穿過臺灣戒／解嚴年代，走進基層的工作者，十餘年來的實踐反映出了怎樣的知識與方法呢？

社會田野中的群際動態關係與活動介入

一個人是不能獨立弄一個方案或活動的，我老是和一小群朋友一起和另一群生活在不同社會處境中，承受著某種痛苦辛酸的人們互動影響著，

專業上可將它歸納爲「團體方法」。但說它是團體方法時，自己和對方是怎樣不同的社會群體就去脈絡化的不見了，自己被對方生命經驗衝撞的影響也抽離忽略了。（夏林清，2004a，頁 137）

　　寬廣一點地來說，任何一種心理團體方法的目的都朝向個人與群體在其生活處境中自立互助（含相互依靠支持）的能力增長，那麼「敘說表達、經驗對照、脈絡化理解、認識轉化與行動實驗的學習歷程」就是團體方法的精要之處；這也是對 Kurt Lewin 研發之「訓練團體」（training group）、「生活空間」（life space）、「動力場域」（dynamic field）、「社會變革」與「行動研究」概念的體悟。更精確地說，由 1975 年在吳就君老師所帶領的訓練團體中初識團體動力開始，30 年來團體動力的方法被我去蕪存菁地依不同社會田野群際動力的發展現況，以不同形式的團體運作方式整合在社會變革／運動取向的工作過程裡。Kurt Lewin 英年早逝於美國，他對於社會變革的知識取徑並沒有在其美國弟子的工作中有明確的彰顯。在 50～70 年代與世界風起雲湧社會變革風潮脫落隔離的臺灣長成的我，反而在對抗政治壓制之抵制性自主的追尋歷程中扣著「社會變革」發展著心理教育的方法。

　　這一種社會變革取徑的做法使「團體方法」轉化成了系列社會活動：一組或多組參與者經驗學習的活動形式，它可以名之爲「人際敏感度學習」、「工作坊」也可以是「論壇」與「展演」。易言之，去其固定形式，以如何有利於特定對象的學習，由社會群體問題處境、生活困境與身心困頓的轉變的考量點來設計介入方法，開展一場參與變革與共同學習的實驗就是「團體方法」。讓我以「群際動態關係與活動介入」的觀點來說明團體方法實驗方案的幾個示例；方案踐行過程中工作者與參與者的轉化會激發草根團體的成立或接續的社會實驗方案。我視 1983 年以前的實踐經驗爲自己實踐方法粗胚形成的階段（夏林清，2004a）。

　　在團體中「認識」不同的人，特別是不同人社會存在的位置和這些位置間所存在的社會關係構形（configuration）的表現樣態與運作機轉，同時反身自省地覺察與運用自己作爲改變的促動者，是社會變革取向團體方法的基本工夫。當工作者將實踐定向於社會變革〔含個體之內、人我之

間、團體作為一個整體（group as a whole）與群際之間的經驗〕時，他的實踐是一定不可能只依靠或操作某種他所習得與精熟的團體模式；團體中隱然湧動的群際關係得以如實、適時地被參與成員辨認、揭露與對話，也就是社會學習與共同體（社群）開展的探究歷程了。依對團體方法的如上界定，在不同時間點上，我曾具體設計與使用團體方法到教師社群、工人社群與成人學習者社群。[6]

Kurt Lewin 的場地論（field theory）在 1951 年提出，而踐行其場地論的方法則是他在美國發展出來的訓練團體（training group）。Lewin「訓練團體」方法的核心即在於對「團體過程的動態變化」與「此時此刻」（here and now）互動建構的覺察、反映與介入解凍的學習（Shabber & Galinsky, 1974/1987）。Lewin 場地論的創發來自於他第一次世界大戰的參戰經驗，同樣地，英國團體知識與方法的領航者 W. R. Bion 與 S. H. Foulkes 亦築基於第一次世界大戰後的社會復元動能中（夏林清，2002c）。英國因其社會之威權關係模式穩固，同時與歐陸心理分析理論與方法之關係亦較美國直接，所以 Bion 與 Foulkes 所發展成形之小團體與大團體方法融合了心理分析、客體關係與系統理論。與 Lewin 之方法相同的是，二者皆以無結構的團體過程取向為其操作方法，但無論是 Bion 或 Foulkes 則皆意圖反映與解構威權關係模式中固著的情感結構；指團體成員情感與行為模式中和權威角色之關係模式的緊密構連，正是社會關係中存在的這種構連維持了動態平衡，卻實則不變的人際行為世界結構。當然，若往歐陸看過去，法國與德國亦皆於 1960 年代末到 1970 年代分別由集體潛意識與意識型態的分析對團體方法發生了重要的「破」英、美心理治療團體方法模式化操作形式的貢獻（夏林清，1992）。接上此一「破」處，人們日常生活與社會運動的田野中便處處見到團體動力的示現了！

我對歐美大、小團體方法的理解與使用便是由這一破處轉折生根。亦言之，我在 1974 年開始接觸小團體方法後，便一路按圖索驥，對於操練這一種可操作之教育介入方法對一個社會民主經驗的立基式作用未曾鬆手。在我的實踐中，它是我的視框（frame of seeing）亦同時是介入的方法（method of intervention），只是對我而言，「團體方法」的操作已不是一種諮商與治療情境中的運作形式，它已轉化成不同的運作形式，它亦是

開展認識歷程的重要取徑。易言之，只要有人群在、有對話發生，轉化團體既有結構變與不變的參與機會即存在了。

1. 社會田野

「社會結構性生活環境」、「體制化存在處境」與「群際社會關係脈絡」的構形對一名實踐者而言，社會田野不是人類學家參與觀察建立扎根理論的田野，也不是批判教育民族誌學者參與觀察的現場與回饋討論的關係；它是實踐者在投身涉入與他者發展關係的過程中，得當機立斷（on-the-spot）將其當時的理解轉化成可介入的行動與活動，因而對他來說，名之為「田野」的社會場域中的複雜與流動的現象訊息是要被他由一個行動探究的關切點來組織整理的——即形成他以社會變革取徑產生對個體、群體及制度的理解，此一理解無必要要求論述式周延與過於複雜，而是要能被實踐者轉化成自己往前探究的實踐行動。這一個知識辨識與轉化為行動的關切點便是實踐者抵抗主流意識型態與學院知識權力的立足點。站上這一個立足點，磨練自己對當事人社會結構性生活環境、體制化存在處境與群際社會關係脈絡構形的辨識理解，並同時轉化成自己的實踐行動，這就是在地實踐的專業能耐。這一組概念呼應著階級處境，與體制化社會機制的社會學概念，語詞差別說明了對實踐者而言，這三個概念是要被用來理解個人與群體存在與生存的樣態，而實踐者的理解是和他可以如何生產介入行動，以有助於這些他者朝向「自立自強與參與改變不公義體制」的方向發展。也是這一實踐旨趣的價值立場，這使得這三個概念之間的關聯方式和多數社會學概念的作用不同。

2. 組織與教育間分立轉化與涵化統整的交互作用

長期在社會運動田野中工作，組織者（organizer）運動者（activist）與教育者的名稱與組織（organizing）、動員（mobilizing）與學習（learning）之間的作用關係確實困惑著不少實踐者。2002 年我開始著手回顧書寫自己的實踐經驗時，重讀 Myles Horton 與 Paulo Freire 的對話錄（*We Make the Road by Walking*, 1990），其中的一段話使我得以辨認自己

實作案例中，組織過程與教育學習歷程間存在著分立轉化與涵化統整關係：

　　Saul 說組織（organizing）過程教育了人。我說教育使組織成為可能，但二者有不同的利益與著重點……。別人設定我們是一組織者的訓練學校（指高地民眾學校），但我一直說不是、不是。我們辦教育，而後他們自己組織起來了。他們成為組織者或是運動組織中的教育者。我們不是做技術訓練，我們看重你分析、表現和與他人發展關係的方式，這是教育。……如果解決問題是目標的話，有很多方式都比透過一個教育過程要來得簡單。解決問題不能是教育的目標。它可以是「組織」的目標。這是為什麼我不認為「組織」和「教育」是一件事。……組織者投身在一特定目標的達成中，這一目標或是指向一結構性變革，或是為資本家服務強化原有系統。這個問題是令人困惑的，因為許多人使用組織和動員做了一些教育，便認為已達到了「充權」（empowerment）。但更常見的卻是他們在這個過程中以專家姿態教導他人，以致於反而貶抑了他人的力量。……一個組織起來的經驗（an organizing experience）可以是教育性的。但它必須是與要以實踐民主決策為目標並存的，就是使人們參與到民主決策過程的行動中而非只要一個權威的領導者……（Horton & Freire, 1990）。（夏林清，2002b）

　　Myles Horton（1905-1990）與 Saul Alinsky（1909-1972）均為 1930 到 1950 年代美國重要的實踐者，Horton 是投身在社會變革教育與工人組織權利（education for social change and workers' rights to organize）的教育者，Alinsky 則是社會運動中（由工運到社區運動）的組織者，Horton 於 1932 年於田納西創立高地學校，Alinsky 於 60 年代末成立培訓基進專業工作者（professional radicals）的學校。兩人投身作用的場域與作用角色的不同是 Horton 對照陳述的背景，我則一方面參與到工人運動團體之組織內部（這個運動組織內部成員的位置，持續鍛鍊了我的介入能力，促使組織化的過程立基於成員自我轉化與協同學習的關係發展）；另一方面則在運動投身的基礎上，以教育者與研究者身分開拓著專業實踐與草根成人教育的

基進路徑。20 年來，我在工人運動和學院教學研究二者的投入的本身就是建構了一個張力場域的演進歷程。「張力場域」是一個實踐用語，這是指實踐者在特定的社會脈絡中行動時，持續感知場中或隱或顯之個體之間或群體之間存在的作用力量。我的實踐位置使得我辨識「個人對自己與他者之社會存在覺察認識的學習歷程」和「共同學習與協作關係得以有意識地被個人與群體共同創造的發展歷程」的雙重歷程，並靈活對待相互可能牽引的作用關係。因實踐者力圖有效介入以促動變革與學習，所以他是有感有知地活在張力場域中的，「張力場域」是實踐行動在社會田野現場指認構做出來的學習空間。

3. 張力場域的建構與矛盾涉入的對話

工人運動中的兩個示例（勞工人際藝術學習團體與工傷俱樂部及工傷協會勞教講師培訓[6]）均是在已組織起來了的自主工會組織的工作脈絡中，為推進組織發展、達成特定目標或解決特定問題而設計的團體活動。

1988 年，在自主工運興起的過程中，桃園中正機場桃勤工會、復興空廚工會與機場免稅商店工會共同推動中正機場工會聯合會，為了促進各工會理監事及會員們對聯合會的認識與發展彼此的關係，臺北勞工教育資訊發展中心（我是創始人之一）便與桃勤等工會合作，我們設計了一組勞工教育的課程，其中包括了勞工人際關係學習團體。我負責設計課程並協助基層教師真實教育連線（基教前身）中受過小團體方法訓練的團體催化員擔任學習團體領導員，中國時報工會幹部擔任勞教專題講師。當時的團體不只促進了中正機場工會聯合會的成立，亦深化了不同工會相應共存與異同連繫的成員相互的互動與認識。1995 年已成立 4 年的工作傷害者協會，為開發工傷者本身工傷經驗中的知識並促使工傷工人自己做講員，我們設計與進行了故事團體，工傷協會在這一次有效使用團體方法之後，後續在 1999 年組織亡者家屬的工作與 2002 年承標與完成「勞動工人敘說：書寫生命故事與口述歷史」的研究案中，均靈活應用了大、小團體的方法（顧玉玲，2004）。這兩個案例均是在一個運動組織中為了達成該組織在特定階段中的發展需要而設計的團體方案。同樣也是在一個已成立的組織

內持續運用團體方法但它的探索性質明顯高於完成特定的發展目標，蘆荻
社區大學的發展過程是這樣的實例。

　　1999 年我帶領一小組工作者開始在臺北縣蘆洲與三重地區籌設社區
大學，第一個學期湧入了 452 名學生，而 70% 為在地婦女，平均年齡為
45 歲。面對這種狀況，我們立即變動了原初由黃武雄教授等人所設想的
課程概念，設計了以女性經驗為主的學習課程，團體分享與社群支持關係
是貫穿課程設計的軸心；2001 年蘆荻社大已穩定住了學員人數及課程結
構，社群內分享與交流活動活絡，然而以在地勞動與小店家、小廠主為主
要背景的學員身上攜帶與積澱著豐富卻糾結壓制的婚姻與家庭經驗，於是
我們由 2001 年開始設計了家庭經驗工作坊，在社大中庭的開放空間內每
1 年半到 2 年就舉辦一次，女性課程與家庭經驗工作坊在社區大學課程更
新的實驗歷程和學校開放支持社群的發展過程分別具有重要的轉折、涵化
與整合作用（王淑娟，2005）。

　　1986 年，以中、小學教師的主要參與成員的圖書會與團體督導訓練
和 1998 年「第一屆性工作權利與性產業政策行動論壇」[6] 則相對地較彰顯
了因學習的深化而轉進到一個民間小組織的成立。基層教師協會是一小群
中小學教師成立於 1990 年的教師組織，然而這個協會得以成立的「發生」
歷程是長達 7 年的一階段轉進到另一階段的團體活動（由成長團體到跨校
督導討論團體，再到教師讀書會）的發展脈絡。同樣的，2001 年行動研
究學會的成立與 2005 年勞動家長協會的成立，也是在以學習為主的社會
活動（如論壇與工作坊的設計）中，衍生而來的組織。行動研究學會的成
立過程亦是中小學教師群、大學負責師資培育工作的教授群、大學社工、
心理、衛福等系教授群與成人草根教育工作者之間知識權力張力關係的發
展歷程。為什麼說是一個發展歷程？因為這種群際之間實存的、承載知識
權力與階級資源差異性的社會關係，是在共同發展協作方案與參與學會組
成的過程中被個別與集體行動者辨識並轉化到溝通行動中，或提出要求或
進行協商；群際關係是在學會籌組過程中，是在具有張力的溝通對話中呈
現並變化著的。由公娼抗爭事件到日日春協會成立的示例則是一個在抗爭
張力社會現場中進行集體學習的團體方案，把握妓權運動在地實踐方向，
日日春工作者一路開創了多種團體運作方法與文化表達形式相混同整合的

社群發展方法（夏林清，2002a）。「張力場域的建構」（TFC）與「矛盾涉入的對話」（CEC）則是在社會不同現場裡，工作者在團體活動中推進行動探究的二種主要的作用。

若以前述 6 個示例來說，由「公娼抗爭」轉進到「日日春」則是兩種作用等量齊觀交織運作的示例，蘆荻社大家庭經驗工作坊、中正機場聯誼會勞工團體與工傷協會故事團體則是涉入到個人人際與團體矛盾經驗的對話先發揮了作用，特定焦點學習得以被勾勒的張力場域才隨之產生。中、小學教師由成長團體到基層教師協會成立的過程則與公娼抗爭示例相同，兩種作用等量齊觀交織作用，但其發展歷程則表現出抑制與模糊化張力關係的特色。在多年與中、小學協作的工作經驗裡，這一特色正反映了臺灣教育體制對教師日常生活環境的模塑機制（夏林清，2002b）。

運動投身中的我群關係與自我轉化

上一節提及選擇進入非專業制式化環境工作的工作者，如同社會田野中的實驗者，學院所預設之專業知能與自身作用的方式是絕對會在投身過程中被解構與重構的。在西方現代心理學移植置入臺灣之社會過程裡，最需要在學院與專業制式化工作環境外投身之工作者，進行實踐知識整理的價值。在社會田野基層位置中工作的投身經驗絕對已然引發了「我群關係」（含對個體、群體與體制環境和人之間關係的深刻理解）與工作者自身轉化的兩大交織生成的經驗範疇。

任何一位實踐者的介入行動會反映了他對現況可以如何變化的認識和他自身的能力與限制；同時他也就立足於自己介入行動的參與點上，實踐者也就作為整體現況的一個構成部分，經歷與探究著社會變革所指涉的一個複雜的社會過程。「介入」同時意指自己將自己「卡」入一個特定的位置──在特定社會脈絡中，以自己的條件和能力所能取得的一個行動的位置。

易言之，實踐者是作為一名特定處境中的行動實驗者，有意識地選擇設計與實行他的想法與做法。這麼做時，一個自身、他者與系統體制交相作用的變化歷程和實踐者自身所具有的庫存經驗一定是同時或顯或隱，或主動使用或被動牽引地也發生著一個變化過程。在這篇文章中，我以「我

群關係的變化歷程」和「自我轉化歷程」來稱呼這一相扣連的實踐者所經歷的內部與外部過程。用「我群關係」來框定對一個複雜的社會變化過程的描述，亦同時指向了對「實踐者」作用的考察，也就是說，「我群關係」與「自我轉化」是一組描述社會變革取徑之心理教育工作者如何生成的概念。下面以兩位五年級生投身在工運中的實踐故事來勾勒出此一內外相扣連的轉進過程。

1. 異化焦慮的返身重構

1990 年野百合學運的中正紀念堂現場，大二的李易昆在參與的七天中（1990 年 3 月 16～22 日），因為發板凳的服務工作做得很好，便在廣場學生群中做了小組長，到了 1990 年 5 月反軍人干政的學生運動聚集現場，他就負責了買便當的工作。「發板凳發得很好」的李易昆，在 1991～1995 年碩士學習的 4 年中開始投入到外籍勞工的社會服務工作。1997 年當完兵回來後即進入工人立法行動委員會擔任組織工作者，1999 年轉任蘆荻社區大學主任祕書，負責推進社大的籌設與發展。在李易昆運動投身的實踐歷程中，「很會發板凳與買便當」的實務操作能力來自勞動家庭早熟童年的家務操作能力，也延展發展成參與草根運動務實而有效解決各種問題的自尊、自信與技能：

「勤」具體展現在勤奮讀書與勞動。回家第一件事一定是先做功課（做完功課後只可以看半個小時的卡通，則是儉的規訓），之後做手工，像穿梳子、做馬達之類的事。我印象中約是我小學一、二年級的時候，只上了半天的課，中午回家一吃完飯做完功課，就是穿梳子的時間。穿一片梳子可以賺到一角錢工錢，一片梳子大約要穿 120 根梳釘，每一根都必須是直的，否則沒賺到錢，還要倒扣。勞動的時候，鄰居同樣也做手工的阿姨也會來家裡一起做，邊做邊聊天，我也坐在大人堆中，那種感覺一點兒都不辛苦，反而有點我像是個大人的味道，因為我不只是個小孩，我是個有生產能力的人。那種自在，那種自信，至今難忘。（李易昆，2005）

　　勞動家庭的勤儉持家和家庭工廠的勞動生產重疊著使用了家庭與鄰居關係中的情感與相互的認可，這正是臺灣客廳即工廠加工產業所消耗使用的社會關係。作為這樣一個家庭中參與在勞動中的兒子與童工，李易昆在一路長大的過程裡，發展出了卓越的操作能力，他善於使用工具修理各種機械器物，解決技術性難題，操作能力、位置取得與關係中的被肯定支持著他的長成：

　　就如同我童年早熟的家務操作能力，為我贏得了作為一個成人的尊嚴一樣，成長過程中一路發展出來的操作能力，也為我在各種社會關係中快速找到位置。我想人人都喜歡那種有功能被肯定的感覺，而我的被肯定則是主要來自技術。隨著年紀漸長，技術指的不再只是一般的機械技術，也包括了處理人際關係的技術。在高中時期，我的善於殺價就是同學當中最被為稱道的。班上辦活動，與外頭廠商談價錢通常就是由我代表去談。

　　我身上的技術能力為我贏得社會關係中的肯定，在不同的成長階段總有不同的相應的技術能力被我發展出來，這樣的發展過程在我身上發生了兩個作用：一、我變得只會以技術能力來與別人發生關係，二、我也變得只以技術能力來看人，包括看別人與自己。也就是說，我與別人的關係是以我對人「有用」來展開，同時我也是以「有沒有用」來看自己與別人。這就是我的工具性的極致表現。（李易昆，2005）

　　李易昆指認自己這一工具性作用極致化的另一層發展脈絡便是他1991年開始投入工作的工人教育與運動的社會田野。1999年，李易昆由工人立法行動委員會轉到蘆荻社區大學負責帶領工作團隊籌建社大。任何一個社會都是一個立體多層多面自成其形體的存在構形，在任何一個區域、一個角落（或一個橫切面、縱切面），因著特定相似性或某些共通之集體經驗而生活著的群體之間，都有著相對自主的存有空間與互為主體關係發展的機會；這些機會就是社會學習與運動取向工作者所看重的；當然，所謂的階級、種族與性別文化的社會宰制機制也就是會阻隔這些機會的被看見與發現。李易昆由工人運動中推動修法的工作位置轉換到成人教育草根教育工作者的位置，前面提及 Horton 與 Alinsky 對組織與教育的分

辨，也在李易昆身上發生：

　　但在社大的工作中，面對學員組成的複雜性，組織的方向與方法變得曖昧難辨。社區大學作爲一個教育單位，這個空間中參與者所被調動的生命經驗，不若在工會運動中的參與者被調動的生命經驗，有著同屬於勞動面向、集體行動的一致性。學員來到社大的空間中，他們使用社大作爲他們在日常被體制、勞動、家庭規約的生活之外的出口，就積極意義而言，他們來到社大是作爲尋找生命的另一種可能的行動，而他們在社大會找到有什麼不同的可能性，正是我作爲教育工作者應去尋找與發現的。我必須在學員們在社大的自主活動中，去看到他們的活動與他們的生命經驗之間的對話關係。看清了這一點，我的教育設計的行動才有可能擺對位置，然後與學員們尋求生命轉化的動能發生聯繫，組織的可能性也才會出現。（李易昆，2005）

　　然而，努力與社大成年學生生命經驗呼應對話的李易昆卻在自身與他者交錯影響的複雜歷程中發生了焦慮與恐慌襲捲而至的瘋狂經驗：

　　這些被我壓抑的慾望與情感，就像是我經年未整的抽屜，學員說的故事就像是把他們的生命捧到我的面前，說：「你看，這就是我的生命」，那我的呢？學員們說的故事打翻了我的抽屜，把我長年逃避面對而隨手往裡塞的許多未安置的情感、慾望及痛苦散落一地，如此狼狽以至於我再也無法優雅。

　　重新觀看自己的壓抑，就像是重拾遺忘在多年前的自己，難堪卻是實在，原先被塞在抽屜中的物件，如今攤開在桌面上，一件一件在我的眼前。（李易昆，2004）

　　「瘋狂」是社會內／外，個體內／外的互屬與交界的生命洗禮！李易昆並未料到，「焦慮恐慌症」竟是接踵而至的自身生命與運動實踐交纏的課題。

〈瘋狂〉

　　一個再平常不過的週五晚上，那通常不是個我會焦慮的夜晚。雖然我向來是個焦慮的人。但週五的晚上，沒什麼好焦慮的，我還有點輕鬆的心情，想著洗好澡，要來好好地喝個酒，難得隔天週末又沒啥大事。在洗澡洗頭的時候，突然一股難以分辨的煩躁湧上心頭，那種煩躁的感覺我並不感到陌生。

　　……但這次卻是來得又急又猛，當我滿頭泡泡、眼睛緊閉，這股煩躁及焦慮竟像是挑了時間來似的（我似乎也知道它似乎有點故意），我顧不得泡泡會刺激眼睛，趕緊睜開眼，但竟然無效。眼睛沾了泡泡，受不了又閉上，只得連忙胡亂沖洗，有點狼狽地洗完了頭，睜開了眼，那焦慮仍未退去……我警覺到不尋常……（李易昆，2005）

　　我稱李易昆的恐慌症為一個異化焦慮重返其自身，並要求他有能耐推進一個生命（含自己、他者與社會）經驗的重構歷程，高度的焦慮與恐慌正是 F. Newman（1991）所說的一種人們為了因應異化而產生的一種適應情緒！[7] 如此去理解「焦慮與恐慌」時，我們就在拒絕接受精神醫療病症化自身重要存有經驗的同時，奮力展開一場與焦慮恐慌共同存在、共度時光的重構歷程。

　　李易昆在和他的焦慮與恐慌流離共度的旅程中，給了這個 DSM-IV 上的恐慌症一個新的名稱——「隨遇而安」；「隨遇而安」是新命名也是一帖藥方，我同時認為「發病」其實是一種對人類異化生活提出了密集的情緒勞動的生命要求，即正是一種異形反撲偷襲的呼叫！當然，異化情緒要重返個人生命與群體生活所需的勞動創造活動得是手工藝的自主勞動。易言之，李易昆的「隨遇而安的遇見恐慌」，同時是一位草根成人教育工作者對自身實踐知識的重構創發的時機：

　　發展作為動態變化的過程，是發展動能與現存處境進行辯證的活動，其存在著力量的辯證作用，其中有對抗與衝突，這便是政治，形式上就是政治。同時就內容而言，我使用我的工具性操作能力來使自己深嵌於與壓迫體制交纏的運動位置中，雖然過去在工作並不是太自覺這一點，但為了

使自己與運動都能夠前進，這正是我與運動共處的存在狀態，這便是政治的。而我的發病就是要開始面對這一點了，我自覺地「運動」自己在運動中的工具性參與方式，我要朝向自己自覺的存在與運動共同前進的方向上，這可稱之為我的新的運動階段的形成與發展。

而勞動的隱喻則是更豐富了這個發展的意涵，如同我在耕耘我自己一樣，我過往所迴避的焦慮與恐懼就像荒廢許久的田地，如今我得回過頭來將其結塊硬化的土壤耘開，讓埋藏其中的陰暗得以面見陽光。這樣的勞動沒有異化，而是結合了我亟力發展我自己的動能，我投入我自己的耕耘中，是意之所趨、我之所在。在田裡勞動的意象讓我想到我奶奶。我年幼時愛跟奶奶下田，不知道是奶奶想休息，或是為了來看看我這個在木瓜樹下玩耍的小金孫，她常會來木瓜樹下喝水，然後說「田裡的事是做不完的，做不完還是要做」。我已不確定她是對我說，或是對她自己說，但我記得她的面容沒有怨嘆的意思。就是這種態度的勞動，我應當如此地耕耘自己，看看自己會長出什麼果子來，然後接受它。這是發展而且不是工具性對待的勞動。（李易昆，2005）

小金孫是阿媽田中往返農活中勞動生產與生命延展的愉悅的表徵，當基進運動的投身是阿媽一生的農活，也是小金孫的生命創造與延展。李易昆的焦慮來襲是異化焦慮的重返現身，而「恐慌症」的病化構形則挑戰了他展開一場辨識拆解這一異形與重構自身的歷程。

2. 全身而入的階級顯影[8]

歷史質指的是一個社會透過各種衝突和社會性運動，從各文化模式中建構其實踐的能力。（Touraine, 1984/2002, p. 95）

張育華在年屆 40 時完成一本回觀前 20 年投入社會運動的顛簸歷程：《移動的疊影：我在低地蜿蜒前行的實踐歷程》（張育華，2006），她說：

我想，回溯自己 40 歲之前的生命史。

我想，探究不斷自深處湧現的悲傷、孤單、狼狽，並與自己相認。

我想，書寫這些年肉身實踐而來的認識論。

我想，呈現某種立體的、多層次的改變歷程。

我想，鋪成某種歷史感。

（張育華，2006，頁3）

1987年解嚴時育華大三，1989年大學畢業即進入自主工會運動擔任工會祕書。出身於閩南小有積累的中產家庭，臺灣隔離社會現實的學校教育反而使張育華對自己與藍領工人勞動與生活的距離在解嚴後自主工運的運動氛圍裡，投入到工人運動：

我的父親在銀行工作，從基層行員幹到分行經理、稽核專員到退休。小時候，我很喜歡母親帶我去父親的銀行，我們站在櫃檯這一邊，跟在櫃檯那一邊的父親，揮一揮手，我看得見父親工作的模樣，在小小的心靈中，我覺得很神氣。我一直以為每個人的爸爸上班都是像這樣穿襯衫、打領帶，朝九晚五辦公，國定假日、例假日必然休假。

直到大四工會實習在新埔，寒冬清晨，冷風襲人，我站在入廠的路口，看著身穿藍布工作衣的工人，兩、三千人真的像潮水一樣湧進工廠。我才知道二十四小時運轉的廠房機器，意謂同時有日夜輪班的勞動者二十四小時相伴，原來，勞動不必然襯衫、領帶、遇紅則休。而且，外人不容易看見工人與機器如何在一起勞動，工人與機器的勞動被隔絕在廠房之內，不像父親的銀行櫃檯，可以從這一邊看到那一邊。

從此，我的世界開始不一樣，從穩定到失衡，出現好多疑惑。

相對於出身於勞動家庭的李易昆，張育華投入工運的選擇及後續發生的婚姻選擇是社會階級處境的位移，由工廠抗爭現場工人眾志成城的身體意志到臺灣藍領工人二代家庭挖東牆補西牆困窘生活中磨難相撞的夫妻身體。1987年顯現臺灣歷史中被殖民統治與黨國專權壓制的臺灣自主工運，是力圖接續斷裂歷史的工人力量。自主工運興於1987解嚴前後，1990年代中期後即因產業結構的劇烈變化而難以以工會集體抗爭的形式

接續發展。然而，抓住歷史時機迅速突起的自主工會運動，對張育華而言，像撲擊堅硬社會不義岩層的一波浪潮，她隨之位移：先進入了自主工會的工作位置，繼而選擇與工會幹部戀愛進入工人家庭，卡進了勞動階級的處境位子裡。

(1) 自主工會的工作位置

勞資開打，是個複雜變化的過程。臺塑公司高姿態堅持一切合法，不斷分化群眾。公司嚴禁因不接受調動而遭免職的員工再度入廠，大家還是日日來到公司，聚集工廠門口，由工會幹部帶領群眾演講、唱歌、呼口號，凝聚抗爭的意志。每天一早，我六點多出門上班，先到便利商店買齊了各大報紙，一到工會辦公室將媒體對此仗的戰況報導剪下來，製作成戰報或文宣，迅速影印，七點半左右站在廠門口發給入廠上班的員工。每天早晚吸引數百名上下班的員工駐足圍觀，為抗爭的弟兄助陣加油。

有一天，工會理監事兵分二路，一路進入行政大樓會議室與主管談判，一路與抗爭會員聚集行政大樓門口，擊鼓、唱歌、輪番演講。突然，鼓聲咚咚急響，本來排排坐在地上的數十名弟兄以迅雷不及掩耳的速度強行衝進廠區，警衛全傻了眼，大隊人馬突破封鎖飛奔到機械廠。仁武廠區遼闊，從大門到機械廠有一公里遠！廠內正在生產線上的弟兄們聽到人聲雜沓，全都放下工作跑出來聚集，無奈接受調動的、堅持不接受調動的數百名弟兄匯聚一起唱歌、演講、呼口號，抗議公司鴨霸。幾分鐘之內，本來，被隔離在工廠之外的群眾抗爭，衝破資方防線（張育華，2006，頁15）

(2) 經由婚姻進入了勞工家庭的工人妻子的位置

我正狼狽的卡在婚姻關係裡面。我的積怨，來自經濟拮据。債務、會錢、貸款把全家人套牢。直到東東出生，我發現我得養家，我的存摺數字不斷下降，開始恐慌。費了很大的力氣，吵架、打架、寫信、上床做愛之後慢慢套話……才弄明白他用錢的方式及家裡財務的困窘。說實話，我難以接受，我沒有預期要承擔這些。

後來，我慢慢從工運前線往後退，因為，我無法解釋那種虛無的感

覺。我全盤否定自己在工人運動的戰場上，曾經與工人並肩作戰爭取年終獎金、資遣費、退休金……原來，當工人家庭的經濟網絡出現一個大破洞，那些辛辛苦苦爭來的獎金一點用也沒有！

手頭拮据並不好受，我的怒與怨，他的怒與鬱，不時擦撞，我們的關係常在火線上，有時夾擊年幼的東東，我努力維繫保持某種恐怖平衡。

費了很大的力氣才弄懂，大哥是公公最寵愛的長子，即使一屁股債，仍力挺到底，婆婆偶爾忍不住開罵，咆哮之後，還是設法借錢籌錢，他心疼阿母，亦出手相救。闖禍的，滅火的，墊底的，環環相扣，我別過頭，不看這個連環扣，埋頭工作，力求自保不被往下拉。（張育華，2006，頁50）

張育華所描述的肉身卡位與搏鬥的故事是中產家庭生活方式與身心慣習在不同階級生活處境中剝離顯現的差異衝撞刻痕。重要的是，張育華對全身而入實踐歷程的論文書寫是她清晰堅毅地說出個人與集體追尋變革動能的慾望實現，這便是歷史質的展現：

階級的顯影

我從婚姻踩進去經驗與勞動階級在一起，作為女性，這是個方便，也是一場災難，從此，我的生活、實踐、認識，「公」「私」難分歸隊的運動者。我想念我的工運同志，我花了將近十年的時間承認這個想念。

故事斷裂的難題在於：我的婚姻難以發生，婚姻是私領域，是黑盒子，裡頭的慘烈通常不欲人知。私領域的婚姻也是我社會實踐的一部分，我真的因為留在婚姻裡，不得不跟這個階級在一起。日常生活，柴米油鹽醬醋茶，煮飯洗衣拖地罵小孩，很真實，我卻一直覺得它是狼狽，我自卑，想掩蓋它，其實它必須，卻看不見。我作為母親，我的教育與文化資源，在婚姻裡存在某種優勢。我走了一段奇特的歷程，從婚姻——經驗級的意義。

3. 社會壓迫中的張力學習場

我想像中、期待中的「運動」，我陷落於某種失落與孤單，失落與孤單緊緊包裹著我的想念，我想使用我的書寫銜接這個斷裂與想念。

其實，我沒有放棄，當年的「猶豫」已經發生改變，可是，我看不見自己持續在低地蜿蜒行走的意義。我總是悲傷與自卑。後來，我明白，銜接不等於緊密相扣。（張育華，2006，頁 78-80）

我曾用「社會力場中的結點與對抗點」來描述我對工作者與當事者的生命結盟及行動協作：

工作者與當事者的結盟就是一個「對抗點」的展現。我將治療者、教育者與社會運動之運動者並列，正是因為他們都是對近乎無解之生命痛苦，亦即生命承載社會壓迫的糾結表現，與令人喪志無力之社會箝制深有所感，且總存留著壓箱底的熱情，等候復甦時機的一種人。（夏林清，2004a）

「工作者與當事者生命的結盟」是支撐住對抗社會壓迫之協作關係的立足點，「結盟」協作是不同個體之被壓制扭曲與名之為「我」的某個部分的生命經驗的召喚、連結與整合，大團體動力的「集體潛意識聯盟」（夏林清，1992），社會學集體行動理論、存在現象學的精神分裂的在世存在方式（Laing, 1959）及行動科學人際行為世界建構與解構的論述（Argyris et al., 1985）都如盞盞燈火由某個方向映照著人們求生存謀發展的蠕動與奮鬥。個體的生命因其是穿牆越戶無孔不入之社會壓迫的承載體，他作為一個具有三重作用的行動者（自我的存在展演者、生存適應的策略性行動者及朝向解放方向的有意識的行動者），或有意或無意卻一定嵌屬參與在既存現況的變與不變的運動當中。李易昆與張育華在朝向他者的投身過程裡，無可避免地發生了返身解構與重構的生命轉化歷程，運動者立志對抗社會壓迫的實踐行動，同時往外與往內、對己亦對他者創造了具有張力的學習場。「張力」需要在被行動者辨識的同時，如何不只是重

複適應性反應，而是創造條件促使探究行動得以發生並持續不斷。因而，投身於社會運動的工作者是不斷推進社會學習空間與探究歷程的學習者、實驗者和研究者。

邊緣抵制的「反映實踐者」

　　人文學科在自由主義全球化的時刻，到底還可以有什麼樣的作用？任何知識、社會，以致世界的改變，要素之一就是不一樣的「慾望」，這是文化和意識型態爭奪的領空，而人文學科，很重要的一環也就在透過閱讀故事——這種最日常熟習的一種敘事她者（們）的「慾望」的方式——去照見、看見（用夏老師的話語），以致於慢慢知道、認識，讓渡也變易自身原本「自以為是」，自以為自然的慾望。（看到她（們）的慾望——想像之物質條件、具體情境，政治經濟的，歷史社會的；學習何以不同，又且可以不一樣；而不再是過去的人文主義教育，將自身隱含的菁英階層利益、閱讀價值與道德判斷視角，加諸於故事而後不斷重複讀出應和既得利益的所謂普世價值）。（丁乃非，2004）

　　「反映實踐者」是我的老師 Donald A. Schön 於 1983 年提出的（Schön, 1983），我援用他與 Chris Argyris 的知識與方法如農具，往臺灣 1987 年解嚴後，因社會宰制機轉鬆脫而出現之地層裂縫中耕耘。這一章中以年輕研究生之論文行動來說明 20 年來立足於教學裡培育心理系所「專業實踐者」的社會作用。

　　抵制性抗拒（resistance）是心理分析的原創也是反抗運動所援用的一個概念，然而個人要能由其所承載與積澱的日常生活經驗裡堆疊扭結、看不見卻無時無刻不發生作用的身心構形（夏林清，2006）裡，往內亦往外的解構與重構自身，丁乃非所謂的不一樣的慾望才得以被自己生產出來。**「抵制性存在」生命經驗的辨識再現、抵制性自主行動實驗與對抗結盟的社會關係發展是我對學生們論文行動所展示之集體智能的命名。**

　　在臺灣制式化學校教育、主流實證邏輯心理學與商品化身心靈治療這三股社會勢力所牽引交織成的助人專業地景裡，能把念研究所與論文完成

的高等教育文化資源扭轉到一個新的機會點上；這個機會點是助人專業即志業（丘延亮，1991）的起點——自己與自我和所關切的他者實實在在地得以相望看見、辨識理解與協同行動。因而，完成論文是這一個過程中的接續與準備前行的行動歷程。

敘說探究的去學習（unlearning）

　　對年輕學生與婦女而言，對日常生活中或習而不察、或難以言說之宰制刻痕的覺識，在其自我敘說探究（self narrative inquiry）的歷程裡，會啟動一股因「去學習」而展現的再現與覺識歷程。對體制馴化自身有所辨明後的拒絕意向、過去受壓制扭結的自我存在經歷釋放顯現的感知體悟與朝向獨立的移位行動是這一「去學習」發展歷程的特徵。「去學習」絕非只是一智性思辯的活動，因為它觸及了無條件反抗、無能言說，甚至無以言說的壓制經歷，我因而看見年輕研究生對「自我敘說」方法的尋求正是他們將「論文」挪置到得以與其生命壓制處相銜接的一種知識生產行動：

　　　　在臺灣的體制化教育現況中，學生敘說表達的機會與對話發展的教導關係是容易被犧牲掉的，被壓制緊箍著的生命對自由與想像的渴望，十分迫切地尋找允許經驗流動感發生的方式與路徑；這就是為什麼許多碩士班研究生在臺灣近幾年多元方法論典範爭論的空間中，對敘說方法與行動研究方法報以熱烈回應的道理。當這種生命發展被體制化束縛的個體發展的事實又是座落在社會壓迫覺醒意識低落、歷史遭斷裂曲解命運之政治環境中時，「無能言說」和「無以言說」幾乎是不少學生的樣態。於是，「自我敘說」幾乎是一個自我治療的悲憤樂章。（夏林清，2004a，頁 144）

　　《被封住的嘴：由探究他人到自我探究》（陳孟瑩，1999）、《面具後的臉孔》（王芝安，1998）[9]與《閱讀、寫作與心理自聊：穿梭在文字中的結構與解構旅程》（劉于甄，2004）在臺灣教育體制與家庭經濟背景的三個不同的位置中，對各自由自己青少年生命被規訓壓制的特殊構形，在論文裡進行的對抵制性自主如何循著由外往內壓制的體制規訓力道而往內壓扭形塑之拮抗性存在樣態的描述。

　　……的是一種悲傷，從小就存在女性之間的區隔與競爭。漂亮的女生、成績好的女生、被老師寵愛的女生……

　　我想從身為女生這樣的處境中逃脫……

　　……保持距離與對立是我的求生之道。我很清楚地知道，被男老師疼愛與女老師疼愛對於中學女生要面對的同儕壓力是不同的，那是一個慾望被過度壓抑與禁錮的世界。（劉于甄，2004）

　　當難以言說之生命抵制性自主的形構歷程與表現樣態逐漸出土之際，原本被打結成塊或封存或壓扭的、對自己、對自己之內的他人、對自己與他人關係作用的記憶一片片的浮顯，生存適應的「情緒」，在重返時空脈絡的再現過程裡，開始朝對自己與他者的生命情感轉化開展；這就是慾望更新或復甦的歷程。

在移動探測[10]中更新慾望

　　陪同學生發展出自己與他者一起前行的專業之路，我對學生們要長成的一個方向感是：要有辦法為這個社會提供各種不同角落的人，透過各種資源，創造各種可能的條件，讓他（他們）能有對話的空間；教育與治療都是對話，如果一個人有機會在與他者對話的過程中辨認自己所帶著的各種情緒的扭結包裹被剝奪壓制的權力與能力的話，他和外界就是相通的，他的生命就有一個工作的空間，壓迫人的社會關係就有可能因著這些生命活動的發展空間而有了對抗轉化的機會。所以，助人關係不過就是卯全力去創造這種工作空間得以發生的社會過程。這樣的助人志業就是專業實踐！

　　現代人的生活常常是被各種或異化或壓制性的關係所生產的情緒所環繞。以致於他的情緒，好像一個雜亂的包裹，跟他的知覺歷程、感覺狀態，也就是說他自己所能體察與接觸的感知歷程有時都是脫開的。情感沒辦法被連繫起來，人跟外界的關係脫落，然而人都需要適應活著，他就會回過頭把不具舒適感的感覺隔離打包起來。於是，可能如實與深刻化對自己與他者感知能力的情感與意識素材就在窄化適應的慣性裡變成了情緒反應（夏林清，2006）。工作者和他所想幫助的他者都是臺灣社會生活在不

同社會位置的個體，如老師和她想幫助的學生、治療師和病人、社會運動者和農人、工人。多年來，學生們卯力工作令我動容的不是什麼「專業化」的成就，而是當她們在被現代化社會所設計之工具理性化的助人關係裡，衝撞到了阻擋與隔絕她深刻思考不公義體制與權力結構的社會機制時，她們選擇了不再弱智與無能化自己的道路。這是一條個體的社會情感得以復甦，社會認識可長得細緻複雜與社會行動的潛能得以增加的發展之途。不少學生的碩士論點便是走在這樣一條道路上的「慾望更新的行動實驗」。

我曾用「拼裝車」與「口袋」的意象隱喻臺灣家庭：

在歷史發展上看來，家庭從來不只有是現在小家庭的模式，若以現今小家庭的這種形式和男女角色的安置來看家庭，其實家庭早就已經七零八落。臺灣像是一部拼裝車，在世界資本主義的系統中，用一種拼裝車的形式去銜接資本主義世界的生產環節，而讓拼裝車披著小轎車的外殼。多數家庭其實是非常辛苦的像一部拼裝車，要幫臺灣的經濟往上拉，而父母作為這樣的成年人，則拚命為了讓拼裝車的零件不要脫落、崩解；他們在賺錢的同時，還要去使用各種可能性讓家有基本的穩定，這樣小孩才不會脫落出來如變成中輟生，每個家庭都承擔了很多辛苦，這種辛苦很多時候會展現在夫妻關係的分離、親人的死亡甚至展現在性別認同的抗爭上，或是小孩的發病上或者念書念不好上，這是我教書二十幾年在工人父母與學生年輕人身上的體會。（〈穿針引線看家庭〉夏林清，1999.3.31臺灣立報）

王曉薇與顏如禎是國中與小學教師，都在學校體制化環境中，奮力教學卻身心困竭；她們兩人視研究所學習為「尋找其困竭教育實踐出路的機會」；她們亦都在碩士學習與進行論文的行動探究歷程中，發生了對其自身所承載之勞動家庭與中小學學校體制化經驗回觀反映與情緒拆包的慾望更新歷程。

曉薇的父親為運將，曾任貨車與聯結車司機，他在曉薇大三時因失業鬱卒困竭在家中自殺身亡；自殺當日早上曉薇出門上學前曾呼喚曉薇：

　　一直以來，父親就是我生活中定時出現的惡夢。時間要轉回 1998 年 3 月 3 日當天，那年我大三，在師大心輔系念書。那時，和失業的父親很少說話，也和媽、大妹少有聊天的機會——大家都習慣這樣的日子，沒什麼不好。3 月 3 日當天，家裡剩我和失業兩個多月的老爸，媽和大妹則工作去了，小妹也上學去。八點多，我獨自在房間裡包著要給同學的禮物，那對杯頗重，而不善包裝的我正努力跟包裝紙對抗且上學要遲到了，得趕在十點上課前到郵局把東西寄出。打開鐵門要踏出家時，此時爸的房間裡傳出沉重的呼喚，他叫著我的名字，低而濃濁的嗓音悽涼更是哀怨，但我選擇沒回應他。我不知如何面對他，自從他失業後整天就鬱鬱寡歡，我不知如何面對那張愁苦的臉，而以往的經驗告訴我，如果開始跟他聊，一定又是一堆苦水。「爸，我出門了。」我就走了。

　　……我就走了。

　　……然後再也見不到他了。

　　勞動家庭經驗在年輕曉薇一路走上升學順利的學習之路時，已然脫落斷裂，在都會外圍勞動階層聚居之國中任教的不明挫敗與失落夾擊壓縮了對失業父親自殺的沉痛記憶空間。然而，曉薇壓縮封存的生命情感在蘆荻社區大學家庭經驗工作坊 [11] 中遇見與父親一樣在困頓勞動環境中奮鬥生存的聯結車運將工人時，淚水奔流，她滑移接近了運將工人的勞動生活。當催逼父親失業致死的勞動體制，與被教育體制輕蔑以待之頑冥難馴國中生的勞動家庭處境間顯現聯繫時，曉薇老師移動腳步同時進入了自身之內的勞動父女與學生生活世界中的勞動家庭。論文不是理性的知識遊戲而是封棺傷痕悲慟轉化的情感復甦與認識深化的行動歷程。

　　顏如禎，國小教師，一名裁縫師的女兒。兒時父母日夜縫紉，花樣碎布散落的桌下是如禎流動戲耍的空間。如禎也有如父似母的細巧精確的藝能智慧，教室裡的如禎老師是優質的「手工藝」教師，孩童與花瓣各自飛舞四散時，或繪本或閱讀，如禎兜起學生，串連彼此與編織教學，教育的美好質地是顏如禎老師決意要捍衛的。如禎來念研究所是對教學自主的空間不斷被由上而下、由外往內的教育體制性力量規約要求的背水一戰（與同為小學教師的先生育有 2 個年幼女兒）。然而，捍衛之戰的脊梁要能昂

首挺直需要透過面對害怕、感知恐懼的學習歷程。顏如禎的論文如實地描繪了已體制化了的順服如何幻化成恐懼，圍堵著如禎捍衛自由的自主渴望。她完成論文的行動探究歷程，拆解了「乖巧長大」所往內壓制憤怒與扭結情緒的體制化自我構形（institutionalized self-configuration）：

> 以乖作為抗拒體制的保護色
> 是我一路從小到大的生存姿態
> 這是我身為裁縫師的女兒
> 在我的階級裡
> 長出的特定樣貌
> 不願放棄自由的掙扎
> 乖
> 維繫著與家人的情感
> 乖
> 讓忙碌的雙親放心
> 因為這放心
> 放鬆了對我的緊盯
> 我一方面不造成父母的麻煩孤立與委屈
> 侵蝕著
> 怨與恨成了挫折後的包裹
> 害怕衝突
> 壓抑隔離情緒
> 分裂著
> 天真與纏鬥的自己
> 在界線邊緣遊走著
> 焦慮
> 焦慮的尋找依憑
> 平凡不起眼的原生家庭
> 這階級沃土
> 竟是我得以站立面對焦慮與恐懼的基石裁縫師的女兒

我將以此面貌與你相遇

乖

是清楚的抗拒性自主

（顏如禎，2006）

要能在狀似單純之小學教室中自主教學，所需要捍衛的自由空間，如禎老師的論文是一則去馴化的自由奮鬥故事。「現代學校文化」並非中立而教學所宣稱的中立反是宰制階級合法性的強化（Bonnewitz，1998/2002）。曉薇與如禎要長成有力搏鬥之學校教師的過程中，回復了已被壓制脫落的勞動父母與家庭經歷，對治了曾誘引或迫使她們順服的適應習性；論文行動的行走路徑是自主慾望拮抗復甦處。

身體力行的社會行動方案

邊緣處境與弱勢經驗的實驗方案，如何可能發展到對另類的社會想像能有所貢獻？身體力行的社會行動方案是創造出一個具有激活因子的實踐過程。劉小許的《A potential space 桃源二村：精神病人在臺灣的勞動權益的實路經驗》和陳盈君的《走向她：解構社會壓迫的另外一種取徑》是2個示例。

劉小許在精神科社工工作2年後，懷抱著「有機農場」的病人復元理想考入研究所。研究所的學習資源理所當然地成為劉小許往理想邁進的土壤，為了有機農場的可行性，小許不只在奔忙於土地法令等現實困難中竭盡心力，她也入茱田操農活。讓小許好友與同學均讚嘆支持卻不見得敢做夥同行的強大熱情和失眠，小許子夜的清醒慾望是陰陽合體的兩個面相。於是，被社會以精神病人命名而排除的禁制封存，以致扭曲難辨的生命成了小許：

小許半夜寫的詩：

如果你曾經親眼看過一個人為了控制疾病那種扭曲、額頭浮現青筋、痛苦的臉……

如果你認識一個年輕輕時候生精神病，好不容易等到年紀大了，可以

跟症狀相處了，卻發現自己得了腎臟癌……

如果你看到一個 50 幾歲生了大半輩子病的婦人，在知道你要在山上弄一個康復之家，還眼神閃亮地告訴你：「劉小姐，我要跟你去，我雖然 50 幾歲了，我還有體力還能幫助別人！」……

真的！我不知道這一切到底怎麼發生的？如果我不夠 mania 我怎能抵抗這些已然存在的強加在身上的以為這一切是理所當然的 bullshit？我現在的掙扎不是另一個倒楣被陷在舊關係的醫療權威，我的掙扎是我要拿什麼對抗如同空氣般無所不在的現實？我的掙扎是另一個空間要如何可能開展？它可以長成什麼樣貌？我的掙扎是很多時候我是正常的不得了，可是到了夜裡你就覺得這個世界不對勁？

夜半失眠的小許異常清醒，被小許名之為瘋狂的黑夜是小許抽掉生活瑣事的枝節體認生命選擇的能動慾望。

當清醒遊魂的夜間小許不再被自己黑／白（日／夜）一刀劃分後，病人「發病」即是選擇了勇於生存的慾望能動理解和她的生命實質地聯繫起來了：

他為什麼要醒來？
「冬天，病房內，急慢性的病人都進入冬眠期了！」
但他只不過是為了求生存罷了
在他被宣告得了精神病之後
他知道他將無法立足在這個真實界面他得換跑道生存下來
如果他還有那麼一絲絲的勇氣的話
存在主義的哲人曾說：生存是需要勇氣的（劉小許，2006）

陳盈君，出生時便被社會價值烙印了私生子的印記，17 歲才發現自己三十度的脊椎側彎，身體永遠疼痛的她對傾聽心的痛全心投入。34 歲時決定離開原來的藝術領域，縱身心理研究所，一待 5 年，而論文孕育的歷程長達 3 年。盈君的論文以書信體呈現她如何由自己的邊緣角落走進社會的另一個角落，走入工人群體與原住民家庭中，靠近由 15 歲即在關廠

抗爭中長成工運組織工作者的王秋月。不同於劉小許的桃源二村方案，陳盈君的論文行動是以兩個女人間的情感與連結爲文，但盈君走向秋月的跨越社會區隔的關係活動對兩人來說都成爲了一種發展的空間：

> 邊緣是我的位置，從無可選擇的被置入邊緣，到清楚選擇站在邊緣。
>
> 沒有走進中產，我選擇置身中產邊緣，過簡單和貧窮的生活，邊緣，讓我可以醒著看待生命裡的種種；讓我的生活可以不那麼被社會結構，甚至從結構的圈圈裡脫落出來，因此很多時候看到的東西也不同；邊緣，更讓我成爲自己。
>
> 卑微本身就是一種邊緣，兒時我從小窗戶看著另一個無法迄及的世界，也看到貧富和階級的差異。進入小學之後，世界開始有所轉變，我擁有朋友，而且是老師眼中的資優生，可以不用上課，只要帶著老師的小孩去福利社和逛校園；但是這樣的特權，卻同時遭來同學嫉妒的眼光，爲了怕失去友誼，我開始笨拙的掩藏自己的光芒。因爲卑微，我不敢理直氣壯的表現自己，在所有的讚美聲音，和比較的眼光裡，我雙腳懸空，沒有任何位置。（陳盈君，2005，頁14-15）

「選擇站在邊緣」的陳盈君選擇走近的「她」是無法選擇不在社會邊緣與底層成長與生活的王秋月，盈君走近與書寫秋月的慾望是情深意重的情感召喚：

〈爲什麼是你〉

我們身處

在二個不同的社會位子兒時

一個部落一個平地的你我

站在一個相似的水平

努力地長大

現在

兩個30幾歲的女人在此相遇我們骨髓裡流著這個年代女人的集體意識我們都在

尋找出路

你更自由（陳盈君，2005，頁55-59）

　　然而，碩士論文只是身體力行行動方案的副產品，若未能創造出發展拮抗與轉化權力（經濟、性別、文化等權力）之另類社會關係的條件，「專業實踐」仍難以落實前進。劉小許的「桃源二村」由構想啟動迄今已發展成「風信子」協會與有機農場。陳盈君的跨界結盟行動則似臨門一腳，促成了「安貧樂道自由諮商員部落」的成立，「安貧樂道」是一群自由諮商工作者的群體，它的成立志在蓄積能量抵制諮商治療專業被證照制度窄化與商品化利益區隔。

抵制性自主的社會對話

　　社會行動的實驗實踐方案可投石問路、可鋪磚引路，亦可能在一個時空斷裂崩解，卻在另一個時空得以接續！人被壓垮解離就成了精神病患，被驅離地遊來走去；人若被扭結壓縮，或斷肢截體，卻總可依其殘餘力道或依附或結伴，時往外時向內地斷續前進。基層的工作者需要能讓自己在重重限制中，緩慢斷續卻不失其力量的探索方法，劉小許與陳盈君的論文研究是她們和存在社會另一位置之他者發展出新的一組社會關係的協作活動。論文「研究」在這裡，是「有方向與方法的協同探究」，實踐者即研究者，實踐過程即研究者選擇探究方法，接續地推進探究的活動，發展出具方向感的探究路徑。要在一複雜動態的社會情境中前進，在人群關係中投身涉入（engaged involvement）並發展學習空間的方法幾乎是必備的。「投身涉入」聽起來較像是一種態度而非方法，但其實它是自己與他者關係對待的倫理態度，亦是認識世界的一種辯證對話位置的選擇；是一種反省自身並與他者對話的能力。

　　和學生一起協作的學習與研究活動，亦正因為清楚把握不去脈絡化地對待自己與他者的立論與研究方法，並堅持研究活動是社會權力關係構成活動中的一組活動，社會關係所承載經濟權力及國家體制的運作痕跡才得以浮顯辨識。社會科學專業養成過程與專業的社會實踐效應也才得以經由「研究者即行動探究者」和「社會實踐者即行動探究者」的設計轉軌銜接

了「反映性的專業學習」與「介入變革的專業實踐」。我視此一逐步發展成形的社會設計是我挪移了 Schön 的「專業實踐」為論述資源之在地邊緣抵制路徑的階段性成果。

批判的起點：拉開政治歷史皺摺的力道

批判闡發（critical elaboration）的起點是意識到自己真正是什麼，把「知道自己」當成截至目前的歷史進程的產物，它在你身上積澱了無數的遺痕，卻沒有留下一張庫存清單，因此有必要在開始時列出這樣一張清單。（Said, 2001, p. 170）

「批判心理學」意在質疑理論與實踐的潛在假設，是這些假設使得蓄意的無知、不平等與壓迫，即人類的苦難維持不變。我理解這種質疑的方式是通過我所承諾與投身的探索過程──探索到對主體意識、潛意識、社會、歷史與意識型態的建構歷程。（Esgalhado, 2000, p. 223）

列出歷史進程積澱物的清單不可能只依靠腦力活動，Said 對自己東方論述的研究成果所做出的自我評估是：「……在研究中搞清楚文化宰制的操作方式，……一起清除東方和西方兩者，就在對固有宰制模式去學習（unlearning）的過程中走了一小步。」

Said 的「一小步」結語我同意，但「一起清除東方與西方」則為論述想像，當「固有宰制模式」在自身與他者身上的積澱在自身抵抗的社會活動中浮顯時，如何辨識與取捨？又如何設計與創造實踐方案轉承前行？我曾使用「社會力場中的對抗點」來描述因臺北公娼抗爭事件而啟動之妓權運動過程中的學習經驗（夏林清，2002a）。一個在地發生的「對抗點」中存在著積澱遺痕與轉化的機會，「批判」並不會在反抗或抵制的「發聲」處自動落地生根，蔓延發展；「批判」的「發生」（happening）一定就得是一社會發展的歷程。我認為我和與我一起工作的工作者與學生確實開啟了一個這樣的歷程。

「在地」即復甦與拮抗的社會學習空間

　　由 1949 年開始，由戰敗國民黨政權接續日本殖民統治，進入美蘇冷戰防線，而得以依附美國之「反共堡壘」自外絕緣於世界的進步運動[12]，同時挾現代化之名進行了工業化粗暴掠奪之實；由 1987 解嚴迄今，臺灣則轉入了一場以政黨政治民主化為名，實則爭奪轉移前一歷史階段所積累之黨國資本為實的社會過程。

　　心理學，這一門起源於十九世紀哲學，在二十世紀因現代化大學體制與實驗室科學方法結合而擴張的知識學門，由 1950 年代開始，也有其變化的歷史。在美國，心理學界由 1950 年代開始了行為主義與認知科學取向之間的爭論，在二大流派之外，亦有在一股微小但表達自由的現象學聲音。對 1960 年代所湧現之心理學人本主義批判思潮來說，現象學則是它最重要的資源。1960 末到 1970 年代初，對實驗室－實驗之價值（the value of laboratory experimentation）辯論的社會心理學「危機」不時地因行為主義與現象學的對立而被突顯。「自我」於是成了此二傳統逐鹿爭議之區。但在英國與歐陸則並未受限於美國的格局。例如 Kelly 的人格建構理論（personal construct theory）即是以人本主義與現象學為基礎的社會心理學新典範（1970 年代）。在歐陸，現象學與馬克思主義的結合生產了某些有用的心理學知識，亦是哲學思想具體化的一種形式。在 70 年代的歐洲學生運動中，則萌發了德國的批判心理學與歐陸社會活動取徑的心理系發展（Tolman, 1994）。

　　英國並未如德國直接於學生運動過程中另立旗幟，但來自馬克思主義立場與現實的批判亦促使了客體關係心理分析理論投入到批判反省的思潮中。這一發展則和 70 年代湧現的女性治療中心運動（Women's Therapy Center Movement）發生了關聯。同時，在拉康的影響均進入了英美心理動力觀的治療中。在轉回美國，在實證心理學所主導的學院心理學之外，由 50 年代末因對個人主義心理治療批判反省而創發的社會治療與批判心理學（Newman & Holzman, 1996）亦一直持續發展迄今，並於 1990 年代在成立了獨立政黨（Independent Party），以紐約為其發展重鎮。

　　能夠在特定脈絡中操作得出「另類」專業實驗的方案，便是創造了一

個「社會學習」的過程[13]，走在社會變革取徑中的工作者，是能磨練往體制結構隙縫裡插針埋椿硬功夫的「柔軟的解放者」（宋文里，2002）。有硬功夫的柔軟解放者和或底層或邊緣或弱勢的他者一起工作；然而這名之為「一起」或「協作」的關係，卻必然是兩個到多個身體習性與語言表意形構殊異之個人，因而個體之殊異性得以浮現、辨識與和他者發生對話的具延展性的共振與共構的活動，必然不是簡化的團結打戰的意象。

在結構隙縫中流動的「我」與「我們」

　　每個人都是一個在特定時空脈絡中長成的獨特個體，「個體化」的形體以「個人」為行走活動的單位，「個人」的形體與心智同時是個載體，承擔了與其自身有特定聯繫相應的許多他者，「社會關係的脈絡」與「活化社會關係的行動脈絡」，是我在不同教育現場協助他人辨識個人與個人之間可相應參看之共有經驗的概念。

　　基進教育的「發生」主要依靠的視野與能力便是能看見以個體化心智形體為載體，而作為載體的個人並不見得已辨明的生活經驗。易言之，看得見在體制結構隙縫中流動著的具集體共通性的經驗，進而創造相互參看，辨識彼此的學習機會，就是澈底回到根部的基進教育。我並不是要朝向認同政治的主體命名，而是對碎片堆疊的個體化構形提出一個開放的辨認命名的召喚。

　　出生在 50 年代白色恐怖時期，由 70 年代中期工作迄今 30 年，我的基進教育的實踐軸線是「人們生活中或破碎矛盾或被壓制曲解之愛慾渴望的生命經驗需要通過怎樣的一個個人與集體的學習歷程，才得以被自己重新認識，並求變地往前行動？」（夏林清，2002b）

　　視每個人的這個「我」都是歷史性的特定產品，這個對「我」的形構和社會體制化環境之間的關聯性的反映解讀，需要細辨處境異同、考察脈絡糾結，同時創造「我們」一起共同學習的空間。「我與我們」在我之內、亦在我之外，在他之內、亦在他之外，我的部分在他之內、他的部分亦在我之內。壓制的結構再堅實，也永遠存留著隙縫可供「我與我們」流動生成的空間，這就是「辯證自由」（dialectical freedom）的基進教育實踐永遠可能的道理（Greene, 1988）。這裡使用的「我們」不是固定化認同作

用的「我們」（we identity），而是指在一個歷史時空之社會環境內，我與他者雖各自以個體化之個人形體長大，但共同鑲嵌於其中的一個政經 ╱ 文化 ╱ 體制化社會關係脈絡。以「政經 ╱ 文化 ╱ 體制化社會關係脈絡」來做一個中介於社會學巨觀系統語言，但亦拒絕輕易挪用歐美自我與人格心理學用語[14]，使我得以在不同的工作田野中，創造一種如 Greene 所言之「集體自我反映」的共同學習空間。

當我之內與他者之內的「我與我們」在共同學習空間中再現時，年齡、性別、種族、政治歷史與階級處境的相似與差異得以相互參照對比，這種再現的共同存在會發生同步共振的效應，共同振動的對話活動會協助個人回觀反映其自我形構之社會過程與特殊構形的生成歷程，並在參看他者存有與發展樣貌之際，感知自己與他者相似或差異之「我」的個體化構形所共同遭逢與承載之關係脈絡與體制文化的作用力量。使用自身遭遇來辨識這些社會性的作用力量便創造了與他者協同探究的學習機會。

每個人都有其個體性形成的特定歷史，在臺灣生活著的兩代成年人（40～70 歲），共同承擔廉價加工經濟環境的粗糙冷酷，多數成年人的生命在其中被推擠壓扭地模塑因應卻極少機會反思學習。[15]

作為一名社會變革取徑的心理教育工作者，實踐方案的設計是自己與他人共同辨識在地置身脈絡，謀求對彼此具有召喚搏鬥動能與發展意義的協同行動研究，亦是 Schön 所隱喻之「擇低地工作之專業實踐者」[16]的路徑。在地實踐是手工勞動能智慧的積累與傳承，返身再回看，望見一個母職的勞動身形！

母職的移民勞動痕跡

> 我們的父母都是移民～遷移的勞動人民
> 勞動有多種～打工、結婚、逃離、流亡都是移民。
> 寫字做研究是勞動，生小孩忙家務當然是勞動！
> 移民有多途～海、陸、空或合法或非法。
> 要勞動才能養家餬口，哪裡需要勞動，人民就得移動，
> 那管得了國界邊防與山高海深！（夏林清，2004b）

1. 雙層重疊的陰／陽性勞動活動

我外婆在戰亂中選擇離棄了納小妾的外公，帶著孩子寄居娘家。這離異是母職勞動自立自強的行徑，現代用詞爲分居。外婆一直是一個背脊筆直的清瘦女子，但戰亂與寄生的貧窮離散了她的五個孩子。作爲老大的我媽，有限的童年歡暢記憶盡是外婆的岳陽老家，我因而知道媽見過姨外婆躍上屋頂的輕功！難怪小時候外婆武俠故事講得特別入味；如果講故事是母職中令人稱頌的文化活動，那麼外婆就是我家故事文化的搖船高手。是搖船不是搖籃，因爲聽故事是踏入想像世界的飄搖神遊！享受她說故事伴她同床入睡的我的童年，不時遇見冷靜的外婆拉開抽屜抽出照片看望她離散四方的子女。

抗戰與逃難離散了她的 5 個子女。媽和大舅算趕上十萬青年十萬軍的念書與從軍的機會，十多歲就外出了。二姨從小送給姑媽養，被當成丫鬟差用，一點書也沒念到；小姨與小舅一度送進了孤兒院吃了苦。稍後逃難時爲了不讓左家外公家斷了後，外婆硬是託人將小舅送到江西父親與姨太太的家中，小阿姨是照顧弟弟的那個最辛苦的，沒多享受過母愛卻早逝的小女兒。[17]

外婆和她的妹妹受過完整的私塾教育，就在有機會外出念女子學校的時候，左家（外公家）就來提親了，外婆的爸令二個女兒分列兩側讓左家挑選，外婆不幸被選中，得到了繼續念書機會的外婆妹妹，卻嫌念書辛苦半途而廢！小時候，在廚房陪外婆摘豆芽，她就不止一次的說過，算命的都爲她扼腕，若不是這麼早婚，汽車、洋房都是有的，女人一定要自己賺錢獨立！這是外婆給我的廚房庭訓。

然而，不只外婆，我媽這位抗戰從軍與我爸共識結婚，與弟妹離散，因政權戰敗而攜母移民的女子，也在移民臺灣後就失去了外出獨立工作的機會了。外婆念完私塾，媽念到高中從軍抗日，戰亂使她們聯手在我家內部捍衛著我爸及一群隨同國民黨政權遷臺，在離散流動後聚合的緊密工作社群（正義之聲與正聲廣播公司的創設成員）。小時候我們家和這群因政治而離散卻又因謀生聚合的年輕移民小族群共處於一大院落式的居所。無土地、無錢財，憑膽識才能與辛勤勞動的，以我爸爲首的這群年輕移民小

群體，和國民黨政權的關係類似外婆自立自強母職的主動分居（夏曉華，2003，頁493-494）；只是一方面是政黨政權，一方是婚姻父權。外婆和爸都是抵制性自主的「分離」而不是關係的決裂對立。外婆是自覺／決分離、承擔離散失落的母職勞動者，我爸是離散政治移民社群中抵制政權宰制的文化勞動者，我是在這一種雙層重疊之勞動活動所鋪設的發展脈絡中長大的。

2. 媽在哪裡？我要如何才看得見她？

我爸走後（2003年3月5日），我和我媽才以兩個女人的身體與面目在母女關係中重見！我是家中的獨生小女兒（上有兩兄），從小依附外婆同床入眠。冷靜的外婆是我每日放學首先尋找的對象，但外婆性偏冷並不溫熱，媽亦不溫熱。因為外婆所自然具備之母親形象的吸納投射作用，使得媽在離散聚合的外省工作小社群中的存在位置更形隱晦不明，那群離流他鄉的年輕人對母親的思憶與渴望全投向了外婆，媽有工作能力，亦曾有到農會去工作的機會，但我爸不許她外出工作，媽因而在到臺灣後便一直活在母職與妻職的勞動活動中。外婆與媽是母職與家務勞動的夥伴，媽是陪伴在一旁的女兒和我爸的老婆，媽與外婆作的母職，不溫不熱卻綿密無失。「綿密無失」是一種她們共同完成的家的治理與照顧，忙碌分工的照料活動（含照顧年輕工作社群的情感任務與每週一次的飯局廚藝），使我從未失去過她們的身影卻又感覺不到她們的溫熱。想來必是因為這種不溫不熱的性質，媽成為我長大過程中的一個發怒賭氣的對象。然而，她真是何辜呢？沉積於她隱晦順從不溫不熱妻／母形象中的社會存在，要在怎樣的視覺焦點與背景襯托中才得以重現呢？

3. 「中空」、「親密」與「健忘」的歡愉

我媽當然是臺灣前一波的新進女性移民！今年85歲的她最大的遺憾是沒機會學好臺語，這一遺憾是和被剝奪了農會工作機會的抱怨相聯繫的，媽反覆提及她若當年進入農會，臺語一定是會了，家中經濟也不至於這麼辛苦。媽對爸的抱怨並不輕易出口，在爸去世前更是不易聽到，當然

這也和我們做子女的在成年忙亂生活中，只有逢年過節的儀式化與週日例行性家庭活動中才與父母有所互動的方式有關。爸走後，媽開始表達一些唱嘆式的想望，想去北京看戴阿姨（媽的朋友）、想遊英、法……。

2003 年夏天，我藉自己到英國巴斯（City of Bath）澡堂大學（Bath Univ）研習之便，在倫敦接媽、小塔與三姐（鄭村棋三姐）。在倫敦、巴黎與巴斯玩了 2 週，因為遊「倫敦」是我爸年輕出差時說過要帶我媽再同遊卻未實現的承諾，「巴黎」則是他倆在重慶戀愛時，我媽演話劇，以湖南口音朗誦「巴黎的春天」，卻一再被我爸嘲笑之家傳玩笑的印記。

媽抵倫敦前那一個月澡堂大學的研習，實為自己為了疲累肉身休息用的脫落設想。沒料到同時前往美國紐約預備遊蕩休息的鄭村棋突然視網膜剝離，困守斗室心情鬱憤。我迅速決定來去紐約倫敦，愛人同志的精神操勞與妻職的照顧勞動，讓我的澡堂脫落之旅的主觀願望強烈地與現實相錯擦撞卻又遙相嵌連。不過，異地的黃昏綠地仍有效地發揮了脫落空間中的或反身或錯置的接軌。一個黃昏時候，我到校園咖啡酒廊買杯葡萄酒，下班後借酒放射異性情挑的異國男女坐滿、站滿吧台，這種氛圍迅速將我彈出數丈之外，遠觀之中竟突然見到了外婆和媽互相依靠守護著家園的一種中空親密的社會存在！

2003 年 7 月底我接到媽，同床共眠於倫敦小旅館中。子夜，媽沉睡微醺。在感覺到這一個完整的全然實存的女人身體時的陌生感，令我清醒！身體是時光歲月與身、心、情感勞動來去與殘留積澱的攪拌容器。口鼻、毛孔散逸出來的唏，嘶，噓聲與氣息，在夜晚的床上對我進行著身體親密的感知薰息教化！我的身心在無聲卻雜染著味道的氣流中，移位穿越了陌生地！巨大母職的規訓機制，生產了在白天一聲「媽」的稱呼中會立即現起的遮障知覺，「陌生」便是這遮障知覺可被挪移開去的示訊。於是，在接著的兩個星期裡，我見識了「媽」這個年輕時健壯，中年操勞，老來瘦削，右背側駝，沉睡會唏呼打酣的女子的身形，在倫敦與巴黎街頭健忘歡愉地行走著。

4. 親密依存、勞動協作的母／女

外婆的夫妻關係在生產 5 名子女的母職勞動後實已結束，她和媽相依分工的協作照顧了我們家。外婆清瘦冷靜的漂亮神態中幾乎感覺不到一絲絲煩鬱灼熱。黏著她腳前腳後的日子裡，隱然流動的情感波紋出現在：獨身賣獎券老頭每月到家中來賣獎券的僅有的同年齡異性接觸[18]、入睡前小飲數杯的酣然愉悅、打麻將做了副好牌贏了小錢的高興和前述抽開抽屜凝視照片的極其細微的難過。

外婆是在這些溫和情感的微波蕩漾裡乾乾淨淨立在那兒的一種安定的存在，一點也沒有老人擠皺皮膚的愁苦，也從沒聽到她嘮叨些什麼。臨到末了，約半年肝癌的折磨，也僅在極為難忍時呻吟數聲。記憶中最清楚的聲音除了她說故事的聲音外竟是睡前叩齒的清脆聲音（她可有一副好牙）。

媽基本上在情感表達上，也繼承了外婆的安靜淡然。但實實在在的夫妻關係添加了對煩躁不滿的壓抑，生計與家計的重擔曾一度幾乎壓垮她[19]；可是她也是情緒壓力並不任意飆射的女人。情緒壓力不往外飆射而往內收放的涵養歷程可能成就了一個不冀求夫妻親密支持的勤於勞動，勇敢當家，自我照顧的母職女人。我家由家務勞動、小孩打理到一切內外事物全是我媽媽包辦，買菜、做飯、設計房子、修電線、打蛇、殺雞、養鵪鶉都是她。

我於是知道了外婆和媽的依存與勞動協作是這一種情感內斂涵養過程的發生脈絡。我實實在在地承接她們的女職勞動的能量，並挪移置入了解嚴後社會運動的田野，亦發展了一小支文化抵抗的心理教育實踐路徑。

在地人形

地方是內在的，是主體性本身建立的依據——地方不是建立在主體性之上，而是主體性據以建立的基礎。因此，我們並非先有一個主體，以地方的觀念來理解某些世界特徵；反之，主體性的結構是在地方結構之內，以及經由地方結構而成形的。（Cloke, Crang, & Goodwin, 2005/2006，頁54）

　　這篇文章可以說是對自己30年「低地協作」實踐路徑與對臺灣這二、三代人「我之構形」辨識發現的概梗說明。30年的路徑重構了我對「運動」的看法：運動是已認定或想成為運動取徑之工作者，不離不棄自己置身於其中的「結構性位子／處境」，並在自己特定那個位子裡，轉化社會壓迫，一路走去，如此而已！按此界定，他是一個對社會壓迫、人的痛苦與變革力量和自己作用關係的確認，這是一個認定、想望與方向，亦因而想發展自己與他人之間的支持參看與互助學習的聯結關係。它不是來自他人的要求，它是一個企圖完成自身「個體性」的一種表達性演出。那麼，「運動」就是你的內在成分而自我負責地出現了！

註釋

1　讀者進入輔大心理系網站（http://www.psy.fju.edu.tw/wordpress/），便可搜尋到與「歷史中的心理學：接續斷裂的歷史」計畫相關活動的文字與影像資訊。

2　NTL（National Training Laboratories）是Kurt Lewin的學生們為延續與發展Lewin團體動力學，在緬因州Bathel鎮設立的研習基地，1983到1985期間我參加了數次訓練課程；同時亦開始進入由A. K. Rice中心推動的大團體訓練方法（Tavistock Conference）。Virginia Satir則是於1982年接受吳就君老師的邀約來臺進行二梯次的工作坊授課，我因跟隨吳就君老師學習並協助翻譯，遂全程參與。

3　實踐田野中的概念

實踐中萌發的概念	激發概念發生的實踐田野	具參照啟發（F）與操作介入（I）作用的國外學者的理論
※社會探究的學習歷程（p. 140，《應心研究季刊》，尋找一個對話的位置） ＊活化社會關係的行動脈絡與活化的社會行動者（p.64，《臺社季刊》，站上罷工第一線 p. 137，《應心研究季刊》，尋找一個對話的位置） ＊衝突涉入（p. 136，《應心研究季刊》，尋找一個對話的位置）與投身涉入（p. 151，與娼同行） ※生命方案與社會方案的扭合	抗爭事件與抗爭中學習活動的設計與介入	＊（F）失落與社會改變（Peter Marris） ＊基進教育、批判教育與社會變革教育 （F）自由的辯證、處境中的自由與集體自我反映（Maxine Green） （F）解放教學／教育（Paulo Freire & Henry Giroax） （F）社會變革教育中的組織、動員與教育（Myles Horton） ＊團體動力與溝通行動 （I）團體動力（Lewin and Bion）
（註） ＊敘說現身與陪伴動員（p. 141，《應心研究季刊》，尋找一個對話的位置） ＊社會力場中的節點與對抗點（p. 154，與娼同行；p.141，《應心研究季刊》，一盞夠用的燈） ＊社會彈道（p.138，《應心研究季刊》，一盞夠用的燈）	一運動者與草根教育工作者的運動投身與自我轉化經驗呈現與表達的現場	（I）反映實踐與行動科學（Donald A. Schön & Chris Argyris） （F）社會學習（Honneth A.） ＊批判心理學 （F）心理活動的社會史模塑（Luria, A. R.） （F）歐洲活動理論（Tolman C. W.） （I）社會治療（Fred Newman & Lois Holzman）
＊（以 F 代表有益理解之視框作用，I 代表具介入作用的行動探究方法）		

4　1986年我修完了兩年博士課程，帶著1年的實習課和論文計畫由哈佛回臺北，鄭村棋晚我半年返臺，努力設法進入臺灣省總工會組訓組工作。我將反映實踐與行動科學方法整合到自己多年在團體動力與方法上的實踐路線中，一方面在教育、社工與心理諮商領域中發展轉化專業工作者的方案，另一方面則

與鄭村棋協作，在解嚴前醞釀著變革的社會氛圍中，探索臺灣工人在其生活世界中的抗拒壓迫與自主行動的能動性。前一個企圖由1986年～88年，我在陽明山臺北教師研究中心的「中、小學教師成長團體領導訓練方案」開始，一直延續到中華民國基層教師協會的成長與發展；後一個企圖則在輔仁大學應用心理系的教學與國科會研究案中，和鄭村棋及一小小群學生們一起由田野調查與參與觀察開始，稍後便在自主工會籌組的動能中，走向鼓勵與支持大學畢業生進入工會祕書的角色位置，支持他們能在耐得住低薪養活自己的同時，摸索著工會自主性組織力量的發展方法。

1987年，鄭村棋轉任中時勞工記者，在四處採訪工運現場狀況之餘，協助工會發展組織與進行會員教育。1988年12月初的一個傍晚，鄭村棋在忙於協助新光紡織士林廠員工的關廠抗爭中，因獲悉桃園客運工會常務理事曾茂興遭資方惡意解僱，忙碌中專程開車由臺北載郭吉仁律師到桃園，接中正機場桃勤工會理事長柯正隆同赴中壢探望曾茂興，回程鄭村棋送柯正隆回家後，在機場附近，不慎撞死了騎車欲上晚班的工人楊先生，在奔忙關懷工人幹部抗爭的路途中卻撞死了正要上工的工人，我們痛苦地傾所有儲蓄與死者家人完成了賠償協議，雖然警方勘驗後認定肇事責任不在我方。稍後，桃勤工人為此事募捐了二十萬左右給我們，我們便計畫將此捐款轉用到成立工作室（即勞工教育資訊發展中心的前身）的樓頂違建改建工程中。所謂的改建，不過是仁愛路二段一棟老舊公寓頂樓早已廢棄的一間房間。當時我的朋友李宗芹用四樓開了一間舞蹈工作室，就讓我分擔低廉的水電費使用樓頂。1989年夏天，鄭村棋去美國訪友，我則負責監工並自己鋪地板，完成了一間帶有廁所的樓頂違建。在酷暑中陪我一起鋪上舞台用黑色塑膠地板的是老朋友李憶微（現任教於東吳大學社工系）。

有了一間房間後，原本在我家進行的美寧關廠與小外包家庭工廠調查討論活動便移至了工作室。1988年4月，鄭村棋、吳永毅、張玉琴與中國時報工人組中時工會，9月初發生了強烈抗爭事件，三人皆遭解僱。隨即鄭村棋即投入新光紡織關廠抗爭，1989年遠化工會旋即遭鎮壓，鄭村棋與吳永毅便是在中時工會籌組與新光關廠抗爭參與的過程中，做了投身工運的選擇。亦是在這2年中，一小群年輕學生在畢業後選擇進入工會，以低薪從事極為複雜辛勞的工會組織工作。陳青黛、王芳萍、張育華、顧玉玲、張雋梅、彭道堯、王淑娟、陳定傑都是在這個時候蹲下了臺灣大學生虛浮不實的身段，進入了工人的群體生活之中。陳青黛與彭道堯先後在遠化工會與中正機場聯誼會擔任祕書，王芳萍在中時工會，張育華在圓山空廚工會，張雋梅與顧玉玲在自立晚報工會。王淑娟與陳定傑在參加完小外包工廠勞動調查後，結了婚選擇了另

外的生涯道路；然而十幾年後，王淑娟又回到了我們這一支運動路徑中，陳定傑也於2年前成爲了「日日春」妓權運動中重要的工作者。跟著我學習團體方法的國小教師侯務葵則由1986年迄今，持續地推動基層教師的自主運動，也在1989～90年間協助我們爲中正機場聯誼會的成立所設計的工人人際關係學習團體。

5　1976年我回到臺灣後不久，去了大園的紡織工廠，稍後，就發生了葉島蕾事件（政治迫害的冤獄事件），我的二哥（夏禹九）後來對我說，他在西雅圖知道葉的政治迫害事件時，對於我的生猛實在擔心。等我在工廠生活受挫退回專業工作者身分後，亦曾試過再回到救國團張老師工作，前張老師總幹事劉安屯先生曾有意邀我擔任專職研究員的工作，但未成功。多年後，我在美國遇見當時已欲退休的劉安屯先生，他明白告訴我當年無法聘用我的原因是我那有問題的政治紀錄。

6　社會田野中的團體工作方案示例

時間 社群／社會田野	教師社群／由教育局主辦的教師研習活動到 410 教改運動與中小學教師日常學校生活世界	工人社群／1987 年開始的自主工會運動	成人學習者社群／ 1997 臺北市廢娼事件與由 1999 年開始的社區大學運動
1986	◎教師成長團體領導者培訓課程、跨校團體督導訓練、教師讀書會／基層教師協會的源起（EOAI）		
1988		◎勞工人際關係學習團體／中正機場工會聯誼會（OEAI）	
1995		◎工傷者說故事團體／工傷俱樂部及工傷協會勞教講師培訓（OEAI）	

1997		◎ 1997 年公娼抗 爭過程中的「公 娼騷動」行動大 學與 1998 年「行 動論壇」與「婦 女經驗論壇」/ 日日春關懷互助 協會成立（OEAI）
1999		◎女性經驗學習課 程與家庭經驗工 作坊 / 蘆荻社區 大學（EOAI）
2001	◎基教系列教育論壇 / 行動研究學會成立 （EOAI）	
E：教育 O：組織 AI：行動探究 EOAI：個體教育學習優先於組織考量的田野脈絡 OEAI：組織（organizing）化的方向與目標引導與框定著教育設計的田野脈絡		

表的命名與符號說明中存在著一個我在202-204頁「脈絡化」的方法論轉向後的「發生」（happening）歷程。

7　F. Newman是這樣描述定性焦慮與恐慌症的：「我相信焦慮是一種適應情緒。從歷史上看，焦慮之所以這麼晚才出現，是因為它基本上是一個為了因應異化／疏離的情緒或姿態。而異化成為人類普遍經驗的歷史事實，不只是個人的主觀反應，而是在一個特定的歷史時點上，當生產的社會過程在性質與數量上都與生產本身分離到一個關鍵的程度上，例如，產品的交換功能成為生產的主流模式。

在十九世紀中葉之前，人類生產基本上是為了使用用途，而在其後的50年內，全球的工業發生了澈底的改變。世界越來越被生產所主導，而這生產不是為了我們的需要，更具體地說，生產不是為了我們作為人類的需要，而是為了製造出商品，為了被販賣與交換。焦慮的出現作為一種情緒或姿態來因應「異化」這個社會—歷史現象，而異化正是商品生產全面主導下的社會後果。

由柯克建立的關於焦慮的典範，是一種害怕跌入某一種特定極端性質中的恐懼，這個定義後來被收入到DSM-III中。具體來說，這是一種終極的沒有對象的恐懼。它是一種對於某個無以名狀的，或甚至不足以名狀的「東西」的恐懼、戰慄、心悸、盜汗，隨便你喜歡用哪個形容詞。那不是你走過懸崖邊

害怕跌下去的那種恐懼，也不是廚櫃上的煎鍋快掉下來打到頭的那種恐懼。不是的，不是這些「客觀」（objective）恐懼，客觀恐懼是那種有對象的、有可能發生的恐懼；而焦慮是沒有對象的恐懼。爲了交換而生產（或說商品生產）的異化狀態，在意識型態的、社會的、文化的以及經濟上的變遷帶來了焦慮，它作爲一種情緒的、姿態的、主體的適應機制，以因應一種新的情緒或態度與引發此情緒或態度的客體（或缺乏該客體）之間的關係。」（Newman, 1991）

8　「階級顯影」是丁乃非名師在張育華論文口試時辨識張育華實踐經驗的用詞，張育華受益良多。

9　陳孟瑩的論文是她由自身壓制處現身的努力，王芝安的「面具後的臉孔」則由身體所取受之教育體制化作用回觀反映，從而確認自覺的價值。

10　移動探測（move-testing）是使用了Donald A. Schön在《反映實踐者》一書中對實踐者系列實踐行動即一移動探測之行動實驗方法的概念。

11　王曉薇在論文中詳細記錄了她在蘆荻社區大學參加家庭經驗工作坊時，遇見與父親相近似之勞動父女時所發生的震撼。

12　由臺灣看世界，茲列舉，由1950年開始的重大事件：
1950年韓戰爆發，美軍協防臺灣
1950-53年　國民黨白色恐怖政治事件
1960年　蘇聯發射人造衛星
1962年　越戰激化；美軍大量進入東南亞各國
1963年　美軍黑人民權遊行
1964年　中國文革開始
1968年　歐洲學生與社會運動開始
1970年　臺灣學生保釣運動開始
1971年　美將琉球歸與日本
1976年　蔣介石逝世，同年，毛澤東、周恩來逝世
1977年11月　中壢事件
1978年12月15日　美總統卡特宣布與中華人民共和國建交，與中華民國斷交
1987年　解嚴，蔣經國逝世

13　我曾多次引用Honneth的社會學習概念來註解我的實踐：
社會學習過程是指一個社會內部主要進展的動力，不是來自「廣大群眾」的模糊圖像，也不是某種匿名的行動系統，而一定是得依靠特定的社會群體不斷和其他社群對話溝通的過程；而對該特定群體而言，在與其他社群對話的過程中，新的認識與社會行動能力也增加（Honneth & Joas, 1991, p. 284）。

Honneth所描述的是一個以社群為行動單位的社會變革與發展的圖像，多年對社會運動的關切與參與讓我確認這種社群認識與行動能力的變化，才是「運動」對社會進步的主要貢獻，也只有當特定社群中的個體與群體實在地發生了意識與情感變化的學習過程後，運動的成果才不至於被國家機器所分化與耗損殆盡。

14 例如自我心理學者Robert Kegan對自我轉化的階段性論述、家族治療理論與方法中對人我界線（boundary）與關係界線混淆與分化的論點，都易使非歐美心理教育工作者，無視於在地社會政經結構與文化體制環境所創構之一見不到卻實質可感知之社會關係脈絡與社會活動場域。

15 蘆荻社區大學家庭經驗工作坊得以持續發展的動能即在於它創發了一個成年男女相看辨識的機會。同理，2004年總統大選期間，日日春協會所推動之「妓權公民」政治學習論壇現場，就啟動了四年級生與六、七年級生以「個體化政治歷史古怪錐體」為召喚，對臺灣政治歷史經驗與「我」之構造生成作用關係的交流與學習。2004年總統大選，「日日春」王芳萍加入立委選舉，「日日春」加入兩個爛蘋果的人民老大選舉運動，以「妓權公民」為題進行多場政治學習的論壇，在這一系列論壇，我參與其中與六、七年級生進行自身政治歷史經驗的對話。「個體化政治歷史古怪錐體」出自於論壇討論文章。

16 「低處濘地」與「高處乾爽台地」是Donald A. Schön的隱喻。他用之來分辨反映性專業實踐者和依循科學實證典範之科技理性實踐者或學術工作者的差別。（Schön, 1983）

17 小阿姨因癌症逝世於1976年，那一年我出國留學。1999年我首次尋找到成都的表弟、妹全家時，由表弟處得到一本阿姨1959年的日記影本，這是一本我迄今始終未能完成閱讀的日記。那是一位備極辛苦卻拚命踐行共產主義理念，冀求入黨未能如願的共青團員小歷史。我翻看數次，總是停在癌症初病痛纏身、勞動不休卻一再自我激勵的字裡行間。我停頓在我擁有了她失去的母親：外婆的母愛是我幼年安然無虞的依靠，而阿姨只能在病痛與日夜無休的勞動中情殤喟歎：「不知媽現在哪？若媽在就好了！」

18 兒時我黏附於外婆身前身後，記憶中外省賣獎券老頭每月二次一定爬數十階樓梯上家裡來賣獎券給外婆。外婆老是愉悅地接待他，買下2張獎券。我的興奮是在於抽獎券的動作。

19 在我爸中年事業垮去結束的那幾年，我媽亦替大舅揹了一身的債，自殺是她構想過的，我和二哥意外在她的抽屜中見到遺書似的書信。

參考文獻

丁乃非（2004）：〈怪異的拖曳作用〉。《應用心理研究》，*24*，32-37。

王芝安（1998）：《面具後的臉孔》。輔仁大學心理學系碩士論文。

王淑娟（2005年12月30日）：《穿越家戶門牆的學習：一種集體反映的方法》。蘆荻社大主辦「成人教育研討會」，發表論文。

宋文里（2002）：〈敘事與意識：另一個對話的位置〉。《應用心理研究》，*16*，157-165。

丘延亮（1991）：〈兩種「中產階級」與知識份子和知識人——以臺灣、香港爲例〉。《天安門評論》，*1*（2/3），2-33。

李易昆（2014）：《逆風行者——朝向「解放—社會變革」的成人學習之路》。輔仁大學心理學系碩士論文。

李易昆（2004）：〈尋找解放的教育路徑〉。2004北京行動研究研討會，北京。

李易昆（2005）：〈心理健康學學期報告〉（未發表）。輔仁大學心理學系碩士論文。

張育華（2006）：《移動的疊影：我在低地蜿蜒前行的實踐歷程》。輔仁大學心理學系碩士論文。

夏林清（1990）：〈一個自主工會抗爭歷程的案例調查報告—結構性衝究與個人學習〉。《台灣社會研究季刊》。2(2)，127-155。

夏林清（1992）：《大團體動力：理念、結構與現象》。五南圖書出版公司。

夏林清（1993）：《由實務取向到社會實踐：有關臺灣勞工生活的調查報告》。張老師出版社。

夏林清（1993年3月1日）：〈穿針引線看家庭〉。《台灣立報》。

夏林清（1999）：《制度變革中教育實踐的空間》。《應用心理研究》，*1*，33-68。

夏林清（2002a）：〈「與娼同行，翻牆越界」論壇報告實錄〉。《應用心理研究》，*13*，147-198。

夏林清（2002b）：〈尋找一個對話的位置：基進教育與社會學習歷程〉。《應用心理研究》，*16*，119-172。

夏林清（2002c）：《大團體動力：理念、結構與現象》。五南圖書。

夏林清（2004a）：〈一盞夠用的燈：辨識發現的路徑〉。《應用心理研究》，*23*，131-156。

夏林清（2004b）：〈循線追索〉。日日春性工作者關懷互助協會主辦「移民與

勞動小型研討會」發表論文。

夏林清（2006）：〈在地人形：政治歷史皺摺中的心理教育工作者〉。《應用心理研究》。*31*，201-239。

夏曉華（2003）：《種樹的人》。作者自印。

孫昌齡（2005）：〈輔仁80、心理70：接續斷裂的歷史〉紀錄片。輔仁大學心理學系製作紀錄片。未出版。

陳孟瑩（1999）：《被封住的嘴：由探究他人到自我探究》。輔仁大學心理學系碩士論文。

陳盈君（2005）：《走向她：解構社會壓迫的另外一種取徑》。輔仁大學心理學系碩士論文。

劉于甄（2004）：《閱讀、寫作與心理自聊：穿梭在文字中的結構與解構旅程》。輔仁大學心理學系碩士論文。

劉小許（劉怡君）（2006）：《A potential space桃源二村：精神病人在臺灣的勞動權益的實路經驗》。輔仁大學心理學系碩士論文。

顏如禎（2006）：《裁縫師的女兒：以「乖」做為抗拒保護色的小學老師》。輔仁大學心理學系碩士論文。

顧玉玲（2004）：《文化生產作為對內組織與社會對話的行動方案》。工傷協會，未發表。

顧玉玲（2005）：〈逃〉。《中國時報》人間副刊，10月11,12日。

Argyris, C., Putnam, R., & Smith, D. M. (1985). *Action science.* Jossey-Bass Inc.

Bonnewitz, P. (2002)：《布赫迪厄社會學的第一課》（孫智琦譯）。麥田出版。（原著出版年：1998）

Cloke, P., Crang, P., & Goodwin, M. (2006)：《人文地理概論》（王志弘等譯）。巨流。（原著出版年：2005）

Esgalhado, B. D. (2000). *The critical psychology of everyday life.* In T. Sloan (Ed.), *Critical psychology:Voices for change.* Macmillan Press Ltd.

Holzman, L. (1999). *Performing psychology: A postmodern culture of the mind.* Routledge.

Honneth, A., & Joas, H. (1991). *Communicative action theory: An approach to understanding the application of information systems.* MIT Press.

Horton, M., & Freire, P. (1990). *We make the road by walking: Conversations on education and social change.* Temple Univ. Press.

Liang, R. D. (1959). *The divided self: An existential study in sanity and madness.* Tavistock Publications.

Newman, F. (1991). *The myth of psychology.* Castillo International, Inc.

Newman, F., & Holzman, L. (1996). *Unscientific psychology: A cultural-performatory approach to understanding human life.* Praegen.

Said, E.（2004）：《權力，政治與文化：薩依德訪談集》（單德興譯）。麥田出版。（原著出版年：2001）

Schön, D. A. (1983). *The reflective practitioner: How professionals think in action.* Basic Books, Inc.

Shabber, J. B. P., & Galinsky, M. D. (1987)。：《團體治療與敏感度訓練：歷史、概念與方法》（夏林清、麥麗蓉譯）。張老師。（原著出版年：1974）

Tolman, C. W. (1994). *Psychology, society and subjectivity: An introduction to German critical psychology.* Routledge.

Touraine, A.（2002）：《行動者的歸來》（舒詩偉譯）。麥田出版。（原著出版年：1984）

Wtzlawick, P., Weakland, J., & Fisch, R. (2005)：《Change：與改變共舞：問題如何形成？如何突破和有效解決？》（鄭村棋、夏林清譯）。遠流出版社。（原著出版年：1974）

第四章

卡榫——拮抗同行的社會學習

夏林清

你／我怎麼長成這個樣子的？你／我怎麼理解這種壓縮暴力又能動的，屬於極度特定的地理政治歷史文化環節的長成過程？這些大環節的各種結構力道，如何有機的扣連到你我的生命敘事心理，以致能夠逆轉也對抗霸權知識（也是大環節不可違逆的力道之一）的簡化與規訓？」（丁乃非，2007 年 1 月 7 日，文化研究「城流鄉動」研討會回應文）

前言：失落與衝突中的一個起點

1988 年，我 35 歲，臺灣剛解嚴。我參與到了《中國時報》產業工會籌組的抗爭過程中，我在這個事件中的身分是雙重的——工人教育工作者和工會籌組推動成員鄭村棋的妻子，在與中時工會工人的關係發展過程中，我的後一角色是先被認識的。1988 年 9 月 19 日，在工會與資方打壓手法的一個對抗衝突事件中[1]，我的雙重角色同時進場！

一張領據

　　1988年9月19日半夜12點半，臺北桂林警察局一通電話叫醒了剛入睡了的我。

警員：妳是鄭村棋的太太嗎？

夏　：是啊！

警員：妳先生現在在我們分局，只有親人可以進來看他，現在他跟妳說話。

鄭　：妳得來一趟警局，我和中時工會在工會辦公室開會時，被員警以「侵
　　　入私人住宅」的理由抓到警察局去了，只有律師和妳才能進來。

　　我叫醒了住在隔壁屋子的媽媽，請她來陪小塔（女兒），趕到了桂林分
局。

　　四、五十個憤怒的工人圍在分局門口，警察察看了我的身分證後，我上
了2樓，郭吉仁律師隨後亦趕到了。3個小時後，一份「筆錄」在警察與鄭村
棋訊問後完成了，一位看來是上級警官的人對我說：「現在，他可以走了，
但妳要在這張收據上印上大拇指，表示妳丈夫是好好的（指沒受什麼身體傷
害）跟妳回家了。」這一幕並不威脅，而是荒謬！蓋上指印的「領據」寫著
「我，夏林清，接回我的先生，鄭村棋。」

　　走出警局，聞風而來的工人更多了些，憤怒的工人和鄭村棋在微雨中走
回大理街中國時報，我跟在隊伍的後段往前走。微雨中，我感受到前端怒氣
之外的焦慮和害怕！因為原工會辦公室在大理街中國時報社址內，現在進不
去了！百餘人便聚攏在報社鐵條門大門口與看守警察的街道上，鄭村棋開始
演講，接近凌晨的狹長街道上遠遠近近佇立著中時的工人。微雨中，被衝突
事件啟動的憤怒在空氣中流動著，焦慮與害怕被身體包裹著。

（夏林清，*Learning in conflicts: The emergency and maintenance of union
leadership*，1992）

　　這個場景是我成年生命嵌卡鑲入臺灣工人運動中滑移推進的重要節
點。「滑移」置身處是社會關係層次重疊作用的地方，「轉進」指的是自
己對性別階級權力與知識權力關係的覺識能動的行動能力。

　　百年臺灣，日本殖民統治、國共戰爭的歷史陰影、二二八與白色恐怖
的政治傷痕在國民黨政府長達 40 年的戒嚴年代裡，轉置到兩代人身內不
可說也說不明的情感失落、情緒壓制與關係斷裂的經驗包裹，解嚴後大大
小小的社會衝突是人們體內矛盾包裹朝向社會打開的動能與出口[2]！就在
解嚴的脈動中，我嵌卡投入了臺灣自主工會的運動。在中時工會籌組抗爭
事件的脈絡中，我的「滑移與置入」亦同時在地政治化了我身上所具有的

各種可使用之資源，包括我的身體、心靈、社會角色與知識的行囊。簡言之，在抗爭事件中，我所滑移置入處正是一個對抗點[3]，亦是我這個行動者行動探究與社會學習[4]的實踐起點。

行動研究者的勞動田野與手工知識

由 1985 年迄今，在臺灣社會環境的特定社會進程中，下面四個經驗面向的交織作用，構成了「行動研究」如何逐步地成爲我行走於「學院／江湖」（學院即江湖，江湖即學院[5]）中的工具／方法：「對抗政治與階級壓迫的社會運動投身[6]」、「走入社會田野的教習協作」、「開展個人與群體生命經驗解壓縮[7]與能量流動的社會學習空間」和「辨識、累積與轉化學院資源以有利於專業／社會實踐者的養成與發展」。換句話說，投入在這四個面向的工作活動亦即我的專業勞動。在本文中，我以行動研究者（亦爲一名心理教育的在地工作者）來陳述與梳理自身的實踐知識。

(一)社會田野的冶鍊

行動研究者在社會田野中進行行動探究的同時，自身的精神與智慧接受陶冶與鍛鍊。「人在社會田野中」指涉了在社會活動現場中，因各個行動者接觸、碰撞與相互影響而生成的社會互動歷程，是社會現況轉化的發生場域：「走入社會田野」是指進入縱橫阡陌、人來人往的社會關係脈絡來看自己與他者，不是指物理空間的「走出校園進入社會」；當然，與大學生、研究生一起移動進入邊緣底層或勞動階層的生活環境是會因「眼見與身觸」社會差異，就較不易輕易地退縮回到去脈絡的空泛簡化與抽象概化的知識碎片中。

然而「眼見身觸的差異結構」也就在家庭之中，個體之內。視「家庭即一個社會田野」，與視「父母爲成年男女」是我發展「家庭關係與個人發展」課程教學與「家庭經驗工作坊[8]」方法，並進而建立了「臺灣拼裝車家庭」的了解視框與立場的教育；這亦是一段教習行動研究歷程（王淑娟，2005），同時，我盡力將學院門牆外的社會田野的光景，轉置扣入自己「教學」的行動位置裡（在輔大心理系，我隔年開設「家庭關係與個人

發展」課程），而我在兩個位置之間的來回走動就構成了辯證轉化的教習協作。以「心理教育工作者」做自我定性，社會運動者（組織工作者）與心理教育專業實踐者的培養與督導關係，始得以不被學院抽象架空化與商品工具化；也才有可能發展出一種具社會存在脈絡意涵的「人與人的關係」；也就是說，「人與人的關係」是彼此之間抽象存在卻實質作用著的一個多層次與多向度且可相互滲透影響的社會關係的運作載體。

　　作為載體，在任何一組社會關係中，群體與組織系統之變化歷程（包括了學習、發展與轉化等概念所指涉的經驗範疇）如何發生與發展的知識，便是行動研究者所關切的。同時，實踐者（行動介入者）置身於此一變化過程中的作用位置及互動關係是要被涵攝在行動研究者的考察範疇中的。正是這個「處境中行動者」（situated actor）求變的致知位置（致力於探究變革的知識），使得「行動研究」得以對心理學知識與方法的在地化發生了落實的作用。由歐美社會所主導之現代心理學知識典範的傳輸，如何得以不被移植誤用的立場來看，「行動研究者」以身為餌地介入變局，這個「身」的「介入行動」與「變局動態關係」是同時被要求得表明與揭露的；其實，「自身」與「者」都嵌屬存在於社會實體的特定位置中。易言之，求變致知的行動研究者必然是在各種社會活動現場（含學院工作環境），對自身的社會存在敏覺且對自己介入行動與行動所介入之現象場的變化歷程能有所探究與考察。

(二)手工知識的協作者

　　心理教育的行動研究者，不可一味地接受科技理性所預設之「基礎知識生產者」與「應用實務工作者」專業分工的社會設計（Schön, 1983/2004），他會進入在地社會脈絡中，求變致知，以研發足以反映臺灣社會特殊性的知識立場，是心理學知識在地化的一個起點（夏林清, 2006）。然而，由對知識採取質疑探究到拒絕得了請君入甕的歐美主流知識權力的利益引誘，到發展得出來在地化的知識實踐路徑，是一個漫長與複雜的社會進程。若臺灣高等教育機構中一直持續臺灣歷史中去脈絡與去政治化的特性時，教育現場（含研究所課堂與學生具實務背景之研究生所承載的教育現場）裡，所一直默然實存的層層疊疊的隱性默會知識（tacit knowledge），就難逃或被排除否定或破碎支解的命運。選擇不「去脈絡化」與不「去政治化」是「知識實踐在地化」與「在地實踐知識」這二個議題所共用的一個批判起點（夏林清，2007），也是我用「卡榫」來比喻我在臺灣實踐行動研究方法的一個不去脈絡與不去政治化的接合起點。

　　討論「行動研究」這一研究方法，有一個根本的要求，那就是不可離開「行動研究者」來談行動研究。因而，在大學與研究所內教授「行動研究方法」的學術工作者，亦同時得反身自問，自己只是「往學術上層結構標舞新旗，實則增添滿天飛舞之新名詞的流行風潮推動者」還是「意圖發展出如何走出不同於固有或主流學術模式的進路」；同時，返身自省落實足下功夫，不迴避自身利益與置身脈絡的政治性；不只只是「看見」關係中的權力、資源與利益，更致力於發展出介入改變（含自身）的工作位子與方法。不斷習作的行動研究者都會體悟到「行動研究者」的「介入行動」即為研究策略，當行動者介入到現況中，研究者（行動者）所參與進入的一個社會活動的變化歷程就是行動研究的研究過程。1970-1980 年代，在歐美針對工具理性社會科學專業進行批判的論述脈絡中，Donald A. Schön 所提行動研究者即「反映實踐者」（Schön, 1983/2004）的這支路線，面對西方已體制化之工具理性表現（含論述、操作方法與資源權力分配方式）提出了「反映理性」的典範，力圖發展一支另謀出路的路徑，即在人們生活世界的各種困阻與問題處立基，堅持對自己的專業實踐不斷反映的一種在行動中持續探究變革之道的運動[9]（Schön, 1983/2004；夏林清，2006）。

　　由 1987 年開始，我們在解嚴後社會衝突發生的社會過程裡，不斷地推進運動實踐的方案[10]，運動者／組織者／教育者和參與自主工會運動的工人和其他底邊人們（如娼妓）是協助的夥伴，也都是參與在社會行動中的實踐者。在這樣的社會實踐過程中，行動者們原本在過去生活中已形塑構成的社會存在性主體樣態一方面會在其投入的行動中表達顯現出來，另方面社會實踐活動的參與經驗會反饋重組與重構著行動者的社會存在性主體經驗；當此一協同關係能持續發展一段時日，這種跨越社會區隔（階級性別與種族等）的夥伴關係就有機會可發展成一組新的社會關係，對維繫社會現況之既存的社會關係構形發揮刺激、活化與轉化的作用。將行動研

究的協同研究關係在長期的發展過程裡，朝向「社會實踐」生命志業相結合的「社會關係」，也就激活了行動者們各自發展實踐小社群的慾望。在20年的在地實踐中，唯一非底邊人群屬性的我的協作夥伴是一群中、小學老師，我對教育行動研究與實踐知識的體悟，也因為和她們的關係而不至於落入了學院式的、與社會脈絡脫落的論述知識的單向生產。本文的第二大章節，即以我自己和一群中、小學教師20年的關係發展故事對「協作關係」進行闡釋。

我們之間的邊界空間

大山裡搬椅子

「教育體制」是一座大山，

考試制度是分層嚴明的篩子機器。

「學校」是分類評比與規馴制約的社會現場，

是抵制性自主與反叛逃離的發生地，

也是捍衛生命發展機會與尊嚴的陣地。

「老師」是佇立於大山中的行道樹，

如衛兵般揮旗吹哨，

學生循序成隊，行列入伍。

我也曾循序入伍，反骨內藏[11]。

小時我和我的老師不親近，

他們由那頭走來，我就由這頭轉開，

而我卻和一群中小學老師一起工作了20年。

我們之間沒有師範院校的師承與教育勢力的關係，

也沒有教育計畫（項目）的上下層級關係。

我在教師在職研習的方案中認識了她們，

方案兩年就結束了，我開始和她們在學校之外的社會田野中協作了18年。

> 我在大學當老師，
>
> 像是坐在一張較舒軟的高級椅子裡的人，
>
> 她們坐在板凳上：
>
> 我們常各自搬著自己的凳子，
>
> 在社會田野中聚會與工作。
>
> 即便我和她們圍坐一起，
>
> 我仍然坐得比她們舒服，我的椅子就是高級些！
>
> 我們之間所發生的關係過程是什麼呢？

(一)移動軌跡

想和臺灣中小學老師發展協作關係起心動念於 1985 年。

1983-85 年的博士學習課程，我因對團體方法和改變的探究，開始由邏輯層次與系統功能的角度[12]對個人、家庭、群體與組織的運作理論力口以辨析，同時學習著 Donald A. Schön「反映實踐者」（reflective practitioner）與 Chris Argyris「行動科學」（Action Science）的實踐認識論探究方法。1970 年代所萌發了的對社會運動的追尋，則激發我搜尋地閱讀了解放教育與工人教育的案例。1985 年，我帶著 1 年的實習課回臺灣，當時想著如何能扎根地摸索出一條道路來？「中小學教師」這一群嵌卡於體制內部，鎮日彰顯著變與不變矛盾張力的人群就成了我有意選擇的工作對象。

1. 活動場域、關係作用

我和中小學教師關係的發展是在 20 年（1987-2007）中，在不同的活動場域中發生與變化的：

夏林清與中小學教師協作關係簡表（1985-2007）

階段 I，教師日常生活共同經驗的反映與跨越社會區隔（教育階層與階級的社會區隔）的行動。			
時間	方案或活動	關係方式與角色作用	機構或 NGO 團體
1987-1989	教師成長團體催化員培育計畫（項目）	訓練者與督導資源轉移者	臺北市教師研習中心
1988-1990	勞工人際關係學習團體真實教育基層教師連線	工作夥伴與督導討論	團體動力協會
1989-1991	跨校與跨階層的自發讀書會	閱讀材料提供者聚會場地提供者	勞工教育資訊發展中心
階段 II，在教育改革由上而下的政策性要求衝擊中的選擇與行動。			
1991-1999	* 基層教師協會專業實踐各種研習活動 * 教育觀點倡議的發聲活動與教師集體角色的行動練習（教師會參與與專業協會的成立）	行動研究方法教習與督導討論	* 真實教育基層教師連線 * 基層教師協會[13]
1994-2002（1997-2002顧問）[14]	高中教師教育服務方案	規劃者、設計者、培育者與督導（被借調到大考中心擔任 4 年的教育服務處處長）	* 大學入學考試中心和教育部
階段 III，教育實踐小社群的移動探測實驗			
1999	行動研究學會籌組與成立	協作夥伴諮詢顧問	* 關切行動研究的大學教授小社群與成人教育團體
2003-2006	勞動家長協會成立籌組過程	協作夥伴諮詢顧問	* 工作傷害者協會 * 失業工人協會
2006、2007-	嶺南大學文化研究所課程	協作夥伴	* 香港嶺南大學

（上表中僅有 1993-1997 年大考中心教育服務的工作，不是與基教合作）

「移動探測實驗」（move-testing experiment）是指實踐者在實踐中進行的一種行動實驗（Schön, 1983/2004）。Schön 指出「行動中反映的實驗有三種：『探索性實驗』、『移動探測實驗』和『假設檢定實驗』。」「移

動探測實驗」是指行動者所採取的審慎行動，以我與「基教」的合作而言，上表階段三的各項活動和學會及協會的成立是我們協作關係的實驗成果。

2. 高低地景、差異處境

　　應試教育主導的教與學和資源分配與政策執行的體制化教育系統，建構了與階級化社會相符應的階層化學校類型。原本僅因學習進程而區分的高中、初中與小學的不同學習階段與入學機會，也因教育資源分配和個體發展機會高低落差所牽制形成的社會機制（如臺灣明星學校遷戶口現象與大陸的入學贊助費），發展成了高高低低資源不均的學校類群。這種複雜的在地化學校階層的地景構形，承載著社會區隔與階級分化的實存距離。「學生」因經濟文化資源的差別被升學機會結構送進了不同的軌道上；「老師」在階層地景裡，被俸祿身價與分數價碼的競爭市場切割整治。「教師」不是同「一種」人，「教師之間的差異處境」是教育實踐的真實課題。

　　2007 年 7 月我和基教在香港嶺南大學與一群中學教師研討，進入了因「經費資源」、「教學語言」和「學生應試智能」三者的差異而區分出的學校類型的等級地景中（附錄一）。臺灣沒有香港殖民歷史的語文因素，經濟資源上也僅有公、私立兩種，但中學仍因城鄉文化資源差異與公、私立學校因應應試教育成功的程度（包括學校組織管理策略）而有不同類型位置；相較之下，香港在地的學校類型較臺灣複雜，且多了英國殖民化的語言因素。不過，香港和臺灣的教師薪資較之於大陸，則內部位階差異不大。中國大陸同一城市中不同區的學校教師收入不同，中學有任課鐘點費，小學則無，同一城市不同學校的班主任津貼也有差別。臺灣中、小學老師的薪資基本上差異不大；待遇和工作保障，相較而言，相當穩定；然而這種穩定性，卻同時使得臺灣教師在國家機器特定意識型態的管治作用裡，易落入未覺察而扮演了傳輸注入的功能性角色（顏如禎，2006）。「差異處境」是教師彼此之間（含大學教師在內）關係發展的起點。

3. 移位跨界、社會田野

　　我和臺灣「基教協會」關係發展的起點是中、小學教師下課後跨學校階層的自發性夥伴學習和一起投入到工人自主工會運動[15]工人教育方案中的越界學習。由 1988 到 1989 的兩年中，一小群中、小學教師（約 5-10人，均為基教創會成員）藉由我所進行的團體督導開始在下課放學後，自發地組成了一個學習小組，她們也協助我於 1988 年成立了「團體動力協會」。1989 年，臺灣自主工會運動中的中正機場工會聯誼會（夏林清，2006）正在籌組中，為了促進機場內不同工會會員之間的相互認識，聯誼會邀了「勞工教育資訊發展中心」與「團體動力協會」一起合作工會勞工教育的方案；我邀請了 4 位教師，帶領了「勞工人際關係學習團體」（夏林清，2006；侯務葵，2008）。

　　由 1988-1992 年的 4 年中，這群老師跨越了中、小學之間的學校階層區隔和社會階層生活世界的區隔，我是她們所經歷的這一跨界移動的推動者，我的專業生涯是臺灣工人自主工會運動、教師教育實踐和心理教育專業所交織成的實踐道路（夏林清，2006）；基教教師這兩個跨界的移動使我與她們之間有了一個將長期夥伴關係放置在不被中、小學教育體制化門牆束縛的起始條件。

(1) 破除職能化父母圖像的工人勞動生活初探

　　對我而言，1989 年的「勞工人際關係學習團體」因著她們的協同，始得以搭設一個小平台，將小團體方法挹注進入了當時初初萌發的臺灣自主工會工人教育之中。4 位小學老師放學後的移位實驗，促使他們認識了在社會階級區隔的環境中，工人群體的面貌；工人的生活與集體動能在他們日常教學生活中，是被「學生家長」的職能命名與教養功能分工的關係設定所阻斷而沒有機會認識的！

　　「基教」創會理事長侯務葵如此描述了這一段的田野經驗和對她的影響：

　　　那年（1998）冬夜，夏林清老師邀我們去南崁，……那晚林吉茂（基教創會教師）開著車帶著我們，摸索的，到了南崁一座三娘廟的二樓。

勞工教育的會場上，是昏暗的燈光，散落的桌椅，相對教師研習中心的光鮮整齊而言；但是會場上，一群群以男性多數的工會幹部，卻是充滿了活力，大聲的說話，大聲的笑鬧聲，粗獷中更顯現與教師群體的安靜差異。團體成員一群是中國時報工會男性幹部；另一群是多以工會女性幹部為主，他們都年輕並且未婚，於是團體中出現了兩性的婚姻議題，工會的經驗也是團體中重要的相互對照的議題。工會幹部們在團體中敘說自己工會運作的策略故事，而仍記得我與香香（某工會幹部）的緊張，就是我會感受他對我的不滿，但是我一點也不能理解，直到在督導團體，我才明白這是一個國小四年級中輟生對國小老師憤怒的投射；楊××的綽號是香香，因他白天兼差做擦電話的計件副業，每天留在手上香香的味道而得名。如果說十次的「工人人際關係學習團體」有哪些什麼意義？我認為：創造了區隔在不同工作位置裡工人的相互看見，自主工會運動工會幹部因而不孤單；至於促進了年輕工人的情感關係，也是其中的一種作用。對我來說卻是進入工人運動田野的起點，許多不同經驗和議題的理解，成為自己漫長二十多年的議題。

　　記憶中，我在這次團體中，約 6 月初，決定要為即將 7 月出生的孩子取名為「自由—志柔」，引用老子說的「堅強者死之徒，柔弱者生之徒」，所以「志柔」非溫柔的女性而是堅韌的繞指柔的頑強之意。那時自己正因進入婚姻、家庭和情感而感到苦悶，同時進入工人田野，當時自己還不明白，我正在走一條不同自己母親、姐妹們和一般女老師的路。

　　（教師認同與集體同行——基層勞動教育觀發展歷程，侯務葵，2007，碩士論文初稿）

(2)「老師在這裡」的主體揚聲

　　1990 年，帶完工人團體後，我回哈佛寫論文，她們則組了讀書會，閱讀了保羅佛拉（P. Freire）的解放教育和亨利吉羅克斯（H. Giroux）的「教師是轉化的知識分子」。1989 年我開始辦一些小型的團體動

力工作坊，中小學老師相互溝通彼此對對方的看法（附錄二），也就是在這個過程中，她們以「真實教育基層教師連線」為名，建立了一個小社群，開始對外出現。1994 年，當臺灣教育改革的呼聲開始由專家學者和都市中產父母團體發出時，「基層教師協會」隨後於 1995 年正式立案。這個轉折點可以由 1994 年他們以「真實教育基層教師連線」為名集體參加臺灣第一次的教改 [16] 遊行做註解，1994 年的遊行隊伍熱鬧盛大，「真實教育基層教師連線」繪製了一幅大圖（一個小教師和一群學生轉地球的圖像）參加遊行。轉動地球的圖十分好看，然而。她們喊出的遊行口號卻令一旁的我當場錯愕！她們沒喊什麼教育口號，她們齊聲喊：「教師在哪裡？教師在這裡！」我當場錯愕，甚至是有點尷尬的無法加入一起喊，這一現象正反映了作為大學教師的我不識小學教師長期不被社會看見與肯定的尊嚴渴望。遊行小隊伍中喊得最大聲的是幾位小學老師，硬擠上宣傳車，和主導遊行的大學教授要求發言位置的也是小學老師。

　　「老師在哪裡？老師在這裡！」的遊行口號是小學老師對位於中、小學教師較低位階和教改遊行與訴求被大學教授主導的一場無語在場 [17] 的釋放與揚聲。1995 年「基教」正式立案成為一個教師專業協會，我與他們的關係也在此時朝協會顧問的長期關係邁進。

4. 專業社群、自主試煉

　　1994 年的 410 教改遊行成了「基教」成立後的第一次集體現身，另外一個挑戰也同時發生著。當「基層教師協會」成立後，這一小群教師之間的關係因理監事角色擔任與角色協作的新要求開始進入了一個新的階段。每位教師因「協會」這一團體的社會行動者屬性而增加了「團體成員」與「成員代表」的社會身分，「基教」成為了一個可面向社會，使用集體身分，以「團體行動者」介入社會，為教師與教育發聲與做事，對基教的核心組成成員而言，這是一個極為複雜辛苦且內在衝突不斷的學習歷程。（王慧婉，1997。侯務葵，2008），同時也是她們不斷由各種活動與行動中累積了教師實踐智能的階段 [18]。

　　在這個階段裡，臺灣教改政策如颳颱風，教育政策號令像失靈的紅綠

燈,基教教師反而不斷的自動聚集,一方面相互支援以因應教改壓力,進行了教改陣地戰式的自主磨練。在各種活動與項目的合作過程中,我也邀集了數位大學教師成為研發方法的協作者;另外,作為組織的顧問,多年來我是「基教」在其組織發展過程中,欲面對彼此關係衝突時的協調者與討論人。

對我而言,我們關係中的這兩種性質是有重要相互關聯的,雖然前一種較輕易地被界定為教育實踐的知識與方法,後者則常被當事者與他人解釋為個性人格或人際關係問題,而略過了它的重要性。基本上,我將「基教」內部的矛盾與衝突視為下面這一個主題的表現——即當一群教師以「團體行動者」的集體身分,啟動了一協同的社會參與過程時,個人的成員身分的、團體的成員代表的和集體組織／社會介入的三種層次的新經驗捲動了教師過去帶在身上已被個體內化了的教師角色與教育體制化的生存經驗的感知習慣。因此,新的角色經驗實際上捲動起了舊的經驗習性。所以,在基教這個小小教師群體組織化其自身的過程經驗裡,我們可以反映凝視出教育體制化的慣習痕跡;這也是她們在不斷前行中一再面對的課題。回觀在這個教師小群體中我和她們的關係,一個多層次經驗交互纏繞的關係現象場浮現;她們「教育實踐者的主體化過程」和我與她們的「互動往來」對「我亦作為一實踐者的主體化過程」的作用。簡言之,我不以為「互為主體性」可以簡化的被套用,我試圖指認出「主體化過程」的開放發展性和我們關係中所存在的一個的各自主體化過程與交相作用的關係場域。

5. 勞動疊影、親師連線

「基教」因三股來自社會關係裡的發展力道(基教和工人與弱勢團體的交流支援關係、中小學老師自發聚合的協同關係,及基教與少數因基教積極互動而發展成為支援與協作夥伴的大學教授的關係),而得以在 2000 年後迄今,操作以「基層教師論教改」[19] 與「勞動家庭教育觀」為主題的二種主軸活動,進而到 2005 年「勞動疊影與家庭內外,的基進教育親師連線活動(以小型研討座談為活動進行的主要形式),並於 2005 年協助

勞動階層的家長們成立「勞動家長協會」。（王慧婉，2005）

　　王慧婉對這一個發展階段的探究歷程是這麼描述的：

　　這是一個緩慢摸索，卻又直指核心的探究路程，因爲這些都是壓到內心底層的各種糾結的情感與痛苦，而能互相呼應對照。當開始有人談起，牽動大家進入一個集體的回觀自己的過程，同時影響自己可以聆聽學生與勞動家長的能力。創造一個互相聆聽與辨識經驗的空間。這樣的進步是要站在弱勢與貧窮家庭草根與底層的位置當中，能夠共同創造柔軟的土壤，相互滋潤，互相頂住，勞動家長與教師社群一起撐出一個捍衛弱勢受教權的受教空間……。

　　父親經濟狀況的起落，讓我看到世態炎涼，我跟自己說絕對不要做依靠男人的女人，因爲男人不可靠。也不要嫁生意人，這種大起大落的不安定，無可預測。既然沒有特權，就是要靠自己；矛盾的是，養成我對利益的敏感，在自己沒有出頭的本錢時，學會在團體中，快速辨識出利益，辨識誰是權威者，如何行止得宜，討好有權利與給你好處的人，這是我在這樣的家庭中學會的生存本事！也形塑我迄今跟體制與權威的關係的樣子。

　　媽媽是雲林褒忠鄉下的農村大家庭的小孩（十二個小孩），根本沒念過書，是家中的第二個女兒，排行老三，在小孩的時候就是腳踩在板凳上，背著一個妹妹幫全家人煮飯的重要家庭成員。在北港學了理髮的手藝後，跟我學美髮的阿姨到臺北工作，一直就是靠理髮成爲家中的經濟支柱，只有我爸爸當建商的那 1 年半在家當全職家庭主婦。其餘到現在爲止，一直都是靠理髮維生，現在是靠家庭理髮賺錢來還貸款利息、會錢、債務跟他們兩個人的生活費。因爲過去父親不斷的嘗試各種工作，兩個人都不善理財，負債兩百多萬。他們現在住的房子在未來將會被查封，現在一個月要付 3 萬的貸款跟生活費與其他零星的借錢利息與保險費。

　　父親失業近 20 年，對我而言，父母親沒有「知識能力」、「經濟能力」的資源幫助我發展成功，就是要靠自己，所以「不要被歧視」與「需要資源」的同時存在，不斷爭鬥。要學習「辨識利益所在」而又不「爲抓緊利益」而被控制，變成一個拉鋸戰。我以爲我是道德性的拒絕利益，其實是看清楚沒有利益交換的本錢，用一種拒絕的姿態，繼續努力盤算，以

配合社會期待的「努力上進」，換取合法的資源，做好學生，做上進努力的員工，在競爭中贏過別人。其實心中一直對於各種利益交換羨慕，但清楚的看到自己沒有本錢，所以成為一個努力上進的乖小孩。越來越藏匿自己種種不可見人的家庭經驗。

　　成為老師後，眼中一直看到而吸引我的，是周圍家庭經濟與文化資源跟我類似的後段學生。教育實踐的過程中看似貼近他們來幫助他們，同時也帶領我接近自己的出身，更去看清資源分配的體制對我們的影響。我其實是從他們身上重新學習，開始撿拾起我與家庭的斷裂的痕跡。這一路就是十多年。

　　（勞動疊影：多元複雜的視野正在展開，王慧婉，2005，臺北「勞動疊影：家庭內外」基進教育親師論壇）

　　舉例來說，在香港嶺南大學共同上課的過程中，「基教」使用勞動疊影的故事材料邀香港老師發展共振參照反身自述的小作業，香港教師豐富的作業內容表現了共振的自我反映效應。

　　走到這一個發展點上，基教已然成為一個小而能動性強的中、小學教師教育實踐小群體；她們與我的關係業已是在多組活化社會關係行動場域[20]中的一組。

(二)關係場域、主體[21]生成

　　「處境中的行動者」（situated actor）是我教「行動研究」時的立基概念。「行動者」對「自身處境或立身行動處」及作為行動者與他人互動來往的多重交織與重疊著的「社會關係脈絡的覺識」與「行動中探究的能耐」就是行動研究者行動探究能力的訓練著力點，對反映了他者社會存在的現象場和對問題化了個人與團體的叢結化社會脈絡的複雜理解力則是副產品。我是行動研究者，基教教師亦然，我們之間20年來的關係是我，也是她們成為「教育實踐者」的生成場域。

1. 關係構形、社會學習

任何一組關係的發生、發展與變化皆是在社會力量（含個體身心的作用）的場域裡，任何關係亦為社會存在的一種表現；關係若無行動者的行動作為，社會關係的作用力量無以展現。日常生活中，社會關係的作用力道早已透過各種制度、機構、群體與個人交錯重疊地編織成窩巢式的生活空間[22]，我們每日生活在看不見卻實質作用著的窩巢式社會關係的構造中，作為有覺識可能性的行動者，行動選擇與方式的改變可以啟動和推進一個「社會學習」[23]過程。在這篇文章裡，我以「社會關係構形的再現」來稱這種既存窩巢式的社會關係構造，在行動者們參與行動的作用力量裡，以可被行動者辨識看見與體悟回應的學習過程，用再現一詞是想將生活在其中的行動者的主體能動性和社會關係的可變化性聯繫起來，「活化社會關係的行動脈絡」便是看見與強調行動者主體能動性的一個概念。「活化社會關係的行動脈絡」（the action context of activating social relationship）想指出的是：一特定場域的行動者之間的關係，原本就具有多層社會關係的性質；人與人的關係是作為社會作用力量的載體而被人們知覺、認識與行動回應著的。譬如說，我與基教教師間的關係，若依其社會作用力量的性質來說，有女性之間、知識權力大小和因師範與非師範系統所承受國家機器治理的權力關係不同位置間的對應關係等。當我與她們一起越界移位參與到工人教育的工作中時，原本對教師而言，隱晦存在於學生與學生家長身後的階級與勞資權力關係和勞動者的身心構形，就因著他們自身的參與行動而活潑地展現在她們的眼前，這是我用「活化」一詞的理由。「主體」從來不是固定的，他一直是一個「主體化」的變化過程；因而，一組社會關係綜合體式的社會存在也唯有在行動者的行動選擇與行動效應裡，在社會行動者（含個人與集體）交相來往所編織的關係力量場域中，以特定的社會關係的構形再現出來。

2. 差異結構，邊界空間

在各種社會群體中，「老師」大概是一群天天面對矛盾卻被迫得以統合樣態行動的人們，因為「老師」是不能只旁觀不做什麼的人。當社會矛

盾性力道包裹在孩童與青、少年形體中演出時,「學校」若只像是鋪設階
級化階梯的篩選分流容器,那麼「老師」也只能是爬梯訓練員。然而,如
同「學生」是生活矛盾綜合力道一體成型的演出者,「老師」也是國家與
文化馴化、整編與解構的多種力量相衝撞與糾纏的關係場域中的「節點」
[24] 人物。我以為「基教」的存在與運作已註解說明了一種裂解發聲 / 生,
少數出列 / 站出來,從而激發了差異結構再現的具政治能動性的對話機會
的產生。「老師」作為各種力量折衝鬥爭的「統一體」,常是因例行性教
育行動而被迫「一統」地「距離化」[25] 了自身對社會力量的感知。

　　主體性是在差異內被建構的,「自我」也永遠是開放在衝突和鬥爭的
場域中 [26],人們大多時候為了維繫自己習慣的穩定與利益而生產排除衝突
迴避矛盾的行動,進而形成了各種人際互動的模式化機制,亦轉而維繫了
既存現況的不變性。「老師」這種人有沒有可能朝向非一統的可裂解梳理
的矛盾體的想像走去?我的答案是「老師」得是允許自己往內裂解發聲 /
生,往外移位介入,不斷謀取邊界空間為各樣學生爭奪發展機會的一種操
持自身慾望逆轉的變體人形 [27]。當然「基教」,不是孤獨自己長大的,我
以及一小群投入基層的草根工作者和我的部分學生們都參與了過去 20 年
臺灣這一在地化,我稱之為逆轉人形的社會學習過程(夏林清,2006)。

　　社會關係構形的再現之所以可能,是因為行動者彼此之間所實存的差
異性。當差異因尊重而被辨識,行動者又願意發展彼此之間的關係來承載
住彼此的不同,社會關係的特定構形也就在關係裡成為行動者自身理解他
者,且學習如何相互對待的邊界空間。舉例而言,行動研究學會籌組了兩
年才正式成立;籌組過程中,「基教」核心成員與大學教授身分的籌組成
員在知識權力大小按收入等級繳交會費和會員權利義務的章程規劃等議題
上,進行了對質性的溝通對話,稍後,不同大學會員彼此之間的差別處境
與條件,和不同地區大學教授和中小學教師結合協作的區域特性也在學會
的會議中漸次被辨認。大學教授和中學小教師間協作關係的發生與發展,
中小學教師自身教育實踐智慧的開展和大學教授各自的學校生存位置和學
術發展特色,在「基教」與「行動研究學會」這兩個集體行動者相互構連
運作的過程中,不是一種簡化的知識權力階級關係圖像,而是多組區域性
聚合網路關係(新竹、花蓮和臺北)和多重社會關係(如教授 v.s. 小學教

師，指導教授 v.s. 研究生，男女性別關係和經濟文化階級關係等）交相重疊作用著的一個動態的關係場域。「行動研究學會」與「基教」所舉行過的若干場論壇與研討會，即是在參與成員彼此間關係的脈絡中，創造了跨越邊界的學習空間。社會關係構形再現了差異結構，在差異結構再現的學習空間中，可以發生往自身之內與朝向外部理解他者的理解過程，並得以在關係中做出不同的抉擇，練習不同關係對待方式的各種學習。也正是這一歷程豐富與深刻的能量，使得我以抵制與對抗社會壓迫的「結盟作用」來形容我和「基教」以及我的教師碩博士學生之間協作關係的效應。「結盟」[28] 的關係性質也就說明了我的教育實踐主體化歷程是因著與「基教」一路同行的關係而展開的。我與基教教師是在社會田野中逆著體制束縛的風勢，轉向尋求與發展可以拮抗馴化的協作關係與力量；由主體生成的角度來說，這是一種逆轉慾望的人形發展運動。

(三) 愛的逆轉慾望 —— 給不願讓教育的愛磨損耗盡的老師們

我們都是教師，
我們在一間教室裡相遇，
我們一起移動實驗，
我坐的椅子比你們舒服，
我的話語比你們大聲。
下課後，走到操場，
才回頭望見講臺的高度和椅子的軟硬寬窄。
操場光禿禿，卻散不去典禮與儀式的陰影，
下課後操場外，
我們走在社會田野中。

父母在老師面前永遠是父母，
老師走到父母身後去，
工人來了，工會組成了，
開車的、修飛機的、送貨的、織布製衣的……

廠關了，工會沒了，工人失業了！
工人，撐開了立體的結構，
老師，長出了第三隻眼睛。

孩子不只是學生，
孩子的家在社會田野裡，
學校不是模具廠，
教育不是生產線，
老師不能大小眼，
教室是載起差異的船。
孩童在差異輕晃碰撞的位移中相識共學，
老師與勞動父母內外相認！

不出走，受束縛；不逆轉，遭壓抑，
腳可移動，心有渴望。
拒做體制規馴的「統一體」，
慾望[29] 因逆轉而復甦，
往內裂解整合，往外連結支持，
教育因愛而真實起來，
老師於立身處逆轉成人，為己亦為人！

結語 —— 拮抗同行的社會學習

「拮抗同行」的夥伴關係與「成為」教育實踐者的歷程是同步發生的。基教教師若沒在下課後自發地聚攏來，若我們沒有做伴地進入工人教育的社會田野，若她們不組成一個專業小群體，我亦難推進行動研究學會的成立；我在研究所的論文指導亦不會一步一步地發展出內爆解壓縮之敘說探究、社會活動參與的返身解構和行動實驗三種方法搓捻編織的「成為實踐者」的一條取徑[30]（夏林清，2006）。回顧 30 年的心理教育工作，

由一個不去政治化的起點在臺灣使用「行動研究方法」，進行社會探究的
實踐路徑是我的立身處。「在地」二字對我而言，是努力發展出人們身心
復甦與拮抗同行的社會學習過程；也是我以一心理教育工作者（亦為行動
研究者）立基於臺灣參與到世界之中的在地化知識探究。以本文的中小
學校師小群體為例，「社會學習」的對話溝通與新的認識和行動能力的發
展，發生在「大學教授」和「中、小學教師」之間，也發生在中、小學教
師不同階層位置之間，侯務葵形容這一條學習道路是一種「肉身纏鬥」的
學習：

　　人的各種生存姿態；若不是為發展教師組織運動，對教育變革的認
同；那麼不同的習性，也能各安其位、相安無事；不會在小小基教中「肉
身纏鬥」而相互怨懟和折磨。在教育系統中，給了我們不同的「椅子─位
置」；夏林清老師的大學教授的椅子是高的，但是她的專業對我們是重要
的助力；我最欣賞她的是「我可以自由的嘗試自己的路徑」；所以我跟她
的關係不是「執行套餐」的下流分工者；而在基教，往往我們夥伴間存著
「高中」比「國中」；「國中」比「小學」優秀、專業的客觀體制分工的
高低不同位置；於是早期我們相互衝突；我還記得「雪琴」的一段話：
「我們高中老師比較專業，往往要為英文教學備課到深夜；所以我們的時
間可以更自由，不用留校八小時，我們要自由的為自己專業負責；而妳們
小學老師就不一樣，上班去買菜，一點也不專業。」「所以我要來帶領你
們」……。因此這樣不同階級間的爭辯，隱藏著不同位置的脈絡，社會條
件、評價，讓我們既一起對外發聲工作，卻是內部的衝突、張力不斷的學
習挑戰。

（摘自侯務葵的閱讀回應文）

　　完成這篇故事後，基教夥伴侯務葵的閱讀回應指出了我的一個記憶
失誤，「夏老師，妳忘記了，我們還製作了一個大布偶，嘴巴是被封住
的」，這個失誤恰恰表示了我與小學老師因學術知識社會位階上的高低差
異而發生的選擇性記憶。正因為我的嘴巴較之於小學教師是沒被封住了，
所以我完全忘了有「被封住的嘴巴」大布偶。

　　前述的案例故事為在地實踐的「社會學習」過程做了一個「行動研究方法」在地演進的整理。簡言之，「社會學習」可以經由行動研究的協同夥伴關係進展到拮抗同行、有志一同的社會關係的發展，為什麼我們要這麼費心力地跨越界線，投入到關係中彼此差異的對待學習呢？因為壓迫人的不義社會需要我們承擔起彼此之間差異結構的關係空間。

註釋

1　在1988年中時工會成立，公司將3名參與工會籌組的記者──鄭村棋、吳永毅與張玉琴分別用開除與調職的手段懲處。鄭村棋旋即向法院提出了「假處分」以暫時性凍結資方解僱令的策略來爭取受僱身分的合法性，10天後「假處分」裁定核准，然而中時報社立即提出高於鄭村棋自提的薪資擔保金額3倍的擔保金，申請撤銷假處分；3天後法院以出奇的神效，派專人將撤銷令送抵家中。自此，鄭村棋不再具有合法僱用身分，但他並未向法院撤回告訴，10年後鄭村棋才撤回告訴，領回擔保金。就在這個事件的脈絡中，9月19日深夜甫成立的中時工會的工會幹部鄭村棋在時報場址內的工會辦公室開會，公司通知桂林警察局派出大批警力以「非法侵入私人宅地」為由，進入工會將鄭村棋抓入警局，亦不再允許工會使用工會辦公室，從此中時工會辦公室便搬至報社對街。

2　人們在社會發生改革的快速過程中，可能經驗到難以明白被自身理解的因所熟悉事物變化的失落感，一個人失去至親或所愛之人也可能強烈經驗到失落，英國社會心理學者Peter Marris是針對了這兩種不同層次的失落經驗進行研究，他發現因失落而來的哀傷和矛盾可以通過衝突的表達而發生意義與行動的轉化歷程。他的此研究成果整理於《失落與改變》一書中（Marris, 1974）。夏林清曾針對P. Marris的此一理論與A. Giddens的社會衝突論述進行簡略整理在〈社會變動與成人學習〉一文中（夏林清，1993）。

3　「對抗點」是美國女性主義者Bell Hooks的一個觀點。夏林清曾使用此一概念描述1997年臺北公娼抗爭事件（夏林清，2002a）。

4　社會學習過程是指一個社會內部主要進展的動力，不是來自「廣大群眾」的模糊圖像，也不是某種匿名的行動系統，而一定是得依靠特定的社會群體不斷和其他社群對話溝通的過程，而對該特定群體而言在與其他社群對話的過程中，新的認識與社會行動能力也增加（Honneth, 1991, p. 284）。Honneth所描述的是一個以社群為行動單位的社會變革與發展的圖像，多年對社會運

動的關切與參與讓我確認這種社群認識與行動能力的變化，才是「運動」對社會進步的主要貢獻，也只有當特定社群中的個體與群體實在的發生了意識與情感變化的學習過程後，運動的成果才不至於被國家機器所分化與耗損殆盡。

5　人們通常把江湖比喻爲龍蛇雜處的生活環境，學院則爲易與社會脫節的清高學術環境；然而，學院內的知識權力、派系鬥爭與資源分配不均或不合理的眞實面相亦如江湖般，是在學院內工作和生活的學生教職員們必須對待的生存遊戲規則。再換個方向看，學院知識的在地實踐是要進入人們日常生活的田野，因此江湖也即學院了。

6　由1987解嚴迄今20年中，我參與其中的社會運動主要有臺灣自主工會運動與因1997年臺北市公娼抗爭而發展的性工作者權益。

7　我在〈在地人形：政治歷史皺摺中的心理教育工作者〉（2006）一文中，詳述臺灣40年粗糙工業化過程中，個人與群體所承載的社會壓迫性生活經驗，如何可以逐步經由一生命經驗解壓縮的歷程往前發展。〈在地人形〉一文可於https://reurl.cc/XLaWpE閱讀。

8　由2000年開始我在臺北縣蘆荻社區大學舉辦運用開放式大團體形成的「家庭經驗工作坊」，若與臺灣常見的心理治療中家族治療的方法對照的來說，家庭經驗工作坊更強調成員自身家庭經驗中的政治歷史與經濟結構的外境經驗，因而我用「拼裝車」與「口袋」的隱喻來理解在臺灣40年粗糙工業化過程中，大部分勞動家庭所體驗的家庭生活樣貌。

9　由1980年迄今，Schön的「反映實踐者」論述和方法相當廣泛地被教育、都市規劃、心理、社工與組織變革的專業工作者引用，「行動研究導論」（遠流有中譯本）中，將這一種致力於「行動中反映」的「行動研究」形容成一種「運動」（movement），因爲行動研究的過程難以甩筆墨形容的方式來推進各種分工工作。

10　在我的下列已出版書籍與文章中可看見這些軌跡。書：《由實務取向到社會實踐》、《大團體動力：理念、結構與現象之探討》。文章：〈制度變革中教育實踐的空間：一個行動研究的實例與概念〉、〈系統介入的難題：以大學入學考試中心教育服務工作爲例〉、〈「與娼同行，翻牆越界」論壇報告實錄〉、〈在地人形：政治歷史皺摺中的心理教育工作者〉、〈一盞夠用的燈：辨識發現的路徑〉，應用心理研究網址：https://www.appliedpsyj.org.tw/journal/

11　我曾在《應用心理研究》季刊第23期〈一盞夠用的燈：辨識發現的路徑〉一文中（https://www.appliedpsyj.org.tw/journal/）用「反骨內藏」來描述自己在

考試與教養的馴服長大過程中的適應歷程；原文爲〈反骨往裡藏吸進了腹腔內〉。

12 由邏輯層次與系統功能的角度來討論「改變」發生的道理，是70年代心理治療理論一大進展，代表著作爲P. Watzlawick, J. Weakland和R. Fisch所著的 *Change: Principles of Problem Formation and Problem Resolution*（1979）。此書中國大陸譯本由北京教育科學出版社出版。

13 「基層教師協會」成立於1995年，基教的前身爲以「眞實教育基層教師連線」爲召喚彼此加入的中、小學教師學習團體。可參考「快樂學堂人民連線」的「基教」簡介：https://reurl.cc/rLKgbO。

14 這一部分的經驗已整理於二篇文章中：〈制度變革中教育實踐的空間：一個行動研究的實例與概念〉、〈系統介入的難題：以大學入學考試中心教育服務工作爲例〉。

15 此處的臺灣自主工會運動指的是臺灣於1987年解嚴後興起的工會籌組運動。臺灣自國民黨政府遷臺後因實施戒嚴，解嚴前成立的工會鮮少自主性格，故稱解嚴後的工會運動爲自主工會運動。（參考〈臺灣自主工會運動史〉，《香港亞洲專訊中心》，何雪影等人，1992。）

16 1994年4月10日臺灣在解嚴後的各種社會運動裡，首次出現一場嘉年華會式的遊行，及「410教改大遊行」。教改運動的重要推手爲當時任教於臺灣大學數學系的黃武雄教授（現已退休），當時爲了了解臺灣教育環境，應教育部邀請編寫高中數學教材的臺大數學系教授黃武雄，志願到彰化高中「蹲點」試教兩年，卻因此發現數學教育的問題，其實不在數學課程，而是整體教育出了問題，也因此有了410教改運動的原始念頭。83年4月10日，3萬多人走上街頭，包括大學教授、家庭主婦、在學學生等各行各業的人，高呼要「增設高中大學」、「小班小校」、「教育現代化」及「教育基本法」，前二者希望進行教育環境結構的澈底改造，後者則希望推動傳統僵化教育體制的鬆綁。可參考「快樂學堂人民連線」的「基教」簡介：https://reurl.cc/rLKgbO。

17 在那一場遊行中我遇見一些中、小學教師遊行於遊行隊伍外，但並不選擇出現，僅默默地隨行；我自己就遇見了好幾位熟識的老師。

18 「基層教師協會」1995年成立時是以「中小學兩性教育與女性意識」研討會揭開成立的序曲，爾後舉辦了多場與課程改革（如建構式數學的研究活動）和教師專業實踐自主能力相關的研討會。

19 由2003年7月到2004年3月，基教與行動研究學會共同舉辦了「走透透──基層教改論壇」、「教改陣地戰：由單兵作戰到匯流成河」，與「教改陣地戰（二）：恐懼回觀」系列活動，其中教改陣地戰論壇文章收錄於《應用心理

研究季刊》第21期（https://www.appliedpsyj.org.tw/journal/）。最近閱讀到葛藍西的陣地戰」（war of position）的反霸權鬥爭策略，深覺有趣。葛蘭西所謂的「陣地戰」是指避免與敵人做直接而正面的鬥爭，採取迂迴策略，擴大自身反勢，侵蝕敵人地盤。陣地戰是一場包括了政治、文化和道德上的持久戰（第481頁，文化研究關鍵詞）。

20 「活化社會關係的行動脈絡」此一概念是我於1992年書寫〈站在罷工第一線：由行動主體的角度看1989年遠化5月罷工抗爭的發生及影響〉一文時所發展出來的，將該文的一段話節錄於下以供參考（頁98-99）：在我們的調查中，也清晰地看到伴隨工人罷工參與經驗所發生的一個自我覺察深化及生命態度轉化的過程。此一個別工人自我轉化的歷程並不只是在遠化工人身上才發生的，研究者在其他的抗爭案例中（夏林清，1993）也同樣的觀察到工人在工會投身及抗爭歷程中的成長變化。Luria說法中的另一個值得注意的是，他提出「社會關係的脈絡」是個體對自我進行反映思考的一個經驗範疇。由此次的調查中，我們可以更進一步的提出在「罷工社會場域」（the social field of strike）中，由不同社會行動者（指罷工過程中發生作用的工人、資本家、政府、知識分子等）間的互動所建構的一個「活化社會關係的行動脈絡」（the action context of a activating social relationships），它是個別工人與集體工人落實其行動和反應其行動後果的一個人類經驗的範疇。「活化社會關係的行動脈絡」是我們企圖界定對工人集體認同發生，以及自我覺察深化有著主要媒介作用的社會關係時所用的一個名詞；使用「活化社會關係的行動脈絡」一詞，我們想指涉的是抗爭歷程中，隨著事件的發展，工人、管理階層、工會以及來自其他社會群體等參與到抗爭過程中的行動者，共同建構了一個動態的社會關係網絡，此一動態的社會關係網絡是個別與集體行動者所賴以知覺及行動的脈絡。因此，如果說工會抗爭創造了一個社會實踐的場域，那麼，所有參與到此一抗爭事件中的個人及集體之間便存在了承載著臺灣政治權力與經濟資源分配的社會關係脈絡；因此，當我們企圖對工人集體抗爭行動進行考察時，社會關係的行動脈絡是可以由行動者的行動資料中被觀察到的，而它同時是個別行動者自我轉化與集體行動者集體意識發生的脈絡。（原刊登於《臺灣社會研究季刊》，第13期，1992年11月，後收錄於夏林清著《由實務取向到社會實踐》一書中。）

21 在20年社會實踐中的心理教育工作裡，清楚地遭逢了主體的動態、變化與開放的生成性。爾後，在閱讀後結構女性主義者Julia Kristeva的著作時，得到了一種共振的收穫。依克里斯托娃「過程中主體」的概念，主體不是一絕對的存在，應是透過各種關係和經驗在語言中形構而成的。我的許多學生的論

文都記錄了他們主體化路徑的殊景風貌，我也因他們而確信主體化是一生成（becoming）歷程。

22 「窩巢式生活空間」的描述概念有二個來源；寇特勒溫（Kurt Lewin）的「生活空間」和克利思・愛智睿思（Chris Argyris）組織學習理論中「窩巢式組織化人際行為世界建構」的概念。勒溫的「生活空間」帶領我們進入一社會力量所形構作用的知覺場域，愛智睿思對行動者之間因其行動策略防衛性效應而發生的人際行為世界的建構與可能的解構過程有精闢的探討。參考書籍有《拓樸心理學原理》（浙江：浙江教育出版社）和《組織學習：理論、方法與實踐》（臺灣：遠流出版社）。

23 我曾多次引用Honneth的社會學習概念來註解我的實踐：社會學習過程是指一個社會內部主要進展的動力，不是來自「廣大群眾」的模糊圖像，也不是某種匿名的行動系統，而一定是得依靠特定的社會群體不斷和其他社群對話溝通的過程；而對該特定群體而言，在與其他社群對話的過程中，新的認識與社會行動能力也增加（Honneth, 1991, p. 284）。Honneth所描述的是一個以社群為行動單位的社會變革與發展的圖像，多年對社會運動的關切與參與讓我確認這種社群認識與行動能力的變化，才是「運動」對社會進步的主要貢獻，也只有當特定社群中的個體與群體實在的發生了意識與情感變化的學習過程後，運動的成果才不至於被國家機器所分化與耗損殆盡（〈在地人形：政治歷史皺摺中的心理教育工作者〉，《應用心理研究》，第31期，頁236）。

24 我使用「節點」一詞來指認行動者對立身涉入的行動場域中，所作用著的社會關係作用力的辨識能耐。是行動者的這種能耐決定了他在社會關係動態場域中，能否運用自身行動能力來介入到關係場域中，從而牽動和影響一行動者所欲的變化過程的演進。在特定的社會運動案例中，可以看到某個節點人物（發生了關鍵作用的行動者），將社會關係作用力量的矛盾節點轉化成了「對抗點」。我曾在記錄與討論1997臺北公娼抗爭事件的文章中（〈「與娼同行，翻牆越界」論壇報告實錄〉，《應用心理研究》，https://www.appliedpsyj.org.tw/journal/），引用美國女性主義者貝兒・胡克斯（Bell Hooks）「權力網路中到處都存在抵抗點」的觀點來支持我的經歷。

25 「距離化」（distancity）為人們日常生活中常用的一種心理防衛機轉，即將自身未能感知或無法面對與處理的具有特定情感質地（如壓力、害怕與哀傷）的、令自己感到矛盾與衝突性的經驗，在心理上予以隔離，照身心與行為的反應方式來對待。愛智睿思（Chris Argyris）則以人際行為世界的建構概念和行動科學的方法，切實的去記錄與描述解拆人與人如何在彼此的互動

過程中建構與維持了此種「距離化」矛盾與衝突的人際互動模式（Argyris,
1985/2012）。

26 後現代女性主義的許多論述對差異與主體的生成和變化提供了非常多的參考
點，當代批判教育的論述亦依賴她們的貢獻，例如：亨利‧吉羅克斯（H. A.
Giroux）在《跨越邊界：文化工作者與教育政治系》（華東師範出版社，劉
雯珍等人譯本），在1992年時即已將文化研究整進批判教育的文化政治與教
育學中。

27 「人形變體與變體人形」是一組概念。我在〈在地人形：政治歷史皺摺中
的心理教育工作者〉一文中，爲了辨識爲抵抗與對抗社會壓制性力道而不
斷奮起掙扎努力，掌握自身發展機會的個體化身心構形（有帶著精神疾病
汙名而活的人，有投身社會運動倍極辛苦的人，有通過父殺母家庭災難的
人……），開始用「在地人形」的意象概念，隨後與學生們一起參與2006年
「臺灣文化研究城流鄉動研討會」，學生和我一起以〈在地人形：集體自我
反映與協同探究〉做報告，回應人丁乃非教授將我們的四篇論文報告與加勒
比海女性主義者金凱德相連繫；指出了我稱之爲的「手工業」式和學生們結
盟以抵制與對抗社會壓迫的敘事與實踐的過程的二個特性：「透過解壓的解
構性內在爆破工程」和「將大環節的各種結構力道，有機的扣連到你我的生
命敘事中，以致能夠逆轉也對抗霸權知識的簡化與規訓」。丁乃非的回應協
助了我進一步地在2007年5月香港「和平婦女草根與體制實踐研討會」中以
「變體人形的逆轉對抗運動」來梳理自己的看法：「人形變體與變體人形」
這一組概念是用來指認這個結界構體的內外機轉，在特定社會文化條件的激
發下，被個體與群體由覺識辨識到有意識地推進一自我轉化與社會探究並
行共振的逆轉運動。「逆轉」之必然來自於其與社會壓迫規馴力道相拮抗，
「運動」則一指個體發展的不可逆性（俗稱的倒退與墮落應理解爲不進則
退），二指「社會探究」的群體運動屬性。我的這個觀點逐漸形成的歷程亦
即我將對抗社會壓迫的體悟與學院教學和學生論文指導工作相熔接的努力過
程。於是「社會壓迫的運動投身」與「人形變體的生命掙扎」是一條雙向相
通的道路，把「論文」當成在這雙向通路上來回的行動歷程，對抗社會壓迫
的多種位置與細微的力道是「變形人體」一起發展出來的。

28 「結盟關係」被我用來指陳自己與心理教育實踐者（包括碩博士學生）長
期合作關係的質地，摘錄「在地人形」文章片段說明：「在社會教育與社會
運動的方案裡，我曾用『社會力場中的節點與對抗點』來描述我對工作者與
當事者的生命結盟及行動協作：工作者與當事者的結盟就是一個『對抗點』
的展現。我將治療者、教育者與社會運動之運動並列，正是因爲他們都是對

近乎無解之生命痛苦，亦即生命承載社會壓迫的糾結表現，與令人喪志無力之社會箝制深有所感，且總存留著壓箱底的熱情，等候復甦時機的一種人。（夏林清，2004a）」「工作者與當事者生命的結盟」是支撐住對抗社會壓迫之協作關係的立足點，「結盟」協作是不同個體之被壓制扭曲與名之為「我」的某個部分的生命經驗的召喚、連結與整合，大團體動力的「集體潛意識結盟」（夏林清，1992），社會學集體行動理論、存在現象學的精神分裂的在世存在方式（Laing, 1992）及行動科學人際行為世界建構與解構的論述（Argyris, 1985）都如盞盞燈火由某個方向映照著人們求生存謀發展的蠕動與奮鬥。個體的生命因其是穿牆越戶無孔不入之社會壓迫的承載體，他作為一個具有三重作用的行動者（自我的存在展演者、生存適應的策略性行動者及朝向解放方向的有意識的行動者），或有意或無意卻一定嵌屬參與在既存現況的變與不變的運動當中。……抵制性抗拒（resistance）是心理分析的原創也是反抗運動所援用的一個概念，然而個人要能由其所承載與積澱的日常生活經驗裡堆疊扭結、看不見卻無時無刻不發生作用的身心構形（夏林清，2006）裡，往內亦往外的解構與重構自身，丁乃非所謂的不一樣的慾望才得以被自己生產出來。「抵制性存在」生命經驗的辨識再現、抵制性自主行動實驗與對抗結盟的社會關係發展是我對學生們論文行動所展示之集體智慧的命名。在臺灣制式化學校教育、主流實證邏輯心理學與商品化身心靈治療三股社會勢力所牽引交織成的助人專業地景裡，能把念研究所與論文完成的高等教育文化資源扭轉到一個新的機會點上；這個機會點是助人專業及志業（丘延亮，1991）的起點——自己與自我和所關切的他者實實在在地得以相望看見、辨識理解與協同行動。因而，完成論文是這一個過程中的接續與準備前行的行動歷程。

29 這裡所使用的「慾望」一詞是援用德樂茲與瓜塔里（Deleuze and Guattart）的「慾望」觀點，作為精神分析的實踐者，德樂茲與瓜塔里使用「精神分裂分析」的研究取徑對「慾望」做了如下的註解：德樂茲與瓜塔里認為人類歷史是一個朝向「成為反動」的異化過程，他們則視一種解放慾望的自由是一種革命主體性的可能，而不是將慾望限定在終極的階級鬥爭狀況或妥協於伊底帕斯（G. Deleuze, 1986; J. Lewin, 2002）。我在教育實踐的轉化過程中，清楚地和他們論述中的「慾望」相遇，且證明了此一概念是有用的知識，但我的實踐工作是朝向實踐者的生成與發展對實踐者社會方案的踐行進行探究，因而和他們在《千高臺》（1987）等後續著作中進入的語言符碼領域有所不同。J. Lewin的《文化研究的基礎》（邱誌勇、許蔓芸譯）一書正由臺北韋伯文化於2006年出版，《德勒茲論傅柯》（楊凱麟譯）一書則由臺北麥田出版

於2000年。

30 行動研究曾被區分為自傳、協同與社群／共同體反映三種（Rearick & Feldman, 1999），本文「我們之間」因拮抗同行而拉開了社會關係差異結構再現的地景構形，這一取徑發展到目前是立基於共同體的社會改變的渴望，在磨銳協同反映關係對話能力的同時，尊重地不放鬆對每個人主體經驗獨特構形與發展歷程的辨識。我在臺灣拮抗一同行社會學習的行動研究取徑，可以與社群／共同體反映實踐的做法相呼應，但故事探究與協同合作探究的方法同時亦是共同體發展過程中可靈活使用的方法。

參考文獻

丁乃非（2007）：〈「城流鄉動」文化研究研討會回應文〉。

丁乃非（2006）：〈拼裝車手工業：一小支文化抵抗的心理教育實踐路徑〉。《應用心理研究》，*31*，240-252。

王淑娟（2005）：〈穿越家戶門牆的學習：一種集體反映的方法〉。蘆荻社大主辦之「成人教育研討討會」。

王慧婉（1997）：《我們是一群女老師：集體認同與教育實踐的故事》。輔仁大學心理學系碩士論文。

王慧婉（2005）：〈勞動疊影：多元複雜的視野正在展開〉。中華民國基層教師協會與基進教育親師連線合作舉辦「勞動疊影：家庭內外」基進教育親師論壇（臺北市NGO會館）發表之文章。

丘延亮（2007）：〈實踐永遠是在理論的前頭：解讀一個行動研究在地踐行的自敘〉。《應用心理研究》，*31*，246-249。

丘延亮（1991）：〈兩種「中產階級」與知識份子和知識人〉。《天安門評論》，*1*(2/3)，2-33。

何雪影等人（1992）：《台灣自主工會運動史: 1987-89》。唐山。

侯務葵（2008）：《踏上未竟之路，發展教師專業社群的行動研究》，輔仁大學心理學系碩士論文。

夏林清（1992）：*Learning in conflicts : The emergency and maintenance of union leadership*。哈佛大學教育學院未出版之博士論文。

夏林清（1993）：《由實務取向到社會實踐：有關台灣勞工生活的調查報告（1987-1992）》。張老師。

夏林清（1999）：〈制度變革中教育實踐的空間：一個行動研究的實例與概

念〉。《應用心理研究》，*1*，33-68。

夏林清（2002a）：〈「與娼同行，翻牆越界」論壇報告實錄〉。《應用心理研究》，*13*，147-197。

夏林清（2002b）：〈尋找一個對話的位置：基進教育與社會學習歷程〉。《應用心理研究》，*16*，119-156。

夏林清（2004）：〈一盞夠用的燈：辨識發現的路徑〉。《應用心理研究》，*23*，131-156。

夏林清（2004）：〈教改陣地戰：基層教師的抵抗性自主〉。《應用心理研究》，*21*，34-163。

夏林清（2004）：〈說出與寫下我們的恐懼：相濡以沫的對話空間〉。《應用心理研究》，*22*，21。

夏林清（2006）：〈在地人形：政治歷史皺摺中的心理教育工作者〉。《應用心理研究》，*31*，201-239。

夏林清（2007）：〈卡榫──行動研究者的勞動田野與手工知識〉。輔仁大學心理系與臺灣行動研究學會所合辦之「行動研究在臺灣」社會田野中的實踐者研討會」（臺北縣）發表之文章。

夏林清（2007）：〈另謀出路拮抗空間的協作關係〉。國立屏東教育大學幼兒教育學系主辦「教育與文化論壇」（屏東市）發表之文章。

夏林清（2007）：〈開枝散葉：變體人形的逆轉對抗運動〉。香港「和平、婦女、日常生活的實踐：跨越、超越戰爭和促進改變研討會」（香港）發表之文章。

夏林清、舒琮慧、解從琳（2007）：〈系統介入的難題：以大學入學考試中心教育服務工作為例〉。《考試學刊》，*3*，139-168。

顏如禎（2006）：《裁縫師的女兒：以「乖」做為抵抗體制的保護色》。輔仁大學心理學系碩士論文。

Altrichter, H., Posch, P., & Sonekh, B. (1997)：《行動研究方法導論教師動手做研究》（夏林清等譯）。遠流。（原著出版年：1993）

Argyris, C., Putnam, R., & Smith, D. M.（2012）：《行動科學》（夏林清譯）。教育科學出版社。（原著出版年：1985）

Deleuze, G. (2000)：《德勒茲論傅柯》（楊凱麟譯）。麥田。（原著出版年：1986）

Giroux, H. A. (2002)：《跨越邊界》（劉惠珍等人譯）。華東師大。（原著出版年：1992）

Honneth, A. & Joas, H.(1991). *Communication action theory: An approach to understanding the application of information system.* MTT Press.

Hooks, B. (1998). Critical consciousness for political resistance. In the South End Press Collective (Ed.), *Talking about a revolution.* South End Press.

Hsia, L.-C. (1992). Learning in conflict-emergence and sustenance of union leadership in Taiwan. *Thesis.* The Graduate School of Education of Harvard University.

Lewins, J. (2006)：《文化研究的基礎》（邱誌勇、許蔓芸譯）。韋伯。（原著出版年：2002）

Marris, P. (1974). *Loss and change.* Pantheon Books.

Rearick, M. L., & Feldman, A. (1999). Orientations, purposes and reflection: A framework for understanding action research. *Teaching and Teacher Education, 15*(4), 333-349.

Schön, D. A. (2004)：《反映的實踐者：專業工作者如何在行動中思考》（夏林清譯）。遠流。（原著出版年：1983）

附錄一

下表是 2007 年我與基教教師一起擔任香港嶺南大學文化研究系碩士班課程講師時，在授課過程中，和香港教師一起進行反映對話時的整理，是上課時協助香港教師對辦認自身所處學校樣態時的工具，下表是為了教學而發展出來的一個暫時性的描繪：(1) 香港中學差異分類的三個標準：(a) 官立中學學校全部經費由政府給 (其餘學校為私立)，(b) 直資／津貼學校 (學校部分費用接受政府經費貼補) 直資學校可以收學費，津貼學校不可以再收學費，(c) 私立學校——完全不接受政府補助只收學費 (國際學校要買學校債券)；(2) 班上同學所屬學校的類別位置圖示意。

資源／學校類別	直資 文法	津貼學校 文法	私立 非文法／一般	私立 國際	私立 職業	官中 文法	官中 非文法
教學語言	英中	英中／中中					
學生能力（高／中／低）	低：創意書院	英中 低：黃胡南中學、黃老師協知書院、小關　中中 高：風采中學、王少清中學、田家炳中學、伊利沙白中學、屯門天主教中學　中中 低：釋慧文中學、伯特利中學、嶺南鍾榮光中學、荃新中學、飽臺山循道衛理中學、深培中學、邱英善中學麥老師、馬松華中學、蔡章閣中學			官塘職業訓練中心	高：何官中學	低：九龍工業學校

(說明：官校教師視同公務員 97'之前官中有各種津貼：子女教育津貼、交通津貼、房屋津貼、醫療津貼與退休金。私校教師考到官校年資加計與基本工資都有，但 97'後公務員與官中教師制度改變，官中與其他各校 90% 物質條件基本上一樣，各校在設備與學生有差異。直資中學教師：新資由校長與董事會議，和津貼學校差不多，可以變動。其他各校教師可考到官校，年資不計。(夏林清與基教於 2007 年 7 月讀南大學文化研究所研究所課堂中製作))

附錄二：基教高中、國中與小學教師眼中的彼此

教師眼中的自己及別人（摘錄自團體動協會，81年19月，討論整理稿）　　　　　　　　　　　　　　　輔導專業知能講座經驗思考（小學組）

我眼中的自己 （國小老師）	我眼中的國中、高中 （職）、大學老師	別人眼中的我 （國小老師）	社會他人眼中的我 （國小老師）
* 專業、有能力改變一些事情。 * 壓力沒那麼大，因小學生被汙染程度不深。 * 對工作肯定影響力。 * 不斷的提升自己使工作勝任愉快，更希望能成為專業人員。 * 保有亦多之心。 * 有些活力。 * 很會說教。 * 教10年與教2年方法差不多。 * 很多牢騷，在私底下進行、不敢直接。 * 互相競爭、要別人肯定。 * 表面壓抑，私下強強滾。 * 學習意願要高的人。 * 服從性很高。	* 沒有固定的形象。 * 國中、高中面對學生的升學、壓力較大。 * 大學：帶領學生在醬缸泡或引導員負做學問、做人。 * 滿好學上進的、和善待人的。 * 有相同專業經驗整理需求，但是我們社會地位有容觀的不同。 * 國中：背負教育十字架的人。 * 高中職：帶學生徘徊在十字路口。 * 國中：夾縫中的可憐專業者。 * 高中：工作輕鬆。 * 大學：實踐自我、發展性高。	* 國中：比較可以自由發揮一些教育理念。 * 只是不專業的卑微國小老師。 * 很安定、很顧家、尤其愛國小老師。 * 很努力把工作做得完美，也以此要求別人。 * 非師大體系中下承認我們的專業能力。 * 大學：孩子王。 * 同伴：等著拿退休金的老女人。 * 先生：小學老師是管孩子的很囉唆、一件事重複又重複很煩。 * 藝術家：呈現的身體質地很水平。 * 高中職：教育工程的地基建築師。	* 中規中矩、保守、拘謹、不是很穩、輕鬆、穩定、收入固定。有社會地位的工作、可愛最好不要嫁。 * 婆婆媽媽、呆板、可愛最好不要嫁。 * 有寒暑假、很會教孩子。 * 老師是有階層的——小＜國＜高＜大。 * 權威性高、彈性少。 * 被威權統制者，會在低下叫、抱怨、想突破又不敢。 * 可改變如能挪動的話是有力量的人。 * 部分開始能覺察到，教育體制下的不合理的對待，但面對則閃爍不定的。 * 當有用時、被捧的很高「清高」，當社會學生有問題時、成為推卸責任的代罪羔羊。 * 專業能力有被懷疑，卻常得背負教育成敗的責任。

輔導專業知能講座經驗思考（國中組）

我眼中的自己（國中老師）	我眼中的國小、高中（職）、大學老師	別人眼中的我（國中老師）	社會他人眼中的我（國中老師）
* 受限於教育體制的。 * 停滯原地：僵化、固定。 * 保守、威權的、命令式的人的。 * 悲哀的。 * 熱忱，有能力，助人，好強。 * 被肯定。（學生） * 沒有專業地位、聽命於人，實時間的勞工。 * 有理想，進取的，有潛力的。 * 不滿意教育現況，感覺應有更好的方式來教育，應有更重要的位置，但卻未何無法發揮？（層層束縛）	* 研究生： 1. 提出空泛理論，難解民間疾苦。 2. 可追求學問，發揮潛力。 3. 做不來實務，只好逃去研究學問。 * 大學教師： 1. 很有空間教出具批判意識的學生，但為何也不能？ 2. 自我中心的人。 3. 空談理論者。 * 專業諮商者： 1. 似在助人解決問題，但忽略有些問題並非個人因素而為體制結構所致。 2. 關起門來頭頭是道，走出門外望礙難行。 * 小學教師： 1. 在小王國裡作威作福的人。 2. 權威，嚴厲，刻板。 3. 害怕家長聯絡。 4. 廉價勞工。 * 高中老師： 1. 自由自在，輕鬆愉快。 2. 有很大空間可不面對教育問題。	* 輕鬆的，助人的，有愛心的，忙碌的。 * 可憐的，緊張的，有三頭六臂的。 * 中規中矩的，呆板的，宜室宜家的。 * 僵化，言行不一致。 * 國中老師怎麼會教出這群呆板的，或問題重重的或被動，不負責任的學生來？	* 傳統，清高，安定，保守。 * 政府的馬前卒。 * 專製造乖乖牌產品的人。 * 自認清高，事實低俗的一群。 * 鐵飯碗。 * 管教別人的孩子的人。 * 殘害別人的孩子的人。 * 享受免稅：要畫假的人。 * 教書？沒有用啦！ * 搞補習好賺錢！ * 是政權的工具。 * 是問題的被實驗者。 * 教出社會需要的乖乖順民者。

我眼中的國小、國中、高中（職）老師	我眼中的自己（大學老師）	別人眼中的我（大學老師）	社會他人眼中的我（大學老師）
* 想活得更充實、更有價值的人。 * 安定、享福、為生活努力。 * 承擔壓力。 * 各盡其職、各司所能，有其發揮與限制。 * 批判與停滯中的徘徊者。 * 社會的小螺絲釘。 * 等退休金，開創第二春者。	* 專業訊息傳播者。 * 促進學生人格、思想啟發及反省者。 * 對現有制度反道德規範之質疑者。 * 是個專家學者。 * 用名氣、聲望來博取發言權的。 * 助人者、激勵者。 * 發現問題，促進問題解決與引導思考者。 * 知識與技術的販賣者。	* 擁有資產。 * 令人羨慕，但不一定比較厲害。 * 自由合法兼職，有額外利潤者。 * 專家學者，以專業影響社會。 * 善於損人照己者。 * 不會修馬桶者。	* 既得利益者。 * 表面清高，私下鬥爭。 * 專家學者。 * 橡皮圖章。

輔導專業知能講座經驗思考〔高中（職）組〕

我眼中的自己 （高中職老師）	我眼中的國小、國中、大學老師	別人眼中的我 （高中職老師）	社會他人眼中的我（高中職老師）
* 蠻自由、散散的。 * 能領導學生建立價值觀。 * 重休閒的。 * 比較有自己的時間。 * 重學校以外的事業發展（如補習等）。	* 國小老師： 1. 保守、順服、權威、努力、學習動機強、敬業、素質整齊。 * 國中老師： 1. 考試機制下的順服者。 2. 保守、辛苦、無奈、歹命。 * 大專老師： 1. 空談者、脫離現實。 2. 呈二極化：知識分子及知識人。 * 專業人員： 1. 值得信任的。 2. 有說服力、影響力的。 3. 值得羨慕的。 4. 中產階級中的貴族。	* 保守、刻板、單純。 * 輕鬆、明哲保身、自認清高。 * 熱忱的，想轉移社會風氣。 * 可恨、可氣、可愛的。 * 有趣的、變化的、生動的。	* 收入不錯。 * 有時間照顧家的。 * 有時間休閒的。 * 是女性最佳職業。 * 生活穩定。

附錄三：學校中的教師階層摘路自〈基層教師真實教育八十二年，教師生涯省思，整理篇〉

萬骨枯型（坐轎子型）：忠狗，表裡不一，鄉愿，勢力強，踏著別人上爬，自己快樂建築在別人的痛苦上（較指向行政人員的主管級），有背景，關係、後台、拍馬型、包打聽、竊聽器、公關型、八面玲瓏、目中無人。

王牌（明星型）：升學率高、分數至上、搶學生、吃得開。

罩得住型：壓得住學生，不被學生爬到頭上，權威不出問題、凶悍、體罰。

名嘴型：講課吸引得住學生，即使後段班男生都願聽課。博學多聞。

乖乖牌：埋頭苦幹、任勞任怨、默默耕耘、勤快沒有聲音、負責、認真。苦口婆心。

比較型：於公於私皆喜比較（競爭），精明、算計人。

混飯吃型：副業心態，逍遙自在，我行我素，上課混時間，利用學生幫忙洗車。

懷才不遇型：私下抱怨連連，鬧情緒，難溝通，做事拖拉不想配合學校，言語偏頗（激），刻板，不接納別人防衛，易怒。

大砲型：敢爭、敢轟、反對黨、不怕死。

第五章 勁旅行腳——地方斗室與星空共享的對話

夏林清、丁乃非

行腳的歷史感

臺灣解嚴（1987）迄今，在我所推動與參與的社會運動的發展過程中，長出了一支行動研究的隊伍。由 1987 到 1990 年代中後期的臺灣自主工會運動歷史是當時中壯年的我與一群青年工作者投身的社會土壤。共同投入運動和一起工作的社會生活方式[1]，同步啟動了一小群中小學老師；這群老師對她們的教育實踐進行了反省與重構，並成立專業協會推展著不受中、小學學校體制所束縛的教師專業自主的實踐之路[2]。在參與過程中，工人、知識青年與素樸基層教師在不同的社會田野中，力謀改變人們生活在社會結構性不公義處境中的行動方式，這是指人們因應或應對不公義社會環境時的行動方式的改變。也就是說處境中行動者的感知方式與行動邏輯的改變，才會帶來制度變化的可能性。個人、群體及社會才得以謀取到變化的機會。

1953 年，一甲子前，社會心理劇創始人 Moreno 在 *Who Shall Survive?* 書中對心理教育工作者是如此描述的：「因為我們靠近人，我們得以在個人一心理層面上推進社會韻律（sociometric）的測定過程。」什麼是 Moreno 所謂的社會韻律的測定？這一社會韻律不是來自訪談或問卷方法，它是一行動方法，一行動實踐（an action method, an action practice）。社會韻律的研究者（socio metric researcher）是一個參與在社會中，以行動來探究個人與群體變化過程的實驗者，他假設了社會中存在一種社會「改變」可能發生的「萌芽狀態」，而工作者就是參與在社會中，踩在一個一種行動探究的位置上[3]。

當心理劇能返本溯源地被理解爲 Moreno 在二戰中所承受的激盪與創發的實踐方法時，接續他的後起之秀，就不致於如斷了理脈挫了筋骨似地演出學虎不成反類犬的戲碼。我們或許不過是牙牙學語的黃毛小兒，但爲自己發聲的生之欲望是做自己主人和與他人共創未來的起點。作爲 1950 初出生，長成於 1970 年代的臺灣心理學工作者，毫無疑問的，我整個青年時代的專業養分完全來自歐美的心理學，所幸，實務工作的腳步讓我變造我所習得的方法，在扣問 70 年代臺灣工業化都市化青年工廠工人與混跡街頭青少年的發展機會爲何時，一方面追問這些知識與方法的源起與發展歷史，另方面，反而與青年工人與青少年們共同經歷了被社會治理邏輯推向被問題化的生活處境，這種與他們同行一程的越界經歷，爲我在解嚴後得以投身於工人運動的思辨與選擇鋪了墊，也激發我於 1983 年再次出國溯本探源地尋覓社會科學中具有實踐力道的知識。

時空節點相會處：共振交織冶礦煉金於何處？

1983 年，當我的美國同學在哈佛教育學院 Chris Argyris 課堂上學習行動科學，反思他們的心理諮詢或組織發展的專業實作時，我所相應而出的歷史文化碎片是：由小在日常生活中熟悉的業力果報及國共鬥爭時毛澤東於長征過程中發表的談話；以學習者爲一主動學習之行動者的角度來說，我與班上美國同學，法國同學的當下思緒肯定各自紛飛。然而，不論你翻攪而出的文化碎片爲何，它們都與當下課堂主軸有某種關聯性。以我爲例，前者（業力）與行動科學概念「行動者爲自己行動後果負責任」相連繫，後者則讓我思想若由行動理論來看蔣介石和毛澤東言語與其實際行動之間的關係，會發現什麼呢[4]？

1983 年 32 歲的我已投入實務工作數年，實務工作者所迴避不了的在地性和取用他山之石的扞格不合，促使我一方面得對石與玉之質地紋理精確掌握，另一方面得將實踐行動扣入臺灣社會的政治歷史脈絡裡。易言之，「取」有我這名行動者取的選擇道理，「用」有行動者如何使用的研判與用的作爲，以及對使用後果與效應的考察與反思，甚至改弦易轍的改變做法；更明白地說，歷史機會點裡的行動者的置身處境，是實踐路徑與地方知識確切得以開展的那個「發生處」。

共冶一爐的歷史交匯點

　　舊時工匠形神技藝合一，靠他們對物我相望與兩忘的本事，今非昔比，我們的運動實踐是立足在臺灣解嚴社會地形中的窪地溝豁處，相互砥磨的群策群力是我們的冶礦煉金術。「窪地溝壑」是臺灣解嚴後自主工會運動中的一支路線和支撐這支路線的一個支持與培養工會組織者的運動基地；然而，在我身上這一「陣地戰」[5]（王波，2013）之得以發生的歷史源泉卻是形構我的「政治恐懼」的臺灣戒嚴體制。政治戒嚴體制和1970年代我的青年時期正是一個世代的壓制與追尋的辯證結構，政治恐懼與對抗此一恐懼的思想與行動的冒險成了生命突圍的發展基調！228與50年代白色恐怖政治鎮壓所極欲排除的「共產餘毒」卻轉變成如地下伏流般的對左翼革命的想像與熱情。這種亞洲冷戰格局裡，臺灣政治地景內所蘊藏的恐懼與熱情，反而深刻了我的實踐！因為知道反抗要走長路，所以得有深、細與緩的踐行智能；歐美心理學領域中的大小團體動力的知識和方法是在這一地景裡被我尋覓與研究著的（夏林清，2011）。團體動力知識中對系統層次與成員角色作用力的分辨和團體過程發展的參與式民主，一方面拓展了我以心理教育專業介入臺灣社會的參與路徑，另一方面拉開了我觀察社會的視野；到工廠當女工，工廠女工輔導與雛妓輔導伴隨著中壢事件[6]、美麗島事件[7]都在1970末發生。這非西學中用或中西合璧，亦非崇洋被殖民的命運，它只是一名不中不西，又中又西的青年工作者在她的地方處境中，七手八腳摸爬滾打地幹著她自己也不甚明白的活。是這樣的歷史地景，給我的歷練，一路透過解嚴投入運動，一步一步開展出「在社會田野中求變致知」的行動路徑（夏林清，2006；廉兮，2012；楊靜，2012）。此一過程，使得我們較 Altrichter 等英國教師行動研究者（Altrichter, 1993/1997）更能彰顯 Kurt Lewin 創立行動研究的初衷——為了社會變革而發展的知識（knowledge for social change）；臺灣解嚴後的非穩態社會動能，亦順水推舟地讓我未受限於美國反映實踐與組織學習的專業反思的範疇（Chris & Schön, 1996/2006）。那麼，我們這一支踐行的路數到底走了哪樣的一條路徑呢[8]？

　　社會過程永遠是一條滄浪混濁的大河，實踐者有意識的踐行如浪裡白

條的起伏身形、如操舟人的穩健破浪，亦可如淘沙通淤泥的河工，在歷史的某個特定的社會過程中所湧現的社會運動，對選擇投身的人們而言，是生命的志業；它是行動者在社會活動中持續創發的一種志業！運動發生與轉進的，在某一特定歷史進程中，屬於運動組織內部的「關係脈絡與團隊樣態」，則是被行動者之間的互動與其意涵所構建的[9]。在社會運動的小組織中，反抗不義與壓迫的行動能量會在協作關係中流通與相互砥礪，亦可能互相消磨。組織外部的社會活動發生的關係場域是運動者得以走長路的社會支撐；社會運動中人們連結與組織起彼此的「組織工作」，也就是人民歷史得以經由自身行動而得到創造機會的「實踐力」。正是這種實踐力的作用，社會關係場域的創發，維持與改變[10]始得以展現。運動者（組織工作者）往復穿梭構連的社會關係的行動場域，定然承受著行動者們的創發改變與慣性習氣的雙面性，由推翻社會政治體制的革命層次，到運動組織層次與工作團隊或小組的層次，無一不關乎行動者之間，或有創變機會或重複難變的關係場域及行動系統；而這一支臺灣解嚴後社會運動地景中的「組織實踐」（張育華等人，2014；吳永毅，2014）亦是我轉化運用歐美團體動力與行動科學成為地方性實踐的一種表現。

實踐力編織的知識系譜

　　歐美「團體動力」的知識使我懂得要看得到「過程」（process）的動態演變，「行動科學」讓我識得要對治人際行為世界變與不變可由何處入手，「反映對話」帶領我在制度夾縫裡覓得了空間。團體動力（group dynamic）是西方團體方法（group methods ／團體心理治療與團體社會工作均為團體方法）的核心知識，Kurt Lewin 於 1940 年代發展了訓練團體（training group）的方法來培養參與者對團體過程的流變動力有所敏覺，然而後續市場化培訓課程與大學相關專業學科中工具性實用邏輯的課程教學，卻導致此一著重對「團體過程與動力」敏覺的訓練方法鮮為人知。

　　1970 年代，任教於哈佛，熟悉團體動力方法的心理學教授 Chris Argyris 與探究專業實踐，任教於麻省理工大學都市規劃系的哲學教授 Donald A. Schön，在 Lewin 的社會改變的知識（knowledge for social change）和 Dewey（杜威）的實踐知識之間，奠下了一塊足以支撐起橋

架的基石──行動理論（theory of action）。以「改變」來說，Argyris 和 Schön 針對「維持不變」的人際行為世界（模式化的互動策略）研發了立足於實踐方法論中的協同探究方法（一種必須與他人協作反映彼此的對話方法），讓「社會改變」與「個人改變」之間的「組織與團體的變與不變」不再是一個缺口。

　　Donald A. Schön 於 1980 年代接續致力於對社會科學專業的工具性格進行針貶，培養具反映對話能耐的專業實踐者是他最重要的貢獻。我有幸於 1980 年代上旬緊密地跟隨他們學習著行動科學與反映實踐的方法，而我們身處的臺灣在彼時，正處於解嚴前醞釀社會變革的時代氛圍中。這一時機點就決定了這些各有道理的西學把式是落在臺灣解嚴後蠢動求變的社會環境中，讓我們與自主工會工人和被野百合學運衝撞，爾後選擇扎根工作的當代年輕人相互結合。在臺灣自主工會運動的社會脈動中。青年工作者得以變化自己，學習如何與工人幹部合作是靠密集的工作討論所支持的；討論的有效性靠的是直指每人實作行動狀態和點滴累積的對廠場勞動體制及工人身心處境的理解。我們就是在一個破舊屋頂小違建的屋裡進行著每週一次的大團體聚會談話和數個自主工會組織工作者的討論小組，白天則各自在實踐田野中行動著。

　　由 1980 年代中旬到 1990 上旬，臺灣解嚴社會求變的政治動能和接續左翼工人運動的歷史情懷，促成了此一匯流之處；在這個「地方」，20 多位青年工作者砥礪彼此，我和鄭村棋 [11] 分工協作磨練著如何運轉組織並實驗著如何在運動中發展人的方法。這一群青年工作者各自在不同的自主工會中與工會幹部們協作與發展工會組織；自主中小型工會的資源不足、與工會自主性格激起的勞資矛盾張力和烽煙四起的關廠事件如爐火般冶煉著我們。

行動者的「成（becoming）群」

　　團隊建設（team building）是企業組織理論的一個賣點，當社會工作專業內的團體工作（group work）被譯成「小組工作」時，團體動力流變的菁華要義頓然脫水乾枯，倘使再無覺識地將之帶入到體制化機構的「小組運作」意象中，那種蝕骨的「工具理性」就更僵化了團體動力這門實

踐知識異地生根的可行性。對心理、教育與社工工作者而言，團體動力
（大、小團體方法）、心理分析、心理社會（或社會心理）劇及家庭治療
在歐美的發源與演變有其各自發展，卻又相互關聯著的歷史過程、社會環
境的理脈和應用的套路。當它們被挪用時有兩個前提得顧及：(1) 對他山
之石發展理脈的溯源疏理；(2) 考察隱含於其中的方法論邏輯及其是在怎
樣歷史過程裡被發展成形？而一套方法被使用後，在特定社會中的作用效
應如何？這是他山之石可以攻玉之分辨判讀的基礎功。由此而知，企業組
織與政府機構的部門分工與團隊建設當然泰半得服膺於利潤中心的效率目
標，因而團隊建設之於企業機構和其他體制化機構，一定和促動社會變革
的人民團體的發展大異其趣。臺灣於過去 20 年中，因過度吞食福利資源
而漲大的社福團體和中國大陸在項目操作邏輯與政府購買服務邏輯中工具
化自身的非營利（NPO）與非政府組織（NGO），已清楚呈顯出自陷泥淖
的組織困局。然而，在困局或僵局中，最讓人神傷的是工作者們由奮力投
入到無奈無解的挫折與痛苦 [12]（余郡蓉，2010；李素楨，2010；李憶微，
2011）。「鐵打的銀盤，流水的兵」（中國大陸用語，被拿來形容 NGO 工
作者高流動率現象）成為常態，實踐者沒頂於流沙中！

　　回來談本文中「群」的概念。個別行動者的某些特定質地引動著彼此
間發生與發展出彼此之間的關聯性，而這些關聯性的運作機巧又為行動者
們所掌握，故成了「群」。這是社會群體與組織在特定社會過程中產生的
道理。大雁成群飛，有方向、有隊形且覓得中繼棲息處，行動者因覺識而
聚合成的社會群體若要能較長時的協作，亦是有共同的方向、掌握到手的
方法以及群體行動的陣勢。Kurt Lewin 於 1945 年提出「行動研究」，他
初心所繫的「社會改變的知識」，對身處臺灣的我們，反而感觸深切，我
因而命名此種求變以致知的方法為「社會改變取徑的行動研究」。

社會運動的激活力

　　1980 末臺灣解嚴釋放出的社運能量或喧騰一時或迤邐轉折，我所參
與的這一小支漸次由工運延伸發展到成人教育運動 [13]、妓權運動、草根教
育與底邊社群發展運動 [14]（如格鬥天堂、國家協與快連線）和針對臺灣政

黨政治的亂象，推進主僕歸位的政治運動[15]。若依行動研究創始人 Kurt Lewin 對「社會變革的有用知識」的核心關切來說，我對社會改變取徑行動研究的命名，便是對 Lewin 的一個呼應。而一饒富趣味的發展走勢是，被社會運動氛圍所啟動的、社會實踐性格明顯的行動小群體，發展著各式各樣的活動，參與這些活動之成員的互動，則編織著個人與個人、個人與群體、群體與群體之間的關聯性；一種社會生活方式的變化已然發生著。

群己關係、群際關係與社會生活的方式

什麼是社會生活的方式？它是在特定社會中，個人的成長學習、家庭生活、工作生活與公共生活所相互嵌連形成的一種整體樣態的表現。例如：在資本主義社會中，土地資本化與商品消費主導的購屋置產、旅遊休閒生活及文化活動都透過個人、家庭與群體的選擇構築了某種形態；例如工人階級家庭與資產階級家庭的休閒與休息方式是大異其趣的。

在我們實驗著如何經由人民團體[16]作為團體行動者參與和變化臺灣社會的過程中，逐步發現社會生活內涵中的公共生活是一個得以發揮穿透性影響力的活棋；而對政治權力自主性的身體力行則是與他人一起發展社會活動的小馬達，這些社會活動從而變化與豐富了我們的日常生活方式。此一棋局的持續能動的啟動性和參與者共同發展的社群活動則體現了社會生活新的可能性。

行動研究作為一門實踐法門，怎樣促進著群己關係的演變？Lewin 於1944 年於麻省理工學院成立團體動力研究中心，行動研究方法和他對團體動力及社會衝突的研究相關聯。在臺灣，我也於 1992 年成立了一個團體動力協會，只是這是一個身無分文的人民團體而非需大量經費的研究中心！然而，在解嚴後社會運動湧動的氛圍裡，大、小團體與團體際（intergroup）的社會實作方案倒是一個接一個地進行著。用行動者能動性的視角觀之，是行動者在使用著人民團體的社會參與機會和運作機制；在臺灣的民主發展脈絡裡，我們這些小而機動的人民團體沒被政黨玩弄，反而在與他群體的互動中發展了彼此之間的「主體際社會關係場域」，這就是「社會學習」發生之處[17]。2010 年設立的共學平台「快樂學堂人民連線」就是前一階段群體互動的成果，也是再將一共學空間作為促使參與者的社會

生活有所變化的設計。

簡言之，一個團體行動者（a group actor）表達自身與其社會介入的作用力，激勵著群體智能的發展；不同社會小群體推動的活絡的社會活動，一方面開展了個人的社會生活場域，另一方面也要求了個人在公共角色的演練上有所回應；而活動本身亦因成員的參與行動有了相互編織與參照共學的作用。

當我們視人民團體為一團體行動者時，解嚴後的臺灣社會恰是一社會實驗室。在一個階級分化與生活區隔分明的社會裡，不同社會群體之間的互動機會亦是被結構住的；我們所推進的、彰顯了「社會學習」過程的社會活動，便是在群際互動中，一方面激盪著群體認識群體，另一方面亦促進群體與其個人成員更加釐清彼此的關係[18]；自主工會運動、「日日春」妓權運動與社區大學運動便是我一路得以發展出「斗室星空」家庭經驗共振的一種群體共學方法的路徑。

下面兩小節以「斗室星空」實踐方法，一種和人們家庭經驗一起工作的方法，得以發展成形的歷史脈絡和由現場參與者轉折長成的「異人算障團」為例來說明群際互動與社會生活方式的變化過程。

「斗室星空」的實踐知識路徑

因為投入在自主工會的運動中，由 1980 末到 1990 年中旬，我有機會與大大小小的工會合作，進行工人婚姻與家庭的講座與座談。有的時候，時間很短卻震撼很大。譬如在化工廠交換班的一個小時裡，面對一禮堂灰藍工作服的男性工人座談，話題由「老婆跑了，三個孩子，我怎麼辦？」（因工廠旁建案四起，老婆開始上班，不久後移情別戀走了！）到孩子怎麼共同教？夫妻性生活怎麼辦？（夫妻因各自輪班，一個月也排不到一週共同起床睡覺）的生活苦楚與折磨。進入藍領工人們被工業化高勞動強度所撕扯擠壓的身形，與為夫為妻、為父為母承受擔不了也得撐住的生活經歷中，是我將過去習得之心理治療家庭知識與方法擱下，隨順眾生而行去的第一個轉向。在這第一個「左轉」後，1997 年遇見「公娼抗爭」事件中的性工作者則如往下急行軍式的進入底邊人群裡被性道德汙名排除或賤斥的家庭遭遇。（夏林清，2000；日日春關懷互助協會，2002）

在「向左轉」與「往下方急行軍」之後，1999 年開辦蘆荻社區大學，三重蘆洲婦女學員中不乏已被問題化、病理化的辛苦女人（憂鬱症與各種身心症反應）正是前面兩個轉向逆行的認識，支撐了我試出了一種敞開彼此家庭經驗，由相濡以沫發展到斗室嵌連成星空的群體共學的方法（夏林清，2012；李易昆，2014）。若娼妓們帶領我進入了他們生活的社會底邊光景，那麼，社區大學就是給了我一個翻土培土的好機會！但倘若我沒「先左轉又往下行」的經歷，我的身手是翻不了土的！「斗室星空」群體共學的方法在自主工會的工廠勞教現場和在 1997 年到 2000 年左右日日春數年的文化活動現場中就已然萌發了。

2005 年，我在蘆荻社大主持「斗室星空家庭經驗工作坊」時，李燕偕同兩、三位肢障朋友發言，希望能特別為有身心障礙子女的家庭經驗有專場深入交流。我當時就做了一個將「斗星」共學方法隨特定社群而移動舉辦的決定，因而啟動了後續多年陸續與肢障、精障和腦麻等群體的協作。與此同個階段，2006 年日日春協會一方面持續性工作除罪合法的運動目標外，同時努力將累積在妓權運動中與性道德汙名相關的運動文化公共財與其他社會群體交流對話。由 2006 年至 2012 年間，日日春與身心障礙的不同群體進行了多場活動[19]，共同探討身心障礙者的性的主題（王芳萍，2009）；盲人、脊椎損傷者、肢障、精障與腦麻的社群均陸續與日日春協作，激盪出不同群體間跨界的交流與了解。

2010 年 8 月李燕決定投入 2011 年的市議員選戰，並同時召喚了一群身心障礙者、身心障礙者的家人和一群身心障礙工作者，組成了「異於常人算障／帳團」（簡稱算障團），由 2010 年迄今，這一群肢障、腦麻與精障的成年人定期開工作會議，同時與其他社會群體共同協作，討論長照、住宅與性的議題及政策，更於 2011、2012 與 2014 年投入參選的政治運動中（abnormaltw.pixnet.net）。「算障團」[20]作為一個參與在臺灣社會內部，力謀社會改變的團體行動者，他們的參與同時創造了機會，讓好手好腳的其他社群得到了解障礙者作為一精神心象整全的人，所承載的社會存在與身心經驗為何樣貌。不只如此，他們還以行動演示的巨大能動性，往返臺北紐約，帶動了其他社群進一步認識美國社會治療的社群。

「在地實踐」這四個字很簡短，但實踐力是一定得在「群己關係」與

「群際關係」相互激盪的社會生活實驗中，被激勵始可能得到發展。

　　「斗室星空」是一示例，它可以說明三件事的關聯性：一名實踐者的「生成」、他在社會參與中所體認的社會壓迫，和他的實踐知識如何得到發展機會。我用一個三角疊影來註解「行動研究」原有的朝向社會改變的知識的概念，和我在臺灣過去 20 多年發生的在地知識是如何經由取捨抉擇繼而有所磨練的發展示例。

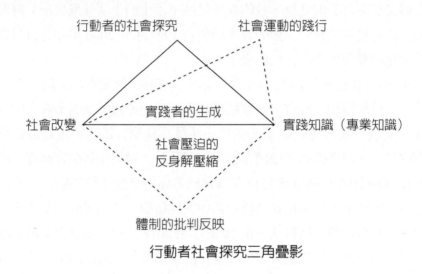

行動者社會探究三角疊影

　　社會運動者具接續力的持續踐行將疊置黏合的三個三角頂端拉開，「體制的批判反映」、「行動者的社會探究」和「社會運動的踐行」同時座落於「社會改變」與「實踐知識」的立基軸線上。

　　「實踐者的生成」和行動者承載於其身心中的社會壓迫經驗得以「反身而解壓縮」，從而彰顯出「成爲」實踐者的過程，是在實踐者具體的實踐作爲中，他人可以看得到足以被辨識的作用與效應；他山之石的知識在踐行中被檢驗取捨，地方知識則由隱晦而逐漸顯現。

　　地處亞洲的我們，社會科學之專業實踐得要有穿透性與落實性的兩個要求；以心理教育專業工作爲例，疏理辨識與分析判讀他山之石的歐美知識方法，並研擬地方實踐的走法與做法，才有條件逐年積累著屬於我們共有的、映射著歷史政治的框架和限制，以及承載住與社會結構性經驗刻痕的身心樣態的知識。2012 年夏林清將使用行動研究方法所推進的「視家

爲社會田野」的研究成果，編寫成《斗室星空：家的社會田野》一書，丁乃非針對此書進行了地方與國際相參看的評述！

《斗室》突圍：丁乃非觀看星空

「歐洲批判家庭理論所看重的階級，性別與文化權力的社會壓迫與女性主義的解放論述，不在研究室裡，也不在遠方學者的身上，它們就在有血有肉、有怨有恨、有情有義的家人關係中。我們每個人都是社會差異的承載者，『結婚是戀愛的墳墓』不單是指柴米油鹽的難題，更是指這眞實複雜且變動的家人關係，需要看得見星空的好眼力，接納住不同習性；聽得見靜默細聲與涵容差異的新的能力。」（夏林清，2012，頁 343）

「蘆荻社像一個大的曬穀場，家家戶戶可以在太陽底下，把裝箱發霉的經驗攤出來，曬一曬、晾一晾！我們體認到社會壓迫有著穿牆越戶無所不在的家戶特性，並試圖發展出與參與者一起回觀家庭經驗的工作方法；我們看待個人的婚姻與家庭的痛苦爲我們共有的社會經驗，不往私人化印記或封存或逃避的生活適應模式走去，也不鼓勵專家諮詢的市場化消費方向。」（夏林清，2012，頁 241）

《斗室星空：家的社會田野》（簡稱《斗室》）集結了夏林清老師 30 年的作品，從 1987 年遠東紡織關廠抗爭時期，進入一關廠資遣員工的玩具工廠進行資遣歷程的調查工作，逐漸展開來的，也是一種用她的話語，解壓縮式的探勘知識路徑，家戶作爲社會田野的艱辛方法和歷程。《斗室》有幾個關鍵詞：母子盒，拼裝車，解壓縮，回家返家。敘事過程裡，階級、性別、家既是方法，也是拆解重新遇見的對象，是工具，也是時刻轉換的目標。

家庭經驗解壓縮

《斗室》如何界定「家」？從罷工現場的後勤家庭關係訪談，到輔仁大學 30 年的心理碩士博士論文的家庭敘事；從 14 年前開始於蘆荻社區大學的「家庭經驗工作坊」，到 5 年前「以家庭作爲方法」系列座談，聚

合運動團體與邊緣社群的「家庭」對話：日日春之性工作者家庭、國際家庭、精障人家、勞動與政治疊影分斷的家庭。不同與一般的學院論述規範，《斗室》不事先界定「家」，而是讓得以進入、介入制度之知識生產領域的，不同社會位置之「家人」（包括夏林清自身），透過自己與學校、運動、社團、社群的頻頻互動（大、小團體），拼貼同時又反思「家」個個環節與層次的可能和不可能。拼貼的過程（以及讀者的閱讀過程）不漂亮也不完備。書裡各式各樣的「不合格」家庭，就是族類繁多不及備載的「家」。這些勞動雙親、性工作家人、精障人家、國際家庭的「家」，文化資本物質資源皆不足，長期困圍於「我的家庭眞可愛」日常與正常的情感修辭暴力，只得地底存活，各自爲政，卻在書中得以拼貼輪廓，朝向複雜情感的重新記憶、塡補、表達或不表達，構成斑駁的網狀解放圖。

　　家的場域，是一轉化感情、情緒、身體、知識的解離也是熔爐。母子盒（盒子裡頭又是盒子，又有盒子，還有盒子）是方法，夏林清帶著學生一起不斷進出，來回進出之際，不斷自我追究也探視周遭家之各種他人，隨身攜帶的知識配備武器，不合用的立即放手或是轉作她用，探險過程沒有全身而退的可能或是念頭，無可逆轉的自我與家之他人的相互攻堅，也改變也改造，是沒有藍圖不可能計算、預測的目標，更是過程。這個知識的方法和路徑確實是一種手工業。在知識生產早已全球化，越來越朝向細緻分類計價，商品化的此刻，以母子盒的方式進出，揉捏、衝撞與細細看待，臺灣的各式各樣拼裝車家（族）之各部各類，費工費時費力費心。

　　解壓縮，是家（族）解壓縮成爲三度空間有血肉有縱深的關係圖解，肉搏場域。這是有縱向也有橫向的歷史社會關係故事。在這樣的場域和故事當中，也是書裡夏老師不同時期學生的論文裡，姊弟、父女、父子、母女、夫妻、（外）祖父、母、養女後母、長工父親等之間的恨與暴力，決絕與漠然，得以既是高度個人與偶然化，也是非常結構與被決定的出場。說出來或是沉默，溝通與否，都可以有各自放置與（不）對待的空間與時間。不一定在當下，在過去多半更是不可能，但是，透過記憶、記錄、等待、書寫反倒構築一種未來的閱讀進行式。不論就參與者、書寫者、閱讀者，母子盒的拼裝車承載的是解壓縮到未來的無限時空。

　　這是對家人、族人之間，長期的恨、怒與暴力一種對待方法。（暴力

之有形要脅與無形殺傷力）不是沒有關係，也不只是可怕可憎可鄙可殺（不對等的體制和個人暴力推擠殺傷到關係中另一位置可能無限延宕的暴力回返接力）。負面情緒以致於暴衝是病又不是病，重要的是經歷、存活、記憶、（不）說、多層次、多角度的故事，終至得以拿出來曝曬。公共化或是一種星空，足以滋養突圍斗室的奇特耐力。

「我之所以得鬼鬼祟祟地藏這本書，是因為我發現我家的很多情況，都符合約翰‧布雷蕭寫的『毒性教條』，而且得分不低。……我對家庭的情感被一種奇異的感受取代，我不知道如何從毒性教條的角度跳脫，我在淚水中不斷退縮，覺得自己是個地下工廠的瑕疵品。」（夏林清，2012，頁 111-112）

「我的精神反抗之路，其實也是你的。你看見自己打贏了這場仗嗎？我沒有放棄，我沒有背叛我們的歷史。你知道拼湊這些別人踩過去都來不及的碎片有多難嗎？還好有張大網，有好多人幫我們拼圖。」（夏林清，2012，頁 174）

二次世界大戰以及中國內戰，臺灣從日本殖民轉進國共戰敗、美國庇護之國民黨威權統治。美式自由經濟與民主社會不只是口號、方向，同時成了凌駕的現代知識價值與生活感情模範。美國作為指標，不偶然的統合了多語言又強制執行國語化的臺灣。獨特於臺灣以國語發音之美國夢，成了統治與被統治之間的公約數。家庭想像不例外。美國小說家童妮摩里森的第一部小說《最藍的眼睛》，以二戰為脈絡，講述美國北部工業大城，實質種族隔離制度之下（小說裡稱之為解放奴隸後延宕將近百年之久的特殊現代國家治理的種族化種性制度），不同經濟條件的黑人以及混血小孩在學校、家裡如何難以符合美國小學課本歌頌的、帝國揚起之國家需求的模範家庭。到頭來，小學課本和成人眉宇間不斷複誦的家國夢，壓垮逼瘋最底層、最沒有條件的家庭關係和成員。

階級、性別與暴力的曝曬

《斗室》曝曬了兩層次相互扣連的暴力。臺灣 70、80 年代經濟奇蹟

塊狀包裹著的關於家的故事字裡行間，階級和性別相互作用於勞動家庭關係的暴力：世代間、父母間、兄弟姊妹之間、父母子女之間，咆哮與不堪相互傳遞。難以啟齒的情感得以在故事的逐漸開展中，曝曬；有的敘事者暫時逃離，以迂迴的文字作為情緒的緩衝。閱讀或許提供非關當事人一種面對複雜本身的空間。沒有立即的「診斷」和「命名」（不正常）；也沒有斷定的「解釋」和「評價」（何時，可不可能，正常）。有的是人們對於身處世界核心價值（美式自由民主有資小家庭）陰影之下，不合格、不溫柔的感情關係和知識生產，強迫反覆的自我修訂。

　　《斗室》曝曬了對於「家暴」輕易翻譯的知識論暴力。汙名經驗如何可以不再輕易冠上專家的診斷名詞，後者如何僅僅止於描述和參考，才不至於淹沒非正典地區和人們具體生活脈絡及複雜歷史過程，壓扁任何可能給予其他解釋和意義的時間與空間。知識如何得以不是再一層的羞辱壓迫，還人們參與生產知識的平等之智慧與解放權利。於是，家庭經驗與知識生產是也不再是「世界」眼中的所謂地下工廠的瑕疵品；診斷名詞也得以還原成僅供參考、或許有用的形容詞。《鬥》的個別和集體故事創造了時間和空間，咀嚼反芻然後拿來和讀者分享夏林清的曝曬作為方法和過程。

> 「走過殖民、戒嚴期間
> 雨水依然滋潤著玉山，滄茫又巍然
> 勤勉工作帶來了金色年華
> 汗水堆砌的 51 層摩天大樓是勞動者的榮典
> 夜色中更顯得輝煌璀璨
> 站在鋼構上，勞動者的戰歌，我獨自吟唱
> 儘管我齒牙動搖、華髮斑斑
> 只因繁華之背面，有我半生之證見
> 臺灣是勞動者的天堂？臺灣是勞動者的想望？何處尋找我的烏托邦？
> （摘錄自楊大華的詩，1987 新光紡織關場工人，2002 年 6 月參與『臺北市沒落產業勞工歷史研究』專案記錄）」（夏林清，2012，頁 137-140）

　　「在歷史發展上來看，家庭從來不只有現在小家庭模式，若以現今小

家庭的這種形式和男女角色的安置來看家庭，其實家庭早就已經七零八落了。臺灣像是一部拼裝車，在世界資本主義的系統中，『家』作為勞動力的提供單位，是用一種拼裝車的形式去銜接資本主義世界的生產環節，市場化的消費經濟則讓拼裝車披著小轎車的外殼」（夏林清，2012，頁240）。

　　最後，《斗室》以其故事方法部分回應國際（英語文界）女性主義論述晚近持續的辯論。二十世紀的90年代到兩千年，號稱冷戰終結，美國國內的女性主義分裂後也分道揚鑣。反色情之反性工作、反性暴力立法路線開始走向國外，在加拿大、北歐以致晚近的東歐、非洲影響不斷擴散。自兩千年開始，美國國內出現一系列自我批判也自我提醒的文章。早在70、80年代的左翼反帝女性主義、黑人／有色人種女性主義、性解放與性工作女性主義、邊緣底層同志跨性酷兒、後殖民女性主義已然相繼挑戰堅持兩性平權、修法優先的激進文化女性主義。但是，這次的批判來自和這些或更早的草根陣營連結的90年左翼歷史與社會學界的知識分子，包括中國女性主義史學研究者或是東歐女性主義研究者。這並不偶然。她們的研究對象，過去是美國劃分成意識型態的敵對陣營，也是美國媒體刻板印象化為「意識型態」的化身。她們在研究過程中必得高度自覺於自己所可能帶入研究的潛在國家主義視角、框架，同時又得自覺於刻板印象可能作用於自己。她們的研究顯示，90年代開始活躍於國際女性主義舞台，尤其是透過聯合國平台的一些組織，新興的一種看似中性的，穿透冷戰帷幕的「國際女性主義」話語。簡單地說，從主事者的故事往回追溯，到她們的論述的分析，這波國際女性主義不僅源自美國7、80年代的性戰役，更是美國二波婦女運動百花齊放中相對秉持二元對立之性別政治的說法，以掃蕩性產業與救援性暴力受害者為使命。

　　《斗室》給讀者的女性主義方法，回應了國際女性主義以暴力作為性別關係主軸與符咒之去歷史診斷，尤其在所謂第三世界和後社會主義地區（更顯示她們的冷戰視框）。《斗室》對於暴力情感與關係解壓縮後的晾、曬，讓勞動女性與小孩也有男性的受害與施暴穿越沉重之歷史分斷，得以看、聽與說。《斗室》的敘事方法，讓拼裝家庭關係裡外，性別與年齡如

何和階級與統治緊密牽繫，個別人與人之節點如何可能成為體制暴力的傳遞卡榫，穴位得以暴露。《斗室》堅持不輕易脫離臺灣地方、東北亞區域近百年的戰亂與強制治理之母子盒，不論多複雜、難堪；或許提供另一種迂迴潛行、貼地皮走天涯的故事行動方案。

世代接續，文化再現

「僅在同一地理及歷史空間共存的個人並不構成『世代』，更重要的是共同面對同一歷史及社會單位，並投身參與共同的社會困境。」（周思中，2010）丁乃非的評析實為她與夏林清作為同一代人，在面對社會困境的對看與回響！

若沒有具覺識之社會行動者共謀出路的作為，一個時代的物換星移不見得承載住當代歷史社會質材與行動者交相作用的紋理痕跡；有努力有承載亦未必有辨識表達與傳遞接續的機會。2014 年 2 月出版的《伏流潛行》[21] 便是臺灣 1960 年代出生於 1980 末 90 初投身到工人運動中，踐行迄今的女性社會運動者，以敘事方式呈現前 25 年的投身小歷史，出書與繼之展開的社會互動活動則又是力圖促進世代經驗接續的努力；《伏流》一書 85% 的文字轉自張育華與王芳萍的輔大心理所碩士論文。25 歲的林小豆在書中記錄著她在 15 歲投身工人運動，今年 44 歲的拔耐‧茹妮老王身邊學習和工作的感念，她是如下描述著「世代的接續」：

「她一路走來已 25 年，恰好接近我的年紀！我是 80 後，也是七年級末班生，被前輩工作者帶著走，卻是在路上遇到自己對政治的恐懼與無力，那是在解嚴後長大的我，經歷藍綠兩黨以民主之名合演惡鬥，而背後是正大光明的財團大導演，攜手演出的剝削戲碼，我從政治無感、冷感到現在會感到「痛恨」了，腦子知道要對付痛恨，但心口飽滿的政治恐懼與無望，卻讓我癱坐在這裡。

她這 25 年來不斷掙扎求活的鬥志，讓我映照出，此刻年輕的我原來是如此無力與無望。這就是我 24 歲此刻生命篇章的句點了。但我期望在下一段給的開頭，能寫出對峙自己無力、無望的故事，能對吃不好、睡

不飽、沒有未來的生活掙出一點空間，過想要的生活——簡單快樂的活著——它不該是遙不可及的，連想都不敢想！

變革的力量是我們每天在社群中浸泡、想出路、一點一點走的一滴水穿石地走，而那份沉默就是拉著我們往前走的動力。

我不知道路在哪裡，但我跟著他們腳踝，穿梭在高過我身的草地。」

2014 年 3 月底，因反對《海峽兩岸服務貿易協議》臺灣政府的黑箱作業而激越起的學生運動[22]，強烈的衝擊著三個世代，臺灣歷史中三代人，身心形體所承載著歷史族群、階級生活與政治權力交纏與運作殊異的感知方式，在圍繞著立法院的街區內，被粗暴的政策決定權力，激起了拒絕服貿的共識和恐中、反中的情緒，恰如不時顯現的運動潮湧的浪花！臺灣由割讓殖民治理到冷戰敵我對峙的歷史過程中，未有機會梳理參看與對話溝通彼此歧異的情感與認識，均於街邊轉角的空間中迸裂發聲。但這也可能成為當代青年釐清其世代處境的歷史機會點！作為一名耕耘實踐方法論多年的心理工作者，我來回於學校與實踐現場中，努力用參與行動拉開可能的對話空間。

清朝時，臺灣唐山移民分類械鬥嚴重，1895 年清朝割讓給日本，1895～1945 年臺灣作為殖民地，經歷了日本統治 50 年中的不平等階層地位的分類，由 1945 年到 1949 年則為二戰戰後國民政府代表盟軍接收臺灣的社會過渡，再到 1949 年 12 月國民黨撤守臺灣的鎮壓與戒嚴統治；這不算短亦不長的移民、殖民與內戰的政治歷史加深構建了分類的政治分化。在 1859 年於臺北芝山巖小山丘上，「同歸一所」無名塚碑文：「同歸原有命，一所豈無緣」早已記下了臺灣這個移民社會歷史中的「分類之禍」[23]。我希望由漳泉械鬥到日本殖民過程中，不論是為爭生存利害相鬥或反抗不義而死或無辜波及的人們，由今而後，能因此碑而不再無名。他們是因「分類之禍」而發出「同歸一所」呼籲的祖先！我們該視他們傳遞給我們的歷史訊息是：持續推動共同發展的社會活動，創發機會轉化被類別化包裹阻隔的關係，變化糾結纏繞的情感與意念。於此，社會改變取徑之行動研究當然仍可以是下一段社會進程的一塊踏石！

註釋

1 稱之為一種社會生活的方式是指這群年輕人領低薪，投入工會中協同工會運動幹部，發展工會，晚上則進行工作討論與學習活動，沒有加薪也沒有升遷，過著一般受薪階層不一樣的運動者（組織工作者）組織生活的社群生活。

2 臺灣基層教師協會理事長侯務葵老師在1994年成立教師協會前，走入工會田野和工人學習的故事，她如此描述：那年（1989）冬夜，夏老師邀我們4人去南崁，旁聽鄭村棋老師進行自主工會幹部的勞工教育。那晚林吉茂開著車帶著我們，摸索的，到了南崁一座三娘廟的二樓。勞工教育會場上，相對教師研習中心的光鮮整齊而言，是昏暗的燈光，散落的桌椅；會場上，一群以男性為多的工會幹部，充滿了活力，大聲地說話，大聲的笑鬧，粗獷中更顯與教師群體安靜的差異（侯務葵，2008）。

3 Sociometric一般教科書多譯為社會計量，但社會計量是由60、70年代心理測驗衡鑑方法中所應用的計量統計用詞，故此處依Moreno於書中前後文脈絡的意涵，採用metric「如詩之韻律結構」的意譯，以求更吻合原意。

4 Chris Argyris與Donald A. Schön的行動理論，主要是將人們在實踐行動中的行動邏輯給辨識出來的一套方法，他們對行動者自身行動策略後果負起辨識與面對的責任十分強調。相關文獻可參考《行動科學：探究與介入的概念、方法與技能》」（Argyris, Putnam, & Smith, 1985/2012）。

5 葛蘭西（Antonio Gramsci, 1891-1937），於1929年2月8日開始撰寫被稱為西方馬克思主義聖經之一的《獄中簡記》。他的出發點就是致力於對1929年的危機的重新解釋，「構建新思想、制定新綱領」以糾正蘇聯和國際共運的退化傾向。他批判了經濟計畫模式下單純為政治服務的「蘇聯式馬克思主義」文化觀的貧乏性，並敏銳地發現了「對勞資關係應用福特調節法」，並通過創建消費經濟，歐洲社會可以在新的、更為寬泛的（市民社會的）民主基礎上重組這種劃時代的未來資本主義統治的全新形式。資產階級對工人進行的總體統治不僅使資產階級擁有國家政權（列寧在《國家與革命》中討論的權力和國家觀念），而且更擁有文化意識型態的領導權，以之製造非強制性的認同和統識（葛蘭西對馬克思主義國家觀所做的新拓展：文化霸權或者統識概念）。面對這種新情況，無產階級必須從傳統的諸如罷工和起義這樣的「運動戰」向新形勢下的爭奪文化霸權的「陣地戰」過渡，由此才能重新獲得自身的主體性。參見葛蘭西（1983）：《獄中簡記》。北京：人民出版社；希爾維奧·彭斯（2010年5月14日）。王波（2013）：〈葛蘭西政治及思想歷程〉，中國社會科學報。

6　中壢事件，指的是1977年中華民國縣市長選舉中，由於執政黨中國國民黨在桃園縣長選舉投票過程中做票，引起中壢市民忿怒，上千名群眾包圍中壢市警察分局，搗毀並放火燒毀警察局的事件。中壢事件被認爲是臺灣民眾第一次自發性地上街頭抗議選舉舞弊，開啟爾後「街頭運動」之序幕。

7　美麗島事件（或稱高雄事件，當時中華民國政府稱其爲高雄暴力事件叛亂案），是於1979年12月10日的國際人權日在臺灣高雄市發生的一場重大官民衝突事件。以美麗島雜誌社成員爲核心的黨外人士，組織群眾進行示威遊行，訴求民主與自由。其間發生衝突，但在民眾長期積怨及國民黨政府的高壓姿態下卻越演越烈，竟演變成官民暴力相對，最後以國民黨政府派遣軍警全面鎮壓收場，爲臺灣自二二八事件後規模最大的一場官民衝突。美麗島事件發生後，許多重要黨外人士遭到逮捕與審判，甚至一度以叛亂罪問死，史稱「美麗島大審」。最後在各界壓力及美國關切下，終皆以徒刑論處。事件對臺灣之後的政局發展有著重要影響，之後國民黨逐漸放棄遷臺以來一黨專政的路線以應時勢，乃至於解除38年的戒嚴、開放黨禁、報禁，臺灣社會因而得以實現更充足的民主、自由與人權。並且伴隨著國民黨政府的路線轉向，臺灣主體意識日益確立，在教育、文化、社會意識等方面都有重大的轉變（取自維基百科）。

8　本文完工時，正值2014年3月反服貿太陽花學運，我的學生們在立法院內外經驗著身心被拖打恐懼的同時，得分辨著恐中情緒浪潮所包裹住的混淆訊息，2014年3月底，在立法院周邊台上反服貿演講，台下大片成群靜坐大學生是主要的風景，但仍不難看到跨年齡的臺灣三代人試圖相互對話的小圈圈。

9　夏林清（2011）在《社會實踐：教學與社會行動的對話》中的〈社會生活中的群己關係〉一文中，用「虛擬眞實兩相依的社會生活」來描述當代年輕人的生活世界，迂迴與直接交接相纏繞的群己關係是網路生活的一大特色。

10　2014年2月出版的《伏流潛行：女性社運工作者練功手記》是讀者可進一步了解臺灣解嚴後的當代青年投入到自主工會運動中的一本故事書。

11　鄭村棋，畢業於國立中興大學法商學院（今國立臺北大學）社會工作系，美國哈佛大學教育學院碩士，專修組織發展。曾任輔仁大學企管系兼任講師、中國時報記者、工人立法行動委員會召集人、勞工教育資訊發展中心創辦人及臺北市政府勞工局局長。早期活躍於基層工人組織運動，後曾在馬英九任臺北市長時擔任臺北市勞工局局長，時而參加TVBS電視台政論節目《2100全民開講》和《新聞夜總會》。2006年5月主持飛碟電台週一至週五中午的《飛碟午餐》節目。2006年12月直轄市長選舉後，認爲口水無益，小幅減少在《2100》節目中的出現（後已經不上《2100》全民開講，甚至批判其節目議題挑選與探討之屬性），改在廣播節目內探討結構與制度問題。2012年4月27

日結束飛碟午餐主持工作，總計6年。離開電台工作以前，又於部分電視政論節目出現。主持風格和挑選議題相當另類，會針對特殊議題，甚至是冷門議題深入討論。經常邀請政府代表被碰軟釘子，但也在訪談中突顯官僚問題與荒謬性。另外，主持風格也頗令人側目，不怕與反對意見的聽眾對辯，甚至花很多時間對辯，相較於其他限制call in聽眾話題與時間的做法，主持節目是比較特殊。公開主張從階級角度看問題，慣用小老百姓／統治階級來分析問題。也不畏反共的臺灣氣氛，以共產、社會主義角度看現況，一直挑戰資本主義制度、現在的臺灣民主制度。其妻為輔仁大學心理系教授夏林清（取自維基百科）。

12 輔仁大學心理所的論文中，不乏對這種僵局的剖析，以〈透風的小鋼珠─從精障就服員到運動者〉（余郡蓉，2010）；〈參與殘／障礙運動的變革知識：一位女癱子的行動路徑〉（李素楨，2010）；〈促使一個民間社會服務組織發展的行動研究：以失敗為師的佛子〉（李憶微，2011）三篇可為示例。

13 由夏林清與輔大心理系畢業學生為主的工作團隊，於1999年創辦了蘆荻社區大學，與之相關的文獻有《逆風行者：朝向「解放─社會變革」的成人學習之路》（李易昆，2014）、〈蘆荻勁草：臺灣成人解放教育的行動實驗〉（廖菲，2013）。

14 「格鬥天堂」：是基隆市失業勞工保護協會在長安社區所設立的一個屬於孩子休閒、讀書、玩樂的公共空間。長安社區是一個都市邊陲地區原住民居住與聚集的老舊社區。「格鬥天堂」是這群原住民小孩自己取的名稱。「格鬥天堂」嘗試採取有別於主流教育體系的傳統做法，以自由與開放、平等、去壓迫、認識差異的另類教育方法，對待這群都會邊緣勞工原住民的小孩，希望展開一場涵蓋階級、種族等多元社會文化意義的教育實驗，尤其是在音樂表達與創作的能力，期待原住民被看見的不只是被商業包裝在流行音樂上的「好嗓音」而已。

「臺灣國際家庭協會（國家協）」：協會成立之宗旨，以促進跨國婚姻組成之國際家庭，建立互助支援網路，協助國際家庭成員與本地社群交流互動，闡揚國際家庭實踐多元文化之經驗，推動保障外籍配偶之公民權、工作權、教育權、社會福利及其他人權之活動為目標。聚集了國際家庭的外籍媳婦、臺灣先生、婆婆、小姑等家人，以及支援國際家庭的本地好友組織而成，於2006年11月5日正式成立，致力於維護國際家庭成員之人權、推動國際家庭自助互助、增進在地人民認識國際家庭與多元文化的視野。

「快樂學堂人民連線（快連線）」：「快連線」是以社會變革取徑為方法的社會學習平台，由輔仁大學心理系教授夏林清召集，先後與十幾個運動組

織、進步學者、文化工作者進行對話，大家在各盡其能的志願性投入中，著手進行「快連線」的社會學習空間，其基座土壤來自於臺灣社會運動歷史中多數草根性NGO組織所累積的實踐知識，從工會自主到反歧視的社會人權，解嚴20年後的臺灣社會，在不同的運動中累積了各種發展人民力量的知識與能力，「快連線」的成立希望進一步把「理解差異、重視多元、深植民主」的運動理念透過此一共學、共享的平台讓一般社會大眾共同參與，以凝聚轉化出社會變革的運動性力道。以移動教室的條件訂出發展的原則：「全年無休、無牆無門、學無定所、流變生成」，學期制：春耕夏耘、秋收冬藏；招收個別與團體學員，期許能在每年的春、秋鬥人民運動場合中呈現學習成果。

15 人民火大行動聯盟（簡稱火盟）（人民民主參政的政治運動）由過去迄今的主要實踐的政治行動有：1995年首次民選舉總統的「工人與總統有約」；2004年總統改選，推動「百萬人投廢票」運動；2004年「直接民權代議制」立委參選行動，提倡選前先簽辭職書，做不好就下台；2007年迄今推進突破藍綠綁架的臺灣政黨政治；2008年與綠黨合作推出紅／綠聯盟，參選立法委員；2012年則以人民民主陣線為名，持續推動參政參選的政治運動。

16 臺灣人民團體分為左列三種：(1)職業團體、(2)社會團體、(3)政治團體。由發起人滿20歲，並有30人以上檢具申請書、章程草案及發起人名冊，向主管機關申請許可（詳細規定請查閱臺灣人民團體法）。臺灣解嚴後，開放人民自由結社，因此各式各樣的人民團體得以成立，也成為人民團體，此種團體行動者進行社會參與的重要界面。

17 社會學習過程是指一個社會內部主要進展的動力，不是來自「廣大群眾」的模糊圖像，也不是某種匿名的行動系統，而一定是得依靠特定的社會群體不斷和其他社群對話溝通的過程；而對該特定群體而言，在與其他社群對話的過程中，新的認識與社會行動能力也增加（Honneth, 1991）；當特定社群中的個體與群體實在的發生了意識與情感變化的學習過程，努力工作的結果才不至於被國家機器所分化與耗損殆盡（夏林清，2002）。

18 花蓮小學教師鍾佩怡在她的論文中陳述：營隊結束前，我以多動會（多元文化跨界行動協會）成員的身分發言：「我在這個營隊學習很多，前陣子我曾帶我媽媽去參加日日春的論壇，一位腦性麻痺的中年男人，用很緩慢的聲音說自己一出生就被送到機構安置，一直在機構裡長大，從來沒有人真正抱過他，所以『性』對他而言，就是希望有人可以抱抱他、摸摸他──他的聲音和渴望強烈震撼著我，那個畫面我一輩子也忘不了！我真的很希望我這個老師，能把抽象的知識變成活生生、有人味的故事。」（鍾佩怡，2014）

19 日日春所舉辦過的系列身心障礙者與性的活動如下表：

時間	內容	妓權運動	障礙運動
2006	A 片導讀實驗方案		日日春與一小群盲人朋友展開盲人的情慾探索。
2007	【春光疊影—妓女聯合國紀錄片影展】尋找粉紅天堂：邊緣人們的親密探尋與性工作者的承接。 （影片簡介：描繪韓國一位 40 歲，患有腦性麻痺的鄉下男子，某天帶了 300 元美金，來到首爾的紅燈區，希望能完成自己長久以來的心願：體驗性的滋味。）	官姐落海自盡一週年，行政院人權推動小組中提案廢除社維 80 條的罰娼條款，民間委員皆同意卻獨遭官方代表內政部長李逸洋堅決反對，甚至還主張娼嫖皆罰。日日春持續抗爭，並施壓至 2008 年初投票的第七屆立法委員選舉，紀錄片影展是擴大社會支持的方法之一。	映後現場障礙者與非障礙者討論非常熱烈。隨後有精神障礙與脊髓損傷的朋友與日日春接洽，至民間團體與學校資源中心與談交流。
2008	臺北市性交易管理政策市民論壇：「性交易」合法與非法！？對工傷者影響（工傷協會與日日春合辦） 臺北市性交易管理政策市民論壇：身心障礙者，性，與性交易（導航基金會與日日春合辦）	2008 年初總統大選，日日春逼馬英九對性工作除罪表態，馬推拖應交由「公民會議」討論。除由行政院研考會委託臺大社會系辦理的「性交易應不應該被處罰」公民會議，民間單位亦可申請補助辦理。日日春辦理的 24 場中，其中 2 場主題跟身心障礙者與性有關，藉此務實地討論性交易。	認為性需求確實存在，而且其中蘊含的不只是性，也包含了情感、擁抱的需要，尤其是身心障礙者等弱勢族群，找尋親密關係的條件比一般人更辛苦，法令不應該禁絕或壓抑，甚至是罪罰化，面對性需求應有合法合理的紓解管道，不是只有婚姻才是唯一的合法管道。
2010	日日春【性工作：勞動／性權】系列論壇 III 談性彈性：肢體障礙者的性／別議題座談（上／下）	2009 年五一勞動節，14 個民間社團發起成立「保障性工作勞動權聯盟」，簡稱性勞聯[1]，要求行政院訂立務實的性產業政策，保障性工作者勞動權，推動「娼嫖都不罰」。2010 年日	女性小兒麻痺障礙者、男同志小兒麻痺障礙者與男性脊髓損傷障礙者的分享與談，張開障礙者情慾在社會壓制下的皺摺，場中也帶動其他與會障礙者的慾望與

時間	內容	妓權運動	障礙運動
		日春一方面應變社維法修法的戰局，一方面也持續串連性勞聯成員，其中包含數個身心障礙團體。	親密經驗。
2010 如今	日日春實踐黃色地下道—《身心障礙者性福合作社》	日日春主推的性交易媒介方案，試圖發展身心障特色店（經驗集中在肢障客、精障客為主），協同中高齡流鶯開發新客源。從性慾與情感面向重新認識障礙者的動能。	日日春與數個身心障礙社群合作，包含精神障礙、小兒麻痺、腦性麻痺、視覺障礙與肌肉萎縮等，除跟障礙者接觸外，更與社工、家屬協同，更認識「障礙與性」議題的複雜性。
2011	《性與政治系列論壇》邊緣翻騰：我的障礙身體·我的性	此論壇為人民老大混團參選[2] 的選舉活動脈絡下舉辦，由性福團與算障團合辦。	異於常人算障社會推動工作聯盟[3]（簡稱異人算障團）於 2011 年初成立，其中周志文於 2012 年參選中正萬華區立法委員，「性交易除罪、娼嫖都不罰」與障礙者性權被納入政見。
2012	為期兩個月的「翻轉吧！生命經驗～重障者敘說探究之成長團體」		踩在過去論壇的基礎上，團體內容從障礙者與性的議題出發，從自身經驗看到與體制關聯，並產生具體行動策略。

註：

(1) 保障性工作勞動權聯盟成員包含：日日春關懷互助協會、工作傷害受害人協會、基層教師協會、國際勞工協會、愛滋感染者權益促進會、中央大學性／別研究室、性別人權協會、臺灣同志諮詢熱線協會、風信子精神障礙者權益促進協會、基隆市失業勞工保護協會、柳春春劇社劇團、角落關懷協會、慈芳關懷中心、人民火大行動聯盟。

(2) 目前各參政團包含：身心障礙者（算障團）、工傷者（淘汰郎團）、移民新住民（不合格公民團）、工人（都市苦工團）、性工作者妓權（性福團）、主

張基進教育的民主教師團、同性戀者（貪窮同志參政團）等。從投身社運到推動政運，以「參選」為方法，推動《人民民主：人民老大運動》，共同組成《人民民主陣線》，以凝聚有意願面對自己與政治的關係，尋找理念相同的自覺公民，組成參政團投入選舉，學習做個負責任的公民，拿回做政治主人的權力。

(3) 此工作群體成立於民國99年（2010）8月當時稱為「人民老大算障參政團」，2011年初，改組為此稱呼。詳見：http://abnormaltw.pixnet.net/blog（以良子、郭姵妤製表，2015）

20 算障團（民103年10月2日）。紐約社會治療展演行動：2014年10月，算障團的丫丫（肢體障礙者）、宗育（腦麻患者），東吳社工系的萬心蕊老師、日日春工作者／慈芳前工作者姵妤，以及慈芳的民光（精神障礙者）、工作者雅婷、靜惠、玉珍和佳蓉。我們要一起飛到紐約展演臺灣障礙者的經驗。第一次跨障別行動，九天要貼身一起生活，開始思考在每一個行程裡，障礙者如何無障礙？身邊的我們，如何協助自立生活？第一次跨障別合作展演，把個人經驗還原在歷史脈絡下回看梳理，因為不同障別者／性別的參與，有機會對話差異，認識差異：從民光開始進入精神醫療體系，作為一個精神病人，聊精神科藥物對他「人」造成的身心影響（關於他的動能和情慾），因為宗育的參與，勾動民光對他身為不同障別／障礙經驗的處境好奇與提問（取自https://www.facebook.com/pages/%E7%AE%97%E9%9A%9C%E5%9C%98/111434035581702?sk=timeline2）。

籌備展演，生產民光和宗育這兩個男人的劇本的同時，也在打開或積累我們這幾個女性工作者「認識男人」的理解眼光。劇本的最後，工作者（剛好都是女性）從民光和宗育的故事裡，反身思考自己的生命／性別／工作經驗，做出不同切面的回應與現身。其實，混的不只是障別，這個展演團隊，還混著九個人在不同社會位置／生命經驗。可眞的是在慈芳的工作中，在底邊社群的相互認識與協作中，看懂追求效率專業分工的主流價值與設計裡，也把人切割了！人，很容易就活得與自己疏離，面貌模糊；體會到在不同身分的表象下，我們其實都在面對同一個社會，只是因為不同條件而有不同的作用與處境。

能混在一起做點有意思的事，有機會挪動自己，更看懂我們在面對一個什麼樣的社會，累積行動的能耐，是個重要的機會與條件。為紐約行動募款的過程裡，有人支持，也有人會說：「沒有錢，發什麼夢想去紐約？」我們在金錢上的確沒有太多的條件，但九個人把在做的事努力地說清楚，想讓更多人

知道。如果你／妳相信這個行動對臺灣會是好的，請支持我們。

21 1987年臺灣解嚴之後，隨著人民的自主意識抬頭，社會運動燃起遍野烽火，書中3位中年女性社運工作者，不自覺捲進工人運動的波濤，三人出身不同、路徑不同，或有退縮，或有前進，卻也沒有回頭，一路潛行，如湧動不息的伏流。三人娓娓道出二十餘年在地的、草根的實踐。照理說，練功可以強壯身心體魄，運動可以促進社會健康。為了生存與變革，每個世代都會出現不同精彩的練功路數與運動方向。持續不斷二十餘年的練功、運動，究竟發生了什麼樣的變與不變？如果抓緊一種歷史感，從此時此刻社運的浪頭，回觀前面二十餘年或起或落的軌跡，與歷史，與自身映照，變與不變，你發現了什麼？（張育華、王芳萍、拔耐‧茹妮老王（秋月），2014）

22 太陽花學運，初多稱318學運、占領國會事件等，是指2014年3月18日起臺灣的大學學生和公民們共同發起占領中華民國立法院所引起的社會運動事件。事件起始於當地時間3月18日晚間18時，中國國民黨立法委員張慶忠以30秒之快草率宣布完成《海峽兩岸服務貿易協議》的委員會審查，而引起一群就讀大學與研究所的學生們反對，並在立法院外舉行「守護民主之夜」晚會，抗議輕率的審查程序；之後有四百多名學生趁著警員不備，而進入立法院內靜坐抗議，接著於晚間21時突破警方的封鎖線占領立法院議場。占領議場事件發生後，在26個小時內便有以學生為主的一萬多名民眾，聚集在立法院外表達支持。參與占領立法院議場行動者，主要學生領導人為黑色島國青年陣線（簡稱黑島青）的成員，包括國立臺灣大學政治研究所研究生林飛帆，國立清華大學社會研究所研究生陳為廷、魏揚、陳廷豪等人。外圍的支持群眾則由反黑箱服貿民主陣線、公民1985行動聯盟與各個社會運動團體進行組織。在議場遭到占領後，內政部警政署緊急調動警力前往立法院支援，抗議學生則陸續用立法委員的座椅堵住議場門口以防止遭到驅離；警方多次嘗試清除議場內部的學生但沒有成功，期間雙方也因此發生肢體衝突並且有數人受傷。之後雙方處於對峙態勢，但記者與其他相關人士仍可繞道進入場內，外界也提供大量食物與衣物等民生物資以支持場內外的抗議者。3月23日晚間19時，另一群示威者衝至鄰近的行政院大樓，破窗而入，24日0時起陸續遭警方強制驅離（323占領行政院事件）（取自維基百科）。

23 芝山文化生態綠園（民103年7月2日）。同歸所：清乾隆51（西元1786年）林爽文與吳維仁領導部落居民抗清，死亡甚多，部分屍體無法辨認，就把他們拾骨合葬於芝山岩大墓公。在清咸豐年間，士林地區發生多起激烈的漳泉械鬥，死亡人數甚多，有一部分身分不明或無親人領回的屍骨，又將他們合葬於大墓公，也可叫做萬善祠、有應公（取自http://www.zcegarden.org.tw/z328.php）。

參考文獻

丁乃非（2004）：〈怪異的拖曳效應：〈一盞燈〉讀後〉。《應用心理研究》，*24*，32-37。

丁乃非（2013，10月）：〈愛的條件：斗室星空：「家」的社會田野與排灣人撒古流：十五年後〉（口頭發表論文）。臺灣文學研究的界線、視線與戰線國際研討會，臺南。

日日春關懷互助協會（2002）：《與娼同行，翻牆越界：公娼運動抗爭文集》。巨流。

王波（2013）：《心理學的批判和批判的心理學：一種對心理學的馬克思主義哲學省思》。南京大學心理系博士論文。

王芳萍（2009）：《女性運動者的政治性生成：臺北市公娼抗爭和日日春運動紀實》。輔仁大學心理學系碩士論文。

余郡蓉（2010）：《透風的小鋼珠：從精障就服員到運動者》。輔仁大學心理學系碩士論文。

李丹鳳（2013）：《跨海牽手，「僵」界同行：移民家庭內外界線的形構與鬆動》。國立暨南國際大學東南亞研究所碩士論文。

李易昆（2014）：《逆風行者：朝向「解放─社會變革」的成人學習之路》。輔仁大學心理學系博士論文。

李素楨（2010）：《參與殘／障礙運動的變革知識：一位女瘸子的行動路徑》。輔仁大學心理學系碩士論文。

李憶微（2011）：《促使一個民間社會服務組織發展的行動研究：以失敗爲師的佛子》。輔仁大學心理學系碩士論文。

吳永毅（2014）：《左工二流誌：組織生活的出櫃書寫》。臺灣社會研究雜誌社。

周思中（2010年4月18日）：〈香港社會的病徵及戀物「80 後」的眞理與謊言〉。文化研究@嶺南。檢索日期：2023/2/10，取自https://www.ln.edu.hk/mcsln/archive/story02.shtml

侯務葵（2008）：《踏上未竟之路：發展教師專業社群的行動研究》。輔仁大學心理學系碩士論文。

夏林清（2000）：《九個公娼的生涯故事》。日日春關懷互助協會。

夏林清（2002）。〈尋找一個對話的位置：基進教育與社會學習歷程〉。《應用心理研究》，*16*，119-156。

夏林清（2006）：〈在地人形：政治歷史皺摺中的心理教育工作者〉。《應用心

理研究》，*31*，201-239。

夏林清（2011）：〈批判立基於解殖處：身心載體的社會性與政治性〉（口頭發表論文）。杭州師範大學第三屆當代資本主義研究國際研討會，杭州。

夏林清（2012）：《斗室星空：家的社會田野》。財團法人導航基金會。

楊靜（2012）：〈回觀歷史‧辨識經驗‧尋找變的力量：一個行動研究學習者的思考〉（口頭發表論文）。海峽兩岸暨香港社會工作行動研究研討會，北京。

廉兮（2012）：〈抵抗與轉化：社會變遷中的行動研究〉（口頭發表論文）。海峽兩岸暨香港社會工作行動研究研討會，北京。

廖菲（2013）：〈蘆荻勁草：臺灣成人解放教育的行動實驗〉。《中國農業大學學報社會科學版》，*30*(3)，114-122。

賴香伶（2010）：《走自己的路！一條臺灣左翼工運路徑的回看》。世新大學社會發展研究所碩士論文。

鍾佩怡（2014）：《工人女兒主體生成歷程的矛盾探究》。國立東華大學課程設計與潛能開發學系博士論文。

張育華、王芳萍、拔奈‧茹妮老王（秋月）（2014）：《伏流潛行：女性社運工作者練功手記》。財團法人導航基金會。

歐崔契爾、波希、索墨克（Altrichter, H., Posch, P., & Somekh, B.）（1997）：《行動研究方法導論：教師動手做研究》（夏林清譯）。遠流。（原著出版年：1993）

基尼（Keeney, B. P.）（2013）：《變的美學：臨床心理學家的控制論手冊》（楊韶剛譯）。教育科學出版社。（原著出版年：1983）

阿奇利斯、熊恩（Argyis, C., & Schön, D.）（2006）：《組織學習理論、方法與實踐》（夏林清、鄭村棋譯）。遠流。（原著出版年：1996）

阿奇利斯、帕特南、史密斯（Argyris, C., Putnam, R., & Smith, D. M.）（2012）：《行動科學：探究與介入的概念、方法與技能》（夏林清譯）。教育科學出版社。（原著出版年：1985）

Argyris, C., Putnam, R., & Smith, D. M.（2012）：《行動科學》（夏林清譯）。教育科學出版社。（原著出版年：1985）

Honneth, A. (1991). *The critique power: reflective stages in a critical social theory*. MIT Press.

Honneth, A., & Hans, J. (Eds.) (1991).*Communicative action*. MIT Press.

Moreno, J. L. (1953). *We shall survive? Foundations of sociometry, group psychotherapy and sociodrama*. Beacon House.

第六章
批判立基於解殖處——
身心載體的社會性與政治性

楔子

　　臺灣很小，面積 36,000 平方公里，人口 2,300 萬，但其地理人文的歷史處境卻複雜特殊。由百餘年帝國殖民、戰爭與資本聚散移動的全球化行跡來看，臺灣人民共生共居的社會共同體，有著三道深深的人文歷史刻痕：

　　1. 1895 年到 1947 年的日本殖民統治。通過政治整肅、社會組織方式的組造到吸納全民身心的皇民化運動[1]，日本殖民統治是內外模塑控制的強度治理。

　　2. 1949 年國共內戰演變迄今的統獨難局。這一中國內戰所涵容著的國際性共產主義與資本主義國家的鬥爭，是經由戰爭離散與戒嚴統治的鎮壓殺戮，捆紮著剛離開日本殖民統治的「臺灣」社會；「臺灣」整體社會沒有機會反觀與疏解殖民治理所加諸於自身的身心形變，旋即又發生了1947 年的二二八事件。1949 年在「戒嚴法」實施後，歷史政治的傷痛被噤聲壓制，然而，下面第三道刻痕的力道則將這噤聲壓制的政治恐懼，連同被殖民的異己，混居共生和反抗鬥爭的經驗，一併打包扭結轉置到了個人與群體生命的內部，成為了多種「消弭」[2]性的壓迫存檔處。

　　3. 1953 年 7 月抗美援朝（臺灣稱為「韓戰」）戰爭結束，設置了美蘇對抗相峙而立的冷戰防線。作為戰略要地的臺灣，國民黨一方面得以有所仗恃地大規模肅清島內左翼分子，發生了白色恐怖治事件[3]，另一方面接受美援，鞏固國防與進行基礎建設[4]；再到 20 世紀 60 年代，臺灣又成為美國投入南、北越戰爭（1959-1965）時的美軍戰地的休假勝地。

　　我出生於白色恐怖肅清行動大致完成，冷戰結構防線底定後的 1953 年，在美國防禦的羽翼與國民黨白色恐怖後「富足臺灣」長大的我，年少時節，甚至不知「冷戰」為何物；我的整個青少年與青年期則是在英國 Beatles 與美國 Jone Baez 樂音中，觸探到 20 世紀 60 年代的歐洲學生運動與 70 年代的美國反戰運動，在臺灣戒嚴時期各種訊息被消音控制的年代裡，歌聲與歌詞雖如風中斷片卻已激勵了在戒嚴社會中冒險的心靈（夏林清，2006，2009）。

　　冷戰結構中的「戒嚴」是一種雙重屏障的遮蔽，在臺灣 20 世紀 40 年代與 50 年代長大的我這一代人的生涯，幾乎都可觀察到不同個人或群體的主體在生成過程中是如何與這三道刻痕糾結，但卻鮮少發生與之往復對話的探究機會。我要在臺灣心理學發展的光譜中，辨認與置放自己所參與開拓的一個「超越批判」的小起點，也就是為了要進入這三重歷史政治脈絡的地景之中。用「超越批判」而非「批判」是有意使用 John Morss 在討論後現代心理學時（Holzman & Morss, 2000），對批判性的分辨與提醒：「我質疑的是，我們如何能將批判擺一邊，彷彿所有該批判的都批判了，當前制度的所有缺陷也都已經指出來了；彷彿我們可以直接拍拍身上的灰塵、深呼吸，然後在淨化過的風景上老實地幹著苦工；彷彿我們相信『解構與建構』這種虛弱又空洞的陳腔濫調……『超越批判』需要持續地盯緊批判；批判和貧窮一樣，一直都在我們身邊……我們必須持續批判。……我們必須找出辨識異質性、多樣性（就是對總體性的反抗），同時不讓科層化逼近。我們必須有甘冒風險的心理準備。因為在心理學（社會科學）的發展歷史中，辨識異質性的方式就是發展各種評估和度量的層級和階級，也就是說，建構另一種科層制。科層制涉及特權與位階的建制與維護，我們有什麼工具和方法對抗它？」（Morss, 2000，鄭凱同譯）

　　不願科層化逼近與對被吸納整編的抵制性和辨識異質與多樣性是心理學實踐得以有一個批判起點的地方，但要有一個起點並能持續地發展都是實實在在的實踐工作。我由 1986 年開始，將反映性實踐（reflective practice）與行動科學（action science）的方法[5]立足於臺灣解嚴後各種社會運動湧現的臺灣社會內部，在因社會宰制機制鬆脫而出現之地層裂縫中，推進一場場社會行動的介入實驗，並同時探究著實踐者要怎樣才能長

得更爲茁壯。

我由 1975 年起開始在不同的社會現場，與不同的群體一起工作，到 1993 年開始以「社會實踐」統攝回觀自己與學生們實作的立足點，因而避免了臺灣心理學「基礎」與「應用」知識切割之勞動分工之位階分化的限制，發展了一支以「社會變革取徑的行動研究方法」[6]爲支撐的專業實踐路徑。我是以「社會探究的實踐者」來定性那些和我一同穿過解嚴，走進在地脈絡，企圖回應特地人群實際生活難題（失業工人、受傷勞工、性工作者、身心障礙者、國際移民與移工、基層教師等）的在基層處境位置中幹著活的心理教育工作者。我曾以「社會田野中的群際動態關係與活動介入」與「運動投身中的我群關係與自我轉化」的概念來總結工作者的實踐知識與方法。過去 30 年，我與一群在底邊社群中工作的實踐者共同努力的路徑與成果，可以由常建國等人的論文紀實中略見一二[7]。

到了 2000 年以後，臺灣社會心理學專業的工作環境益發劃地自限了，臨床心理師與心理諮詢師等移植自美國的證照考試制度，一方面侵害了研究所專業教育的獨立思考與自主教學的空間（教學被爲了要符合考試科目而被牽絆），同時又以證照資格標準化與服務場所規格化的方式，排他性地貶抑了各種在田邊鄉野或都市角落進行心理教育實踐工作的價值；在這種證照制度建制化的錯置環境中，成爲「具有邊緣抵制性智慧的反映實踐者」是過去 10 年我在碩博士學程中，和學生們努力的方向。[8]

上述的工作路徑，引領我和工作者與學生們進入了一種「在地」的「對抗點」裡，「在地的對抗點」裡存在著政治歷史皺摺積澱遺痕與轉化創發的機會。「批判」的「發生」，必須將在社會結構縫隙中的個體與群體，落回到集體的社會學習空間之中，搏鬥生成與生產手工知識協作方法的研發才能有在地的創造性。這一種共用知識創作的群己關係，是臺灣特定歷史時空中，演化轉進之社會過程中的一種努力與表現。

在裂縫的接點上遇見團體心理治療

我的第一堂和心理學有關的課是大一（1970 年）的「心理衛生」，授課老師爲當時已 70 多歲的吳南軒老師，一口江蘇鄉音，大部分同學甚

難聽懂，安然入睡是課堂常見現象。當時，只知道他是隨國民黨來臺耆老級的一位教授，晚近才知道他於 1931 年曾被蔣介石派去接任清華大學校長一職，但因作風專斷，遭當年的清華師生抵制而後辭職。大二教教育心理學的鄭心雄老師 [9] 則在學期中，為了觀看尼克森訪問中國大陸的世界性大新聞，請假坐飛機赴香港，回來後興奮地講給我們聽。我所讀的第一本英文心理諮詢讀本 Carl Rogers 的 *On Becoming A Person* 便是在他的課上完成的。這兩個小故事，是國共對峙與冷戰防線張力的二種表現，吳南軒的教學是他晚年聊備一格的位置，台前昏睡的學生們是打混玩耍的大一學生；鄭心雄坐飛機來回港臺的政治逸趣與 Carl Rogers 的人本思想則把戒嚴體制中，被封鎖與遮蔽住的「中國大陸」一下子擠入了美蘇兩個對立世界局勢的邊界裂縫中。

在 20 世紀 70 年代初的那個裂縫中探頭探腦長著自己的我，成年初期（20～30 歲）的生活世界發生了兩組對撞相編織的經驗紋路。我與工廠青少年與雛妓（未成年少女性工作者）相遇且賣力工作，辛勤的工作啟動了我這樣一名青年工作者對借用移植於美國心理諮詢專業內涵與形式的疑惑（夏林清，2009），這是在地性的人文地景與心理學現代性的遭逢。

炒菜鍋中的蘋果派

在這兩股地脈紋理之上，我的團體治療「心理專業」的養成歷史，上演了一幕奇景的景色（spectacle）。我的第一次接受專業督導的訓練團體（training group）的工作現場不是在醫院，不是在學校，也不是在什麼培訓中心，而是在 1974 年末的《夏潮》雜誌社的夜間辦公室內。

《夏潮》雜誌創刊於 1976 年結束於 1979 年，是臺灣戒嚴時期（70 年代）重要的一份啟蒙了社會主義思想的刊物，和我搭檔一起帶團體的催化員（group facilitator）是剛開始在臺大醫院精神科工作的鄭泰安醫師，鄭當時全力支持其甫離婚的前妻蘇慶黎（1946-2004）編輯與出刊的《夏潮》雜誌 [10]，當我們要尋覓一可帶小團體，不受干擾的獨立空間時，鄭泰安就提供了下班後的《夏潮》辦公室。

晚上的《夏潮》辦公室，堆落著雜誌，在 1950 年代後期出生，成長

於 60、70 年代的、大部分循地址來加入團體訓練的大學生成員們，泰半不知《夏潮》爲何種刊物，鄭則會在團體進行前後與我的工作討論中，散放出那一期《夏潮》被警總抄走之類的訊息。我的第一次小團體治療的專業訓練恰似在炒菜鍋中烘培美國式蘋果派，但它卻可能比美國的小團體方法更接近團體動力之父 Kurt Lewin[11] 所指向的爲「社會變革」（social change）而服務的知識及方法。

這是殖民與被殖民關係中，移植挪用與在地使用的一種異質接合的景色（spectacle）[12]，夜晚無人的《夏潮》雜誌辦公室的牆壁不會說出被噤制著的政治恐懼，地板上坐著的年輕大學生在團體中談著他們的學習與交友生活，暗藏的、未明的焦慮存在著卻不可說，也無法被揭露與察覺的政治恐懼。「政治恐懼的噤聲」是大家不可言明或未被覺察的共識，「恐懼的噤聲」如無色透明膠，在《夏潮》衝破的裂縫中，接合黏糊住政治歷史的傷痕。我便是在政治恐懼欲破牆而出的裂縫中遇見 Kurt Lewin 與被戒嚴壓制良久的臺灣左翼歷史！

政治恐懼的內化監視器

伴隨此一「向美國取經學習但同時懷疑困惑」過程的另一組對應的地脈是被國共內戰與全球冷戰所聯手遮住的一個歷史事實，那就是臺灣左翼歷史與中國革命建國和共產國際同步並存的事實。這是在進出臺灣與美國所增長的見聞，上圖書館（哈佛大學的燕京圖書館）與唐人街書店（紐約中國城的書店）看被臺灣列爲禁書，由五四時代到國共內戰時的小說與文獻，戴著只露雙眼的雪帽加入抗議活動（防止被負責打報告的人認出與記名字）；1977 年返回臺灣，在鄉土文學論戰[13]的氛圍中，讀著由楊逵、吳濁流到陳映眞的小說。這兩股經驗流所承載的不同紋理在當時是相應共存的。

臺灣左翼的歷史是由 50 年代到 70 年代，被進出牢獄的「政治與思想犯」們所曲折接續的。70 年代中期張開左眼的我（夏林清，2009），是由小說中接上被消弭的左翼歷史。我是在「送報夫」（楊逵，1932）[14] 中滑入抵抗日本殖民統治的歷史，在「鈴鐺花」（陳映眞，1976）裡遇見偶然

飄逝過幼時生活中「不可問、不能知」的「政治恐懼」[15]。這是在個體內在「政治恐懼的內化監視器」與國共內戰和美蘇冷戰雙重壓制結構聯手欲弭平卻未散失怠盡的歷史視角。（陳光興，2010）。這一支地脈伏流確實是我與世界左翼（包括大陸的解放革命與建國歷史）得以相望於江湖的一個源頭！「批判」心理學要能不只是紙上談兵，就得有一群又一群全身而入的工作者，身體力行群策群力的實踐知識與方法要在幹實事的社會活動現場中，才有了發生的時空起點；心理學工作者的在地實踐不可能迴避自身與所欲服務之特定人群的特定社會存在的歷史政治性。

臺灣心理學地景中的山脈與邊角低地

「心理學」是由十九世紀後半迄今蔚然成形且風行全球的一門獨立學科，然而這門學科在世界不同地方的形構表現，是如何反映了在地文化主體的被殖民的內化機轉與抵抗的表現，應該是所有心理學工作者拿起來的課題，印度與中南美洲已有示例[16]。心理學的知識擴張所彰顯之「後殖民處境」中的西方學科知識的優越性，對被殖民者文化生命與知識體系的曲解及破壞（Brock, 2006）並不難被辨識，但一件基礎工作反而是：如何返身碰觸，才能辨識與鬆解殖民經驗在個體與群體的主體存在經歷中，是如何交相糾纏、內內外外地發揮著形塑作用力的；正是承載於我們身心樣態的容貌與刻痕裡的這些作用力，在日常生活中同時以多種運作機制的形式持續存在。現實的不變性亦因而就維持了。所以，「批判」的發生得經由立基於「解殖」的返身工作來前進。

在「後」現代、「後」殖民的語境充斥全球化文化思潮的此刻，若不能在我們日常的社會生活中，針對政治歷史與物質文化，諸種穿梭進出自身與群體身心的社會力量的作用力道，進行理解與解構的工作，「歷史質」（張育華，2005）是難以被感知的。換句話說，臺灣的心理學界身處於一個知識（含知識生產、傳授與被認可的制度）移植替換與人們身心適應生存的變形扭曲處。我們共用的歷史起點，會是一種殖民與被殖民經驗，內內外外交相搓揉的變體，如何得以被我們自己辨識與解構的轉折處！

　　我接觸現代心理學的第一站是由國民黨黨校轉成的臺灣政治大學，我工作了 30 多年的大學則是由老北平輔仁大學在臺北復校的天主教大學，臺灣心理系的創始校系則是日據時代的帝大（臺灣大學）。臺灣大學心理系成立於 1949 年，在帝大時期的心理系專題講座（1928 年）是殖民者對殖民土地及人民進行的人類學取向的「高砂族心理」（見臺大心理系網站系史）。輔仁大學在臺復校後，心理系成立於 1974 年，前兩位主任均爲神父。唯第一位神父因結婚而還俗的故事，增添了一抹花開跨牆的春意。臺灣各個心理系的課程結構則幾乎不論公、私立資源與條件的差異，一開始都抄襲自臺大心理系，臺大心理系的課程結構則是爲美國主流實證心理學所主導。在華人心理學領域中，由臺大楊國樞老師所創始與推進的本土心理學的發展，應是臺灣心理學近 20 年來地景中一支主要的山脈；它也是以臺大心理系師生爲主要參與者的。

由反附庸的社會文化抵制
到人文臨床療癒知識社群的走向

　　被瞿海源（瞿海源，2004）標定爲臺灣社會心理發展的代表，是以臺大師生群聚與共謀發展的本土心理學。本土心理學運動始於兩位領導人楊國樞與黃光國對科學知識移植性格的反省，到二十世紀 80 年代末正式提出華人本土心理學，創辦了本土心理學期刊，由 90 年代後迄今則延展地由余德慧與余安邦等學者，拓展到與哲學諮商、教育及醫療護理領域相交流的人文臨床療癒的知識社群。楊國樞於 2006 年指出自己 30 年的努力，在「方法改進、理論建構及實徵研究」均有所成就（楊國樞，2006）。若由人文臨床療癒知識社群的發展走向來回看本土心理學運動，可以明顯地看到一個移動，即心理學學術工作者在臺灣社會內部往受苦人群（如「9・21」震後群體與受疾病之苦的人們）靠近，這一位移帶來人文與哲學和醫護系專業的交流對話機會，這個移動可以說是臺灣本土心理學知識社群中第二代學者的一個，由知識論、方法論到倫理關係，不同於第一代的抉擇。較之於第一代的老師們，這樣的位移與選擇，拉出了一種發展與其他學科專業部屬來往的地景空間的可能性。

　　反思心理學的現代性進程，這一發展應會具體地與專業建制化的工具理性對撞，因為臨床心理、諮詢心理及醫療護理的工作者們均深受體制化權力所捆綁。這一本土心理學的支脈走向是否能切實回應第一線操作日常實務工作之專業工作者的困局並與之共謀解法，將會是人文臨床療癒知識社群的好課題。

　　置身於社會處境之中，不避開政治性，就是不去歷史與不失落脈絡的一個起點，然而所謂的批判性仍然要看具體的行動實踐，而非只是論說交流，歐美批判心理學也就在這一點上發展了批判心理學工作的不同分支脈。

臺灣心理學地景中的邊邊與角角

　　在臺灣，我這樣一名心理教育工作者投身在社會運動中的作用，是表現在由抵制性自主到拮抗同行（resistance fellowship）群策群力的一支路徑之中的，這支路徑不是一個人而是一群人的踐行與創發過程的行跡。在二十世紀後半葉亞洲冷戰局面與國共內戰兩岸對峙的政勢中，我們所參與的這一支解嚴後承載住工業化與現代化社會勞資矛盾的自主工會運動[17]，在 2000 年後轉變發展成底邊社群的發展運動與人民老大政治民主運動（賴香伶，2010）[18]。濃縮地來說，它可以說是一種社會生活與政治生活相結合的社群發展運動。在臺灣當前的局勢中，這一小社群發展的方向感是由下面 3 個生活經驗範疇中，生活與行動的立場和動能所推進的：(1) 反對人民的政治權力被國民黨與民進黨的爭權鬥爭虛弱化；(2) 反對去殖民歷史脈絡的簡化排他的偏窄觀點，阻斷了人民對其生活經驗複雜實相的理解；(3) 反對資本財團與國家權力私相授受地進行政治交易，犧牲了人民社會生活應共用與共同擁有的自然資源與勞動財富。我視這一將社會生活與政治生活相提並論的發展方向是一種後冷戰解殖得以發生的新起點；對我個人來說，它也是二十世紀 70 年代初，望見世界格局的左翼之眼張開後，在與臺灣不同底邊人群的長期協作中，共振參看和辨識人與人、群與群間的關聯性該朝向何方發展的一個最近的轉捩點。「臺灣」這一個小小的彈丸之島，人民身上所承擔的歷史政治性身心刻痕，卻正是社會關聯性

複雜豐沛存在，且不時動態呈現的場域。

在臺灣心理學的場域中，我這 30 年的工作則是日夜兩份工，白日翻土澆水如園丁（臺北輔仁大學的教職），夜裡掘井嗅泉眼（一道工作的底邊社群小組織）；在這樣的地景中，西方現代心理學被工具理性思維所主導的主流論述，像是派不上用場的工具，不過學歷文憑仍發揮了配件憑證的效用，在現代性大學格局的生存環境中，它成了虛晃過招，認證交易的貨幣憑證；我因而得已在學院中謀得一席之地，日夜兼程地走這一段「拮抗同行的解殖路徑」（夏林清，2010）。在不同的階段裡，不同的學生，各自成群地在臺灣社會中與精神病人（劉小許，2006；余郡蓉，2010）、原住民工人家庭聚居區（陳玉君，2010）、性工作者（王芳萍，2009）等人群，在「泥濘低地」[19] 的邊邊角角上，腳踏實地的工作著。我們不在臺灣心理學地景的山脈高地景色中，我們在臺灣的邊邊角角的低地裡，發展著與辛苦人群共同生活的具搏鬥性的手工知識的小團隊。

「具搏鬥性的手工知識」可以由一個小例來說。

以家庭經驗為例，家人關係其實如一看不見的容器，它承載了父母與祖輩們各種如斷裂碎片般的歷史政治經驗，生計勞動的疲累滄桑與社會對「父母」養育職能的標準化要求；每一個家庭的「家人關係」的容器都是一特定又具體的社會小田野。美國家族治療泰半著眼於關係中的溝通模式與家庭系統結構，家人間所謂的溝通關係被去社會脈絡化了！專業工作者於排除式隔離的醫院精神科與高收費的私人診療室內或商品化成長班中，在「醫病或治療」關係中發展模式化或表演式的操作程序。心理劇鼻祖 Moreno 所創發的在行動方法中探究社會韻律的要義已喪失無餘[20]。

在臺灣，我由 2000 年迄今以「斗室星空家庭經驗曬穀場」為名，持續在底邊人群中一起合力探究著「家」的豐厚經驗，我們視「家」為一種社會田野，試著拒絕家庭經驗被標準化與問題化，轉而與他人一起看見「家」的社會處境性經驗與家人在彼此關係中的身心樣態，並辨識家人在有限的身心條件下，所負擔著的幾乎是難以承受的社會性的作用力量（如勞動傷殘、戰亂離散、政治壓迫……），這一取徑將我們對家庭經驗的分享與探究在群體中展開，在「群」的交流空間中，參與者為彼此鋪就出了政治歷史與社會文化免於斷裂曲扭與空洞簡化的身心發展的脈絡。在「斗

室星空」的群體對話現場，在過去的時間中或斷裂消音的經驗碎片、或封印成塊的身心傷痕，得到交相比對與參看的多個面向；在具立體意象的交流空間中，參與者會主動辨識與掌握住自我學習與和他人協同互助的發展機會，將不同主體差異際遇之間的社會關聯性看入眼底與心中[21]。在這種共振共學的空間中，臺灣歷史中，具多重壓制性的內隱的、有關政治權利的，經濟壓迫的，性別與文化強欺弱的，個人與群體身心記憶的刻痕，得到解除壓縮的重新辨識機會；當關係脈絡的社會性再現時，理解的情感萌然而發！我們的「家人關係」中實實在在蘊含著如斗室星空般的視野與情懷。

「政治」很容易淪為國家權力與政黨的操弄伎倆，「政治性」則是人民在群己關係中，主動發展所欲之社會生活的一種有力量的方式：如何在現實的政治環境中，通過對彼此社會處境的認識，得以把彼此聯繫起來抵抗社會不義的情志力量；視「家」為社會田野就可以長出我們的社會性與政治性。

社會治療與身心復原的不期而遇

2003 年我開始第一次開設介紹美國 Fred Newman 這一支取徑的批判心理學與社會治療，1990 年，我知道他們的存在且參加了一次 3 天的研習會，2002 年在 Fulbright 基金的支持下，到紐約 East Side Institute 待了 3 個月。由 1987 年臺灣解嚴後投身社會運動的疲累與重負，累積到了 2002 年時，我急需找到參照點來對照並借其反觀自己，這是走進這一支美國社會治療實踐基地的動能。作為一名心理學工作者，我是臺灣第一代在大學中接受西方心理學知識訓練的諮商實務工作者，「炒菜鍋上的美國派」僅是其中一景而已，過去 10 年我努力梳理自身這種「不中不西」的模樣，和學生們的協作也持續要求著我往自身之內與往社會體制之特定環節中求變尋思（夏林清，2010，2011）。

前述的實踐行跡在 2000 年到 2010 年間已分別在協作關係中，以不同的文類形式勾描梳理。心理學同事說：「你的東西系統性不夠！」可當我寫完這些後，卻頓覺行囊卸下！在無意多言的同時，身心逕自轉返「人在

自然中」的存在意境裡 22；這時始明覺到，這一「人在自然中」的意境原來正是支撐我得以 30 年兼程趕工之運動勞動（指投入到社會運動中且兼顧專業教學的雙重工作負擔）的內部機轉。

人在自然中：身心載體的承擔與返回

　　2002 年我在紐約的 East Side Institude 認識了 Fred 與 Lois 和社會治療的實踐社群，並在那裡進行了 3 個月的參與學習。Fred 參與韓戰時，我才剛出生，70 年代我剛開左眼時，她們已在街邊倡議募捐與在少數族群聚居區工作。那 3 個月，我不只是認識了在美國內部一步一步發展起來的這一支共產主義者的後現代心理治療實踐的道路，更共振地參照了我在臺灣投身工人運動中的歷史政治性；不過這一共振的參看卻是在一種社群動態場域（a dynamic field）的關係中發生的。那 3 個月，在自己欲回觀梳理複雜經驗意圖的驅動下，參與到各種運作形式的社會治療活動中，在經驗自身如何出現的同時，體認了他人是怎樣在互動關係中選擇與對待彼此的；這種關乎人們主體經驗是如何再現的行動抉擇與自我反映的關係行動的覺識，帶領我辨識到，自己在與他人的關係中，每每欲採取行動之際，均發生著關係政治（relational politics）的示演機會，而被強大的現代性社會壓迫力道所內壓外塑的「情緒」樣態，唯有依靠自身躍入到關係活動中，才創造得出自己與他人一起發展的機會。那 3 個月我時刻挑戰自己的動能，允許自己又中又西、雜然合體的身心樣態，能得到機會表達出現！「西」指的是情緒生命（emotional life）與在示演活動（performing activity）中發生變化的社會治療方法，「中」指的是由 1990 年代初，每日幫助我於疲困中仍能形神安住的形意門保健小功法。用中西方不同但可相通的「場」的觀點來說，我在張力現場中由行動中學習。當置身於一群戮力整合馬克思、維高斯基與維根斯坦的後現代社會治療社群中，我也就面對了在關係中當下如何選擇行動的示演機會，我的擔負了臺灣工人運動強度身心操勞的「情緒生命」，在一群美國社會治療工作者活絡互動的關係活動中，得到許多轉化與往前演變的機會。示演（perfoming）一詞的真意就是在「每一」（per）次出現自己與關係對待的形式「形成」

（foming）的互動過程中，人們也就生產了實踐「關係／連結政治」的作為。2002 年我身上所背著的臺灣自主工會運動與公娼抗爭[23] 疲困與痛苦的重負情緒，就是在與這一群社會治療同志們的交往活動中轉重成輕的。

中國人對「場」的概念承載著身心形神感通，自身與宇宙萬物同在的主體性感知的藝道之理。練功打坐，書法、茶藝琴音與梵唱無不彰顯此種「場」的存有：

「場是事物的相對相關係的所在，也是此相對相當性之所以可能的所在。……場有就是依場而有，一切存有都是場的存有。」（唐力權，1991）

2002 年當我坐在紐約社會治療的聚會活動現場中，敘說著消弭失音的臺灣左翼與近 20 年投身運動的沉重時，也說出了當我形體耗損但助我形神向能安住的小功法。Fred 便要我擇日演一遍。幾日後，我便在錄相機前一招一式地邊做邊解說著，「抱朴式」安然蹲息的身心復原與對身體處境敏覺的意境，豁然凌空而現。那一年學習此式時，師父說這以道家為名的招式是丐幫功夫好手蹲於城牆的邊角，以大草帽遮住頭臉，兩手護膝與腳，怡然休息卻在感知危險時可迅即拔身而起。

若人之身體為一載具般的「器」，任何一招半式的功夫也可以是一種粹煉存養與彰顯生命運作義理之道的特定形式或儀軌。原來，我的「政治性」不只是在臺灣的社會運動體驗中，更是涵存於僅有的那三招兩式身心復原的功法中。我與後現代心理學的相接壞竟不是腦袋的知識活動，而是身體的帶領！

社會學習與身心復原

2010 年 6 月，我開始為底邊社群的共同學習構思了一個學習平台，稱之為「快樂學堂人民連線」[24]，除了其他工作者的參與，我自己負責推動「社會學習」小學院的學習課程；社會學習小學院的知識結構分 5 個介面：(1) 身心復原自助助人（如手部易理刮手保健方法）；（2）群體動力（如群己關係：大團體動力實驗室）；(3) 社會治療（如斗室星空：家庭經

驗工作坊）；(4) 行動研究（如反映實踐的行動方法）；(5) 底邊社群共同發展的立場（如要求選制改革的投廢票運動）。

我曾多次引用 Honneth 的社會學習概念來批註我的實踐：社會學習過程是指一個社會內部主要進展的動力，不是來自「廣大群眾」的模糊圖像，也不是某種匿名的行動系統，而一定是得依靠特定的社會群體不斷和其他社群對話溝通的過程；而對該特定群體而言，在與其他社群對話的過程中，新的認識與社會行動能力也增加（Honneth, 1991）。Honneth 所描述的一個以社群爲行動單位的社會變革與發展的圖像，多年對社會運動的關切與參與讓我確認這種社群認識與行動能力的變化，才是「運動」對社會進步的主要貢獻，也只有當特定社群中的個體與群體時在的發生了意識與情感變化的學習過程後，努力工作的結果才不至於被國家機器所分化與耗損殆盡（夏林清，2008）。Lois Holzman 在其討論關係政治的文章中，也清楚指出個人主義的問題在當今世界中的作用，「已不再只是充滿疏離孤立個體的社會，而是一個充滿敵對團體的戰場」（Lois, 2000）。

結語：時間與空間的關係

在 2011 年的這個時間點上，整個世界已在全球化與後殖的語境中，人們在求變行動所牽動的態勢格局中，需要如何展開群與己和群與群中，可以共振發生「解殖辨識」與「重構選擇」的社會生活空間？

我想我的政治性是在實踐活動的演進過程中長出來的，身體則生來就是一具可用的器，器唯有在用中才得到顯現的道理與變造的機會。當現代性與多重殖民的壓迫論述蔚然成風之際，若僅隨之起舞地，不斷以去歷史與去政治性的文章空泛地表演，「批判」就無從發生實在的解構作用，社會要能挏抗得了制度化權力與型塑人們身心的控制性就難了！文化傳承的方式或已遭截斷而狀似全面喪失，但碎片便足以重生的道理，並不在於還原修補的重建想像，而是在一息尚存，意到勁到的「關係政治」吧！帶著時間印記的經驗刻痕，可以再現於社會活動的學習空間中；在流變的時間進程中，朝向未來、有方向感地重構過去就是現在進行式的「關係中的當下」。

注釋

1 皇民化運動：自甲午戰爭至第二次世界大戰期間，日本對本國少數民族以及殖民地族群施行的一系列同化政策，除承繼先前的社會教化運動，繼續加強日語常用運動、要求參拜神社、家庭奉祀「神宮大麻」（神符）、推行日本生活樣式。

2 「消弭」作爲承受社會壓迫的一種存在方式，在Ann Cvetkovich再創傷研究和美國研究（現代性暴力）的交會處進行了人們「無法言說與無法行動」的刻畫，陳惠雯則與之呼應以其自身的家庭及專業學習爲案例，進入了對臺灣百年來三道歷史刻痕的身心解殖的歷程分析。（陳惠雯，2011）

3 因爲內戰中的失敗，其「恨共、恐共」心結特別深重。乃從1950年開始大量逮捕異議分子、反對分子及其所認定的危險分子。視一切反對內戰，主張國共和談、統一國家、和平建設、改善民生的人爲共產黨間諜，列爲首要整肅對象。

4 指的是美國對中華民國的援助貸款。美援的內容除民生物資與戰略物資之外，也包括基礎建設所需的物資，促進了臺灣的整體經濟成長，控制臺灣二戰後的通貨膨脹，減緩了外匯短缺的困境，並且促進中華民國政府的穩定與再一次的資本形成。

5 反映性實踐（Donald Schön）與行動科學（actino science, Chris Argyris）爲Schön與Argyris在轉承K. Lewin與J. Dewey與呼應J. Habermas的理脈中，在美國內部發生了對冶與拮抗工具性思維作用的一門彰顯實踐認論的學問。有興趣的讀者可參看北京教育科學出版社出版的《反映的實踐者》與《反映回觀》兩本書，《行動科學》的譯書也即將完成出版。

6 我的老師，行動科學作者Argyris言明其與Lewin創發之行動研究的接續，唯行動研究在前兩、三十年業已有多種不同地位與取徑的分歧。我在臺灣由20世紀80年代後開始，是朝向能培養出能幹、實事且與底邊社群同在的「實踐者」的目標，在解嚴後自主工會運動社會脈絡中，使用Schön、Argyris與Lewin的方法的。

7 這些論文均由1990年初進入臺灣自主工會運動工作的年輕組織工作者所書寫完成：常建國（1994），《生命從此轉向——工殤經驗、理解與行動》，輔仁大學應用心理學研究所碩士論文；李易昆（1995）：《他們爲什麼不行動——外籍勞工行動社略差別之研究》，輔仁大學應用心理學研究所碩士論文；田淑蘭（1996）：《公營事業工人面對民營化的生涯策略——臺汽個案研究》，輔仁大學應用心理學研究所碩士論文；王醒之（1998）：

《「打造」藍領生涯——從一個勞資爭議過程看藍領工人生涯的限制與迷思》，輔仁大學心理學研究所碩士論文；蘇雅婷（1998），《組織變革的一個案例研究——由行動理論觀點看管理顧問介入的作用》，輔仁大學應用心理學研究所碩士論文；龔尤倩（2002），《外勞政策的利益結構與翻轉的行政實驗初探——以臺北市的外勞行政、文化實踐爲例》，載於《應用心理研究季刊》；顧玉玲（2005），〈逃〉，載於《中國時報》「人間」副刊。顧玉玲（2008）：《我們：移動與勞動的生命記事》，印刻出版；張育華（2006）：《移動的疊影——我在低地蜿蜒前行的實踐歷程》，輔仁大學心理學研究所碩士論文；王芳萍（2009）：《女性運動者的政治性生成——臺北市公娼抗爭和日日春運動紀實》，輔仁大學心理學研究所碩士論文。

8　夏林清協同年輕的研究生，透過「抵制性存在」生命經驗的辨識再現、抵制性自主行動實驗，與對抗結盟的社會關係發展的論文行動歷程，試圖穿越臺灣制式化學校教育、主流實證邏輯心理學與商品化身心靈三股社會示例所牽引交織成的專業地景中，培養出「邊緣抵制的反映實踐者」。在這種路徑中，整個論文完成的協作學習與研究活動，是一個接續與準備前行的行動歷程，包含「敘說探究的再學習」、「在移動探測中更新欲望」、「身體力行的社會行動方案」與「抵制性自主的社會對話」等面向。可參考的論文有：陳美妃（2010），「邊界之舞——一個單眼視域實踐者的生成與流變」，輔仁大學心理學研究所碩士論文；李素楨（2010），「參與殘／障運動的變革知識——一個女瘸子的行動路徑」，輔仁大學心理學研究所碩士論文。

9　鄭心雄（1941-1991），臺灣東海大學政治系畢業，20世紀70年代於美國威斯康辛大學取得心理諮商博士學位後返臺，任教於政大教育系。1983年後轉國民黨中央黨部工作曾任國民黨十二、十三屆中央委員，1991年去世。

10　《夏潮》雜誌創刊於1976年2月28日，社長鄭漢民，由1976年第4期後由蘇慶黎接任總編輯並改版，內容轉向反帝國主義、反資本主義以及反制式歷史教育文化體系，開啟左翼的知識論述運動。至1979年2月被臺灣警備總司令部查禁停刊爲止，共發行35期。蘇慶黎所主持的《夏潮》結合了三大陣營：以陳鼓應爲首的民族主義社會實踐派：陳映眞、尉天聰及其《文季》的現實主義鄉土作家群；大陸受「文革」、保釣衝擊留學後赴臺。作者群有：王拓、唐文標、楊青矗、王曉波、高准、南方朔、蔣勳、李雙澤、李元貞等人。

《夏潮》對於臺灣文化、歷史的貢獻可分爲幾個方面：（一）對臺灣歷史與日治時期臺灣文學的重新整理，重視楊逵等日治時代作家作品。（二）提倡現實主義文學，強調文學創作。（三）表現在民歌文化造型運動上，以李雙澤爲代表的《唱自己的歌》，《夏潮》設立「時代歌謠創作獎」，公開徵求

歌詞。（四）鄉土文學論戰期間，引進第三世界理論，著重在美國、日本殖民經濟與社會的分析。（五）掌握新生代的政治傾向，報導新生代知識分子的政治實踐與態度，是新生代與政治社會對話的橋梁。

雖然與國民政府在大中華民族主義的立場上是相同的，但是《夏潮》的左派社會主義路線，對國民黨來說，仍是黨外的一環，1979年2月《夏潮》被迫停刊（作者摘自《臺灣大百科全書》）。

11 Kurt Lewin（1890-1947），被稱為社會心理學領域中的群體動力學之父，庫爾特·勒溫起初屬於行為主義心理學學派，後來由於與馬科斯·韋特墨、渥爾夫岡·苛勒等共事，轉而接受了格式塔心理學。勒溫與早期的法蘭克福學派有密切的聯繫，法蘭克福學派起源於一個主要由猶太人馬克思主義者構成的有影響的團體。1933年，阿道夫·希特勒在德國掌權，學會解散。1933年8月，納粹在德國掌權以後，開始迫害猶太人，於是庫爾特·勒溫移居美國。1944年，他又在麻省理工學院建立了群體動力學研究中心，1946年又提出「行動研究」作為發展為「社會變革」（social change）生活有用知識（useful knowledge）的研究方法。

12 地景（landscene）與景色（spectacle）的用詞語境是後現代心理學以碎片化方式內嵌於心理學，讓不同領域得以共存的一種描述語言說行動以重新組構經驗的概念工具。L. Holzman認為這些點於實踐的概念工具特別對社會實踐場域發生了貢獻：部分特別的社會實踐場域也被後現代作者群們辨識出來，諸如：深度投身政治生活、心理、教育、以及其他涉及多元文化主義／差異／平等的具體實踐……議題的探索，他們引介了新的工具，包括「會談」（conversation）、「展演」（performance）、景色（spectale）、「敘說」（story）。這些概念工具對我們正在從事的工作，提供了不少可以再往前推進的路徑，正如約翰·殊特（John Shotter）所言，在複雜的人文現象「地景」中，澈底丟掉對地圖的依賴和焦慮，「讓我們不再作繭自縛……」、「更自在……」後現代逐漸以碎片化的方式內嵌於心理學，讓各種不同領域得以共存（Holzman & Moss, 2000）。

13 一般的研究者都認為，1977年4月分的《仙人掌雜誌》上王拓（1977）、銀正雄（1977）及朱西甯（1977）的三篇文章為整個「鄉土文學論戰」正式揭開了序幕。在王拓題為〈是「現實主義」文學，不是「鄉土文學」〉的文章中，他認為鄉土文學的興盛是可喜的現象。同年8月，《中央日報》總主筆彭歌在《聯合報》上發表《不談人性，有何文學？》一長文（彭歌1977a，1977b，1977c），點名批判王拓、尉天聰及陳映眞三人，指責他們「不辨善惡，只講階級」，和共產黨的階級理論掛上鉤。8月20日，余光中也在《聯合

報》上發表《狼來了》一文，一口咬定臺灣的鄉土文學就是中國大陸的「工農兵文學」，其中若干觀點和毛澤東的《在延安文藝座談會上的講話》，「竟似有暗合之處」（余光中，1977）。於是，一場原本是關於文學和社會現實之關係的討論，終於引起國民黨官方的側目，而主動開始攻擊所謂的鄉土文學作家。（作者摘自維基百科）。

14 《送報夫》是楊逵描繪日本殖民時代臺灣青年楊君在日本謀生的小說，小說中對臺灣農民生活是如何在日據時期製糖公司的土地收購中落入貧困做了清晰的描述，也有日本派報工人罷工的情節。《鈴鐺花》是陳映真由孩子的世界及眼光來鋪陳出二十世紀50年代初臺灣白色恐怖氛圍中的鄉村日常生活世界。讀者可以由2個孩子在小鎮中的生活故事場景中，感覺到不安卻強有力地在全島發生著的政治壓迫事件。

15 我的父親（夏曉華，1919-2003）從事新聞工作，在童年記憶中，有數次於晚上聽見父母之間簡短的訊息傳遞，提及誰被抓走了等等；某次，愛看小說的我在爸爸的書堆中翻到一本有著黑與綠色封皮的像是小說的書，書名為「里程碑」，作者為張深切，我記得爸回來後我有問一下，但後來我就找不到這本故事書了。長大後，才知道張深切是魯迅的學生，而《里程碑》於1961年在臺灣出版，為張深切的自傳性小說。

張深切（1904.8.19-1965.11.8）1923年底赴上海求學，於1924年5月與蔡孝乾等人聯合創立了「臺灣民族」獨立自治的「臺灣自治協會」，同一年暫返臺灣，有感於臺灣文化協會在各地展開的文化啟蒙運動，1926年3月，往廣州投身反日運動，1927年，因參與臺中一中學生運動而於6月被捕，後無罪開釋，但又再以涉嫌「廣東事件」入獄。中日戰爭爆發後，於1938年3月前赴中國，擔任北京國立藝術專科學校教授兼訓育主任，在日人出資下，創刊《中國文藝》，後因被密告為抗日分子而被捕，險遭不測。中日戰爭結束後，於1946年返臺擔任臺中師範學校教務主任，並且活躍於文化界。二二八事件發生後，因被誣告為共黨首腦，避難於南投山中，後來真相查明，始結束近半年的逃亡生活（作者摘自臺灣大百科全書）。

16 印度心理學工作者Nandy在《印度文化中女人與女人性的對峙——文化與政治心理學的論說》及《野蠻人的佛洛伊德：殖民時期印度的第一個非西方心理分析研究及種種隱祕自身的政勢》二者中，提供了一個印度心理學工作者如何疏理殖民與被殖民經驗的多重自身（multiple selves）的經驗建構，此書已由臺灣丘延亮先生翻譯出版。中南美洲則有法農於二十世紀50年代著書立說、明明白白地走出反殖的路徑，可參看的書有《黑皮膚，白面具》（1952）與《全世界受苦的人》（1961），弗郎茲·法農（Frantz

Fanon），二十世紀的傑出思想家，他致力於去殖民化問題及殖民病理學（psychopathology of colonization）論述。他的著作包括《黑皮膚，白面具》（1952）、《垂死的殖民主義：阿爾及利亞革命的第五年》（1959）、《全世界受苦的人》（1961）和《為了非洲的革命》（1964）等，在過去四十幾年來鼓舞了全球反殖民主義解放運動。法農出生在1925年6月20日加勒比海中的馬提尼克島（Martinique，當時為法國殖民地）上。他到法國從事醫學和精神病學研究，1951年取得精神科醫師資格；自1953年始，他在阿爾及利亞執業，並投入反殖民運動，直到1961年12月6日死於血癌。

17 臺灣自主工運是指在於1987年臺灣解嚴前後，所興起的產業工人等組工會與重組改造舊工會的工人運動，由1987-1995年左右，臺灣自主工會運動勃發，私人（民管）中、小企業工廠工人汲汲地成立工會，但此一自主工會運動逾2000年左右，則因嚴重產業外移與官場化的現象急速削弱了工人的組織性力量。

18 賴香伶於其碩士論文「走自己的路：一條臺灣左翼工運路徑的回看（2010，世新大學社會發展研究所）」中回觀地，在這篇論文中，賴香伶反省與面對運動困境，以兩千年政黨輪替後經驗到臺灣藍綠政治結叢、族群政治的壓制性，焦慮著工運力量的消退、左翼階級運動的難以突圍，為論文主要的書寫主軸，受到自己身上帶著一個強烈的情緒包裹，推著她在運動中找一個答案、一個方向。這個答案是什麼？賴香伶隱約察知是個運動者與臺灣階級運動的歷史根源，不是主流政治詮釋的本土／臺灣，不是民族主義的大中華文化歷史情感，而是一個受壓迫者的生命連帶，在解殖的歷史故事中應該重新出土與被看見。

19 「泥濘低地」與「乾爽高地」是一組隱喻，它是《反映實踐者》（The Reflective Practitioner）一書的作者，也是我的指導教授Donald Schön用來對照進入複雜人文地景中，迎戰實務難題的專業實踐者與慣於使用科技理性思維的差異處境的比喻。詳細的論述可參考北京教育科學出版社出版的《反映的實踐者》。

20 Jacob Moreno出生於1989年的羅馬尼亞，是心理劇與社會劇的創始人，同時也是團體心理治療的重要領頭人之一。1953年，Moreno在提出社會劇與心理劇論述方法巨著《誰應該存活》（Who shall survive?）中，明明白白地說他所研發的做法是「一種行動的方法，一項行動實踐」（an action method, an action practice）。
　　「因為我們靠近人，我們得以在個人─心理面上推進社會測定的探究過程」（p.73，1953）。社會探測」是我給sociometric的譯詞，在心理學領域裡

sociometric一詞大家慣用的中文翻譯為「社會計量」，它早已被量化測評的方法建構成問卷與量表，但是「計量」一詞的量化分析卻是和Moreno原本提出此一概念的原初意涵大不相同的！看一段Moreno的原文：

「這一社會探測，不是來自訪談或『問卷』方法，它是一行動方法，一行動實踐（an action method，an action practice）。社會探測研究者（The sociometric researcher）假設了研究中一種『萌芽狀態的位置』，他深入到實驗方法中，是一種參與的行動者，是一行動的科學」（Moreno, p. 73, 1953）。

21 由2000年到2005年的家庭經驗工作坊，是專門為臺灣臺北縣蘆荻社區大學學員們，所設計的一個開放性參與學習的空間。

1999年10月蘆荻社區大學成立於勞動階級聚集的臺北縣，絕大部分學員來自勞動家庭，女性學員占73%，高中職以下占70%，以30歲至50歲的中年女性居多。為了承接住這群前半生辛苦勞動、持家育子的勞動婦女，蘆荻開設了18門「經驗性的課程」，作為啟動學生投入學習的方法，其中婦女課程占了11門。我們透過「說故事」的經驗學習的方法，讓同學彼此的家庭及生命經驗，得以被互相看見及理解。我們清楚地拒絕了「專家式的諮商治療」的做法，因為我們不要「病理與社會問題化的標籤快速貼上了」個人及婚姻家庭的經驗。群體共學的參與空間是我們的方向。到目前為止，已經進行20餘場，視家為一社會田野的共學交流方法，帶領參與者進入不同處境的家庭與社群，在看見彼此時，發生豐富的社會學習。

2006年開始，工作坊除了與身障團體協作之外，陸續與精神障礙、國際家庭、工傷者、基層教師、日日春性勞聯等底邊社群展開協作。以協作團體自身的議題為主題，邀請其他社群參與，創造不同社群整理自身、參看經驗，與情感流動的社會學習空間。

有興趣讀者可參閱《斗室星空：家的社會田野》（夏林清，2012，導航基金會）一書。

22 我曾在〈身心對話：臺灣心理學工作者的路徑筆記〉（應用心理研究，46，2010）一文中描述「我自己的身心復原方式」（p. 51），平日練練功，打打坐也都是如此的一種存在。「不是分析解構，也不是內心與外境；是空間的存在，是氛圍的發生，形神流動安住，身子骨暢然透氣，人在自然中。」

23 1997年，時任臺北市長的陳水扁以「強力掃黃」樹立施政魄力形象，在臺北市的朝野政黨兩造競爭及惡鬥過程中，臺北市議會及市府倉促通過廢除公娼。128名公娼現身街頭抗議，藍綠政治之外的政治實踐要求還她們合法工作權。

「女工團結生產線」（簡稱「女線」）聯合幾個工運、婦運、性別運動等團體支持性工作者勞動權益，協同公娼抗爭，爭取到臺北市議會給予廢娼「緩衝兩年」。但因政黨激烈惡鬥，緩衝案成了府會政黨政治對決，最後議會維持原議否決市府覆議案，但扁市府再度拒絕，公娼升高抗爭。於是公娼抗爭以小搏大，企圖影響1998年底臺北市長扁、馬（英九）之爭，用法律鬥爭對付扁市府的玩法弄權，以社會教育捲動民眾思辨公共政策，拉出國際娼妓力量及文化攻略，最後馬贏得市長，應依法行政執行緩衝，但民進黨議員再度杯葛進延緩公告執行，公娼絕地反擊，在長達一年七個月的抗爭後，最後緩衝成真。公娼現身抗議，在社運團體支持下對抗陳水扁，娼妓小蝦米挑戰政治紅星陳水扁，引起媒體關注，「性工作」議題也在臺展開激烈辯論（王芳萍，2009）。

24　「快樂學堂人民連線」是以社會變革取徑行動研究為方法的社會學習平台，其基座來自於臺灣社會運動中許多草根性人民團體（我基本不使用NGO或NPO的概念來描述）所累積的實踐知識，從工會自主到反歧視的社會人權，解嚴20年後的臺灣社會，我們在不同的運動中累積了各種發展人民力量的知識與能力，我們期待「快連線」的成立可以進一步把「理解差異、重視多元、深植民主」的運動理念透過此一共學、共用的學習平台讓一般社會大眾共同參與，以彙聚出個人與群體參與社會的力量。

參考文獻

王芳萍（2009）：《女性運動者的政治性生成－台北市公娼抗爭和日日春運動紀實》。輔仁大學心理學系碩士論文。

朱瑞玲（1993）：〈臺灣心理學研究之本土化的回顧與展望〉。《本土心理學研究》，*1*，89-119。

余郡蓉（2010）：《透風的小鋼珠──從精障就服員到運動者》。輔仁大學心理學系碩士論文。

唐力權（1991）：《周易與懷德海之間：場有哲學緒論》。遼寧大學出版社。

夏林清（2004）：〈一盞夠用的燈：辨識發現的路徑〉。《應用心理研究》，*23*，131-156。

夏林清（2006）：〈在地人形：政治歷史皺折中的心理教育工作者〉。《應用心理研究》，*31*，201-239。

夏林清（2008）：〈卡榫：拮抗同行的社會學習〉。《哲學月刊》，*35(1)*，

123-151。

夏林清（2010）：〈走在解殖的路徑中：拮抗同行的社會學習〉。《應用心理研究》。45，45-72。

夏林清（2012）：《斗室星空：「家」的社會田野》。導航基金會。

陳玉君（2010）：《撐：都市原住民勞動家庭的斷裂與連結》。輔仁大學心理學系碩士論文。

陳光興（2006）：《去帝國亞洲作為方法》。行人出版社。

陳光興（2010）：《陳映真：思想與文學》專號導言。《臺灣社會研究季刊》，78（2），1-7。

陳惠雯（2011）：《黑色的心，白色的面具：暴力、羞辱/恥的歷史與創傷記憶》。輔仁大學心理學系博士論文。

張育華（2007）：《移動的疊影－我在地地蜿蜒前行的實踐歷程》。輔仁大學心理學系碩士論文。

黃光國（2005）：〈心理學本土化的方法論基礎〉。見楊國樞、黃光國、楊中芳（主編），《華人本土心理學》，頁57-80。

楊國樞（2006）（主編）：《華人本土心理學》（上、下）。遠流圖書出版公司。

劉小許（2006）：《A Potential space──精神病人在台灣的勞動權益實路經驗》。輔仁大學心理學系博士論文。

瞿海源（2004）：〈臺灣社會心理學發展〉。《本土心理學研究》，21，163-231。

Brock, A. C. (Ed.). (2006). Internationalizing the history of psychology. New York University Press.

Holzman, L., & Moss, J. (Eds.). (2000). *Postmodern psychologies, societal practice and political life*. Routledge.

Honneth, A. (1991). *The critique of power: Reflective stages in a critical social theory*. The MIT Press.

Nandy, A. (1983). *The intimate enemy-loss and recovery of self under colonialism*. Oxford University Press

Schon, D. A. (2004)：《反映的實踐者：專業工作者如何在行動中思考》（夏林清等譯）。遠流。（原著出版年：1984）

第七章 德國批判心理學：歷史語境與核心問題

王波

德國批判心理學的歷史語境

「什麼是批判心理學」？這一問題的答案可謂眾說紛紜。即使在批判心理學內部，對它的回答也是言人人殊。所以在英語文獻中它常以複數形式（critical psychologies）出現。實際上，批判心理學並不是一個內部統一的同質話語體系，換言之，並不存在一種範式性的批判心理學學科（discipline）[1]。但是在這些複調的、多元的話語之間一種可以辨識的家族類似（family resemblance），使其共存於批判心理學事業下。此外，批判心理學也不是孤立的學術話語，而是與受到從馬克思政治經濟學批判一直到法蘭克福學派[2]批判理論影響的一系列批判話語群幾乎同時出現的。這包括研究精神治療作爲社會控制手段如何以科學之名威壓（coercion）他者，並將之病理學化（pathologise）的批判精神治療（Ingleby, 1980），研究傳統教育如何透過知識與權力的勾連再生產資本主義關係，以及如何透過一種新形式的教育賦權實現建設性行動的批判教育學等（Ira, 1996）。一般而言，英語世界區分了兩種批判心理學，大寫的批判心理學（Critical Psychology）特指主要由霍爾茲坎普（Klaus Holzkamp, 1927-1995）等於1970年代在柏林自由大學（Freie Universität Berlin）開創的德國批判心理學派（"Kritische Psychologie"）；小寫的複數批判心理學指接續了馬克思批判議程預言的對傳統心理學不信任的各種激進左派話語的鬆散集合[3]，以及外延更大的與心理學的誕生同時出現的對心理學不滿的各種批評（這種批評有時會被囊括在另一範疇之內，即 the critique of psychology[4]）。這裡要強調「批判心理學事業」和「批判心理學學科」的區分。德國批判心

理學一度有試圖補充傳統心理學使之更完善的傾向，但小寫批判心理學基本都反對將自身作爲心理學的二級學科。可以說，批判心理學家在從事「批判心理學」這項事業，但是反對有「一個」學術建制上的「批判心理學學科」。

　　就大寫的德國批判心理學而言，其代表人物有霍爾茲坎普、歐斯特坎普（Ute Osterkamp）、馬卡德（Morus Markard）、梅耶斯（Wolfgang Maiers）等。霍爾茲坎普建立了批判心理學大本營「柏林自由大學心理學研究所」（the Psychological Institute of the Free University in Berlin），有學者認爲德國批判心理學已成爲一種「家族企業」，堪稱「霍爾茲坎普學派」（Geuter, 1977）。面對 1945 年二戰結束後開始的西德心理學的不斷美國化（Metraux, 1985），以及冷戰背景下政治、經濟、文化與學術領域的威權結構，呼應 1960 年代到 1970 年代歐洲批判現狀的激進政治和社會運動熱潮[5]，處於資本主義陣營，卻被蘇聯占領的東德所包圍的西柏林心理學家受共產主義思想衝擊，開始反思標榜價值中立的實證心理學是如何與資本主義同謀以再生產壓迫性的資產階級社會關係，並將之合法化的。於是批判心理學作爲對馬克思主義在心理學問題和學科中的理論與實踐闡釋出現了（Painter, 2009）。作爲馬克思主義批判議程的一部分，它代表了主體的辯證唯物主義科學，一種與傳統心理學相對的馬克思主義心理學（Stroebe, 1980; Teo, 1998）。在自身的社會與價值承諾的基礎上，德國批判心理學試圖系統地重新界定和規劃西方主流心理學的基礎理論定義與方法論原則，並最終建立一種既有科學基礎，又有價值許諾的「心理學」。在由馬克思所激起的心理學的「烏托邦」傳統中，德國批判心理學與其他小寫的批判心理學是同路人（當然，它們對馬克思各有自己不同的解讀和挪用）。霍爾茲坎普宣稱，在大學中的馬克思主義者要爲一種「社會主義科學」而奮鬥，將心理學建設爲「更好的」社會中「更好的」科學（Holzkamp, 1972）。另外，德國式的獨特思想生態也催生了這種德國特色的學術話語[6]。在哲學中從康德、黑格爾、馬克思，乃至到胡塞爾，在心理學中則從赫爾巴特（Johann Herbart，1776-1841）、馮特（Wilhelm Wundt，1832-1920）一直到布倫塔諾（Franz Brentano，1838-1917），「科學[7]的體系模式」（system model of science）向來是德國學術的內在和傳統

追求[8]。這種致力於通過融貫的、嚴格的和有條理的基本概念來把握現實總體的思想進路與「科學的研究模式」（research model of science）長期頡頏，並終於在十九世紀中期實證主義興起之後被後者的巨大成功占了上風（Staeuble, 1985）。而與以科學的研究模式爲主的傳統心理學相對，批判心理學正是德國傳統學術生態中的體系模式的一部分，致力於「爲心理學提供作爲其他可能選擇的全面的基礎」（Rexilius, 1987）。1970 年代，德國批判心理學的影響就達到了自己的頂點。1977 年 5 月 13 到 15 日，在德國馬堡大學召開了第一屆批判心理學國際大會，據稱與會者已超過 3000人（Holzkamp, 1977）。如今霍爾茲坎普越加成爲英語世界學術圈中炙手可熱的思想策源。著名的《理論與心理學》雜誌特別開闢專號[9]，邀請全球批判心理學研究者報告了其思想與貢獻。而英文版的《克勞斯‧霍爾茲坎普著作集》[10]已由麥克米蘭出版社出版。國外諸多心理學研究機構（如卡爾加里大學、約克大學、邁阿密大學、西喬治亞大學、紐約東邊研究所、卡迪夫大學、曼徹斯特城市大學、羅斯基爾德大學等）都開始將批判心理學作爲其研究重心之一，而且批判心理學還同時是其中一些學校的本科生與研究生課程的一部分。國際上還有諸如《主體性》（*Subjectivity*）、《批判心理學年度評論》（*Annual Review of Critical Psychology*）等批判心理學專業期刊。而賽奇出版社已經出了兩版的《批判心理學導論》[11]。施普林格出版社剛推出了卷帙浩繁的《國際批判心理學百科全書》[12]。普盧托出版社貢獻了《心理學的革命》[13]。劍橋大學出版社早就出版了《批判心理學：主體歷史科學獻文》[14]等。2011 年 6 月在希臘召開的國際理論心理學會（International Society for Theoretical Psychology）雙年會上專門重點設立了批判心理學的國際研討專題。一個致力於在心理學中延續馬克思的批判傳統的名爲馬克思主義與心理學的會議（Marxism and Psychology Conference）已經在 2013 召開了它的第三次國際會議，並吸引了越來越多的參與者。可以預見正像其他一些經過英語中介才爲全世界接受的思想大師（如維果茨基）一樣，批判心理學與霍爾茲坎普正在經受同樣的命運。

德國批判心理學的核心問題

德國批判心理學的對手是以經驗研究和實證主義爲圭臬的傳統心理學，它認爲後者的問題主要存在於：一、研究對象的抽象化，將作爲抽象個體的（乃至被生物學化的）「被試」當作具體的、現實的、歷史的人，而作爲「社會關係的總和」的人卻被視爲在方法論上無法把握的東西，由此在方法論上成問題地將人類行爲和社會關係的複雜多樣性還原爲可以實證把握的實驗變數間的函數關係，成爲方法論中心主義的「變數心理學」（variable psychology）。隨之而來的問題就是心理學對其依賴的基本概念或範疇缺少反思。既然不能總體性把握社會現實，它只能「隨意地」靠被操作化爲變數的基本概念和範疇捕捉其斷片，很少在本體論層次關心思維、想像、意志、動機、人格這樣的基本概念和範疇究竟是什麼。除了就某一範疇給出一個操作性定義之外，回答它到底是什麼的努力常被歸爲形而上學。由此「基本範疇都源自某些無法言明的歷史直覺，然後只是通過定義和共識才得以具體化。而該過程卻並沒有提供經驗的或合理的途徑去解決在對人格這樣的範疇的理解方面的分歧。」（Tolman, 1989）在霍爾茲坎普看來，心理學缺乏眞正的進步。因爲面對同一心理現象，它常給出各種彼此不匹配的（incompatible）解釋。心理學知識就碎片化了，這表現爲心理學從誕生之初就存在的關於它是否能成爲科學的危機敘事，庫恩之後對它是不是範式學科的討論，以及各種試圖整合（integration）心理學的努力。以上問題都可歸結爲心理學缺乏社會相關性和主體相關性（relevance）。霍爾茲坎普認爲這些問題所造成的困境的根源在於傳統心理學沒有評價其理論重要性或相關性的科學工具。故而它經常不可能決定這些互相競爭的理論中哪一個是更好的。

心理學的相關性問題

面對以上問題，德國批判心理學把對「相關性」問題的探討作爲自己重要的理論和實踐出發點之一。在 1972 撰寫的《專業心理學實踐的心理學研究相關性問題》（Holzkamp, 1972）一文中，霍爾茲坎普區分了技術相關性和解放相關性（technical and emancipating relevance）。這標誌著

他不再滿足於將心理學研究的效度[15]限制在實驗設計、假設檢驗或方差分析這樣的純技術領域，而要在總體性的社會政治層面重新考察其「合法性」。心理學實驗的原理是在嚴格實驗控制下，觀測研究者根據實驗假設設置的實驗條件對被試的作用，但問題是這種實驗常是「歸咎受害者的[16]」（victim blaming）。被試無法改變或影響研究者事先設計好的實驗條件，即使有改變它的意圖，也將被作為需要控制的額外變數以排除其影響。而在對實驗結果的討論中，被試卻被要求為某種（通常是負面的）心理或行為負責。如在著名的霍桑實驗中，哈佛大學商學院的心理學家梅奧（行為科學的奠基人，人際關係學說之父）將作為工人反抗剝削的形式的曠工、怠工、破壞機器、限制產量進行了心理學化的解釋。工人的不滿被認為是現代社會造成的過多的強迫症人格和神經症素質，它導致了對某些特定情境——比如勞動——的誇張和歪曲反應。梅奧歎息工人已失去了協作能力，以及「在工業生產中管理群體與勞動群體之間有效地與全身心地合作的任何特性。」（Mayo, 1933）由此複雜的社會問題就被簡化和還原為個人心理層面的問題，工人被要求為社會問題負責，他們需要被輔導或矯正以適應資本主義社會化大生產的新需要。在同樣廣為人知的耶魯大學米爾格拉姆權力服從實驗中，實驗者想知道在被權威命令做違背良心的事時，人能在多大程度上予以拒絕。結果正像實驗者希望的，約在 61% 至 66% 之間的被試願施加致命的電擊伏特數（Blass, 1999）。多數人選擇了服從，而沒有反抗實驗者的命令。但在實驗中，被試本身（而不是在隔壁假裝被電擊的學生）就是受害者，他們無法（「聯合起來」）改變米爾格拉姆事先以科學之名[17]設計好的（被試被告知這是關於「體罰對於學習行為的效用」的科學實驗）實驗條件，而那些在實驗中不配合的被試都已被剔除掉了。但最後服從權威卻被歸咎於本身就是受害者的被試，而忽視了導致被試服從行為的結構性因素，以及實驗本身如何排除了被試「聯合起來」改變實驗條件的可能性。同樣的批評當然也適用於美國心理學會前會長、史丹佛大學的心理學家津巴多賴以成名的「史丹佛監獄實驗」。「只有當人認識到自身固有的力量是社會力量，並把這種力量組織起來因而不再把社會力量以政治力量的形式同自身分離的時候，只有到了那個時候，人的解放才能完成。」[18]而在這三個著名實驗的設置中，作為人的解放之

前提的「組織起來」的人「自身固有的社會力量」都已被系統性地和結構性地被排除了。所以批判心理學必須考慮「如何解釋人們甘願被剝削，而不能行動起來去改變那些使他們的苦難永恆化的條件。這就導向了意識型態的問題：它可以被設想爲一種將自身還原到個體水準的『心理學』現象，它也表現在有效地歸咎於受害者的心理學理論中」（Parker, 1999）。

可以說，作爲由於人的活動而發生的改變的「物質生活條件」在實驗過程中被結構性地排除了。結果主體與他對環境（實驗條件）的影響之間是完全分裂的，而這種分裂正是資本主義社會化大生產與生產資料的私人所有之間的宏觀分裂的具體而微者。在批判心理學看來，人不僅在某種條件下生活，還能生產這種條件。霍爾茲坎普將上述實驗中系統地排除人生產自身生活條件的可能性的情況稱爲「技術相關性」。技術相關性是傳統心理學的首要考量，它將人作爲「生活在陌生的、似自然（nature-like）的環境中的無歷史存在，由此他不過是有機體，只會以固定模式對某個刺激進行反應。（實驗環境）包含一種限制性特徵，使得在非實驗的現實中本可能像人那樣行動的個體卻被迫在實驗環境中像有機體那樣活動」。恰相反，「解放相關性」則將人作爲「具有歷史的，並且可能是這種歷史的反思性主體的存在，他能根據自己的需要生產一個世界，並通過自由的對等的商談處理自己的利益」（Holzkamp, 1972）。在霍爾茲坎普看來，這種解放相關性指導下的心理學概念和方法論設置必須考慮人類存在的雙重特點：客體被決定性和主體決定性（objective determinedness and subjective determining）。這種對人類存在的雙重向度的釐定及其對兩種向度之間相互建構性關係的精確指認同構於馬克思在 1845 年春通過《關於費爾巴哈的提綱》完成的格式塔轉換。此時他從勞動異化的人本學話語邏輯解脫出來，強調社會生活的一般客觀基礎的歷史辯證法的客體向度。但致力於改變世界的馬克思新世界觀並不滿足於只指認這種客體向度，而必定有一種批判心理學那樣的解放相關性訴求。於是馬克思又從客體向度回歸歷史辯證法的主體向度，站在無產階級革命的主體立場批判資本主義生產方式下人類社會出現的與自然界運動類似的、由經濟力量主導的物役性現象。而傳統心理學正是從實證主義的客體向度出發，將人類社會歷史發展一定時期中經濟力量占主導地位的情況下人的物役性心理和行爲作爲普遍的和永

恆的一般人類學現象，並試圖對這些心理與行為進行觀察以找到其一般規律，從而為隨後的控制和規訓提供基礎。傳統心理學始於客體向度並停留於這一向度，從而認同和維持現狀，幫助再生產壓迫性的資產階級社會關係，並將之合法化。在這個意義上，傳統心理學就具備了意識型態的功能。只有從客體向度再回到主體向度，將解放相關性考慮進來，對心理學的批判才可能。但批判心理學的主體向度訴求又不是訴諸某種價值懸設或浪漫主義的非理性熱情，不是以「應然」去要求「實然」的人本主義呼籲，它同時「把被整體社會結構中介的個體存在考慮進來」（Schraube & Osterkamp, 2013），亦即明確指認了社會條件對心理和行為的中介作用，從而又避免了人本主義心理學以所謂「自我實現」等人的尊嚴和價值對傳統心理學的矯枉過正。從客體向度出發並立足於主體向度，這正是批判心理學的思想邏輯運演。由此可以說，客體向度無主體向度則為意識型態，主體向度無客體向度則為唯心主義。

在技術層面上，傳統心理學研究能檢驗某假設的效度或技術相關性，卻無法檢驗其解放相關性。缺乏解放相關性的傳統心理學展現的是抽象的人的有機體形象，正由於它是一種抽象的有機體形象，故而才圍繞它產生了在技術上可以檢驗，在現實中卻往往落空，而且彼此間經常矛盾的各種心理學理論。「傳統心理學生產了很多小的和孤立的經驗結果，但卻缺乏理論的統一。心理學的現狀是，它是彼此競爭的理論的積累和傳播。這些理論基於不同的人性模型、方法和實踐。而且心理學的歷史的特徵就是一系列理論風尚的集合。在統計上具有顯著性（significant），而在理論上卻不顯著的發現的積累被認為導致了心理學知識的死氣沉沉和科學進展的匱乏」（Teo, 1998）。蕪雜的心理學理論背後是科學家共同體共識的缺乏，隨著共識轉移，某項研究的重要性也就失去了。所以心理學缺少知識的積累和真正的進步。而將與人類主體問題勾連的解放相關性作為標準，一項研究就可能具有相對恆久的意義，也才能促進心理學的知識積累（王波，2011），由此實現霍爾茲坎普所建議的（Holzkamp, 1983），擺脫心理學知識的碎片化狀態。

心理學的抽象化問題

　　批判心理學精確指認了傳統心理學研究中存在的抽象與具體之間的顛倒關係。「當今心理學的特徵之一，毫無疑問，就是它一方面將單一個體視爲具體的，而另一方面則將諸如社會這樣的概念視爲一般化的抽象的結果。這種結果始於『具體的』個體行爲，所以社會看起來僅是某種思想之物，只能立足於單一個體的行爲之上。如此，你就無法認識到這種與人有關的『具體』和『抽象』觀點本身就是一種不足的結果，而這種不足正是由關於個體和人格的資產階級意識型態所決定的。」（Markard, 1996）實際上傳統心理學家所研究的從作爲社會關係的總和的具體歷史情境中抽象出來的「具體的」單一個體恰恰最抽象的東西。具體的、直觀的「自然科學的『純』事實，是在現實世界的現象被放到能夠不受外界干擾而探究其規律的環境下得出的。這一過程由於現象被歸結爲純粹數量、用數和數的關係表現的本質而更加加強」（盧卡奇，1992，頁 52）。實證心理學透過儀器蒐集資料，並在一定範疇內對其進行分析。而這些看似是感性材料的資料，由於基於感性直觀的現成把握，並僅停留在抽象的現象層面，未能在具體歷史關係情境中觸及本質，所以實際上就成爲最抽象的東西。批判心理學家在歷史認識論的高度敏銳地發現，這種抽象和具體的顛倒並不是心理學家個人錯誤思維的結果，而是源於資本主義再生產，它代表了「資本主義條件下個人與他對自己生活環境的影響之間的眞正分裂」（Markard, 1996），或社會化大生產與生產資料的私人占有之間的矛盾。由此「當『科學』認爲這些『事實』直接表現的方式是科學的重要眞實性的基礎，它們的存在形式是形成科學概念的出發點的時候，它就是簡單地、教條地站在資本主義社會的基礎上，無批判地把它的本質、它的客觀結構、它的規律性當作『科學』的不變基礎」（盧卡奇，1992，頁 53、55）。實際上，心理學家在實驗中觀察和操縱的抽象的被試「個體」向來是資產階級社會理論的經典模型或稱「模式動物」。亞當・斯密的理想社會就是由抽象個人組成的，市場通過「看不見的手」調節個體的逐利行爲，正如新自由主義者（neo-liberalist）柴契爾夫人飽受爭議的宣言所說：「沒有社會這種東西。只存在單獨的男人和女人，還有家庭。」這種無歷

史的抽象實證科學正是資產階級意識型態。馬克思早就提醒我們，「人的本質並不是單個人所固有的抽象物。在其現實性上，它是一切社會關係的總和。」（馬克思，1995，頁56）對抽象個體的研究並不能取代對社會關係的總體性考察，而且抽象個體研究結果的疊加也不能說明社會關係的總體性狀況。「黑人就是黑人。只有在一定的關係下，他才成為奴隸。紡紗機是紡棉花的機器。只有在一定的關係下，它才成為資本。脫離了這種關係，它也就不是資本了。」（馬克思，1979，頁834-835）人的本質並不是若干直觀的固有屬性的簡單相加，個體脫離社會關係的總體性認定，透過個體變數分析研究的人性實際上是最抽象的東西。

　　批判心理學關心的正是這種抽象與具體之間的辯證關係問題。「科學研究必然能產生總體的關於歷史性和社會性關係的洞見嗎？或者是不是在每一項研究中都應關注該研究所處的歷史和社會脈絡，由此才能保證有意義的總體性觀點？」（Ijzendoorn & Veer, 1983）。面對複雜的社會總體，心理學常通過將實驗限制為若干變數來降低這種複雜性，以保證其問題在方法論和技術上都是可研究的。這些變數被認為是作為馬賽克的社會總體的一部分，用來推測社會總體的情況。這樣做表面上看並不錯，但問題是，變數的選擇過程是沒有規則的，亦即心理學家預設了要測量的變數，卻並不能在理論上證明為何這種變數選擇就是合理的。假設心理學家要研究「兒童學習某材料的動機。研究對象乍一看似乎是由一系列變數，如性別、年齡、社會經濟背景、自我形象、學習材料的性質和結構、教師的類型、獎懲制度、課堂的社會計量結構等決定的。事實上這是極複雜的現實。所以傳統研究者將設法通過把其實驗限制在，比如兩個變數之上……他的『實證主義』方法論並沒有在這些（自）變數選擇方面對他有什麼限制。嚴格說來他只需做出一個大膽猜想，然後對之進行嚴格的測試即可……研究同一問題的第二個研究者在選擇要研究的有限數量的變數方面享有同樣的自由。同樣地，他會選出來（最有可能是）兩個有研究前景的其他引數，然後透過測量研究它們與動機的相關關係。若兩位研究者都找到了支持其關於研究對象的決定因素的假設的證據，那將毫不奇怪。這樣兩種特設性的（ad hoc）[19]動機理論，T1和T2被制訂出來，而根據『實證主義』標準，兩者將是同樣『正確的』，至少是不能被證偽的。T1基

於引數（決定因素）V1 和 V2，T2 則基於 V3 和 V4。心理學家期望只需透過整合 T1 和 T2，就能像現實看起來的那樣，將它作爲一個馬賽克重構起來。」（Ijzendoorn & Veer, 1983）問題是「將兩個局部的理論結合起來，就能保證創造出一個能描述和解釋研究對象的本質的理論嗎？」個體研究結果的疊加並不能說明社會關係的總體性狀況。霍爾茲坎普認爲在研究之前就要區分出本質變數和非本質變數（標準就是上文提到的「相關性」）。有些變數只有在一定時空中才會影響研究對象，那麼它們就是非本質變數，在不同的歷史和地理條件下，這些局部研究的結果與這些結果的整合都很可能不會再出現。所以在心理學中，幻想尋找描述、預測和控制總體性社會狀況的普適規律的努力的終局常常是瑣碎的將某種（未必普適的）生活經驗精細化的微觀理論的鬆散集合。

心理學的基本範疇問題

出於一種與生俱來的「物理學羨妒」，心理學試圖通過模仿其方法論把自己「抬進自然科學之門」。但爲何心理學不能像物理學那樣爲其方法論做合理性辯護？這是因爲物理學的基本概念和範疇是被研究對象本身整合起來的，心理學卻依賴於心理學家的操作性定義和共識，由此就導致了其定義的「通貨膨脹」（Holzkamp, 1963）。心理學對其依賴的基本概念或範疇[20]缺乏反思。針對同一個範疇，它會給出常是互相矛盾的理論，而這些理論卻往往都能通過經驗來檢驗或證實。霍爾茲坎普認爲這是一種「僞經驗主義」（pseudo-empiricism），心理學研究推崇的自然科學式的因果關係並不是（客觀）因果關係，而只是（主觀）理由（reason）。他發現心理學研究依賴的「如果／那麼（if-then）陳述」都有一種暗示性特徵，所以其借重的經驗假設檢驗與其說是眞正的檢驗，不如說是心理學家主觀認定爲好的理由的應用[21]。所以心理學需要一種基礎性審思來澄清和重構其基本範疇。就此霍爾茲坎普出版了《心理學基礎》（Holzkamp, 1983）一書，不僅要重構心理學研究對象，更試圖重構「心理」本身。批判心理學的理論來源於範疇層次的批判分析，這被作爲批判心理學的原則性任務。而那種「具體理論／此時此地的經驗水準的研究與實踐工作等……不是『批判／心理學的』，而只是心理學的」（Tolman, 1989）。實際上，這

種範疇分析受到了當時在東德已經被大量翻譯成德語的更爲傳統的蘇俄馬克思主義心理學中的「文化歷史學派」的影響。其方法論就是馬克思引發的「功能－歷史分析」（functional-historical analysis）。要澄清心理學基本範疇的前提與界限，或回答它們究竟是什麼的問題，出路在於對其進行功能－歷史分析。在這之前傳統心理學的範疇被稱爲「前概念」。功能－歷史分析在三個層面進行（Leontiev, 1967）：

1. 對作爲生物有機體的人的（再）生產的自然歷史（系統發生學）發展分析；

2. 對文化的（再）生產，即群體中的個人生活的社會歷史發展分析；

3. 對個體的（再）生產，即一定社會語境和階級中的個體（個體發生學）發展的分析。

範疇分析囊括了人類心理作爲物質的、社會的和歷史的三方面的總體的本質，由此就可能建構具有確定性的（而不是「心理學家主觀認定爲好的理由的應用」的）心理學理論。而且要完成這種基礎性分析，心理學就要拓展到生物學、人類學和政治經濟學這樣的學科中。由於將範疇分析建立在這些經驗學科中，批判心理學也避免了傳統心理學所擔心的形而上學後果。根據功能－歷史分析，某種心理或行爲的功能就可以在以下三個階段得到總體的解釋：

1. 生物系統發生學階段；

2. 社會生活的起源和發展階段；

3. 一定的（資本主義）社會類型中的生活階段。

三個階段彼此相接，不能互相取代，每個階段都在下一階段留下印跡。批判心理學首先致力於理解系統發生學上最早的心理形式，並將之與作爲這種心理的最一般的「範疇性決定因素」的「前心理」的生命現象相比較。然後通過展現具體的遺傳分化的生物功能，根據心理在「定向性的」、「情緒性的」、「動機性的」方面的相互關係，把握這些方面的最一般特徵。同時社會結構和個體能力的發展不斷增強有機體的心理「系統能力」，我們還要把握這種發展的生物學意義。這樣通過對有機體的起源和分化的心理系統發生學分析，批判心理學得以對仍處於前人類水平的心理的決定因素進行更爲具體的範疇分類。由此批判心理學也確證了「心理」

是有機體遺傳學上的系統的客觀特徵，從而恢復了被行為主義以私人性和心靈主義之名拒斥的心理在心理學中的地位。質言之，行為主義錯誤地將作為心理的特殊形式的「意識」等同於心理的最一般的功能性標準了。霍爾茲坎普將這之前的功能—歷史分析稱為前人類水準的系統發生學發展主導的區域，而基於一種馬克思主義的指認，批判心理學與傳統的生物學傾向的心理學的不同在於，在人類發展的某個階段，前人類的自然歷史發展被社會歷史發展所代替，而且這種發展與前者有質的不同。後者是人類水平的社會歷史過程主導的區域。此時心理的概念分化和條件就取代了之前的遺傳分化和條件的主導作用，心理學所依賴的各種概念和範疇此刻才產生了。如此就能確定前人類水平的定向反應能力的最高形式，是如何作為人類水平的生活的社會生產和再生產的一部分，被具體化為個體生活過程的「認知」方面的。也能進而說明系統發生學意義上的作為對世界的「評價」關係的情緒性—動機性決定因素現在如何具體化成了人類水平的主觀體驗 [22]。這種主觀體驗不是單方面地對給定的「自然」環境做出條件性的（conditioned）反應，而是透過改造世界的活動為自己的生活創造新工具和條件。在這種對社會條件的主觀處理之上才產生了個體的諸如尊重、認知、審美、乃至自我實現的可能性。心理在系統發生學意義上的生物性特徵與人作為人的特徵之間是辯證關係。前者可被用於但不能被等同於後者，而後者的特殊性質，亦即個體與社會再生產之間的相互關係，最後是作為心理的決定性因素出現的。傳統心理學往往停留在前者的解釋框架內，將作為歷史社會現象的人類心理視為生物種系特徵，人的生活世界被等同於生物學環境。由於這種研究綱領無法把握人類心理的本質特徵，所以心理學不能理解其基本概念和範疇究竟是什麼。而且由於該綱領的方法論中心主義技術特徵，心理學往往滿足於對這些基本概念和範疇的操作性定義，並不追問它們究竟是什麼。批判心理學則追溯到系統發生學前人類的「最早的」心理形式，並考察這些一開始為遺傳分化決定的形式如何在人類水平質性地躍遷為具有豐富的社會歷史內容的心理範疇。心理學所借重的，卻不知道究竟是什麼的基本範疇在批判心理學功能—歷史的範疇分析的視域內被系統地重新說明和界定了，由此就為心理學、它的主題以及方法論都提供了系統的範式性基礎。

　　理論與其對象的關係來自於範疇，範疇決定了心理學研究對象的哪一個方面將被從前科學的現實中選擇出來進行研究。而心理學對範疇的操作性定義往往無法抓住人類精神生活的本質方面。所以心理學必須提出能在科學上充分把握其對象的範疇。但再一次地，傳統心理學研究的方法論常常就已經預設了其研究主題，也就是說方法主導了問題，要研究的問題服從於方法。而批判心理學以問題為中心，它不僅透過功能─歷史分析超越了（部分因為方法論中心主義所導致的）對心理學基本概念和範疇的無思，還針對「一定的（資本主義）社會類型中的生活階段」中出現的特殊問題提出了新的革命性心理學範疇。比如針對資本主義條件下的人類心理和行為提出的「普遍化的行動能力」（generalized action potence）和「限制性的行動能力」（restrictive action potence）這樣一對概念（Holzkamp, 1983）。後者指人際關係中的工具性，放棄長遠目標以獲得短期利益的行為及導致異化的行為。限制性行動能力是資本主義社會個體典型的應對模式，它導致了僵化的和孤立的思維，充滿焦慮和內心強迫的情緒。其替代物就是號召解放行動的普遍化的行動能力。在這裡，批判心理學並不像傳統心理學那樣將被試質詢（interpellation）入被操作性定義的具體範疇中，而是站在主體立場針對資本主義社會特有的問題提出包含解放議程的革命性範疇，以賦權予「被試」改變世界的能力。

餘論

　　德國批判心理學思想道路的核心問題乃是將心理學轉變為解放的、基進的、尋求社會正義和質疑現狀的新路向。它將心理學的各種問題理解為是在具體的、歷史的、現實的社會物質生產塑形的政治經濟學或文化歷史語境中發生的。就政治經濟學而言，它關注社會的心理學化（psychologisation）。心理學被認為是隨資本主義而生的，並且圍繞如何服務於資本主義的高效運轉建構其學科想像。作為最具彈性的革命替代性方案，心理學為資本主義再生產和心理政治治理創造新空間。心理學化即以心理學通約日常生活，並生產供應全球消費的心理學文化，直到我們按照心理學的常模 [23] 和精神病理學來塑造自己。尤其是在發達資本主義

社會，作爲社會控制的現代形式，「幫忙的職業接管了他們的生活」[24]。傳統習慣的消失和對心理學技術的信任，使「人們不再相信他們自己對幸福、實現和如何養育他們的孩子的直覺」（泰勒，2001，頁800）。在批判心理學看來，傳統心理學對日常生活的內部殖民直接導致心理學接管並整體性地重構了我們的日常生活經驗。而在文化歷史層面，批判心理學則揭示了世界心理學的美國化不過是資本主義全球化空間布展的必然結果，而批判心理學植根於地方經驗對此也做出了回應。

　　這種以主體科學自稱的新路向重新賦予主體性與價值在心理學研究中的地位，並明確指出了主體的社會歷史中介性，更進一步考察了傳統心理學如何與資本主義生產方式勾連不斷再生產與資本主義全球體系適應良好的主體性。作爲一種「拆解權力系統的解放性工具」（傅柯，1997，頁26），它有助於我們反思傳統心理學是如何將人的心理與行爲視爲「似自然」狀態而給予客觀外在的研究，並積累可以對人的精神生活的本質進行「描述、預測和控制」的普遍規律的。傳統心理學僭越了自身界限，有成爲維持現狀、製造認同的新型意識型態的危險，而批判心理學就是其越加顯著的症候。對這種症候的療癒恰恰是未來一切可能的心理學的必要基礎。

　　最後還需要提及的是，在某種程度上人們存在著一種誤解，也就是將有關批評心理學的，或者對主流心理學不滿的話語都籠統地和一般地歸結在「人本心理學」之下，由此認爲德國批判心理學不過是炒了人本心理學的冷飯。然而實際上，人本心理學恰恰是批判心理學的潛在「理論對手」之一。從這種批判心理學中引出的必然邏輯就是批評人本心理學如何只是「用詞句來反對這些詞句」（馬克思語），結果成爲一種用「應然」來要求「實然」的道德籲求的。故而批判心理學與人本心理學根本就是不可通約的兩種理論話語。

註釋

1　而且一般的批判心理學家也拒絕將自身作爲「學科」，亦即客觀知識的積累體系。這種宣稱可以對人進行「描述、預測和控制的」知識體系恰恰是

傳統心理學的一個幻覺。另外，「學科」一詞的另一蘊涵牽涉到這種心理學知識體系如何提供了一種用以「規訓」和通約人們日常生活的「常模」（norm）。而對這種「心理學化」（psychologisation）的「規訓」過程的揭示正是批判心理學的一個重要主題。在這一層面，國內批判心理學研究的一個問題就是將之作為一門學科來引介和探究，彷彿它是一個心理學的分支，一門新學科，一種新的關於人類心理的知識，由是自然也就遮蔽了心理學的規訓之維。

2　比如早在一篇1968年的著名文章中，阿多諾就談到了一種針對個人主義的批判心理學和一種針對權威主義的批判社會學。參見Theodor Adorno: Sociology and Psychology (PartII), *New Left Review* I/47, January-February 1968, p. 97.

3　正是馬克思率先起草了關於心理與心理學得以可能的前提與界限的批判議程預言，以及對之進行社會批判研究的綱領和實踐框架。這種批判性議程預言集中地體現在馬克思的（1845/1958）《最近德國哲學批判》（《德意志意識型態》副標題）和《政治經濟學批判》（馬克思，1859/1961）（《資本論》副標題）之中。就心理學本身而言，馬克思通過一種「感性」的心理學擊穿了為傳統心理學範式性奠基的笛卡兒以來的「意識的內在性」，從而解放了心理學的想像力。

4　這方面的著作有諸如Thomas Teo., *The critique of psychology: From Kant to postcolonial theory*. New York City: Springer, 2005.他討論了自十八世紀晚期的諸如康德式批判以來一直到晚近的後殖民主義等各種對心理學的批評話語。

5　著名社會心理學家艾麗卡‧阿普費鮑姆（Erika Apfelbaum）把這10年稱為心理學的「黃金年代」（Golden Age）。參見Leendert P. Mos: History of psychology in autobiography, New York: Springer, 2009.在這種宏觀的社會政治環境與諸如反文化運動、反精神病學運動、民權運動以及女權運動等政治經濟氣候中，心理學領域出現了研究課題的折衷主義多樣化以及理論和批判研究的大發展，向我們貢獻了作為「第三勢力」的人本主義心理學，乃至包括德國批判心理學以及英語國家的湯瑪斯‧薩茨（Thomas Szasz）和羅奈爾得‧萊恩（Ronald D. Laing）等批判心理學大家。這更進一步說明，心理學似乎並不遵循一種線性進化的客觀知識積累規律，或者說，心理學並不是一種純粹認識論的和智識的產物，而是在社會歷史實踐的衝撞中形成的。如果說政治經濟學批判勾勒了歷史生產關係的輪廓，那麼心理學只有經過這種關係的層層中介才能出場。心理學知識並不是從天而降的純粹觀念。就此馬克思早就斷言，「『思想』一旦離開『利益』，就一定會使自己出醜」。（參見馬克思、恩格斯：《神聖家族》，《馬克思恩格斯文集》第1卷，北京：人

民出版社，2009年，第286頁。）然而，主流心理學似乎並未意識到他們在多大程度上是在一個政治領域中工作的。心理學不是憑藉自身自然發展起來的一種普遍範式，它是在一定的社會歷史條件下才生發出來的。只要心理學未能深刻領會社會的政治經濟學性質及其對心理學的影響，那麼它就不是對人類心理的一種科學描述。僅憑藉心理學自身的科學論證的智識力量，心理學並不能創造自己的生存空間，心理學的社會生存空間必定是通過一定的政治經濟方式創造出來的。由此，心理學必須創造其自身發展所必需的政治經濟條件。而且我們需要明確，這些條件並不是心理學自身的純粹觀念所能充分給予的。追逐關於表象的可測性與普適性的規律。實際上，這也同時要求心理學家理解科學哲學如何從用非歷史的表象性語言描述真理演變成時間性的科學家共同體內部的協商與互動的語言學，表象性的真理現在成了歷史性生成的人與「自然」彼此建構的闡釋性操作關係。而這種理解也正是批判心理學的起點。

6　按照當代著名批判心理學家梯歐的觀點，「批判心理學是德國所特有的路徑。當我在奧地利和德國生活時，我並未認識到這一點。然而來到加拿大之後，我就逐漸明白了。如果你想翻譯一些批判心理學的著作，文化根植性（embeddedness）就變得顯而易見。它很快向你表明這項批判工作扎根（grounded）於一種反思的德國傳統中。」參見王波：《批判立場的理論心理學》，《國外社會科學》，2011年第5期。

7　這裡的科學（wissenschaft）也是德國學術生態中的觀念，與源自法國，盛行於美國的依賴於經驗的證實或證偽的實證科學觀不同，德國的科學觀的特徵是嚴整的知識體系，符合這一特徵即可被稱為科學。

8　這也可以解釋為何馮特的心理學作為一種德國的觀念在美國並沒有產生真正的和長久的影響。馮特對主流心理學最重要的貢獻就是他確立了實驗在心理學中的根本地位。但由馮特開創的革命性研究不可能從德國傳統的理性心理學出發，而必經由英國的經驗主義心理學和實證主義的改造才能進行下去。所以忠於馮特的耶魯學派（成員有C. H. Judd、E. W. Scripture與G. T. Ladd等）很快就暗淡無光，而浸淫於英國經驗主義傳統，並受實證主義影響的鐵欽納的康乃爾學派卻在當時如日中天。馮特的另一位學生，即將馮特的直接經驗還原為感覺，並將其科學的體系模式改造為研究模式的閔斯特伯格也在哈佛大學聲名鵲起，並被尊為工業心理學之父。參見王波：《西方心理學主體的腐朽與神奇：一種批判式知識考古》，《應用心理研究（臺灣）》，2012年第54期。

9　*Theory & Psychology*, Vol. 19, No. 2, 2009.

10 Schraube, E., & Osterkamp, U. (Eds.), *Psychology from the standpoint of the subject: Writings of Klaus Holzkamp*, Basingstoke: Palgrave Macmillan, 2013.

11 Fox, D., Prilleltensky, I. & Austin, S. (Eds.), *Critical Psychology: An introduction*, London: Sage Publications, 1997 & 2009.

12 Teo, T. (Ed.), *International encyclopedia of Critical Psychology*, Springer-Verlag, 2014.

13 Parker, I., *Revolution in Psychology*, Pluto Press, 2007.

14 Charles, T., & Wolfgang, M. (Eds.), *Critical Psychology: Contributions to a historical science of the subject*, Cambridge University Press, 1991.

15 在心理學研究中，效度（validity）即有效性，它是指達到研究目標的程度，或者測量工具能夠準確測出所需測量的事物的程度。換言之，效度是指所研究和測量到的結果反映所期望的研究內容的程度，研究和測量結果與要研究的內容越吻合，則效度越高；反之，則效度越低。有意思的是，validity一詞也經常被翻譯爲哲學社會科學研究者所熟悉的「合法性」。

16 這一術語是瑞恩（William Ryan）在他初版於1971年的《歸咎受害者》（Ryan, William, *Blaming the Victim*. Vintage, 1976, 2 edition.）一書中最早提出來的。瑞恩將歸咎受害者描述爲一種意識型態，它被用來將對美國黑人不利的種族主義和社會不公正正當化。通過這種意識型態，導致社會貧困的責任就從社會結構因素被轉移到貧困者的個人因素上了。而瑞恩批判的就是這種將貧困歸咎在貧困者身上，將無能歸咎在無能者身上的思維模式。實際上，早在1947年，阿多諾就提出過類似的概念。在其爲紐曼（Ernest Newman）的著作《理查‧瓦格納的生活》一書所寫的書評《瓦格納、尼采和希特勒》（Wagner, Nietzsche and Hitler, *The Kenyon Review*. Vol. 9, No. 1 (Winter, 1947), pp. 155-162）中，阿多諾批評了瓦格納如何將自己的反閃米特傾向投射到其樂隊指揮，猶太人列維（Herman Levi）身上，並認爲列維是咎由自取的。阿多諾認爲這種歸咎受害者的傾向是法西斯人格的最邪惡的特徵。這一觀點延續到阿多諾後來的《權威主義人格》（Adorno, T. W., Frenkel-Brunswik, E., Levinson, D. J., & Sanford, R. N. *The authoritarian personality*. New York: Harper and Row, 1950.）一書中，並被作爲因素之一編製成加利福尼亞法西斯人格量表（California F-scale）。

17 這樣就導致了一個無法排除的額外變數：米爾格拉姆以爲自己的實驗研究的是對權威的服從這個變數，但是由於他一開始就暗示了被試——這是一個「科學實驗」——所以他的研究無法排除這樣一個可能性：被試不是出於對權威的服從，而是出於對「科學」——一種在大眾眼中被視爲善的、不會傷

害人的東西——深信不疑，才一直將他的增加電擊的命令一直繼續下去的。

18 馬克思：《論猶太人問題》，《馬克思恩格斯全集》第3卷，北京：人民出版社，2002年，第189頁。

19 ad hoc是拉丁文常用短語，意爲「特設的、特定目的的、即席的、臨時的、將就的、專案的」，通常形容一些特殊的、不能用於其他方面的，爲一個特定問題、任務而專門設定的解決方案。由此這兩種動機理論就不是普適的。

20 霍爾茲坎普本人更願意使用「範疇」（categories），參見Holzkamp, K,. On doing psychology critically, *Theory & Psychology* 1992, Vol. 2(2), p.193.

21 Holzkamp, K., "Wirkung oder Erfahrung der Arbeitslosigkeit? Widerspriiche und A Perspektiven psychologischer Arbeitslosenforschung". *Forum Kritische Psychologie*, 1986, 18, pp. 9-37.; Holzkamp, K., "Die Verkennung von Handlungsbegrtindungen als empirische Zusammenhangsannahmen in sozialpsychologischen Theorien". *Forum Kritische Psychologie*, 1987, 19, pp. 23-58. 這種研究範式很明顯地被後來的批判心理學家繼承了，它表現在諸如德沃斯（De Vos, J.）關於實驗者的預設以及科學主義質詢在主流心理學研究中的作用的分析中。可見De Vos, J., Now That You Know, How Do You Feel? The Milgram Experiment and Psychologization, *Annual Review of Critical Psychology*, 2009, 7, pp. 223-246.

22 以上討論亦可參見Holzkamp, K., On doing psychology critically, *Theory & Psychology* 1992, Vol. 2(2), pp.195-196.

23 測驗常模，簡稱常模，即指一定人群在測驗所測特性上的普遍水準或水準分布狀況。心理測驗的過程就是用一個常模來解釋測驗分數。完成一項心理測驗後所得到的分數需要與一個標準進行比較才能獲得意義，而這個標準在心理測量學裡就被稱爲常模。

24 泰勒：《自我的根源》，韓震等譯，南京：譯林出版社，2001年，第800頁。韓譯在這裡將原文中的"the 'helping professions'"翻譯成「幫忙的職業」似乎不太合適。因爲在原文的語境中，該短語特指的是在美國極爲普遍和流行的號稱「助人自助」的心理諮詢和治療。對這一職業，國內心理學界通行的翻譯方法就是「助人自助」，也就是所謂「幫忙的職業」。所以合適的翻譯應爲「助人的職業」。

參考文獻

王波（2011）：〈批判立場的理論心理學〉。《國外社會科學》，5，128。

泰勒（2001）：《自我的根源》（韓震等譯）。譯林出版社。

馬克思（1979）：《馬克思恩格斯全集》第23卷。人民出版社。

馬克思（1995）：《馬克思恩格斯選集》第1卷。人民出版社。

傅柯（1997）：《權力的眼睛》（嚴峰譯）。上海人民出版社。

盧卡奇（1992）：《歷史與階級意識》（杜章智等譯）。商務印書館。

Blass, T. (1999). The Milgram paradigm after 35 years: Some things we now know about obedience to authority, *Journal of Applied Social Psychology, 25*, 955-978.

Geuter, U. (1977). Entstehungund hintergründe des marburger kongresses. *Psychologie und Gesellschaft, l*, 67-85.

Holzkamp, K. (1972). *Kritische psychologie. vorbereitende arbeiten*. Fiseher.

Holzkamp, K. (1963). *Theorie und experiment in der psychologie: Eine grundlagenkritische Untersuchung*. De Gruyter.

Holzkamp, K. (1977). Die Oeberwindung der wissenschaftlichen Beliebigkeit psychologischer Theorien durch die Kritische Psychologie. *Zeitschrift fuer Sozialpsychologie, 1*.

Holzkamp, K. (1983). *Grundlegung der psychologie*. Campus.

Ingleby, D. (1980). *Critical psychiatry: The politics of mental health*. Pantheon Books.

Ira, S. (1996). *When students have power: Negotiating authority in a critical pedagogy*. University of Chicago Press.

Leontiev, A. N. (1967). *Probleme der entwicklung des psychischen*. Volk und Wissen.

Markard, M. (1996). *The Delopment of critical psychology into a subject science* (Draft), Guest lecture given at the University of Kopenhagen.

Mayo, E. (1933). *The human problems of an industrial civilization*. The MacMillan Company, p.158.

Metraux, A. (1985). Der Methodenstreit und die Amerikanisierung der Psychologie in der Bundesrepublik 1950-1970. In M. G. Ash & U. Geuter (Eds.), *Geschichte der deutschen Psychologie im 20. Jahrhundert* (pp. 225-251). Westdeutscher Verlag.

Painter, D. Marvakis, A. & Mos, L. (2009). German critical psychology: Interventions in honor of Klaus Holzkamp. *Theory & Psychology, 19*(2), 140.

Parker, I. (1999). Introduction: Marxism, ideology and psychology. *Theory & Psychology*, *9*, 292.

Rexilius, G. (1987). Subjektwissenschafl und russische revolution oder: Der heimliche konservatismus der Kritischen Psychologie. In W. Maiers & M. Markard (Eds.), *Kritische Psychologie als subjektwissenschaft. Klaus Holzkamp zum*, *60* (pp. 163-176). GCampus.

Schraube, E., & Osterkamp, U. (Eds.) (2013). *Psychology from the standpoint of the Subject: Writings of Klaus Holzkamp*. Palgrave Macmillan.

Staeuble, I. (1985). "Subjektpsychologie" oder "subjektlose Psychologie": Gesellschaftliche und institutionelle Bedingungen der Herausbildung der modernen Psychologie. In M. G. Ash & U. Geuter (Eds.), *Geschichte der deutschen Psychologie im 20. Jahrhundert* (p. 32). Westdeutscher Verlag.

Stroebe, W. (1998). The critical school in German social psychology. *Pers Soc Psychol Bull*, 1980/6, 105.

Teo, T. (1998). Klaus Holzkamp and the rise and decline of German critical psychology. *History of Psychology*, *1*(3), 236-243.

Teo T. (1998). Klaus Holzkamp and the rise and decline of German critical psychology. *History of Psychology* (Vol. 1, No. 3, p. 243).

Tolman, C. (1989). What's critical about Kritische Psychologie? *Canadian Psychology/Psychologie Canadienne*, *30*, 630.

van Ijzendoorn, M. H., & van der Veer, R. (1983). Holzkamp's critical psychology and the functional-historical method: a critical appraisal. *Storiae critica della psicologia* (Vol. IV, No.1, p. 5).

van Ijzendoorn, M. H., & van der Veer, R. (1983). Holzkamp's critical psychology and the functional-historical method: a critical appraisal. *Storiae critica della psicologia* (Vol. IV, No.1, p. 13).

第八章

資本時代「心理一般」的方法論批判

王波

　　心理學何以是一個馬克思主義哲學的問題？這是本文的核心設問。我們缺乏一種從馬克思主義哲學的內在邏輯出發「內生性」地開出的對傳統心理學何以可能及其與資本主義關係的批判研究。既然傳統心理學常被指認爲具有「方法論中心主義」的特徵（Bakan, 1967; Maslow, 1970; Toulmin & Leary, 1985; Danziger, 1985; Teo, 2005），乃至與之相關的方法問題亦是哲學社會科學的焦點議題（Dilthey, 1989; Cassirer, 1961; Horkheimer & Adorno, 1972; Adorno, Albert, Dahrendorf, Habermas, Pilot & Popper, 1976; Gadamer, 2004），那麼這種批判研究最具穿透性的切入點莫過於直指其核心，也即傳統心理學所以立身的從具體到抽象的實證方法，運用「從抽象上升到具體」的方法，從方法論高度反思心理學的前提與界限，及其與資本主義的內在關聯。

傳統心理學的方法：從具體到抽象

　　實際上早在柏拉圖那裡就已明確區分了具體的可見世界和抽象的可知世界。可見世界是由感性事物構成的具體的和變幻的影像（images）。可知世界是由理念構成的看不見和不變的事物原型（originals or archetypes）。作爲現象的感性事物只有憑藉模仿和分有作爲本體的理念才得以獲取其自身性質與存在（柏拉圖，1986，頁 268-271）。由此感性事物就不能成爲知識的對象（Ackrill, 1997, pp. 13-32）。對它的認識只是意見（δόξα）。眞正的知識（επιστημη）源自能夠把握理念世界的理性。所以必須從具體的影像中超拔出來，躍進到抽象的理念層次，方可擺脫在

認識論上低等的意見，從而上升到知識的水平。這造成了認識論上的二元分裂：可感知的不眞實，眞實的不可感知，或曰直觀的不本質，本質的不直觀。由此傳統心理學從具體到抽象的方法論的基本問題式被先行奠基：彷彿我們日常所與的感性世界乃夢幻泡影，只有理念化的世界才是眞實的、本質的、客觀的世界。日常經驗被視爲在認識論上處於下等地位，在方法論上需要實驗處理的具體的感性雜多。只有運用精密的數學語言將之表徵爲實驗變數之間的抽象函數關係，它才可能躋身科學的天國，以尋求普適性的對人性進行描述、預測與控制的客觀規律。自科學心理學誕生之初，就存在著這種變數心理學（variable psychology）的抽象天國與具體生活世界間的二元對立。

必須牢固地站立在政治經濟學的現實大地之上，才有可能解蔽心理學抽象天國的隱祕譜系。資本主義的興起帶來了人與外部世界依存關係的重大改變：人類生存的直接物質條件從自然經濟中的自然物質條件，向商品經濟中的社會物質條件改變（張一兵，2005，頁 43）。隨之而來的是一場深刻的認識論革命。如果說在前者中存在著自然物質決定論所塑造的一直延續到英國經驗論唯物主義的對自然感性實體的直觀，那麼後者則形成了一種社會經濟決定論。社會歷史的客觀現實主要不再是「物質實體性的存在，而是以人類活動爲主體的社會生活，特別是客觀存在的人與人之間的社會關係」（同上，頁 38）。柏拉圖兩個世界的分裂給心理學造成的認識論困境，在這種經濟學語境中被革命性地重新理解了。自然經濟所產生的認識論模式，乃是對獨立於人的作爲物質實體的自然的鏡式模仿。雖然具體事物不再被認爲是對理念的模仿和分有，但其在認識論上的地位仍低於抽象概念。傳統心理學一般採用的從具體到抽象的方法正是這種自然認識論的體現。這種方法在研究中「從實在和具體開始，從現實的前提開始」，「這就是一個渾沌的關於整體的表象，經過更貼近的規定之後，我就會在分析中達到越來越簡單的概念；從表象中的具體達到越來越稀薄的抽象，直到我達到一些最簡單的規定」（《馬克思恩格斯全集》第 46 卷，上冊，1979，頁 37）。它從「完整的表象」或「生動的總體」出發，比如主觀感覺、具體反應、日常經驗和社會現象爲起始，從分析中蒸發出一些「有決定意義的抽象的一般的關係」，如知覺、動機、人格、利他行爲等

變數，進而發展出變數間的抽象函數關係。此即傳統心理學從具體到抽象的方法論邏輯。

心理學從作爲「一切心理現象的基礎和源頭」的感覺這個具體的、現實的前提開始，似乎是正確的。但如果拋開產生感覺的「它的對象的存在」（《馬克思恩格斯全集》第 3 卷，1979，頁 305），感覺就是一個抽象。現實的人並不只是自然界的產物，而是感性對象性活動的結果。這就要「把對象性的人、現實的因而是眞正的人理解爲他**自己的勞動**的結果」（《馬克思恩格斯全集》第 42 卷，2002，頁 163）。「不僅五官感覺，而且所謂精神感覺、實踐感覺（die praktischen Sinne，意志、愛等等），一句話，**人的**感覺、感覺的人性，都只是由於**它的**對象的存在，由於人化的自然界，才產生出來的。五官感覺的**形成**是以往全部世界歷史的產物」（《馬克思恩格斯全集》第 3 卷，1979，頁 305）。這提醒我們，從對具體的直觀出發，然後將之蒸發爲抽象的規定，往往只能在自然認識論的物相水平上把握對象。這是一種「平面的、沒有深度的，立足於人的五官感覺的生物學和生理學層面」（鄧曉芒，2006，頁 46）的對對象的現成性把握。一如傑姆遜對英美經驗主義的批判性指認那樣，這種從具體到抽象的方法論邏輯預設「存在著可規定的單純『事實』；觀念（甚至語詞）是『物』，也就是說它們是與眞理對應（或不對應）的種種表象。」這裡的具體是作爲「物」，作爲「單純事實」，充其量作爲某種「關係」的具體，而這裡的抽象只是作爲思維能力的抽象，即一種工具性的對經驗的總結和概括。而從具體到抽象就是去歸納種種看得見的具體「表象」之上的看不見的抽象「眞理」。它把現象從其原來所處的人類活動的複雜織物中的適切位置強拉硬拽出來，然後將之作爲一種獨立存在進行描述、解剖和分類（cf. Brown & Stenner, 2009, p. 2）。

傳統方法批判：從抽象上升到具體

還有一種研究方法，即馬克思的政治經濟學批判所肯定的「科學上正確的方法」，是從抽象上升到具體的方法論邏輯。這種經濟學研究是從同樣是看不見的、但實際上客觀存在的抽象的規定出發，然後再回到「一個

有許多規定和關係的豐富的總體」，這是一種「抽象的規定在思維行程中導致具體的再現」。這裡的「看不見」不再意味著由於作爲抽象概念而看不見，而是作爲無法透過感官現成性把握的「客觀抽象」而看不見。這裡要注意，雖然「看不見」，但它卻是一種現實存在的客觀關係。而恰恰由於其「看不見」，才往往被心理學研究忽視。這種由英國古典經濟學開始的科學方法，從勞動、分工、需要、交換價值這些客觀抽象出發，再逐步上升到國家、國際交換和世界市場並形成各種現代經濟學體系（張一兵，1999）。它至少在以下三個層面上有助於深化對傳統心理學及其與資本主義關係的理解：

首先，如果在解讀心理的邏輯時，從具體歸諸抽象，把目光定位在物的邏輯上，崇拜看得見的肌肉收縮、腺體分泌，乃至透過 fMRI（功能性核磁共振）掃描到的腦區啟動等自然對象，把心理也僅看作是作爲自然界一部分的一種更複雜的表現方式，由此將之處理成獨立於我們而存在的具有內在固有屬性的自然對象，那麼所得出的必然是經驗主義拜「物」教的結論。然而從抽象上升到具體的出發點已不再是以感性形式直接呈現的「物」，這個作爲起點的「抽象」也不是作爲思維能力的主觀抽象，而是一種客觀存在的人與人之間的社會關係，一種客觀歷史抽象。這種歷史性判斷建立在資本主義大工業生產對自然和社會的傳統關係的完全顛倒之上。以工業爲主導的現代性生產已經創造了一種全新的歷史認識論與心理學。物相第一次直接是人類實踐的世界圖景，人們面對能動的工業實踐，更深刻地超越感性直觀，面對周圍物質世界越來越豐富的本質和規律（張一兵，2005，頁 48、363、599）。如果說農業生產中建立在人對自然對象的簡單選擇和加工之上的對世界的認識還是一種自然認識論，那麼工業生產則創造了以客觀存在的人與人之間的社會關係爲主體的歷史認識論。先前直觀的自然對象第一次直接成爲人類全面支配的對象被歷史性的人類活動澈底重塑了。社會及活動於其中的人的心理並不是自然科學意義上的自然界的一個部分或其較爲複雜的進化階段。恰恰相反，它是一種由現實的工業塑造的現實存在的「看不見的」客觀抽象，「是人同自然界的完成了的、本質的統一，是自然界的眞正復活，是人的實現了的自然主義和自然界的實現了的人本主義」[1]（馬克思，1979，頁 75）。

在這種全新世界圖景中，社會存在包括心理存在不是直觀的作為自然對象的物，而是作為客觀抽象的人與人之間的關係。所以心理學現在要面對正是感官無法直接把握的作為客觀抽象的關係與功能性屬性，而不是直觀的物質實體。在揭示愛爾蘭的社會不平等現象時，配第以每座房屋的煙囪數作例證：「在愛爾蘭 20 萬住戶中，有 16 萬戶沒有固定煙囪，2.4 萬戶只有一個煙囪，1.6 萬戶有一個以上煙囪，而愛爾蘭總督府（都柏林堡）上卻有一百二十五個煙囪！在這裡，他並非是僅僅要去說明一種可見物品（煙囪）在統計學上的數位，而是透過可見的物質實體來揭示一種**非實體的**社會關係之不公正的本質。這是一種**從可見的直觀出發抽象出來的看不見的社會關係！**」（張一兵，2005，頁 39）。同樣，心理學面對的其實就是不能用顯微鏡和化學試劑觀察的社會關係。諸如動機、人格、情緒情感，以致記憶、注意、學習都是作為客觀抽象的社會關係。正因其非直觀性，在具體研究中它們都被作為自然界的一部分或其較為複雜的進化階段而現成性地把握了。基於自然認識論的傳統心理學將看不見的社會關係處理成獨立的物質實體，由此將之轉換成可見的直觀操作性定義，乃至一目了然的可以看到活體腦的內部的腦成像，然後蒐集這些直觀之物的「統計學上的數字」，繼而這些數字就被歸之於一開始的諸如動機、人格等作為客觀抽象的看不見的內在屬性，以此揭示了肉眼看不見的心理隱藏的力量和祕密。把對象作為獨立的物質實體，然後從其看得見的現象中抽取或歸納出這一物質實體的看不見的本質特徵。這就是傳統心理學研究經驗抽象方法論，即從具體到抽象的理路。而且這裡存在著一個心理學家的狡計（psychologist's cunning）：基於對可見變數的操作獲得的某種量值被直接等同於不可見的作為客觀抽象的關係性質。它表現在諸如將白鼠在迷津中的第 N 次成功轉彎界定為「學習」的這類研究中。

作為客觀抽象的「心理」是現代心理學的真正起點。心理似乎是一個很簡單的概念，作為人類生存的主觀方面，其表象也是自古有之。但在現代心理學上從這種簡單性上來把握的心理，和產生這個簡單抽象的那些關係一樣，是現代的範疇。換言之，作為「心理一般」的心理是現代的發明。心理本身有一個不斷實現自己完整內容的歷史過程。

在資本主義社會之前，只有具體的各種不可通約的心理表象，而沒

有純粹的心理，即心理一般意義上的心理。「在土地所有制處於支配地位的一切社會形式中，自然聯繫還占優勢。在資本處於支配地位的社會形式中，社會、歷史所創造的因素占優勢。」（《馬克思恩格斯全集》第 46 卷‧上冊，1979，頁 45）。正如勞動在「資產階級社會的最現代的存在形式──美國」表現爲「歷史產物」，而在（工業不發達的）俄羅斯人那裡卻「表現爲天生的素質」那樣，心靈現象在工業時代是作爲社會歷史產物的心理一般，而在前工業時代卻被包含在作爲自然的靈魂之中。且不說西方中心主義之外「野蠻人」的「原始思維」，單就「白種文明」內部而言，無論是荷馬史詩中作爲人身上的生命力的「心靈」（psyche），或古希臘統一了一切生物個別過程的「活力」（anima），還是中世紀的透過「祈求靈魂被主醫治」（奧古斯丁，2008，頁 96）內在地走向上帝，並「虔誠地爲了上帝而生活」（泰勒，2001，頁 216）的目的論，乃至反現代性的維科追懷的那種「不說我發怒，而是唱我的血液在沸騰」，「把整個心靈沉浸到感官裡去」的詩性智慧（維科，1986，頁 98），都表現出了與現代性的心理一般迥異的性質。如果說在前工業時代靈魂還依傍於生命力、上帝或其他堅固的實體，那麼現在「一切堅固的東西都煙消雲散了」，心理學通過把握心理一般，而不是普遍的「永恆的絕對者」（eternal absolutes），就能獲得關於自身的全部祕密。（王波，2013）對任何種類心理的等量齊觀，其前提是一種高度發達的實在心理種類的總體，於其中任何一種具體心理都不再具有支配地位。只有在資本主義社會中，心理這一概念才眞正實現了其自身的全部內容，即心理一般成了一種實際眞實的東西。正是在此意義上，「最一般的抽象總只是產生在最豐富的具體發展的地方，在那裡，一種東西爲許多東西所共有，爲一切所共有。」（《馬克思恩格斯全集》第 46 卷‧上冊，1979，頁 42）。如是心理就不再只是像過去那樣在其特殊形式上才能加以思考了。正基於此，現代心理學才有了研究的可通約性和結論的可推廣性與有限的可重複性。

　　心理一般這個抽象，不僅僅是對具體的心理總體的精神結果，亦即這種抽象不僅僅是一種思維概括的結果。對任何種類的心理的等量齊觀，正適合於資本主義大工業的物質生產勞動這樣一種社會形式，「在這種社會形式中，個人很容易從一種勞動轉到另一種勞動，一定種類的勞動對他

們來說是偶然的，因而是無差別的。」（《馬克思恩格斯選集》第 2 卷，1995，頁 22）所以這種勞動所需要的心理素質也就是無差別的，它就是心理，既不是心靈、又不是活力、也不是靈魂，而既是這種心理，又是那種心理。這種心理素質（從泰勒制的標準化的操作方法到新自由主義下的心理彈性）不僅在範疇上，而且在現實中都是創造財富一般的手段，而「不再是在一種特殊性上同個人結合在一起的規定了」。所以若把心理活動的特定性質撇開，心理就只剩下一點：即勞動力的耗費。「儘管縫和織是不同質的生產活動」，但兩者都是同質的「人的腦、肌肉、神經、手等等的生產耗費」（《馬克思恩格斯全集》第 23 卷，1972，頁 57），從這個意義上說，兩者需要的是同一種心理一般。正是基於這種心理一般，人口的心理特徵才可能「以編碼的方式被規範化，它包括積累和總結資料，並將之平均化和常模化，然後進行比較、評價和評判，並據此決定針對它的矯正、治療、規訓、隔離、或者最優化等各種治理技術。」（王波，2014，頁 137）。在資產階級社會最現代的美國，這種情況最為典型。《鐘形曲線：美國生活的智力與階級結構》可謂該過程的詳盡體現。哈佛大學心理學教授在書中強調了可被準確測量的，超越種族、語言和國界的智力在美國人生活中的重要作用，並以基因科學的名義宣稱智力主要是由遺傳資料決定的，而且不同種族的智力差異呈正態曲線分布。在這裡，表現為一定人群在測驗所測特性上的普遍水準的心理一般，直截了當的心理這個範疇的抽象，這個現代心理學的起點，才成為實際真實的東西，亦即客觀抽象。所以作為一種現代的發明，智力、人格這樣的心理學範疇不是現象多次重複的經驗抽象，而是人類一定歷史性生存的具體現實關係。在美國表現為歷史產物的東西——適應資本主義大工業的無差別的心理素質，比如生產一部蘋果手機並不需要富士康流水線上的工人各自有什麼不同的心理素質，而新自由主義經濟則需要相同的處在個人選擇和責任範圍之內的「積極看待壓力和逆境」（席居哲等，2008，頁 995-998）的心理彈性。而且在這種心理彈性的保障之下，所有那些阻礙資本在不同行業和地域自由流動的心理障礙都被移除了——在坦尚尼亞的哈扎（Hadza）部落那裡就表現為自然的稟賦了，而這種稟賦正是在一種特殊性上同個人結合在一起的，以致於他們每天早晨在削尖簡單的自製弓箭箭頭的時候都

體現了各不相同的心理特性。故而作為從抽象上升到具體的那個抽象的起點，心理一般這個被現代心理學提到首位的、「表現出一種古老而適用於一切社會形式的關係的最簡單的抽象，只有作為最現代的社會範疇，才在這種抽象中表現為實際上真實的東西」（《馬克思恩格斯文集》第 8 卷，2009，頁 28-29）。

上升到「具體」：勘破「心理一般」的雙重幻象

　　其次，即使抓住心理的社會關係範疇，將之作為客觀抽象，作為以關係形式存在的心理一般，但若把心理的本質僅僅理解為一般性的人與人之間的關係，將心理一般作為心理學研究的前提與旨歸，而不是從具體的、歷史的、現實的生產方式對其的塑形層面理解心理一般範疇的合理性，從抽象上升到具體，那麼心理學將仍僅停留在比前一層次（自然唯物主義）稍高的社會唯物主義水平。這就意味著心理一般也可以被視為物相的極端表現，作為物相的複雜形式，「社會唯物主義只不過是一種比自然唯物主義更加寬鬆的尺度，即在能夠看見的事實的基礎上，為看不見的事實留下一些餘地而已。」（鄧曉芒，2006，頁 46）。如果心理一般的線索不沉降到歷史關係的具體層面，就無法完成從抽象上升到具體的理論躍遷，也就無法勘破心理一般帶來的雙重幻象：一是對心理一般的社會歷史本質無思的意識型態。二是心理一般本來是一種人與人之間的關係，卻如何顛倒地表現為作為「我們本身的產物」的事物（sache）與事物的關係，並被物化錯認為似乎與人無關的自然屬性。

　　就第一個幻象而言，固然正因為心理是一個抽象範疇，它才適用於所有時代。但「就這個抽象的規定性本身來說，同樣是歷史關係的產物，而且只有對於這些關係並在這些關係之內才具有充分的意義」。「利他行為」就是一例。從真實的歷史出發，就會發現原始公社的「利他行為」與資本主義私有制條件下的利他行為內涵迥異。利他的一般心理學定義是「旨在提高他人福祉的動機狀態。」（cf. Darity, 2008, pp. 87-88）。在歷史早期的各種形式中，它常常只以「十分萎縮的或者漫畫式的形式出現」。而作為心理一般的利他行為只有在「歷史上最發達的和最複雜的生產組

織」，即資產階級社會才發展到具有充分意義，實現了自己的完整內容。
在婆羅洲的達雅克人那裡，部落成員之間，甚至活人與死人之間都存在著
普遍性的利他行為。布留爾精確指認了「那個把活人與死人聯在一起的密
切聯繫和他們雙方的相互效勞……他們認為，假如活著的時候，是互相幫
助的，則死亡也不需要割斷那些相互效勞的聯繫；活人可以供給死人食物
和其他必需品；死人也可以表現得同樣慷慨，贈給活人具有巫術性質的藥
品、各種各樣能幫助活人的驅邪符和護身符。」（列維—布留爾，1985，
頁 391）我們當然可以將這種行為界定為利他，但這種利他實際上只是普
遍的社會性的具體表現。獨立的個人尚未分化出來，他根本不可能離開
族類而生存，仍從屬於一個較大的整體（如家庭和擴大成氏族的家庭），
並作為其附屬物與其中每個人（甚至死者）發生全面聯繫。但利他行為之
所以可能，就在於預設了一種個人權利，然後才談得上對這種權利的讓
渡，產生利他行為。這也就是為什麼在心理學上，利他行為總是在與心理
利己主義，即提高自己福祉的動機的對照中呈現。實際上利他作為心理一
般得以成為現實存在的客觀抽象就在於資產階級社會經濟的發展。「只有
到十八世紀，在『市民社會』中，社會聯繫的各種形式，對個人說來，才
只是表現為達到他私人目的的手段，才表現為外在的必然性。但是，產生
這種孤立個人的觀點的時代，正是具有迄今為止最發達的社會關係（從這
種觀點看來是一般關係）的時代」。（《馬克思恩格斯全集》第 46 卷·
上冊，1979，頁 21）。這種新型社會關係造成了個人與社會間的深刻分
裂。在霍克海默和阿多諾看來，自我保存是資產階級文明的核心。落實到
每一經驗個體的理性以維持其自我保存為目的，實際內容就是對對象的計
算和支配。而這種自我保存理性必然將導致以自私自利的個體為原則的市
場經濟（張雙利，2014，頁 71），無法達及達雅克人部落裡的那種普遍的
社會性。所以列奧·斯特勞斯才認為現代政治哲學的兩大弊端之一就在於
不是把律法而是把個人權利視為政治哲學的出發點（陳家琪，2008）。正
是在對這種壓倒性的個人權利的反撥之上，利他不僅在範疇上，而且在現
實中都成了黏合社會的一般的手段，成為現實存在的客觀抽象。據此方能
理解康德所謂個人必須對其作為整體的共同體的族類所負的獨特責任，即
人類社會要「聯合成為一個倫理的共同體，這是一種特殊的義務。」（康

德，2003，頁 155）而利他行為正是這種倫理共同體的一種黏合劑。這也就能明白現代實證主義的鼻祖孔德緣何發明利他主義這一術語，以這種道德方案療救現代社會的弊病了。故此，「利他行為」實際乃資產階級社會經濟發展的結果。但這種歷史規定卻常被傳統心理學假像式地表述成與自然現象類似的研究對象（比如將其投射到大猩猩乃至草原犬鼠的「利他行為」之上），並將其當作研究起點。心理一般這個特定歷史條件下的社會關係由此變成「一種一般的、永存的自然關係」，這樣也就認證了「現存社會關係永存與和諧」（《馬克思恩格斯全集》第 46 卷·上冊，1979，頁 22）。在這個心理一般的掩蓋下，心理和行為社會歷史的具體運動和規律「被描寫成局限在與歷史無關的永恆自然規律之內的事情，於是資產階級關係就被乘機當作社會一般的顛撲不破的自然規律偷偷地塞了進來。」（同上，頁 24）。

就第二個幻象而言，在社會唯物主義的基礎上，已可指認心理學研究的不是物，而是作為客觀抽象的人與人的關係。但現在的問題在於，這種關係如何成了「**同物結合著，並且作為物出現**」的關係。（參見《馬克思恩格斯選集》第 2 卷，1995，頁 44）換言之，心理一般只是「人們自己的一定的社會關係」，卻如何發生了一種事物化顛倒，繼而將人性物化錯認為降格了的物性？

一方面，在資本主義社會中唯一通向價值實現的道路是交換。生產首先不是為了使用，而是只有交換並透過交換才能實現商品所代表的價值。這導致了心理本身的「二重性」。它意味著同一個心理既是具體的又是抽象的：即創造事物使用價值所需的具體心理，和形成供交換之用的價值所需的抽象心理。具體心理是在一種特殊性上同個人結合在一起的規定，它充滿差異性、豐富性和創造性。而抽象心理則是社會平均必要勞動的心理學抽象，心理一般在現實中硬化成真實的抽象，即為抽象心理。其抽象正體現在它所有組成部分的可交換性和同質性之中。在資本主義市場交換中，人與人之間失去了其直接性社會關係。人們本身心理的社會性質被反映成商品本身的物的性質，「反映成這些物的天然的社會屬性，從而把生產者同總勞動的社會關係反映成存在於人之外的物與物之間的社會關係。」（《馬克思恩格斯全集》第 23 卷，1972，頁 88-89）。人與人的直

接主體關係顛倒爲事物與事物的間接客體關係，這種資本主義生產方式中的人們「生活在一個由魔法控制的世界裡，而他們本身的關係在他們看來是物的屬性，是生產的物質要素的屬性」（《馬克思恩格斯全集》第 26 卷 III，2014，頁 571）。代表社會關係的心理一般，「卻又採取了具有一定屬性的自然物（naturding）的形式」。心理學家常陷入這樣的錯覺：他們剛想「斷定是物的東西，突然表現爲社會關係，他們剛剛確定爲社會關係的東西，卻又表現爲物來嘲弄他們」（《馬克思恩格斯全集》第 13 卷，1998，頁 23）。心理的社會歷史性質被誤認爲物的自然屬性。心理一般這個特定歷史條件下的社會關係就變成一般的自然關係，一種獨立於人類歷史活動的自然物相。這種事物化顛倒及其物化錯認的必然結果就是傳統心理學將心理作爲自然物進行的各種自然主義研究。人們首先追逐的是形成供交換之用的價值所必需的抽象心理，而具體心理雖是心理的本然規定性，卻因其自身不利於交換的異質性反倒被排除在外。「作爲使用價值，商品首先是異質的；作爲交換價值，它們卻只能是異量的，因而不包含任何一個使用價值的原子。」（《馬克思恩格斯全集》第 23 卷，1972，頁 50。譯文參考《資本論》第 1 卷法文修訂版有改動）。同樣，作爲具體心理的各種心理首先是異質的，較難量化通約；而作爲抽象心理卻只是異量的，排除了任何在特殊性上同個人結合的具體心理規定，恰好又爲心理學的自然主義研究提供了必需的「量值」。心理在它表現爲形成供交換之用的價值所需的抽象心理的限度內，失去了作爲具體心理的創造要素和個人規定的那些特徵，成爲可以進行定量規定和科學研究的一般對象。在心理作被認作「現成的、給予的、不依賴於人的活動而存在的」自然物的地方，在抽象心理爲其提供了數學化的精確研究所必需的量值的地方，心理仍被侷限在自然主義的牢籠中，它被視爲與自然過程相似，此即心理的「似自然性」（naturalnessoid）：心理活動有似自然界運動一樣的客觀規律，而且通過量化才能合法地表徵。

　　另一方面，在交換過程之外，心理一般的事物化顛倒及其物化錯認還發生在資本主義生產過程中。在走進富士康的「無塵室」之前，工人的個性（具體心理）已經連同他的衣物一起被掛在衣帽鉤上了。《摩登時代》中工人查理（卓別林飾）在流水線上日復一日地擰緊六角螺帽。在這一過

程中任何「主觀任意性」都被「標準化的操作方法」排除掉了，擰緊螺帽所需的僅僅是行爲主義的「肌肉感覺」這種抽象心理（在行爲主義的奠基人華生看來，白鼠正確走迷津主要也是通過肌肉感覺完成的）。這種抽象心理最後完全吞噬了工人的具體心理，以致於他在街上見到女士衣裙上的六角鈕扣都要拿扳手去擰上一擰。一旦他偏離了抽象心理的規定，就被視爲異類投進了瘋人院。

　　如果說在卓別林的時代，心理還只是生產過程的要素之一（比如馬克思講的「人的腦、肌肉、神經、手等等的生產耗費」），那麼對當前生產的分析顯示我們已經由心理作爲生產要素之一的生產轉向了心理本身的生產。心理成爲生產要素本身，甚至是根本性要素。生產心理（to produce psyche），即心理的生產，在概念上和現實上是晚近的發明，主要表現在心理本身成爲資本，成爲商品，成爲權力，成爲資本主義再生產的彈性形式等各方面。心理的生產意味著生產是「心理性的」，而心理也是「生產性的」。它突出地體現在服務業時代員工要在工作中表現出令組織滿意的情緒狀態這種新型的「情緒勞動」（emotional labor）[2] 中。「持續監控自己的情緒表達與表達規則之間是否存在差異，並努力採用一定的情緒調節策略降低差異的心理控制過程」（汪義貴等，2012，頁 64）。這種抽象心理成爲生產本身，而員工具體心理之作用無非是如何更好地促進這一過程。「即使個體精疲力竭、情緒低落，也必須按組織的要求微笑地面對他人」。在這裡，作爲抽象心理的情緒勞動既是全部的生產資料，也是唯一的消費商品。心理的生產已經是心理的消費，心理的消費已經是心理的生產。

　　抽象心理作爲一種生產性力量開始通約人們的日常生活，這一過程即心理學化。葛蘭西的「文化霸權」、阿爾都塞的「詢喚」和傅柯的「凝視」都曾論及這種對個體在世之行爲與存在方式的各種可能性的指導與規訓。而心理學化則是資本主義生產方式中普遍存在的抽象心理對具體心理的統治。它既表現在生產過程中，又表現在交換過程中；既表現在人們的日常生活中，又表現在傳統心理學的研究中。資本主義生產在相當程度上已經成爲一種不斷心理學化的過程。本來具體心理是在特殊性上同個人結合的心理的本然規定性，是眞實改變心理對象的創造性活動，而抽象心理不過是具體心理的一種一般等值規定，然而現在抽象心理卻成了一切具體

心理的統治者。抽象心理是「死勞動」的表現，必須吮吸代表著「活勞動」的具體心理，方才有生命，並且「吮吸的活勞動越多，它的生命就越旺盛」。（《馬克思恩格斯全集》第 23 卷，1972，頁 260）它正是這樣一種生產方式所造成的顛倒關係的心理學化反映：「資本主義生產所固有的並成爲其特徵的這種顛倒，死勞動和活勞動、價值和創造價值的力之間的關係的倒置」。（同上，頁 344-345）資本主義的心理邏輯在於通過心理生產這種模式所形成的普遍化和抽象化心理壓制具體心理。抽象心理的統治功能就在於它沒有固定疆界，擺脫了具體心理的文化的、種族的或地域的限制，從世界大都會紐約一直同質性地延伸到非洲部落。隨著資本的全球流動，它創造出一種普適的反映資本主義生產關係的「世界心理學」，並以在第三世界的心理學實驗室和日常生活中被不斷複製的形式實現了自身的再生產。具體心理則在資本主義心理生產的普遍性邏輯統治下變得貧乏、膚淺、被動，喪失了內在的差異性、豐富性和創造性。

最後，如果把心理的邏輯直接定位爲自然主義的「物」的邏輯，並試圖基於一種人的生命本性或尊嚴與價值的角度，從由非歷史的拜物教觀點所延伸出來的（從崇拜客體的「物」到崇拜主體的「抽象力量」）抽象的主體價值出發對這種邏輯進行批判，那就很容易在批判的基本思路上走向抽象的、神祕的人本主義。不能脫離具體生產關係，從生命本性的失落的視角解釋心理一般的事物化顛倒及其物化錯認，因爲這勢必導致一種比其更具迷惑性和更難擺脫的神祕主義。弔詭的是，恰恰是在人本主義似乎以高貴的「精神傳統」超越了「抽象心理」的地方，在它以充滿人文關懷的美裝頌揚人的正面本質和價值，批判傳統心理學的非人化和無個性化傾向之處，由於它避免觸及歷史性生產關係的內在矛盾性，反倒作爲更時髦的替代性消費品成爲一種新的抽象心理，以及資本主義心理生產的更爲隱祕的共謀。

至此，心理一般的事物化顛倒及其物化錯認，資本主義心理生產的普遍化，心理學的自然化，看得見的物質的「腦區啟動」和看不見的它的歷史社會規定性攪和在一起的現象已經完成：「這是一個著了魔的、顛倒的、倒立著的世界」。在這個世界裡，資本先生和心理太太，「作爲社會的人物，同時又直接作爲單純的物，在興妖作怪」（《馬克思恩格斯全集》

第 46 卷下冊，2003，頁 940）。

註釋

1 如果《1844年經濟學—哲學手稿》中馬克思的這種判斷還只是一種邏輯懸設或者抽象的哲學設定，那麼在其後的經濟學語境中則清晰地呈現出了這種全新的世界觀。

2 情緒勞動一般被界定爲「員工在工作時展現某種特定情緒以達到其所在職位工作目標的勞動形式。這些特定情緒針對的目標人群有：客戶、顧客、下屬，或者同事。」參見：Hochschild, Arlie (1983). *The managed heart.* Berkeley and Los Angeles, California: University of California Press.; Hoschild, Arlie Russell (2012). *The managed heart: Commercialization of human feeling.* Berkeley: University of California Press.

參考文獻

王波（2013）：〈身心靈：對靈魂殘餘的崇拜和追懷〉。《中國社會科學報》，475。

王波（2014）：〈心理學、生命政治與新自由主義治理〉。《國外社會科學》，5，134-142。

列維—布留爾（1985）：《原始思維》（丁由譯）。商務印書館。

汪義貴等（2012）：〈情緒勞動研究的回顧與展望〉。《心理研究》，4，63-72。

柏拉圖（1986）：《理想國》（郭斌和、張竹明譯）。商務印書館。

席居哲等（2008）：〈心理彈性（Resilience）研究的回顧與展望〉。《心理科學》，4，995-998。

泰勒（2001）：《自我的根源》（韓震等譯）。譯林出版社。

馬克思（1975）：《資本論》第1卷。人民出版社。

馬克思（1979）：《1844年經濟學：哲學手稿》。人民出版社。

《馬克思恩格斯文集》第8卷（2009），人民出版社。

《馬克思恩格斯全集》（1972，1979，1995，1998，2001，2000，2003，2014）。人民出版社。

《馬克思恩格斯選集》（1995）。人民出版社。

康德（2003）：《單純理性限度內的宗教》（李秋零譯）。中國人民大學出版社。

張一兵（1999）：〈從抽象到具體的方法與歷史唯物主義：〈1857-1858年手稿〉導言解讀〉。《馬克思主義研究》，2，81-88，96。

張一兵（2005）：《回到馬克思：經濟學語境中的哲學話語》。江蘇人民出版社。

張一兵（2014）：〈再論馬克思的歷史現象學批判：客觀的「事物化」顛倒與主觀的「物化」錯認〉。《哲學研究》，3，10-20。

張雙利（2014）：〈理性何以淪爲權力的純粹工具？〉。《學術月刊》，3，67-75。

陳家琪（2008）：〈倫理共同體與政治共同體：重讀康得的〈單純理性限度內的宗教〉〉。《同濟大學學報》，2，40-47。

奧古斯丁（2008）：《論自由意志》。江西人民出版社。

維科（1986）：《新科學》（朱光潛譯）。人民文學出版社。

鄧曉芒（2006）：〈對「價值」本質的一種現象學思考〉。《學術月刊》，7，46。

Ackrill, J. L. (1997). *Essays on plato and aristotle*. Oxford University Press.

Adorno, T., Albert, H., Dahrendorf, R., Habermas, J., Pilot, H., & Popper, K. (1976). *The positivist dispute in German sociology*, Heinemann.

Bakan, D. (1967). Idolatry in religion and science. In D. Bakan (Ed.), *On method: Toward a reconstruction of psychological investigation*. Jossey-Bass.

Brown, S., & Stenner, P. (2009.) *Psychology without foundations*. Sage.

Cassirer, E. (1961). *The logic of the humanities*. Yale University Press.

Danziger, K. (1985). The methodological imperative in psychology. *Philosophy of The Social Sciences*, *15*(1).

Darity, Jr. W. A. (Ed.) (2008). *International encyclopedia of the social sciences (Vol. 1)*. Macmillan Reference.

Dilthey, W. (1989). *Wilhelm Dilthey: Selected works, bolume I: Introduction to the human sciences*. In R. Makkreel & F. Rodi (Eds.). Princeton University Press.

Gadamer, H-G. (2004). *Truth and method*. Bloomsbury.

Herrnstein, R., & Murray, C. (1994). *The Bell curve: Intelligence and class structure in American life*. Free Press.

Horkheimer, M., & Adorno, T. (1972). *Dialectic of enlightenment*. Herder & Herder.

Maslow, A. H. (1970)., *Motivation and personality*. Harper & Row.

Teo, T. (2005). *The critique of psychology: From Kant to postcolonial theory*. Springer.

Toulmin, S., & Leary, D. E. (1985). The cult of empiricism in psychology and beyond. In S. Koch & D. E. Leary (Eds.), *A century of psychology as science*. McGraw-Hill.

第九章 心理學、生命政治與新自由主義治理

王波

馬克思在近 150 年前指出,「資本主義生產方式占統治地位的社會的財富,表現爲『龐大的商品堆積』」(《馬克思恩格斯全集》第 23 卷,1995,頁 47),而在當今發達的新自由主義國家,一種新近被創造的無形的「財富」則表現爲「龐大的心理學知識堆積」。心理學正在成爲人們自我理解和塑造的意識型態機器,心理學對日常生活的內部殖民直接導致心理學接管並整體性地重構了人們的日常生活經驗。「心理學科和心理專業知識在建構『可治理的主體』方面扮演了重要的角色」。在這裡,「心理不只是一種觀念、文化信念或者某種實踐……它在政治權力的當代形式中具有至關重要的作用,使得心理能夠以與自由主義和民主原則相匹配的形式治理人類」(Rose, 1989/1999, p. vii)。進而言之,現代權力以對生命本身的治理(以訓練生命效率爲特徵的「肉體的解剖政治」和以管理生命繁衍爲特徵的「人口的生命政治」)替代了前現代權力對死亡的控制(「劍與血」的絕對權力)。如果說前現代權力的特徵是「讓人死」(letting die),那麼現代權力的特徵則是「要人活」(making live)。而心理學恰恰樂於提供一整套告訴人們應該「怎樣活」的知識體系,即用以「規訓」人們日常生活的「常模」(norm)[1]。「傳統習慣的消失和對心理學技術的信任,使人們不再相信他們自己對幸福、實現和如何養育他們的孩子的直覺」(泰勒,2001,頁 800),心理學通約了人們的日常生活,直到人們按照心理學的常模和精神病理學來塑造自己。結果在發達資本主義社會,作爲社會控制的現代形式,「助人的職業接管了他們的生活」(泰勒,2001),[2] 從而被賦予一種心理學形式的生命。

另一方面,笛卡兒透過作爲「現代性的原則框架」的「意識的內

在性」，「發明了現代人，在某種意義上現代人就是心理人」（王波，2012），它不僅使心理學作爲一門獨立的現代學科成爲可能，而且還爲人的解放——使人從「作爲代表世界靈魂的特別部分」進入新自由（自明、自我確信並爲自身立法）之中的解放——奠定了形而上學的基礎（王波，2014）。而資本主義生產方式（生產資料的資本主義私人占有制）又正巧爲它提供了政治經濟學的現實可能性。作爲「心理的和政治的原子主體性」（泰勒，2002，頁 9）載體的「心理人」正是使新自由主義得以運作的自由的、自治的和進取的行動者。如此這般心理學就成爲生命政治、治理和新自由主義三者交錯勾連和發揮作用的中介領域。心理學形式的生命以及作爲其物化對象的「心理人」具形正是行使這種現代權力的主體和這種現代權力凝視的客體。

生命政治：心理學形式的生命

自傅柯在 1979 年的法蘭西學院講座中提出「生命政治」以來，它已經成爲哲學和人文社會科學各種話語中被廣泛使用的一個概念。對這一概念的激烈討論表明它抓住了我們當今時代的某種本質（Lemke, 2011, p. xi）。傅柯「用『生命政治』來指稱那種肇端於十八世紀的努力，它試圖對治理實踐所面臨的問題進行理性化的處理，這些問題是由諸如健康、衛生、出生率、預期壽命和種族等現象帶來的。而這些現象是被建構成人口的生活著的人所特有的。」（Foucault, 2008, p. 317）在傅柯看來，生命政治透過「爆炸式的繁雜技術以實現對身體的征服和對人口的控制」（Focault, 1998, p. 140）。阿甘本則透過接合主權和「赤裸生命」（bare life），揭示了「現代生命政治的新穎之處」，即「在生命政治的任務中，生命與政治合爲一體。（『所謂政治，就是賦予人們的生命以形式』）」（Agamben, 1998, pp. 148-150）。在發達資本主義社會，生命政治賦予人們的生命以一種心理學形式。「生命並不只是政治的客體，它並不外在於政治決策過程。恰恰相反，生命影響了政治的核心——政治主體。生命政治不是某種主權意志的表達，而是致力於在人口層次對生命過程進行管理和規訓。它關注的焦點是生活著的人。」（Lemke, 2011, p. 4）故而，所謂

心理學形式的生命政治，即意味著透過各種心理學技術在人口層次對生命本身的心理治理。對於這種心理學形式的生命政治治理，有三個方面的特徵需要注意。

首先，一整套被用來治理心理學形式的生命的心理學技術被發明出來，並重構了我們的日常生活經驗乃至主體性。如果說生命政治試圖對治理實踐所面臨的新問題進行理性化的處理，那麼這種「理性化必須找到實現其自身的某種途徑，以使自身具有可操作性和工具性」（Miller & Rose, 2008, p. 17）。而這種「途徑」即所謂「技術」。它促使各種形式的權威得以對人們的行動進行想像並施加作用。這種技術是指導人們行動的各種裝置、工具、人事、材料和機器等的集合。「指導行動」正是傅柯對治理的經典定義，技術就是實施這種指導的各種中介。在心理學中，它表現爲用來認識、測量和控制心理學形式的生命的各種規訓機構（學校、醫院、心理診所等）、心理專家、臨床診斷、測驗技術、精神疾病量表和診斷手冊、自助書籍，以及各種形式的心理學知識。一位曾在位於史丹福大學的斯金納學習大廈做過被試的人這樣回憶他在行爲主義技術迷宮的黑暗經歷，「人們被作爲僅僅是刺激反應的機器……行爲主義政體中的臣民。（年輕的研究生）操縱著布滿導線的奇妙裝置，就像最爲虔誠的耶穌會士面對著他的神聖機器。」（Tindall, 2011）這種實驗設備即技術的物化形式之一。新行爲主義也開發出了各種各樣精妙而有效的心理學技術。例言之，在教育心理學中經常提到的普雷馬克原理，即用高頻活動作爲低頻活動的強化物，比如說用學生喜愛的活動強化學生參與不喜愛的活動。而電子遊戲設計則充分發揮了新行爲主義的依隨性原理，以吸引玩家堅持不懈地沉迷於遊戲之中。心理學技術不僅被用來矯正行爲、治療疾病、創造效益，現在它還在重塑人們的主體性中發揮作用。康德哲學事業的四個著名命題，即「我能知道什麼？我應該做什麼？我可以期望什麼？人是什麼？」的想像現在被心理學技術整體性地重構了。心理學知識通過書籍、電視乃至更爲直觀和便捷的網路等各種媒介誘導我們習得關於如何經營婚姻、如何獲取成功，如何追尋幸福，乃至如何「做最好的自己」實現自我的各種技術。「我們的自我被各種心理學術語界定、建構和治理，並服從於自我審思和檢查的心理學技術。」（Rose, 1989/1999, p. xxxi）由此，我

們之前關於如何是，以及怎樣過一種善的生活的日常道德經驗和實踐智慧現在被轉化成了一系列用來治理心理學形式的生命的心理學技術。

其次，心理學技術對心理學形式的生命的治理是在人口層次進行的。「治理的目標是人口」（Foucault, 1981, p. 20），「生命政治的目標並不是單個的人類個體，而是他們在人口層次被測量和集聚的生物學特性。這一過程使得定義常模、建立標準和確定平均值成為可能。結果，『生命』就成為一個獨立的、客觀的和可測量的因素。」（Lemke, 2011, p. 5）針對人口的生命政治要求透過指認其某種特性，把它從總體中隔離出來，並將這種特性轉換成可以直接把握的可計算形式，從而在數字的解釋框架中得到直觀說明和理解。由此原本不便統治的人口就能夠被簡捷地檢查、管理、操縱和控制，以將社會問題最小化，社會效率最優化，維持人口及其中的個人的良好秩序。自十七世紀以來，這種針對人口的將其特性轉換為可計算形式的生命政治，往往體現在新興的統計學、人口學、生物學、流行病學等學科中。人口的出生、婚姻、年齡、收入、疾病和死亡等都被納入統計學的計算模式。「而心理學則扮演了一個重要角色，因為它提供了對人類心靈的特性、能量和能力進行登記的手段，使得人力轉換成物質的形式，從而為計算提供了基礎。」（Rose, 1989/1999, p. 7）質言之，對心理學形式的生命的治理就是將人口轉換成數字，亦即對已經成為治理與塑造的對象的「心」的計算。無論是在經濟生活中被計算為「資本」的人力資源，還是在戰爭中針對敵方特別人群散發傳單和進行廣播的心理戰，「人口的心理狀態開始被轉譯成一種可計算的形式：它被登記、存檔，然後轉化成統計資料、圖形、表格，以供在政治的深思熟慮和管理的主動權中被凝視。」（Rose, 1989/1999, p. 25）

在心理學史上，在心理學由於缺少數學量值（magnitude）而被康德否認為科學的地方，韋伯和費希納很快實現了對之的測量（韋伯—費希納定律），從而把主體自身也納入一種可用數學量值度量的體系（王波，2012，頁 2）。而後由於馮特、高爾頓、卡特爾和比奈等人的工作，心理學開始通過各種實驗操作和測量工具來獲取關於人口特徵的數字，它們包括種類繁多的人格量表、智力測驗量表和精神疾病量表等。「生命政治意味著這樣一個星叢，在其間現代人文和自然科學，以及從中產生的規範性

概念塑造了政治行動，並決定了它的目標。」（Lemke, 2011, p. 33）由此人口的心理特徵以編碼的方式被規範化，它包括積累和總結資料，並將之平均化和常模化，然後進行比較、評價和評判，並據此決定針對它的矯正、治療、規訓、隔離、或者最優化等各種治理技術。

1994 年出版的《鐘形曲線：美國生活的智力與階級結構》一書詳盡地詮釋了這一過程。哈佛大學心理學教授赫恩斯坦和社會公共政策學者莫瑞在這本充滿爭議的書中再一次強調了可以被準確測量的，超越種族、語言和國家邊界的智力在美國人生活中的重要作用，並且以基因科學的名義宣稱智力主要是由遺傳資料決定的，而且不同種族的智力差異呈常態曲線分布。智力比親代的社會經濟地位或教育水準更能預測個體未來包括收入、職業和犯罪等在內的可能發展。而智力在很大程度上（40%～80%）是由遺傳基因決定的。基於這種對人口心理特徵的數字化把握，兩位作者就社會公共政策提出了建議。在他們看來，1980 年代以來的新自由主義政策走得還不夠遠，現在需要廢除鼓勵貧窮婦女生育的福利政策，縮減被認為拉低了美國人平均智商的移民數量。他們更建議進一步取消政府保護弱勢種族或群體的平權法案（Affirmative Action）（Herrnstein & Murray, 1994）。

實際上，早在 1981 年出版的《對人的錯誤測量》（Gould, 1981）一書中，古爾德就已經揭露了對智力測驗的發展厥功甚偉的諸如戈達德、推孟、耶克斯、伯特、斯皮爾曼以及瑟斯頓等人所表現的這種生物決定論傾向。「在心理學中，很多心理學家都斷言了標準智力測驗分數個體差異上的高度生物決定論」（Humphreys, 1983, p. 115），而且隨著基因技術的發展，人口的心理特性已經被推進到基因決定的水準。原本尚有深度的心靈現在完全被心理學形式的生命的物化形式，即數字夷平了，從而成為一種分子生物學的生命政治。這讓我們不得不再次尋味阿甘本的警語，「現代生命政治的新穎之處即這樣一個事實，生物學的賦予（given）直接就是政治的，而政治的直接就是生物學的賦予。」（Agamben, 1998, p. 148，重點為原文所加）

最後，針對人口所施行的各種心理學技術並非要取消心理學形式的生命的主體性，恰恰相反，它透過重塑關於人之所以為人的想像創造了一種

全新的主體性，或曰將生命主體化（subjectification）了。心理學形式的生命並不只是被政治壓迫的無聲客體，它並不外在於自上而下的政治決策過程。實際上，生命本身就是政治主體。如果說主體性的再生產就是心理學形式的生命政治的真正本質，那麼現在這種再生產不再是強制性的，而恰恰是自動的、自願的和被追求的。乃至最後對這種主體性的逃離就是它控制我們的方式。這自然過渡到下一部分將要詳述的作為主體性的再生產的心理治理。

心理治理：主體性的再生產

傅柯對「瘋癲」、「規訓」和「懺悔」的歷史研究關注的正是人類成為「主體」的方式。他對主體性的歷史構成的關注，以及他對西方文化中的監視形式的分析奠定了對心理學學科本身的理解的基礎（王波，2013）。傅柯在 1978 和 1979 年的法蘭西學院講座中引入的治理概念所針對的就是主體的生產和計算。他將治理稱為對行動的指導（the conduct of conduct），這意味著控制市民的一種精巧的方式，亦即一整套賦權（empowerment）技術，諸如自治、自我實現、自尊等（Madsen, 2014, p. 814）。而心理治理即指對心理學形式的生命主體化過程的指導和計算。透過一整套心理學技術，心理學形式的生命被重塑成全新的主體性。

一方面，心理學實踐已經改造了當代人類的生活形式本身及其對自我的可能想像。「人類靈魂工程學（the engineering of the human soul）已經成為這樣一種部門的任務——沉浸在心理學的術語、測量、技術和倫理之中的專業知識。無論對家庭還是工作，行銷還是政治，兒童撫養還是兩性關係，在這種社會中，心理學專業知識都已經使自己對現代生活來說不可或缺。」（Rose, 1991）心理治理促使對個人問題的理解和闡釋從道德領域轉換到心理學領域。普通市民開始認為自己遭遇的問題適於心理學的處理。如果之前他們會到親友或者牧師那裡尋求支持，那麼現在他們傾向於用心理學的術語解釋自己的問題，並且就此向心理專家尋求幫助（Abma, 1994）。這實際上是一個更為龐大的裝置的組成部分，這種裝置被稱為心理複合體（psy complex），亦即「各種作用的總和，包括臨床、教育、

發展和工業心理學，心理治療和社會工作，它們的話語並不侷限於專業干預的具體領域，而是貫穿了家庭、學校和工作場所，也就是『社會存在』本身」（Ingleby, 1984）。心理複合體重塑了社會存在本身，並生產了關於人是什麼、人應該做什麼以及人可以期望什麼的全新想像，從而使人類得以透過新的方式構想自我、談論自我、評判自我和指導自我（Rose, 1989/1999, p. vii）。無論是二十世紀誕生的關於人之所以爲人，即如何「做人」（personhood[3]）的心理學概念及與之匹配的思維和行動方式，還是二十一世紀腦科學的新進展，它們都致力於重塑我們關於自我的想像。「做人」指涉的是人何以成爲人這一根本性問題。在喬姆斯基看來，「人之成爲人是因爲具有某種特定屬性，一種特定的實體；我們正是根據對魯賓遜在各種情形中的行爲的考察，從而決定他是否具有這些做人的屬性和實體的。」（Chomsky, 1985, p. 234）而在心理治理的政體中，心理學正是充當了重新界定人的屬性和實體的角色。二十一世紀主流的腦科學進展則正在試圖通過腦功能定位來解釋人的主體能動性。這方面的一個例子就是憑藉《王者之聲》成爲奧斯卡影帝的費爾登和他的同事近來在頂尖生物學期刊《細胞》子刊《當今生物學》上發表的論文。他們試圖找出腦結構和決定政治態度的心理機制的關係。結果發現，「更強的自由主義與前扣帶皮層的灰質體積增加有關，而更強的保守主義與右側杏仁核體積增大有關。」這一研究似乎讓他們野心勃勃，他們認爲「這將爲在腦結構之上定位高級心理特徵，並透過腦功能來解釋社會學促動的構造開啟了一條嶄新的途徑」（Kanai, Feilden, Firth & Rees, 2011, pp. 677-680）。由此主體性被「科學地」坐實到在功能性核磁共振設備上「白紙黑字」一般地呈現的腦結構上，從而被心理學地重構和計算了。在心理治理，乃至透過其新形變，即人腦進行治理（Rose, 2013, pp. 6-9）的政體中，政治行動的主體就是一個個長著自由主義或者保守主義結構的腦袋，並用這種腦結構解釋和指導自己的政治態度和行動的人。

　　另一方面，雖然這種主體性的再生產有時還要依靠一種充滿誘惑的阿爾都塞式意識型態，以將個體詢喚（interpellation）成主體。它可以體現在教科書般的諸如耶魯大學的米爾格拉姆權力服從實驗中（Milgram, 1963），其中一句著名的實驗導語就是「既然你知道了，那麼你感覺如

何？」（Now That You Know, How Do You Feel?）（De Vos, 2009）。它也可以表現爲各種心理學技術的循循善誘，「你要知道自己孩子的智力嗎？你要了解朋友的性格嗎？你要招聘到優秀的員工嗎？你要明白自己最適合從事什麼職業嗎？請到我這裡來吧！」（余嘉元，2012，頁 210）但需要注意的是，這種全新的心理學主體性主要依賴的是更爲精妙和充滿彈性的自我治理。心理複合體的擴散已經內在地與治理的轉型密切聯繫在一起了。我們必須明白，在心理治理的政體中，權力不再只是那種等級式的、自上而下的國家權力。現在它更表現爲各種心理複合體的社會控制，以及各種形式的知識。這意味著權力不能再只依照傳統的壓迫概念進行解釋。實際上權力可以通過生產知識和某種話語，以供個體內化，並指導人口的行動，從而積極地呈現自身。這就導致了一種更爲有效的作爲心理治理的社會控制，因爲知識允許個體自我治理（Madsen, 2014, p. 815）。

　　所以在我們在談到治理人口的各種心理學技術時，並不意味著要出於某種價值懸設，或者站在某種人本主義的立場上批判這一過程對主體性的壓迫和控制，並由此尋求解放或發展出作爲其他可能選擇的眞正的和眞實的主體性。實際上，這種主體性本身恰恰一直都是心理治理宣稱要說明人們實現的目標。比如各種「生活培訓」，它提供的學習經驗將「極大地增強你的能力，以改變你生活中每件事情的品質」；心理治療則能帶來巨大的回報，「遠遠更多的幸福關係和更大的自我表現。家庭和社會生活，兩性關係和工作都將受益」（Rose, 1989/1999, pp. 245-246）。而「來訪者中心療法」的主題就是「做最眞實的自己」，它鼓勵來訪者重視誠實和眞實的價值，對自己的內部和外部經驗完全開放，接受和尊重自我和各種感受，體驗當下，以修復被歪曲與受損傷的自我實現的潛能，重新走上自我實現、自我完善的心理康莊大道（Rogers, 1961）。拉康式的那種不可能的存在之眞被拋諸腦後，「正是心理學家將『眞實界』（the real）帶到了現實之中。」（De Vos, 2009）

　　這種眞實的主體性的再生產依賴於個體自我治理的自由。主體性再生產就是透過生產自由進行的心理治理。比如自尊就成爲一種高效的個體自我治理技術與手段，不需要員警、法官或者醫生，他們依靠自己就能成爲「健康的」市民（Cruikshank, Osborne & Rose, 1996, pp. 231-251）。這意

味著一種全新的心理學主體被創造出來，它被賦予充分的自由，自我監控，自我檢視，自我提高（Foucault, 1986），從而實現自身的主體化。而這裡的主體化就是對行動的行動，也就是通過自由和自治將自己塑造成自我實現的心理人。作為心理治理政體中的國王和臣民，這種心理學主體成為發達資本主義下主要的生活形式。「這種生活褒揚自治和自我實現的價值，而兩者在形式和結構上本質都是心理學的。這些價值建立和限定了我們關於人是什麼，以及如何過一種自由生活的觀念：在這種心理學的意義上，實際上當今的主體（至少在他們適應成人的狀態時）『不得不是自由的』。亦即，無論遭遇的束縛、限制、障礙如何外在和難以改變，每個個體都必須使自己的生活具有意義，彷彿它是自我實現的征程中個人選擇的結果。」（Rose, 1989/1999, pp. viii- ix）這種全新的心理學主體衝擊了我們關於政治壓迫和經濟剝削的傳統觀念。如果說經典的解放理論著重於階級鬥爭、民族獨立、性別政治等宏大敘事，那麼心理治理則創造了一個新的衝突領域，為反對主體化而進行的鬥爭（Foucault, 2000, pp. 331-332）。傅柯多次說過，「如果有人拷問自己的認同，生活就終結了；生活的藝術是取消認同，打破心理學。」在阿甘本看來，「這正是傅柯所展示的：危險是人們重新確認自身，人們把一種新的認同注入自身，或者說生產出了一種新的主體，但是這種新的主體卻又受制於國家；危險是人們從此再次親自參與了這個界定生命權力的主體化與隸屬化的無限過程。」（鄭秀才，2005）這就是心理治理的狡計，乃至對它的逃離也是它控制我們的方式。正是基於此，阿甘本才說他不相信存在可以逃脫這個過程的任何可能性。而阿甘本後來關於保羅書信的研究，即思考一種並不意味著逃避的逃離：「在此地的運動，在原有情形之中的運動」，也正是與這種心理治理密切相關的。

心理人：自由、自治和進取的行動者

自從亞歷山大·羅斯托在 1938 年的李普曼學術研討會上提出新自由主義這一術語以來，圍繞它在各個學科中產生了大量的學術爭論。而1990 年代中期的華盛頓共識（Washington Consensus），把英美的新自由

主義模式界定為對全球性問題的回應，並將之施加於歐洲和日本，劇烈地改變了世界格局。儘管「新自由主義絕不是一種簡潔的、被明確定義的政治哲學」（Plehwe, 2009, p. 1），但生命政治和心理治理的誕生與新自由主義的發展密切聯繫。「新自由主義的問題是政治權力的全面行使如何可以模擬市場經濟的原則」（Foucault, 2008, p. 131）。它孜孜不倦地尋求各種設置的私有化，以之作為開闢資本積累新領域的途徑。在宏觀水準，新自由主義反對工會權力，攻擊各種形式的社會團結，解除關於福利國家的承諾，致力於公共事業（教育、交通、社會服務）的私有化。在微觀水準，「資本主義的危機被解釋為治理的危機。」（Harvey, 2005, p. 12）「經濟是手段」，「但是改變靈魂才是目標。」（Harvey, 2005, p. 13）新自由主義強調個體自由、進取和責任的重要性。因此，在社會上的成功或者失敗就被闡釋為個人進取性優點或者弱點的結果，而不是被歸因於任何制度的屬性。所以在傅柯看來，新自由主義並不是一種經濟學理論或者政治意識型態，而是一種治理人類的特殊藝術（Lemke, 2011, p. 45）。正是基於此，「皮諾切特以前透過高壓的國家暴力完成的事情，現在被柴契爾夫人透過民主同意的組織實現了。在這一點上，葛蘭西的觀察，亦即同意和統識必須在革命行動之前被組織起來，和柴契爾夫人的確是一位自稱的革命家，兩者是深刻相關的。」（Harvey, 2005, p. 12）

　　對心理學形式的生命的新自由主義治理塑造了一種新的主體性，這種人類存在的新模態可被稱為以自由、自治和進取為特徵的「心理人」。新自由主義將社會溶解成個人的行動，人們通過自願的行動經營自己的生活。小布希在他的第二次總統就職演講中就宣稱，要「使每一個市民成為他或她命運的行動者。」（Bush, 2005）福山曾寫到，「一個自由國家最終是一個有限國家，其治理行為被個體自由嚴格地限定」[4]，新自由主義治理完全實現的前提就是，個體必須將自己認作既是自由的，又是負責任的，並且據此行動（Rose, 1996, p. 68）。新自由主義一方面要求削減公共事業，另一方面要求主體成為自由的、自治和進取的心理人。由此，它對其臣民的統治就可以不再依靠由傳統法權做後盾的強制性官僚機構，或者由宗教授權的道德標準的強制，而是通過構建他們通過其自由自我治理的行動的可能領域來實行統治（Rose, 1996, p. 87）。透過將有責任和義務的

主體改造爲有權利和自由的心理人，心理人不僅僅是可以「自由選擇」，而且更是不得不（被迫）「自由」地去「理解和制定他們的生活的選擇」。這種自由已經與過去的自由大異其趣。現在的這種自由指的是對行動的行動，即通過重塑人們的生活方式以實現其潛能和夢想。

透過自由的生產，具體的自我治理能力就可以被安裝到心理人身上，由此其行爲方式以及自我評價方式就會符合新形式的統治的目標（Rose, 1996, p. 155）。這些能力包括諸如進取和自主性。這裡的進取指的是一套指導日常行爲的規則：能量、積極主動、有抱負、計算、個人責任和彈性。進取的心理人將像管理企業那樣安排自身生活，最大限度地發揮其自身的人力資本，給自己制定未來規劃，並把生活塑造成他希望的樣子。因此，進取的心理人既是積極的自我，又是計算的自我，這種自我對自己精打細算，並爲了一個更好的自我而行動（Rose, 1996, p. 154）。自主性則是對事業的控制和對目標的界定，還有對通過我們的力量以實現我們的需要的規劃（Rose, 1996, p. 159）。由此，心理人的自主性現在不再是政治權力永恆的對立面，而是已經成爲透過現代「心靈」實現這種政治權力的目標和手段（Rose, 1996, p. 155）。彈性則是新自由主義對心理人素質的內在要求。新自由主義國家的口號就是「彈性」。它灌輸的觀念是，社會和經濟模式具有無法改變的固定的性質，而心理人由於它被重新賦予的權利和自由則具有超乎尋常的彈性，而且這種彈性完全處在心理人選擇和責任的範圍之內。近二三十年來日益被心理學家廣泛關注和研究的心理彈性，亦即以積極的視角看待壓力和逆境中的人的發展，[5] 正是心理人的彈性素質被重視的表現。在這種心理彈性的保障之下，所有那些阻礙資本在不同行業和地域自由流動的障礙都被移除了。

自由、自治和進取的心理人在日益流行的正向心理學中得到生動的體現。正向心理學宣稱在處理各種消極的精神病態之外，心理學更要關注包括潛能、正念、希望、殷盛、乃至幸福在內的人的積極方面。得益於正向心理學發明的各種「幸福技術」，如今個人幸福已經獲得了最高水準的透明性和可塑性（Gable & Haidt, 2005）。幸福的實現依賴於個體對自己的日常思維模式進行重複性的干預。個體被賦予充分的權威，以調節和操縱自身的幸福，通過控制個人的思想，幸福的強度都能時刻在數字上得到

確定（Seligman & Csikszentmihalyi, 2000）。基於這種幸福原理，甚至一款可以下載到蘋果手機上的應用專門被開發出來，以供心理人隨時調適自己的自我意識狀態和情緒情感體驗。同時正向心理學研究以其科學的精確性告訴人們，幸福是一種個人性的隨機的主觀狀態，與外部環境的改善相關並不顯著。基於同卵雙胞胎的研究資料，一位著名正向心理學家聲稱，「你必須知道，一種真正的和持久的幸福的確在你的控制之內，在幸福餅狀圖上，它占 40%，而這是你能操縱的」（Lyubomirsky, 2007）。額外的 50% 是由我們的基因遺傳決定的，而只有 10% 才受環境影響。由此幸福幾乎完全處在心理人選擇和責任的範圍之內。正向心理學的這種幸福技術具有獨特的生產性效果，它進一步塑造了自由的、自治的和進取的新自由主義心理人。

在黑格爾看來，作為世界本質的理念透過異化為物相從而顛倒地實現自身，由此拿破崙才被稱為騎在馬背上的世界精神，亦即理念實現自身的工具。馬克思在他的政治經濟學批判中發現了這種「理性的狡計」的現實邏輯運演，借此勘破了黑格爾思辨天國的世俗祕密：史密斯所謂「看不見的手」正是這個狡猾理念的物化表現，它並不直接出場，而是透過市場中主體的自發盲目活動實現自身。所以馬克思才說「工人……只是勞動能力的人格化」，乃至資本家也是因為「資本的人格化，表現為資本家」（《馬克思恩格斯全集》第 23 卷，1995，頁 15-39）。類似地，在新自由主義的政體中，它同樣不出場，心理人只是資本的人格化，成為資本實現自身目的的工具。如果說，「富有特徵意義的是，在英國，根據工人的勞動能力藉以發揮作用的主要器官——即他們自己的雙手，把工人叫做『人手』。」[6] 那麼在發達資本主義下，根據心理人的勞動能力藉以發揮作用的主要器官——即他們的頭腦，把他們叫做「腦力」。對這種主動而自發的「腦力」的治理和計算就是新自由主義的全部祕密。也正是它和生命政治與心理治理一起，更進一步地加劇了資本主義文化符號體系與無產階級日常生活經驗之間的「分裂、所指與能指之間不可能的縫合」（拉克勞與墨菲，2003，頁 125）。

註釋

1 測驗常模，簡稱常模，即指一定人群在測驗所測特性上的普遍水準或水準分布狀況。心理測驗的過程就是用一個常模來解釋測驗分數。完成一項心理測驗後所得到的分數需要與一個標準進行比較才能獲得意義，而這個標準在心理測量學裡就被稱爲常模。

2 韓譯在這裡將原文中的 "the 'helping professions'" 翻譯成「幫忙的職業」，未允爲當。因爲在原文的語境中，該短語特指的是在美國極爲普遍和流行的號稱「助人自助」的心理諮詢和治療。對這一職業，國內心理學界通行的譯法就是「助人自助」，也就是所謂「幫忙的職業」。故合適的翻譯似爲「助人的職業」。

3 對 Personhood 的討論可見 N. Rose, *Inventing our selves: Psychology, power and personhood* (1996) 一書。

4 轉引自 N. Rose, *Inventing ours elves*. Cambridge University Press, 1996, p. 63.

5 參見席居哲、桑標、左志宏：〈心理彈性（resilience）研究的回顧與展望〉，《心理科學》，2008 年第 4 期，第 995-998 頁。

6 參見《馬克思恩格斯全集》第 47 卷，人民出版社，1995 年，第 55 頁。

參考文獻

王波（2012）：〈論笛卡爾與馮特在思想史上的內在勾連：從意識內在性的視角看〉。《自然辯證法研究》*11*，1。

王波（2013）：〈作爲其他可能選擇的主體性：與伊安・派克教授談理論心理學〉。《華東師範大學學報・教育科學版》，*3*，43。

王波（2014）：〈論主體形而上學對心理學的作用以及佛洛德的解決方案〉。《江蘇師範大學學報》，*1*，142。

余嘉元（2012）：〈心理測量學：心理學皇冠上的數學明珠〉。《中國科學院院刊》，*27*，增刊，210。

拉克勞、墨菲（2003）：《領導權與社會主義的策略：走向激進民主政治》（尹樹廣、鑒傳今譯）。黑龍江人民出版社。

泰勒（2001）：《自我的根源》（韓震等譯）。譯林出版社。

泰勒（2002）：《黑格爾》（張國清等譯）。譯林出版社。

《馬克思恩格斯全集》第23卷（1995）。人民出版社。

鄭秀才（2005）：〈生命政治與主體性（上）：阿甘本訪談〉。《國外理論動態》，6，42。

Abma, R. (1994, 7-11 September). The 'Psy Complex" Revisited: The Psychologization of Culture and the Case of Psychoanalysis, Paper presented at the 13th Cheiron Europe Annual Conference, Paris.

Agamben, G. (1998). *Homo sacer: sovereign power and the bare life*. Stanford University Press.

B. Cruikshank, T. Osborne, & N. Rose, (1996). Revolutions within: Self-government and self-esteem, in A. Barry (Ed.), *Foucault and political reason. Liberalism, neo-liberalism and rationalities of government*. The University of Chicago Press.

Bush, G. W. (January 21, 2005). Second Inaugural Address. *Washington Post*.

Chomsky, N. (1985). *Knowledge of language: Its nature, origin, and use*. Greenwood.

D. Plehwe, (2009). Introduction. In P. Mirowski & D. Plehwe, *The road from mont pèlerin: The making of the neoliberal thought collective*. Harvard University Press.

De Vos, J. (2009). Now that you know, how do you feel? The milgram experiment and psychologization. *Annual Review of Critical Psychology, 7*, 223-246.

De Vos, J. (2009). On cerebral celebrity and reality TV. Subjectivity in times of brain-scans and psychotainment. *Configurations, 17*(3), 259-293.

Focault, M. (1998). *The history of sexuality vol.1: The will to knowledge*. Penguin.

Foucault, M. (1981). On governmentality. In S. McMurrin (Ed.), *The tanner lectures on human values (Vol. 2)*. University of Utah Press.

Foucault, M. (1986). *The history of sexuality, vol. 2: The use of pleasure*. Viking.

Foucault, M. (2000). *The subject and power. In power: Essential works of Michel Foucault (Vol. 3)*. New Press.

Foucault, M. (2008). *The birth of biopolitics*. Palgrave MacMillan.

Gable, S., & Haidt, J. (2005). What (and why) is positive psychology? *Review of General Psychology, 9*(2), 103-110.

Gould, S. (1981). *The ismeasure of Man*. New York: W. W. Norton.

Harvey, D. (2005). *Spaces of neoliberalization: Towards a theory of uneven geographical development*. Franz Steiner Verlag.

Herrnstein, R., & Murray, C. (1994). *The bell curve: Intelligence and class structure in American life*. Free Press.

Humphreys, L. (1983). Book reviews: The mismeasure of man. *Applied Psychological*

Measurement, 7, 115.

Ingleby, D. (1984). The ambivalence of psychoanalysis. *Radical Science, 15*, 39-71.

Kanai, R., Feilden, T., Firth, C., & Rees, G. (2011). Political orientations are correlated with brain structure in young adults. *Current Biology, 21*, pp. 677-680.

Lemke, T. (2011). *Biopolitics: An advanced introduction.* New York University Press.

Lyubomirsky, (2007). *The how of happiness: A new approach to getting the life you want.* The Penguin Press.

Madsen, O. (2014). Governmentality. In T. Teo (Ed.), *International encyclopedia of critical psychology.* Springer.

Milgram, S. (1963). Behavioral study of obedience. *Journal of Abnormal and Social Psychology, 67*(4), 371-378.

Miller, P., & Rose, N. (2008). *Governing the present: Administering economic, social and personal life.* Polity Press.

Plehwe, D. (2015). Introduction. In P. Mirowski, & D. Plehwe (Eds.), *The road from mont pèlerin: The making of the neoliberal thought collective* (p. 1). Harvard University Press.

R. Kanai, T. Feilden, C. Firth & G. Rees (2011). Political orientations are correlated with brain structure in young adults. *Current Biology, 21*, 677-680.

Rogers, C. (1961). *On becoming a person.* Houghton Mifflin.

Rose N., & Abi-Rached, J. (2013). *Neuro: The new brain sciences and the management of the mind.* Princeton University Press.

Rose, N. (1989/1999). *Governing the soul: The shaping of the private self.* Free Association Books.

Rose, N. (1991). Experts of the soul. *Psychologie und Geschichte, 1/2,* 91.

Rose, N. (1996). *Inventing our selves.* Cambridge University Press.

Seligman, M., & Csikszentmihalyi, M. (2000). Positive psychology: An introduction. *American Psychologist, 55*, 5-14.

Tindall, R. (2011). The minotaur of the behaviorist maze: Surviving Stanford's Learning House in the 1970s. *Journal of Humanistic Psychology, 51*(3), 266-272.

第十章 從海文和霍夫丁之爭看中西心理學傳統的會通

王波

　　中國心理學的源頭可以上溯到哪裡？根據對心理學的不同定義，可能的回答會涉及海文（1816-1874）、霍夫丁（1843-1931）、艾儒略（Giulio Aleni）、利瑪竇、王陽明，乃至孔子、老子，甚至甲骨文時期（燕國材，1999，頁15）。實際上，這並非一個簡單的科學史考證問題。質言之，對該問題的回答揭示了我們理解心理學的方式，以及對這一學科未來的想像。而聚焦於海文和霍夫丁這兩位中國心理學起源問題中的關鍵人物，會發現他們先行塑造了隨著中國心理學發展而產生的一系列普遍問題。學界對這兩位早期心理學家的不同反應，啟發我們如何將這一不確定的科學史遺產為今所用，在更加廣闊的視野中重新構想心理學的可能性。

海文和霍夫丁之間的兩難選擇困境

　　有不少文獻選擇將中國傳教士顏永京翻譯的《心靈學》作為中國第一部心理學文本。[1] 該書由美國學者海文於1858年出版，1889年被譯成中文。而另一種比較小眾的解讀則認為中國最早的漢譯心理學著作是王國維翻譯的《心理學概論》。該書由丹麥學者霍夫丁於1891年出版，1907年被譯成中文。海文的《心靈學》採用了一種與中國本土心理學更加親近的方法（Hwang, 2012），即對人類生活的意義和道德性質的堅持。儘管它較後者早了18年在中國刊行，但若將其稱為中國第一部心理學著作，那麼有人可能會反駁，認為它所設想的心理學與當今已在中國學界扎根的心理學形式格格不入。而霍夫丁的書則深受馮特心理學影響，對心理學持實證主義立場。儘管這不是漢語世界首次使用「心理學」一詞的著作，[2] 但

它爲其後的中國心理學發展奠定了基調。如果把實證主義版本的心理學認作心理學的正統，那麼符合邏輯的選擇就是將與其一脈相通的《心理學概論》作爲正源，即中國第一部漢譯心理學書。事實上，成立於 1921年的「中華心理學會」的首任會長張耀翔很早就提出了這一建議（張耀翔，1983），而王國維作爲其譯者則被稱爲中國現代心理學之父（Brown，1981；蔣明澄，1996，頁 713）。

究竟是海文還是霍夫丁？突顯這種兩難選擇的困境，有助於揭示僅從西方視角思考時被遮蔽的問題。如果我們要思考中國爲世界心理學發展做出創造性貢獻的資源和潛力，那麼海文和霍夫丁可能仍會以意想不到的方式發揮作用。這要求我們超越過時的何爲心理學正源和正統的定義之爭，在更加廣闊的中西傳統會通的視野中重新構想心理學的可能性。

海文《心靈學》的譯介要比霍夫丁的著作早 18 年，國內外大多數學者也都將其作爲中國心理學史上的里程碑。但海文的作品卻並未能俘獲其後各個世代心理學家的想像力。可以看到，儘管廣被推崇爲中國第一部心理學著作，然而事實上它所主張的研究道路卻後繼乏人。實際上，較諸承襲了馮特所開闢的實證傳統的《心理學概論》，《心靈學》是與之理路迥異的蘇格蘭官能心理學在美國留下的遺產。威廉・詹姆士（1842-1910）之前的美國心理學常被稱作蘇格蘭官能心理學。而海文的著作出版時，詹姆士還只有 16 歲。美國人海文的觀念深深植根於蘇格蘭常識學派的官能心理學之中，如同里德（Thomas Reid, 1710-1796）所闡述的那樣。洛克、貝克萊和休謨的經驗主義強調感知者了解到的不是物理實在，而是對物理實在的感知。作爲回應，里德發展了蘇格蘭常識學派。他認爲在正常情況下，心靈能夠以一種直接觸及現實的方式處理感官資訊。他還進一步提出，心理學研究包括發現這種心靈的結構，正如醫學研究包括發現人體的解剖結構一樣（Broadie, 2009）。

從方法論上說，海文的方法雖然是實在論的且基於觀察的，但它卻不是實驗的。相反，他遵循蘇格蘭官能心理學的教條，主張心理學的研究方法由對「心靈官能的區分」構成（Haven, 1858, pp. 16-36）。他允許第三方的觀察，但主要還是依賴於通過內省獲取關於自我的知識。從內容上說，海文著作的一個簡單目標就是其明確的宗教性質。由於對人類理智能

力（intellectual power）和行動能力（active power）的強調，蘇格蘭常識學派的作者們通常都會相應地寫兩部書，一部是《心靈哲學》，另一部是《道德哲學》。海文承襲了包括里德在內的前人研究傳統，將其著作命名為《心靈學》（實際上就是《心靈哲學》，但被顏永京譯為《心靈學》），然後很快又在次年出版了《道德哲學》（Haven, 1859）。而且他當時出任的就是著名的阿默斯特學院（Amherst College）的「理智哲學與道德哲學」教授（Intellectual and Moral Philosophy）。儘管對比其前輩，海文在心靈哲學與道德哲學之間費盡心思劃清了更為清晰的界限（Haven, 1859），但對他來說，心理學是為神學服務的。而這一點亦很難讓現代心理學家接受。

　　相較而言，霍夫丁的《心理學概論》對心理學採取了明確的科學進路。他宣稱心理學「具有純粹的自然理論特徵」，並指出「心理學就是其本身，所以它不是哲學的一部分……也不是哲學」（Høffding, 1891, pp. 15-28），以此劃定心理學與哲學之間的清晰界限。霍夫丁還試圖讓心理學避開有關倫理價值問題的討論，他寫道：「斯賓諾莎堅持認為心理學獨立於倫理學，但這一事實長期以來並未得到充分的承認」（Høffding, 1891, pp. 15-28）。就像認為心理學比哲學更為基礎的馮特一樣，霍夫丁致力於迴避先前的哲學承諾，而只保留對實證主義的承諾（Pind, 2009）。對於他而言，實驗法是心理學的黃金標準。他直言不諱地說，「人們很快就會發現，純粹的主觀觀察作為一種心理學的分析方法太不完善了」，「只有當存在做實驗的可能性時，才能清楚地區分意識狀態的各個成分。實驗與觀察的不同之處在於，它不是等待某種現象的出現，而是努力在可被方便地操控的某種確切條件下製造這些現象」（Høffding, 1891, pp. 15-28）。此外霍夫丁不贊成以單維視野研究心理現象。在他看來，「每個人在任何給定時間的思想和情感不僅取決於其遺傳的自然組織，還取決於其成長的歷史地演化的文明氛圍」（Høffding, 1891, pp. 15-28）。這種對外部因素和變量的關注正是現代心理學研究的標誌。當前，無論中國還是西方，採用實驗「以觀察現象在不同情況下如何變化」仍是現代心理學的工作方式。同樣，探索環境對行為的影響也是現代心理學的基本範式。

作爲問題的海文與霍夫丁之爭

　　基於以上分析，重新擺正海文和霍夫丁在中國心理學史上的相對位置似乎很簡單。我們只需參照西方心理學輝格史（The Whig Interpretation of History）的邏輯，根據國內目前主流的研究範式，相應地把「心理學」定義爲實證主義的，然後將海文歸於心理學前科學階段的「前史」，而將霍夫丁歸於科學的「正史」本身即奏全功（Cimino, 2006）。然而更細緻地考察這一問題，事情卻沒有看上去那樣清晰明確（Vidal, 2006）。實際上，我們發現可以透過海文爲心理學恢復更多的領地。而與此同時，霍夫丁也提出了尚待西方心理學充分解決的其他挑戰，並不容易被直接收編入現代心理學的主流範式之中。當超越僅從中國或西方出發來確定正源和正統的狹隘視角，重估兩人的貢獻時，我們將被迫去面對之前經常被擱置一邊的問題。這包括對心理學具有普遍意義的兩個特定問題，一是關於現代心理學的學科認同標準問題，二是關於心理學鑲嵌於其中的價值負載問題。

　　就第一個問題而言，從國內心理學流行的輝格史視角，亦即以當下的主流心理學爲準繩研究「過去」，並以此理解自身來看，只有在滿足以下標準的情況下，心理學才算進入了一個具有質的不同的現代科學階段，並找到自身眞正的形式：在起源上是西方的，在外觀上是科學的，在方法上是實驗的，以及在學科隸屬上是非哲學的。但是如果我們試圖依照這些標準確定心理學本身在中國出現的確切時間，而且必須在海文和霍夫丁之間做選擇的話，那麼這些要求的結合必將使我們空手而歸。因爲儘管海文和霍夫丁都來自西方，然而他們各自滿足另外三個標準的程度，以及這些標準能夠區分海文和霍夫丁的程度，都是令人懷疑的。

　　西方的？布羅爾斯（G. Blowers）將中國的心理學研究置於現代與傳統派別的拉鋸戰中。在這場戰爭中，在文化上更強有力的實證主義的西方聲音普遍占據了主導地位。而且國內的心理學研究在「文革」時期曾因被認爲是「西方」學科而被暫停了（Jing & Fu, 2001）。心理學的內隱假設是科學的眞正形式是西方式的，而中國需要借鑒西方心理學發展的經驗（姚本先等人，2010）。海文和霍夫丁當然都滿足西方起源這一標準。

科學的？誠然，在中國與世界其他地方的心理學中，的確發生了由理路分化所導致的心理學基本性質的變革，並且海文與霍夫丁都捲入其中。但是奇米諾（G. Cimino）告誡我們要小心使用「科學心理學的誕生」這樣的表達（Cimino, 2006），因爲這種變革並非像人們想像的那樣是在某時某刻瞬間發生的，而是存在著多重複調的維度。

中國心理學界的主導觀點一方面主張海文的《心靈學》應該被視爲第一本漢譯心理學著作，而另一方面受西方心理學「正統」的影響，又認爲眞正的心理學應該由「科學化」的實驗方法所定義。由於《心靈學》並沒有使用這種科學化的實驗方法，所以它不能被直接指認爲標誌著國內當前所理解的意義上的「心理學」誕生的文本。而霍夫丁的《心理學概論》具有科學的外觀，並且致力於通過受控的觀察獲取數據，故而似乎占據了不可避免的優勢。但是海文的《心靈學》同樣具有這種科學的外觀。實際上，他的立場比我們想像的更科學。海文宣稱「知識必須僅限於現象，而這些現象必須通過觀察和經驗來了解。對特殊現象的細緻歸納將使我們掌握普遍的原則或是定律。而這些原則或是定律經過正確的檢查和陳述之後，就構成了我們的科學，無論是物質科學，還是心靈科學」（Haven, 1858, pp.16-36）。「和其他科學一樣，在心理科學中我們也能獲得關於自身和他人的心理狀態和運作的證詞。就心理學依賴於這些來源而言，它和其他科學一樣並肩而立」（Haven, 1858, pp.16-36）。

實驗的？儘管霍夫丁是一位實驗主義者，而海文不是，然而當反思自身方法論的侷限性之時，他們都有著經驗主義科學的抱負。海文和霍夫丁都明白不能使用飄忽不定的意識經驗作爲數據來源，並試圖阻止這種傾向。同時，他們也都承認實驗法的侷限性。海文哀嘆用實驗來生產關於意識經驗的有趣資訊幾乎是不可能的，而意識經驗在他眼裡即是心理學的研究領域。「對於內心生活的這些令人好奇的奇妙現象來說，並不存在哲學的工具或實驗，也沒有圖表或圖解」（Haven, 1858, pp.16-36）。因此，從任何意義上說，海文都不是實驗主義者。而霍夫丁對於實驗的態度則要樂觀得多，但即使是他也告誡我們，「實驗研究的對象主要是最簡單的意識現象」（Høffding, 1891, pp. 15-28）。實際上，霍夫丁最廣爲人知的事跡，就是他與阿爾弗雷德。雷曼（Alfred Lehmann）的爭論。其爭論的主要內

容是，在霍夫丁看來，某些現象，尤其是他的關鍵思想「無中介識別」（unmediated recognition），是無法透過實驗進行研究的（Pind, 2009, pp. 34-55）。

非哲學的？雖然海文和霍夫丁之間隔了一代人，但是兩者仍皆屬於在觀點上有很多共同之處的現代思想家。儘管他們都推動建立了與形而上學相區分的作爲獨立學科的心理學，然而他們並不完全排斥哲學。海文無疑是一位哲學家，而霍夫丁無論是在訓練還是在氣質方面，同樣是一名成熟的哲學家。他認爲主觀經驗比客觀分析具有更加基礎的地位，並且沉迷於那些似乎無解的問題，同時反對一個決定論的宇宙。

基於以上分析，顯而易見，對海文與霍夫丁歷史定位的界劃變得不再像之前看上去那樣簡單清晰。現代心理學原來藉以確立自身學科認同的主要標準似乎都已不再有效了。對海文和霍夫丁的這種檢視讓我們開始質疑，之前一直用來界定心理學的標準是否是眞實的，抑或它們只是當今在推崇現代性的社會中用來證明心理學自身價值的修辭手法？這要求我們必須超越單純的實證科學標準，在更加廣闊的視野中重新構想心理學的可能性。搖搖欲墜的實證主義科學標準，實際上只是更爲龐大的現代性價值觀的冰山一角。面對已經祛魅了的現代世界，科學與價值之間的關係充滿張力。我們是否應該認爲客觀科學已經發展出了擺脫主觀價值控制的力量？或者顚倒過來，我們是否應該認爲價值必須建立在科學的基礎之上？與似乎已經過時的棲居於一種價值世界的「古典」心理學相比，現代心理學是否只存在於由純粹事實構成的世界之中？因此，海文和霍夫丁之爭促使我們面對一個全新的問題，亦即應該如何超越單純的實證科學標準，從而更好地界定心理學。其核心議題就是，即使被定義爲一門科學，心理學是否仍然可能保持價值中立？

波蘭尼指出，科學所發現的「事實」與科學家的價值觀之間存在著多重交叉（Polanyi, 1958）。首先，科學發現依賴於發現者的熱情，而這些個體的熱情至少部分是由其所處的社會價值觀所塑造的。此外，什麼樣的科學研究結果（這包括看似直觀的數據，更不用說理論建構和概括），能被認爲是眞實的東西得到接受，這在很大程度上取決於社會的「可信結構」（plausibility structure）。[3] 所以，儘管科學家精通甚至巧妙地運用了

邏輯，但是他們依舊處在一定的社會語境之中。而這種語境必然限制了有哪些東西才能被稱爲科學知識。

其次，波蘭尼提出了解釋水平的問題。不同於物理學，心理學研究的是不參考目的和意義就無法正確理解的造物。當同樣作爲人的心理學家帶著其意義走進實驗室，去研究其他人時，便會遇到一種困難：要嘛將其研究對象看作「它」（在這種視角下，似乎心理學家本人的目的和意義定然處於優越地位，並且以同樣的口吻報告自己的發現），要嘛將其研究對象看作處於同等地位的「你」。而這種脫離了第三人稱的視角，則意味著心理學失去了科學的客觀性。所以，科學的客觀性對於心理學而言眞的是可實現的嗎？

麥金泰爾進一步發展了這一見解。他認爲個體始終內嵌在他由之獲得自我認同的共同體之中。塑造了個體及其在社會中的追求的價值觀，與其所嵌入的傳統密不可分（MacIntyre, 1988）。無論這種傳統是佛教、托馬斯主義，還是盡其所能推翻傳統，但仍未逃脫成爲傳統的西方自由主義，皆是如此。在心理學中這樣的例子也比比皆是。社會心理學關於服從的實驗被作爲一項經典的科學研究（Haney et al., 1973; Milgram, 1974），而且至今仍在社會心理學的標準中占據中心地位。這一事實說明了西方社會認爲必須遏制服從性，高揚自主性的決心。在西方自由主義的傳統中，科學家的熱情被引導去尋找服從者的弊病，而不是其才能。這說明科學研究是由那些具有價值傾向（議程）的人所執行的。「看起來似乎科學的描述和解釋都是內在地具有價值負載的，而且通過教給人們科學所建構出來的社會模式，改變這些模式的基礎就被奠定了。也就是說，關於從眾的研究微妙地警示了人們從眾的危險，而關於服從的研究本身即是對服從的批判，諸如此類……關於社會生活的知識並沒有積累，因爲實際上它只反映了生活在歷史中某個時間點的文化方式。」（格根、王波，2016）正向心理學在國內的勃興則是一個更近的例子。正向心理學尤其注重幸福科學在中國的發展（Wang, 2015），甚至不經意地暗示中國文化需要改變以「培養自我主義」。然而，這與中國本土的自我和幸福觀念形成了鮮明對比（Yang, 2006, pp. 327-356）。實際上，中國人由來已久的滿足感來源於自我修養以及和諧的內在均衡（Lu, 2001; Puett & Gross-Loh, 2016），而不僅是個

體「對自己生活狀態的滿意程度，以及有意義的愉悅體驗的頻率」。

中西心理學傳統的衝撞與會通

　　爲什麼自我主義和幸福被重視，而服從則被貶低？這些價值觀的來源是什麼？這些問題的答案對於某些人來說似乎不言而喻，尤其是那些更多地接受了西方觀念的人。但若心理學是在一種非西方的文化中發展起來的，誰能肯定幸福不會被更加貶低，而服從不會被更加推崇呢？當我們把無法從中逃脫的傳統銘記在心，問題便不再是「心理學作爲一門經驗科學，是在何時擺脫了哲學與價值負載從而獲得獨立」了。現在的關鍵問題是「心理學會發展誰的傳統？」現代心理學產生於西方智識傳統的土壤，這一事實使其成爲心理學的天然故鄉。但是一個懸而未決的問題在於，植根於中國智識傳統的類似努力是否同樣可行有效，從而獲得同等的地位？實際上，即使在西方心理學內部，其傳統也不是鐵板一塊。西方正統的心理學往往只承認一個正源──1879 年馮特在德國萊比錫大學建立了心理學實驗室，這標誌著科學心理學的誕生。然而心理學的誕生並不是透過「一個偉大的夜晚」完成的，而是多重複調敘事的產物。比如十九世紀初在法國發展起來的心理學，是法國人面對自身心理及其創傷、與相應產生的忍耐和希望的產物。所以它最後走向了一種人道主義的、社會的和療癒的心理學。而這與德國心理學實驗室中流行的內省研究截然不同（Reuchlirl, 1965）。十九世紀下半葉心理科學在義大利興起時，其主要研究傳統則是整合了自然主義、進化論與新康德主義批判，並反對實證主義機械還原論的生理人類學和精神病治療學[4]，也不是亦步亦趨地跟著德國人去做實驗內省（Bartolucci & Lombardo, 2012）。而在十九世紀下半葉，中國心理學的現代形成與演化則面對著更爲複雜的矛盾語境。在純粹的認知興趣之外，它還捲入了救亡圖存的歷史潮流。來自西方的衝撞使相關研究者遭受著從傳統道德實踐者到現代知識生產者的去價值化裂變。如果說西方啟蒙心態「心靈積習」催生的個人主義要求根據內在自我的價值塑造世界，那麼中國傳統儒家人本主義則推崇鑲嵌在自然與群體中的人的內在均衡。它「並不看重實質性的目的價值（the material end-value），比

如說，個人幸福；也沒有實體性的個人觀念（the conception of substantial person）」。（萬俊人，2000）西方心理學是經過了長期的歷史過程，個體從自然與群體中充分脫嵌之後才瓜熟蒂落的。而中國心理學的現代形成則同步於中國人心理的現代化過程，亦即個人在急迫的情勢下近乎被迫地從自然和群體中剝離的過程。傳統與現代的衝撞塑造了中國心理學現代形成的焦慮起源。我們只有在匯聚了宋明理學、經日本人西周等中介的西學以及清末民初啟蒙思想的廣闊視野中，才能獲得對這種複雜而矛盾的語境的同情之理解。而如果侷限在當今實證心理學的管見中去考據選擇海文還是霍夫丁，由此確立心理學的正源和正統，則勢必遮蔽這一問題本身所蘊涵的豐厚意義。實際上，「心理學」這個詞的創制，正是包括宋明理學、經西周等中介的西學、清末民初啟蒙思想等在內的中西方傳統衝撞會通的果實。就其創制過程本身所蘊涵的多重複合意義而言，它既不能單指向海文，也不能單指向霍夫丁；既不能單指向當今的實證主流，也不能單指向其本土傳統。我們可以採取一種唯名論的視角理解「心理學」這個詞及其創制過程。它並不是一個孤立的、靜止的和封閉的單純描述符號，並指向某個我們可以按圖索驥的固定實體。我們應該將其把握爲某一生活形式中共同體相對的、動態的和開放的「語言遊戲」的產物。這就要求我們應該關心如何在更加廣闊的中西心理學思想傳統彼此會通的視野中考察中國現代心理學的起源問題。海文和霍夫丁之爭之所以出現，正是因爲拘泥於實在論的「意義圖像」，未能深刻理解中西心理學傳統會通的「語言遊戲」。按照後期維特根斯坦的觀點，一個詞的意義就是它在語言游戲中的用法。而當今心理學在國內的用法較之於當初的廣度，是否已經遠遠窄化了呢？

　　歷史往往始於某個里程碑，這一里程碑引發了新趨勢，開始了新實踐，或者澈底改變了過去的觀念。這似乎是一個人們都喜歡聽的耳熱能詳的故事。但是眞實的歷史演化過程都以複雜的方式彼此交織在一起，很難在一套觀念與下一套觀念之間進行簡單清晰的切分。這當然不是要否認先驅者、新思想和新變革，他們的確在歷史上占有一席之地。我們強調的是歷史的開端總是自然地起源於其自身傳統。它通常結合（無論是內生的還是外源的）新的觀念或者方法來實現其傳統之前可能無法做到的事情。隨後它逐漸建立了一系列新的範疇、機制乃至標準，從而才將自身認同爲與

其他類別區分開來的獨立學科。如果我們的心理學家以價值中立的名義丟棄了自身所處的傳統，同時又對自己在何種程度上是在一種由西方先行座架了的傳統裡工作的缺乏反思，與他性鏡像建構學術的虛假同一性，那麼我們的心理學就「迷失在各種異質性概念的馬賽克拼貼之中，有成為缺乏思想史坐標的無根基話語蒙太奇的危險。」（王波，2018）

　　麥金泰爾深入探討了衝突的傳統彼此遭遇時不可避免的問題，提出了另一種更有趣的可能性。一個傳統中的概念資源，有時不足以解決該傳統內部發生的認識論危機。此時那些熟悉外來傳統的人便有可能憑借會通轉譯其新異的思想，從而解決這一危機。這樣當我們探究海文、霍夫丁以及整個西方心理學引入中國的問題時，便可以將這一問題扭轉過來，亦即將問題由「中國可以在多大程度上承續西方的某種衣缽？」，轉變為「中國思想能否幫助西方心理學突破其自身的思想僵局？」

　　探討西方心理學可能存在哪些固有的思想僵局，這已經超出了本文的範圍。儘管如此，還是有不少常見的例子可以說明其種種認識論危機。比如令西方學者困擾的跨文化心理學和文化心理學之間的方法論衝突（Ellis & Stam, 2015）。前者使用依賴於個人主義和普遍主義假設的方法，而後者則拒斥這樣的假設。社區心理學研究中也存在類似的問題。在被應用於宗教多樣性的社區時，其學科基本價值觀之間就產生了緊張的關係（Todd, 2017, pp. 437-452）。儘管其中一些僵局事關如何做心理學的各種相互競爭的觀點，然而由於其所有的概念資源都出自歐美傳統，結果這門學科發現自己始終無法從持續的棘手纏結裡擺脫出來，從而深陷於包括「可重複危機」在內的各種「危機敘事」之中（Open Science Collaboration, 2015）。

　　基於以上分析，一個自然的示意就是中國和西方的心理學思想都將從嚴肅的互相啟沃中共同受益。然而要成功完成這種必要的概念創新並非易事。麥金泰爾告誡我們，彼此衝突的傳統很難充分相互理解，以解決它們自身內部的挑戰或者彼此提出的挑戰。除非它們能發展出一種實踐的共同體，而且共同體的成員致力於學習熟練使用彼此傳統的概念語言。

　　就中國心理學而言，我們尚不全然明了夷平這些傳統之間的溝壑都涉及什麼。一個需要繼續探索的領域可能是中國心理學中似乎過於西方化的

「科學化」。在急於現代化的過程中，我們是否在某種程度上誤解乃至濫用了科學的含義，並過分狹隘地定義了心理學呢？我們是否準確地內化了西方科學的理論框架，並且在此過程中可能犧牲了其他可能的傳統呢？我們能在多大程度上做到在理解西方科學框架的同時，不拋棄可能起到匡正作用的自身哲學傳統，從而成為流利的「雙語使用者」？而又有多少西方心理學家能夠宣稱自己對中國傳統中的概念和方法已經應用裕如？

為填補上述溝壑所需的大量工作，為我們創造了相互對話，相互挑戰和相互糾正的平台。布羅爾斯的工作或許是一個有前景的開始（Blowers, 1987）。作為一個英國人，他投入了大量精力在亞洲文化語境中進行理論工作。瓦雷拉曾受孟子著作的啟發，推進了其所構想的神經現象學路向。這一路向由延展（推或達）——一種通過類比洞察某一特定案例的方法、專心（思）——一種行動中的正念，以及理智覺察（知）這三者組成（Varela, 1999）。尼斯貝特將中國思想帶人了心理學領域，並從文化心理學視角比較了東西方人的認知差異（Nisbett, 2003）。斯拉夫的詮釋學現實主義不僅與中國傳統產生了強烈共鳴，而且對西方心理學也講得通（Slife & Christensen, 2013）。弗拉納根借鑒早期中國的道德心理學，提出了一個在理論上穩健、在經驗上準確的道德心理學模型，足以作為道德反思的基礎（Flanagan, 2014）。我們期待沿著這種路徑所進行的探索能夠結出更富有活力的碩果。可以肯定的是，我們需要在各種傳統之間進行真正創新性的會通轉譯，從而擴展每種傳統的概念基礎。這樣的會通轉譯將比從一個傳統到另一個傳統雖然專業但卻外在的機械輸入做出更大的貢獻。

註釋

1　持類似觀點的文獻主要有：趙莉如，〈有關〈心靈學〉一書的研究〉，《心理學報》1983年第4期，第380-388頁；S. Kodama, Life and work: Yan, Y. J.-The first person to introduce western psychology to China, *Psychologia: An International Jurnal of Psychology in the Orient, Vol.4*, 1991, pp. 213-226; G. Blowers, Learning from others-Japan's role in bringing psychology to China,

American Psychologist, V01. 55, 2000, pp. 1433-1436；楊鑫輝主編，《心理學通史》，山東教育出版社，2000年；B. McVeigh, *The history of Japanese psychology: Global perspectives, 1875-1950*, Bloomsbury Publishing, 2016, p. 171。有意思的是，目前掌握的做如此宣稱的文獻似乎都未給出將海文的《心靈學》作爲我國第一本心理學書的充足理由。揣測其可能的理由之一是該書也曾被日本心理學會認作「日本第一本心理學書」。日本學者西周（日語：にしあまね，英語：Nishi Amane）在1875年以《奚般氏著心理學》之名將它譯爲日文。這一書名因爲恰好採用了漢字表達，其「心理學」之譯名遂被康有爲、梁啟超於1897年前後率先認定爲來自日本人翻譯的西方典籍，並通過《日本書目志》介紹到了漢語世界。而「這可能是我國最早開始出現心理學名稱的時間和書籍」。這無疑增加了將其對應中譯作爲國內第一本心理學書的籌碼，儘管顏永京應該從來沒讀到過西周的翻譯。理由之二可能是海文的原著中已經出現了psychology（心理學）這個單詞，又兼它的中譯本早於他書。但問題是顏永京並未把psychology譯爲心理學。而且正如下文分析的，海文理解的心理學是與當前心理學理路不同的蘇格蘭官能心理學。參見康有爲，《日本書目志》，載《康有爲全集（三）》，上海古籍出版社，1992年；日本心理學會《日本心理學會五十年史（第1部）》，金子書房，1980年；趙莉如，《關於「心理學」名稱在中國何時開始使用問題的修正和補充》，《心理學報》1992年第2期，第223頁。

2　目前最新的研究認爲漢語世界中的「心理（學）」一詞是由號爲執權居士的朱逢甲於1872年在《申報》上首創的，由此早於西周在1875年創制的「心理學」。可參見閻書昌，《晚清時期執權居士創制「心理（學）」一詞的考察》，《心理學報》2018年第8期，第920-928頁。但正如作者承認的，朱逢甲所創「心理（學）」一詞的學術影響是缺失的。「他沒有處於中國近代學術體制之內，是一個相當邊緣化的知識分子……後來中國知識分子也沒有繼承他的創制，也就是說在歷史上沒有起到應有的作用。」所以這種消失於系統知識脈絡之外的、作爲孤證的對「心理學」一詞出現時間的考據，並不在本文的討論範圍之內。實際上，對這種孤證的執著所表現的恰恰是把某一概念單純作爲孤立的、靜止的和封閉的內部描述符號的「意義圖像論」。但對概念的正確理解，應該是將其把握爲某一生活形式中共同體相對的、動態的和開放的「語言遊戲」的產物。所以這就要求我們應該關心如何在更加廣闊的中西心理學思想傳統彼此會通（這可能涉及諸如宋明理學、經日本人西周等中介的西學、清末民初啟蒙思想等）的視野中考察中國現代心理學的起源問題。「究竟是海文，還是霍夫丁？」這一爭論之所以出現，正是因爲拘

泥於實在論的「意義圖像」，未能深刻理解中西心理學傳統會通的「語言遊戲」。

3 可信結構即在一群共有著相同意義體系的人群內部所存在著的特定的社會過程和互動模式。一套意義體系，必須在相關社會結構的支持下才能夠繼續讓人們感覺其是合理可信的。參見丁仁傑，《社會分化與宗教制度變遷》，聯經出版公司，2004年，第93頁。

4 為了強調這種取向較之於其他傳統的獨特之處，義大利人甚至專門發明了一個新的術語「freniatrica (phreniatry)」來指代它，並於1873年在羅馬成立了義大利精神病治療學學會（Società Freniatrica Italiana）。這種精神病治療學實際上是採用實驗法（如反應時法）研究有機體腦生理與心理功能的關係。而不是一般而言的精神病學（psychiatry）。具體可參見Silvia Degni, Betweml Phrén and Psyché: Gabriele Buccola and his contribution to the birth of experimental psychology in Italy, *Physis*, 2006, *43*, pp. 407-424.

參考文獻

王波（2018）：〈中國馬克思主義心理學研究的再思考〉。《馬克思主義研究》，*4*，113-121。

姚本先等（2010）：〈中國心理學研究的現狀與發展〉。《華東師範大學學報》，*3*，68-74。

格根、王波（2016）：〈歷史與關係：社會建構論的社會建構〉。《國外社會科學》*5*，135-139。

張耀翔（1983）：《心理學文集》。人民出版社。

萬俊人（2000）：〈儒家美德倫理及其與麥金太爾之亞里士多德主義的視差〉。《清華哲學年鑑》。60-95。

蔣明澄（1996）：《心理科學史》。電子科技大學出版社。

燕國材（1999）：《中國古代心理學思想史》。遠流出版公司。

Bartolucci, C., & Lombardo, P. (2012). The origins of psychology in Italy: Themes and authors that emerge through a content analysis of the Rivista di Filosofia Scientifica. *History of Psychology, 15*, 247-262.

Blowers, G. (1987). *Psychology moving east: The status of western psychology in Asia and Oceania*. Routledge.

Broadie, A. (2009). *A history of Scottish philosophy*. Edinburgh University Press.

Brown, B. (1981). *Psychology in contemporary China*. Persamon Press.

Cimino, G. (2006). Introduction: For a comparative history of the birth of scientific psychology. *Physis*, *43*, pp. 1-30.

Ellis, D., & Stam, J. (2015). Crisis? What crisis? Cross-cultural psychology's appropriation of cultural psychology. *Culture & Psychology*, *3*, 293-317.

Flanagan, O. (2014). *Moral sprouts and natural teleologies: 21st century moral psychology meets classical Chinese philosophy*. Marquette University Press.

Haney, C., Banks, C., & Zimbardo, G. (1973). Interpersonal dynamics in a simulated prison. *International Journal of Criminology and Penology*, *11*, 69-97.

Haven, J. (1858). *Mental philosophy: Including the intellect, sensibilitie, and will*. Gould & Lincoln.

Haven, J. (1859). *Moral philosophy: Including theoretical and practical ethics*. Gould & Lincoln.

Høffding, H. (1891). *Outlines of psychology* (M. Lowndes, Trans.). Macmillan.

Hwang, K. K. (2012). *Foundations of Chinese psychology: Confucian social relations*. Springer-Verlag.

Jing, Q., & Fu, X. (2001). Modem Chinese psychology: Its indigenous roots and international influences. *International Journal Psychology*, *6*, 408-418.

Lu, L. (2001). Understanding happiness: A look into the Chinese folk psychology. *Journal of Happiness Studies*, *2*, 407-432.

MacIntyre, C. (1988). *Whose justice? Which rationality?* University of Notre Dame Press.

Milgram, S. (1974). *Obedience to authority: An experimental view*. Harper & Row.

Nisbett, E. (2003). *The geography of thought: How Asians and Westerners think differently-and why*. Free Press.

Open Science Collaboration (2015). Estimating the reproducibility of psychological science. *Science*, *349*, 1-8.

Pind, L. (2009). A tale of two psychologies: The Høffding-Lehmann controversy and the establishment of experimental psychology at the University of Copenhagen, *Journal of the History of the Behavioral Science*, *1*, 34-55.

Polanyi, M. (1958). *Personal knowledge: Towards a post-critical philosophy*. Routledge.

Puett, M., & Gross-Loh, C. (2016). *The path: What Chinese philosophers can teach us about the good life*. Simon & Schuster.

Reuchlirl, M. (1965). The historical background for national trends in psychology: France. *Journal of the History of the Behavioral Sciences, 1*, 115-123.

Slife, D., & Christensen, R. (2013). *Hermeneutic realism: Toward a truly meaningful psychology. Review of General Psychology, 2*, 230-236.

Todd, R. (2017). A community psychology perspective on religion, and religious settings. In M. Bond, et al. (Eds.), *APA handbook of community psychology.* American Psychological Association.

Varela, J. (1999). *Ethical know-how: Action, wisdom, and cognition.* Stanford University Press.

Vidal, F. (2006). The prehistory of psychology: Thoughts on a historiographical illusion. *Physis, 43*, pp. 31-60.

Wang, K. (2015, March 23). *Tsinghua professor drives China's happiness project.* http://usa.chinadaily.com.cn/epaper/2015/03/23/content_19883241.htm

Yang, C. F. (2006). The Chinese conception of the self: Towards a person-making（做人）perspective. In U. Kim, et al (Eds.), *Indigenous and cultural psychology understanding people in context.* Springer.

第十一章
論心理何以可能——
一種政治經濟學批判視角

王波

　　從表面看來，心理學與政治經濟學似乎是不相關的兩門學科，即使有將之結合在一起的嘗試，也不過是在具體的知識層面上借助對方的某種知識解決某種實際問題（如 Daniel Kahneman）。實際上一些學者已經進行了或者正在進行試圖接合（articulate）政治經濟學和心理學的努力。Georg Simmel（2004）早就分析了貨幣是如何造成了人的理智至上、計算性格、傲慢冷淡和矜持保留等表現，從而塑形了人的特殊心理的。Gustave Le Bon（2000, 2004）試圖透過群體心理學透視政治經濟學運動，他認為諸如法國大革命中的革命群體之心理特點，「總是可以在低級進化形態的生命中看到，例如婦女、野蠻人和兒童」。他的這種研究範式以及對群體的警惕或多或少被 Zimbardo（1969）繼承了，而他對政治經濟學事實的心理學解釋，則被很多實證心理學研究者乃至政治家所因襲。以 Fromm（佛洛姆）、Marcuse（馬庫色）、Reich（賴希）為代表的佛洛伊德主義的馬克思主義者致力於透過精神分析解釋和理解資本主義的新情況，以及作為資本主義極端形式的法西斯主義的政治經濟學現實。法蘭克福學派批判了由於資本對心理的編織而造成的單向度的人以及人被工具理性統治的狀態。Frantz Fanon（1952, 2005）分析了經濟殖民與心理殖民這個「雙重的過程」所導致的一種「經濟—心理結構」，並對之進行了心理病理學的解釋，致力於使黑人能對「真正衝突的源頭——即對社會結構選擇行動」。Lefebvre（1991）、Harvey（2000）的新馬克思主義研究了資本空間是如何重組社會關係與實踐性地建構人們的生活經驗的。Deleuze（德魯茲）和 Guattari（瓜塔里）對欲望在資本主義中如何被殖民化進行了微觀分析（Kellner & Best, 2002）。在他們看來，後現代空間是患有精神分

裂症的世界，精神分裂是我們這個時代的病徵（王甯、薛曉源，1998）。這種病徵實質上就是資本主義生產方式導致的人的心理與社會功能顛倒地被物的邏輯宰製的碎片化和區隔化。Baudrillard（1972, 2009）指認了如今最具迷惑性的以符號政治經濟學爲基礎的符號（能指）拜物教對心理的統治。Holzkamp（2010）以降的批判心理學研究了主體性問題如何擊穿資產階級政治經濟學在心理學中綻出。在心理諮詢與治療領域，心理學家已經注意到了社會經濟的不平等所造成的心理問題，如 Hayes（2001）等。而在科學心理學的創始人 Wundt（1897）看來，研究精神過程的心理學作爲最一般的精神科學，應該是其他一切研究精神產品的科學，包括政治經濟學的基礎。

　　雖然諸種政治經濟學路徑流派紛呈，乃至在學術建制上作爲主流學科在學院被廣泛教授，但是這裡討論的主要是 Marx（馬克思）主義的政治經濟學，或者更確切地說，是 Marx 的政治經濟學批判。Marx 將資產階級政治經濟學的代表人物分成兩派。「一派是精明的、貪利的實踐家，他們聚集在庸俗經濟學辯護論的最淺薄的因而也是最成功的代表巴師夏的旗幟下。另一派是以經濟學教授資望自負的人，他們追隨約・斯・穆勒，企圖調和不能調和的東西。」（Marx, 1995）如果說 Marx 曾經指認過巴師夏等對政治經濟學的貢獻，那麼在 1857 到 1858 年寫作《大綱》（*Grundrisse*）時，他的認識發生了根本性的範式轉換。「不能再談這些毫無意義的東西了。因此，我們拋開巴師夏先生。」（Marx, 1995）Marx 改變了自己對全部政治經濟學的看法，從而正式開始了對政治經濟學的批判。如果說政治經濟學所犯的錯誤就是把資本主義的經濟範疇當成「非歷史的、永恆的、固定的與抽象的概念」，那麼 Marx 則從總體上探討了具有特定歷史性的政治經濟學話語何以可能，亦即澄清其前提並劃定其界限，從而與所有無批判的知性科學的實證主義區別開來。他首先超越了被政治經濟學自然化了的資產階級社會的致富及其生產，在「一般」維度辨認出貫穿整個歷史的「抽象」原則，然後從作爲「抽象」的生產方式出發將作爲「具體」的資產階級社會再現出來。這就是所謂的「從抽象上升到具體」。以此我們可以看出前述政治經濟學研究的缺陷，如 Simmel 的貨幣哲學就沒有看到只有在資本主義狀況下作爲交換媒介的貨幣才開始居於統治地位決定人們

的關係與心理狀態，由此架空了這種資本主義工業經濟的主導性。實際上根本起作用的還是具體的、歷史的、現實的物質生產方式。Marx 的政治經濟學是一種從歷史審視的批判的政治經濟學。

它研究的是在歷史特定階段出現的由人們勞動創造卻不以人的意志為轉移的「似自然」現象。在此語境中對心理是什麼的研究，就是要勘破心理學對自身前提和界限的無思狀態，亦即將心理作為「理所當然」的進行現成性把握的學科，首先在「一般」層次指認意識（心理）和心理學的出場路徑，然後從心理學的生產方式中介性這一「抽象」出發，再現作為「具體」的被資本主義塑形了的特定時期內「似自然」的人們特定的心理特徵。由此，政治經濟學批判語境中的心理學研究不只是對心理學產生與發展的客觀政治經濟過程的指認，更是建立在這種基於具體的、歷史的、現實的物質生產方式的指認之上的對心理學的批判和反思。

Descartes 與 Wundt 之間的內部關聯

恐怕很少有心理學家會直接追問什麼是意識（心理），更不用說使意識（心理）成為意識（心理）之物是什麼，他們做的往往是從日常生活中徵用（appropriate）某種現成的心理現象進行科學研究，繼而據之發明出形形色色的心理學概念。心理學迫不及待地運用各種新技術和新工具馬不停蹄地去殖民每一塊「心理」新大陸，一旦給一種日常現象貼上心理學的標籤，便以 XX 心理學的名義割據一方。而心理學的受眾往往不假思索地對這些看似中立的概念信以為真，以之認識自我和指導生活，終於在日常生活中實現了這些概念（亦即循環效應，looping effect），結果所謂的心理學規律還真的是被經驗證實了。這意味著心理學不單是對客觀事實的描述（descriptive），它更重要的特質在於其規範性（normative）的力量。由此可以說心理學作為一種生產性實踐，它生產了自己意圖研究的對象及其規律，被試則屈從於心理學的這種統識（hegemonial）力量，被操弄在知識權力話語的魔術方塊中。Galileo（伽利略）有言，「自然這本大書是用數學語言寫成的」。現在，我們對自己、他人和世界的理解，關於人類可能生活的書越來越是用心理學寫成的。在這個意義上，有學者已經指

出，這是心理學對日常生活的殖民化（Parker, 2007）或者心理學化（De Vos, 2012；王波，2011）。

　　這種對自身何以可能的前提和界限無思的心理學化景觀，往往使心理學退行到未經先驗哲學批判洗禮的前 Kant 狀態。它從對象的現成性出發，終於對對象的現成性把握，還未曾清理自己的地基就開始建造大廈。如此它連 Kant 的那種先驗批判把握都做不到，更遑論 Marx 的政治經濟學批判的洗禮。意識或心理不是源初發生的，但在很多心理學研究中，它已被作爲石化了的現成之物。意識或心理不能憑藉自身得以說明，而其自身恰恰是有待被說明之物。心理學也不是一個自明（self-evident）、自足（self-sufficient）、自我說明（self-explaining）或自治（self-autonomous）的學科，同心理或意識一樣，它不能爲自身奠基。至少已有如下若干種對心理學自治幻覺的批評：晚期 Wittgenstein（1968）式的關於不存在私人語言的分析；Ryle（1949）從語言學角度對 Descartes 身心二元論的範疇錯誤的批評。透過這兩位語言哲學家，心理或者意識被確立爲一種語法命題，而且它並不是「必要的」「說法」。Popper（1968）說明了心理學對社會（學）的依賴性；基於 Marx 與 Lacan，Althusser（1971）透過質詢（interpellation）這一概念揭示了主體如何不是一個實體概念，而是總是等待被意識型態徵召才被生產爲主體本身。然而以上諸批評不能說是完全建基於源初發生之上的分析，因此最後必須訴諸 Marx 之運思，「在考察了最初的歷史關係的四個因素、四個方面之後，我們才發現，人也具有意識。」（Marx, 1979）而且「人並非一開始就具有『純粹』的意識。『精神』從一開始就很倒霉，註定要受物質的『糾纏』」（Marx, 1979）。而恰恰是這些源初性因素爲意識奠基。

　　我們現在要做的就是在 Marx 的地平上追問，使這種正在不斷心理學化的意識（心理）成爲意識（心理）之物是什麼，即心理學的前提和界限是什麼。這勢必將再一次把心理學帶回哲學的地基進行錘煉，經過一番政治經濟學批判的洗禮再度歸來之後，它才能「成爲內容確實豐富的和眞正的科學」（Marx, 1979）。

　　這一運思類似於 Socrates（蘇格拉底）那種關於使道德成爲道德的東西是什麼的形而上學「詰問」，同時也與 Kant 的先驗批判哲學有關，但

是最主要的是建基在 Marx 的政治經濟學批判之上。在心理學中，Marx 是一條「死狗」。在心理學中談論 Marx，就像在琳瑯滿目不斷換代的蘋果電腦中拿著算盤招搖過市一樣。較之於 Marx 在當代心理學研究中近乎失語的狀態，心理學的熱鬧非凡眞是讓人羨慕。Marx 並不是也不打算成爲一位心理學家，在他的時代心理學還是一個無家可歸的兒童，尚未像今天這樣廣泛地進入人們的視界。但這並不意味著 Marx 沒有關注與心理學相關的話題。在青年 Marx 的作品中，對「心靈」的浪漫主義表達和追慕比比皆是。而在獻給父親的詩作中，他諷刺了「醫生的心理學」：「誰晚上飽吃一頓團子加麵條，他夜裡就難免受惡夢的困擾」，並同時嘲笑了醫生們證僞「精神」和「靈魂」存在的機械唯物主義方法（Marx, 1995）。但更重要的是，Marx 所討論的心理或者意識處於由 Descartes 所先行奠基的現代心理學的思想史邏輯之中，Descartes 及其所塑形的現代心理學正是 Marx 及其繼承者的重要理論對手。成熟時期的 Marx 基於政治經濟學批判對存在與意識的關係的分析，足以使我們在認識這個日益心理學化的全球空間和現代時間之時受益匪淺。

自《關於費爾巴哈的提綱》始，經過《德意志意識型態》，一直到《馬克思至安年柯夫》，Marx 完成了他的第二次經濟學研究。這標誌著 Marx 對政治經濟學科學批判基點的形成（張一兵，2001）。在《德意志意識型態》這部成熟時期的作品中，在分析了作爲源初歷史過程的物質的生產與再生產、人自身的生產與再生產，以及人與人之間在自然關係之外的客觀社會關係之後，Marx 最後才提到「很倒霉」的注定要受物質「糾纏」的意識，並直接對意識本身進行了一個界定，「我對我的環境的關係是我的意識」[1]（Marx, 1979, 1988）。要理解這一論斷，必須了解 Marx 此處的思想史語境和理論對手，那就是 Descartes 以來的二元論以及 Feuerbach（費爾巴哈）。就與心理學有關聯的意義而言，這決定了 Marx 不得不兩線作戰：他不但要擊穿 Descartes 以來 Heidegger 所謂的意識的內在性（Fedier, 2001），同時還要超越由於對這種內在性的反抗而導致的（但結果仍深陷其內的）意識的機械唯物主義解釋。

Descartes 的問題式

　　心理學家不乏幽默感，他們說心理學有一個漫長的過去，卻只有短暫的歷史[2]。心理學往往只承認一個人和一個日期，1879 年 Wundt 創立了科學心理學。然而如果這種斷代只是學科建制意義上的（即僅僅作為一個心理學史內部的事件，Wundt 創立了第一個心理學實驗室，並使心理學成為一門被社會承認的獨立科學），而不是基於思想史根基的總體把握，那麼心理學在整個現代轉型中的角色將勢必落到我們的視野之外。現在我們要把這種科學心理學的可能性上溯到之前兩百餘年的 Descartes[3]。Descartes和 Wundt，一位是現代哲學的奠基者，一位是現代心理學的創始人，對這兩位都開創了一門「現代」學科的開風氣者，卻鮮有人討論他們之間在思想史上的內部勾連[4]。縱然可以說 Wundt 受到了 Kant、Fichte、Hegel、Helmholtz、Fechner 等人的影響，然而正是 Descartes 才使一門藉助「實驗」研究「意識」的現代科學成為可能，從而先行奠基並鎖定了未來各種形式的心理學的可能性——無論是它的困難，還是對其困難的超越。在此意義上，Descartes 正是思想史上的這樣一種關鍵時刻，他召喚著對關鍵這一中文詞語本義的嚴峻關切：關鍵既是鎖定也是開啟。Descartes 已經鎖定了心理學的所有可能想像，心理學似乎成了某種不可逆轉的固定的東西。而我們現在對這一關鍵時刻的考察卻是打開而不是閉鎖，是重新揭示心理學所承擔的意義和未來新的可能性，使心理學的源初構造再次鮮活地呈現並產生新的激蕩。Descartes 發明了現代人，而在某種意義上，現代人就是心理人（Homo Psychologicus）。Descartes 開創了一種對中世紀和古希臘都極為陌生，對我們卻極為熟悉的現代世界圖景。如果說之前宇宙秩序被看作柏拉圖式的那種理念的具體化，我們周圍的世界獲得形式的目的就是為了體現這個理念的秩序，而只要發現這種秩序我們就獲得了知識，那麼 Descartes 試圖從他絕對的不懈的懷疑出發，為知識找到一個穩固的阿基米德點。「阿基米德要把地球從原來的位置挪開，移到另外一個地方，只不過要求給他一個固定不動的點。」（Descartes, 1975）Descartes 則將自己從充滿意義的目的論宇宙中挪開，無限地退到他的心靈之內，終於從中找到了「一件確實的、無可懷疑的東西」，那就是「我」

在「懷疑」，是故「我思故我在」。「我思想，所以我存在。這條真理是這樣確實，這樣可靠，連懷疑派的任何一種最狂妄的假定都不能使它發生動搖。」（Descartes, 1975）這是 Descartes 哲學的「第一條原理」。而「我究竟是什麼？我可以設想我沒有身體，可以設想沒有我所在的世界，也沒有我所在的地點，但是我不能就此設想我不存在，相反地，正是從我想到懷疑一切其他事物的真實性這一點，可以非常明白、非常確定地推出：我是存在的。我是一個實體，這個實體的全部本質或本性只是思想，它並不需要任何地點以便存在，也並不依賴任何物質性的東西。因此這個我，亦即我賴以成為我的那個心靈，是與身體完全不同的，甚至比身體更容易認識，縱然身體並不存在，心靈也仍然不失其為心靈。」（Descartes, 1975）Descartes 的自我沒有身體，沒有場所，乃至沒有世界，而只是一種閉鎖於內部的作為思想的實體。「靈魂的必然的命運就是絕對與世隔絕」（Ryle, 1949）。正如 Taylor（2002）所言，「自我存在在 Descartes 那裡得到證明，而外在一切事物的存在，甚至上帝的存在，都受到了懷疑」。這個自我是自足的、自明的、自治的，它為自身奠基[5]。而這個自治的我思正是心理學的自治性幻覺的來源。我思同時設定了一個抽象的有廣延的實體，把包括肉體在內的物質世界僅僅把握為廣延。Descartes 拋棄了那個充滿意義的目的論世界，「於是我就決定把這個世界留給他們去爭辯，而只談一個新世界中所要發生的事。假定上帝現在在想像的空間中的某處創造了一些足夠構成一個新世界的物質……然後上帝就不做別的事……讓自然依照他所建立的規律活動──看看會發生什麼樣的事。」（Descartes, 1975）然而實際上，這個所謂的由上帝創造的只有廣延的物質世界，如果不是 Descartes 的我思所設定的，它還能是什麼呢？

　　這樣，他所謂的世界在根本上不過是名為世界的思想客體[6]，他所謂的物質在根本上同樣不過是名為物質的思想客體。恰恰由於 Descartes 將阿基米德點移至思想內部，地球之外的那個阿基米德點才得以可能。人將世界置入內心之中，自身卻處在世界之外無窮遠處。這就意味著正是透過 Descartes，人們才能擺脫作為地球居民的與世界糾纏的狀態，真正站在地球之外將它純粹作為只具有廣延的客體進行審視。這個小小寰球不過是我思所設定的僅僅具有廣延的物質堆積，而且這種廣延卻似乎和與我思一樣

具有自明性的數學有一種「先定和諧」[7]。

　　「算術、幾何……不大考慮自然中有沒有這些東西的科學，則包含著某種確實的、無可懷疑的成分……因為不管我醒著也好，睡著也好，二加三總是等於五，正方形總不會有四條以上的邊。」（Descartes, 1975）透過自明的我思和對我思同樣自明的數學，被我思所設定的世界僅僅被把握為具有數學量值（magnitude）的廣延。在它的保證之下，自然科學就可以無所顧忌地快速發展了。正像 Kant 說的那樣，人類不再像小學生複述自然提供的教誨，而是作為「受任命的法官」，「迫使證人們回答他向他們提出的問題」。如此人們就膽敢將那原來靜靜流淌的藍色多瑙河高高抬起，然後重重落下。到了這一步，就距離把主體自身也納入一種可以用數學量值度量的體系已經不遠了。在心理學由於缺少這個量值故而被 Kant 否認為科學的地方，Fechner 很快實現了對這個量值的測量（Fechner 定律）。這預示著，科學心理學正在地平線上蓬勃欲出[8]。

　　面對這樣一個抽象物質堆積的世界，在 Descartes 看來，只有被思想清晰認識的事物才真實存在。在《方法談》和《形而上學的沉思》兩書中，Descartes 一再強調「拿來當規則看待的那個命題，即凡是我們清楚明白地設想到的東西都是真的」，而「我們的觀念或概念，既然就其清楚明白而言，乃是從上帝而來的實在的東西，所以只能是真的。」（Descartes, 1975）繼而他又把「凡是我們十分明白、十分清楚地設想到的東西，都是真的」作為「一般的規則」。這意味著只有能被我思所表象的事物才是真實存在的。Descartes 完全懷疑甚至否認感官和想像力有給予世界的能力，「即便是形體，真正說來，也不是為感官或想像力所認識，而只是為理智所認識；它們之被認識，並不是由於被看見或摸到了，而只是由於被思想所理解或了解了。」（Descartes, 1975）把事物呈現為概念中的事物這種思維活動就是我思的表象活動（vorstellen）。有且只有透過這種表象活動，世界才能作為對象真正被把握，而我們所能把握的也只有這個我思所設定的世界。對象由此只能被封閉在意識領域中，只能被封閉在意識的表象領域中，從而對象只能透過表象被構成。如果對古希臘人來說，並不存在一種稱作對象的東西，而只有 Heidegger 所指認的「由自身而來的在場者」（Fedier, 2001），那麼 Descartes 前所未有地構造了一種近代形而上學的

對象，這種對象是透過表象被構成的。我思的表象活動由此成爲先在者，它設定對象。而對象卻不能首先由自身出場，而只能被我思所設定。這就是 Heidegger 所謂「意識的內在性」。在對象是先在地由主體所設定的東西這個意義上，對象是被作爲現成之物進行把握的，對象被主體吞沒，並被呈現爲概念中的事物。

　　在這樣一種意識的內在性中，人、身體與他者都被拋回我思自身，從而被逐出了它們通常活動於其中的世界。Descartes（1911）說：「一把劍在我們皮膚上劃過的運動引起疼痛，但這不是讓我們意識到這個運動或這把劍的形狀的理由。確實，疼痛的感覺，如同我們擁有的顏色、聲音、氣味或味道的感覺一樣，不同於引起它的運動。」Descartes 前一句話否認感覺有給予世界的能力，否認外部世界的實在性，後一句話則將包括身體在內的世界客觀化，從而機械地對待它們。在通常的感覺中，疼痛將我們引向劃傷我們的那把劍，綠色讓我們注視這片茵茵的草地，鳥鳴讓我們注意那隻掠過林間的百靈，芬芳提醒我們這裡有一隻馥鬱的玫瑰，甘甜則讓我們注意那一掊清冽的山泉，無論是疼痛、色彩、聲音、氣味還是味道，它們都時時提示著那個意向的客體和世界。但是 Descartes 卻讓我們從世界中抽身出來，擺脫那種與存在深切關聯，無法去耦的肉體化視角[9]，轉而退回到心靈內部，將經驗本身作爲客體進行審視。這一視角對 Titchener（鐵欽納）一派來說不可謂不熟悉，當他提出心理學研究要避免「刺激錯誤」（即把心理過程與被觀察到的對象相混淆，誤將刺激作爲感覺）時，他說的不就是 Descartes 的這種東西嗎？由此，經驗就致命地失去了原本的意向性維度，而只能像一隻困獸在皮膚內部左衝右突。正是在這個意義上，Brentano（布倫坦諾）才會提出他的意動心理學（act psychology），意識總是指向客體的意識，無論這個客體是外部對象還是內部觀念，它都與 Descartes 的那種意識的內在性截然不同。這一點深刻影響了 Husserl（胡塞爾），正是他與 Wundt 論戰，要把心理學家趕出哲學系。Wundt 被迫寫了一本《爲生存而鬥爭的心理學》（1913）作爲回應[10]。在 Descartes 看來，經驗不僅無法給予我們世界，反而經常會迷惑我們。而現在「我們凝視經驗，是爲了剝奪其力量，這個被迷惑和犯錯的根源」（Taylor, 2001）。Descartes 發現「物不是事件和性質的所在地，事物和事件的眞實性質是

心靈的」（Taylor, 2001）。無論是疼痛、色彩、聲音、氣味還是味道（第二性的質），它們都不在對象中，它們只是被閉鎖在心靈內部的觀念。作為觀念它們類似於（作為廣延的）第一性的質的觀念，但是它們不能表達任何客體中的東西。而那個廣延，即屬於物質世界的唯一性質，正是由於它不過是我思所設定的東西（Descartes 是透過我思推論出這種只有廣延的物質的），正是由於它不能透過自身出場，所以它不過是名為物質的思想客體。這就是為什麼當 Locke（洛克）致力於區分第一性的質量和第二性的質時，Berkley（貝克萊）才能符合邏輯地推出兩者之間並不存在根本的區別：質言之兩者都是主觀性的觀念（存在即被感知）。

現代心理學的發明

在這種透過意識的內在性得以確立的主觀性觀念的基礎上，心理學才第一次有可能成為一門獨立的學科。心靈現在是觀念的排他性地點，因此「我們可以在一種新的意義上稱之為『心理的』」（Taylor, 2001）。一種叫「心理」的東西被發明出來，並為它自身奠基。Descartes 與現代心理學只有一步之遙了。在 Descartes 之後，這種心理學是如此唾手可得，以至於只需要一種視角轉換就可以完成了。下面我們將看到 Wundt 是如何轉換了 Descartes 的視角，並最終發明了現代心理學的。透過意識的內在性，Descartes 使一種全新的人類學得以可能。而現代人的形象就建基在這種人類學圖景之上。就意識的內在性被作為源初的出發點和先在的設定對象的主體而言，現代人就是心理人。這意味著，只有從心理學意義的我思出發，我們才可能開始思想和行動，只有透過將對象吞併到我思的心理學表像中來，我們才能夠思想和行動，而他人與世界在理論上不過是這種心理學我思的一個可疑的推論。在我思的奠基性的意義上，一切其他存在都先行地被我思所設定。所以，無論是一門具體學科（這就是西方學術中心理主義的後果），還是一種政治行動（這就是西方政治中個人主義的後果），它都必須從這種心理學我思開始才能得到完整的說明。Descartes 的「現代認識論的自我規定的主體因此自然是由同一個運動產生的心理的和政治的原子主體性」（Taylor, 2002）。這種心理人的形象很快就成為西方人自我想像的基礎與依歸，以及他們發明的各種理論的

指導原則。新的人類學由兩個似乎完全不相容的對子組成：首先是透過第一人稱的視角審視自己，從而得到一個設定了客觀性的自我規定的我思觀念；其次是被我思設定的客觀性的（思想）客體（物質），由於它被排除了與我思主體的任何關係，因此常常被賦予一種表面上的第三人稱視角。這就是對 Descartes 關於心靈和物質兩種實體的二元論的人類學表達。前者是一種激進的主觀性，後者是一種激進的客觀性。而且似乎吊詭的是，客觀的唯物主義的最極端形式卻需要以絕對主觀的第一人稱視角為基礎。然而實際上，從意識的內在性出發，這樣一點很容易理解了：自我規定的我思先在地設定了作為思想客體的物質，由此，所謂的物質不過是名為物質的思想。在這個意義上，Taylor（2001）才說，「激進的客觀性只有透過激進的主觀性才是可以認識和理解的」。至於這一表面的對立如何先行地決定了從第一人稱視角出發的所謂唯心主義與從第三人稱視角出發的所謂唯物主義的命運，我們慢慢道來。現在的問題是 Wundt 如何創立了離 Descartes 已經只有一步之遙的現代科學心理學。

Wundt 認為對意識的精確描述是實驗心理學的唯一目標。Wundt 將意識定義為直接經驗（內部經驗），它僅僅是構成經驗的直接的真實現象，捨此無他。這就是心理學的研究對象（Wundt, 1893）。而自然科學的研究對象則是間接經驗（外部經驗）。Wundt 寫到，「所謂內部經驗和外部經驗的表達，並不是指謂不同的對象，而只是對一個統一（unitary）經驗進行科學研究的不同視角。」（Wundt, 1897）所謂物理的和心理的指的是觀察一個同一世界或者存在的兩個不可互相還原的視角，而「心理對象和物理對象的關係是：它們根本不是不同的對象，而都是一個相同的經驗內容（one and the same content of experience）。」（Wundt, 1897）因此，同一對象可以成為若干科學的客體：幾何學、認識論和心理學都研究空間，但是它們是從不同的角度出發來研究的。科學的任務由此不能被對象本身所決定，而是先決性地被研究它們的邏輯視角所決定（Wundt, 1919）。「沒有什麼自然現象不能成為心理學的對象」。「我跟前的一棵樹，作為外部客體是自然科學的領域，作為意識內容是心理學的領域。」（Wundt, 1999）。由於心理學和自然科學從不同的視角研究一個相同的經驗內容，所以在 Wundt 看來，兩種科學之間的關係才是互相輔助（auxiliary）和補

充（supplementary）的。這就意味著，心理學之所以成立，它所憑藉的不是自己較之於自然科學具有獨特的研究對象，而是一種特別的觀察視角。

　　既然所謂內部經驗（直接經驗）和外部經驗（間接經驗）的表達，並不是指謂不同的對象，而只是對一個統一（unitary）經驗進行科學研究的不同視角，那麼這就意味著 Wundt 在處理同一種經驗時採取了雙重的視角：他將這種經驗同時理解成既是第一人稱視角的又是第三人稱視角的。從前者出發就能得到一種心理學（無論是 Descartes 的形而上學心理學，還是 Wundt 的科學心理學），從後者出發就是自然科學。但是，在從前者出發去審視這種第一人稱的經驗時，仍然具有兩種可能性：我們既可以透過第一人稱的視角觀察第一人稱的經驗，又可以透過第三人稱的視角觀察這種經驗。對於前者，Wundt 當然是反對的，因為這樣做意味著他和 Descartes 的心理學沒有任何區別。而 Descartes 的心理學正是他要與之劃清界限的「形而上學心理學」。Wundt 輕巧地從 Descartes 的第一人稱視角轉換到了第三人稱視角：他破天荒地開始從第三人稱的視角審視第一人稱的經驗。這意味著，「替換依靠不精確的內部知覺（inner perception）的主觀方法，代之以一種真正的可靠的內省，將意識置於精確的可調節的客觀條件中」（Wundt, 1999）。在他的心理學實驗室中，實驗者並不是坐在安樂椅上第一人稱地靜觀意識，而是從第三人稱視角出發，透過將意識置於可控制的條件下迫使意識回答實驗者的問題。這就是實驗內省法較之於 Descartes 的內省法所有的高明之處。透過這種處理第一人稱經驗的第三人稱視角，Wundt 創造了一種與 Descartes 的形而上學心理學截然不同的心理學，這就是作為現代心理學起點的科學心理學，由此，現代心理學誕生了。

　　在 Descartes 邏輯內部的視角轉換為現代心理學的誕生提供了現實性。意識內在性同時還為這種心理學的出現提供了必要性。在 Descartes 看來，廢除那種有意義秩序的目的論宇宙論觀念也就意味著重新規定自我，將我們自身從把意義投射於事物之上的做法中擺脫出來，從世界中無限退回自身，全心全意地投入到我們自身觀察和思考事物的過程中去。「懷疑」始於第一人稱態度，但又要擺脫第一人稱的經驗，達到第三人稱態度。為了獲取這種第三人稱的客觀知識，由此研究人性（human nature）就變得極爲必要了。即使是像 Hume（1997）那樣懷疑主義的一位思想家，也接受了這一假設。在其《人性論》的引論中，他解釋他的著作計畫說，「一切科學對於人性總是或多或少地有些關係，任何學科不論似乎與人性離得多遠，它們總是會透過這樣或那樣的途徑回到人性。即使數學，自然哲學和自然宗教，也都是在某種程度上依靠於人的科學；因爲這些科學是在人類的認識範圍內，並且是根據他的能力和官能而被判斷的。」由此，「關於人的科學是其他科學的唯一牢固的基礎，而我們對這個科學本身所能給予的唯一牢固的基礎，又必須建立在經驗和觀察之上」。Hume 認爲之前的科學研究都是間接的猜測和摸索，他建議我們直接研究人性本身，「拋棄在邊界地帶迂迴曲折地徘徊的老辦法，直搗這些科學的首都或心臟，即人性本身」，這樣才能獲得客觀的可靠的知識。Wundt 進一步將這種作爲其他科學的唯一牢固基礎的人的科學發展成了心理主義，也就是將其他科學都建立在心理學的地基上。他（1897）將科學分爲兩族：形式（數學）科學與實在（經驗）科學。後者研究實在的自然與精神方面，繼而又可被分爲自然科學和人文（精神）科學。人文科學又可以分爲研究精神過程的科學和研究精神產品的科學。前者正是心理學，而後者包括對精神產品的一般研究，諸如文字學、政治經濟學、法學和宗教學等等。由於過程總是先於結果，心理學由此成爲所有其他人文科學的基礎。而「用各種舊學派的唯理主義的方法，脫離自然科學而建立形上學的任何嘗試都是徒勞無益的。」（Wundt, 1919a）。Wundt 試圖透過「經驗」心理學的研究爲哲學的重新調整提供「準備」，心理學就成爲哲學的「準備性經驗科學」。由於心理學研究直接的、整體的經驗，在這個意義上較之於要從主體之中抽象出來的自然科學，（心理學的）內部經驗比（自然科學的）外部經驗具有邏輯的優先權（Eisler, 1902），所以心理學具有更嚴格的經驗性（Wundt, 1897）。綜上，意識的內在性賦予心理學對哲學、自然科學以及其他精神科學如此重要的地位，心理學的誕生因此就變得極爲必要了。在這樣一種濃重的心理學氛圍中，心理主義幾乎統治了十九世紀後半期和二十世紀初葉。

Descartes 與 Wundt 的同構關係

然而，正如我們一再強調的那樣，正是由於 Descartes 的先行奠基，這種現代心理學才具備了可能性。實際上，科學心理學得益於 Descartes 的和受制於他的一樣多。如果說 Wundt 有什麼創見的話，那就是他在 Descartes 的內部完成了一種視角轉換。而這種轉換是 Descartes 所能開出的必然的邏輯結果：既然可以第三人稱地處理世界，爲什麼就不能同樣第三人稱地處理人呢？與其說 Wundt 的科學心理學完成了對 Descartes 的形而上學心理學的革命，不如說他接過了 Descartes 的所有可能與限度。按照 Wundt 的說法，處理（一個統一的經驗）經驗存在著兩種視角：自然科學處理不依賴於主體的經驗對象；而心理學研究經驗的直接的整個內容。所以自然科學要從主體中盡可能地抽象出來後才能考量客體。由此，自然科學的立場可被認爲是間接經驗的立場，因爲只有在從呈現於整個實際經驗中的主體因素中抽象出來之後它才可能。「既然自然科學研究從經驗著的主體中抽象出來的經驗內容，它的問題常常被表述爲獲得關於外部世界的知識。外部世界這個表述指的是呈現於經驗中的所有客體的總和。」（Wundt, 1897）而心理學的立場可被指定爲直接經驗的，因爲它有意地清除這些抽象及其所有後果。心理學在經驗的完全和實際的形式上研究經驗內容，它既包括指涉客體的觀念，又包括串接在它們之上的所有主觀過程。它的知識因此是直接的和知覺的：最廣泛意義上的知覺，不僅是感知覺，而且是和思維中所有抽象的和概念性的東西不同的一切具體現實。由此，心理學可以完全避免自然科學那樣的抽象和補充概念，就能按它實際呈現給主體的樣子展示經驗內容的聯繫。雖然在致力於解釋經驗內容的意義上（儘管是從不同的視角出發），自然科學和心理學都是經驗科學，但是很明顯，由於其所研究的問題的特點，Wundt 認爲，「心理學比自然科學具有更嚴格的經驗性」（Wundt, 1897）。當 Wundt 一再強調心理學對象的直接性，以及相較之下自然科學概念的那種假設的和補充的性質時，我們不禁聯想到 Ryle 對 Descartes 所做的那個指認，「心靈對於它自己的事件的報導所具有的確實性比它對於物理世界中的事情的報導所具有的最高的確實性還要高一籌。」（Ryle, 1949）我們要說的是，Wundt

的運思仍然座架在 Descartes 的邏輯之內，Wundt 是 Descartes 遺產的重要繼承人。當 Wundt 認爲經驗內容是作爲整體被呈現給主體的時，這不就是 Descartes 那種從第一人稱視角出發審視全部經驗的方式嗎？當 Wundt 說到內部經驗透過它的直接性將自身與外部經驗區分開來時，他說的和 Descartes 所謂我思的自明性有多少區別呢？而當 Wundt 更進一步認爲自然科學的對象是「從主體中抽象出來的經驗內容」時，他的這個對象又和在 Descartes 那裡被我思主體設定的抽象對象相距多遠呢？

　　Wundt 將自己的心理學成爲意志心理學（voluntaristic psychology），因爲在他看來，意志過程伴隨著所有其他主觀心理過程。Wundt 拒絕 C. Wolff（沃爾夫）的那種研究我思的理性心理學[11]，但他也不接受同樣是經驗科學的英國的聯想主義心理學。在他看來，前者是沒有實際內容的形而上學，後者將心理過程的總體還原爲心理活動的簡單的、低級的形式，故而無法解釋直接決定了意識性質的主觀活動。但是 Wundt 並不是否認感覺的聯合。確切地說，這種聯合只是一種閾下過程，正是這一過程的產物成爲意識的實際對象，也就是表象。然而由於心理事實不計其數，Wundt 宣稱（作爲意識內容的）所有表像都是透過感覺的心理綜合形成的。這一綜合伴隨著每一種表象活動（Wundt, 1893）。因此我們將表象綜合視爲意識自身的特性（Wundt, 1893）。這一綜合就是所謂統覺（apperception），Wundt 對它的直接定義是「表象進入內部視野的焦點我們稱作統覺」（Wundt, 1893）。統覺決定有哪些表象的聯結可以進入意識的領域，對表象的統覺聯結預設了聯想的各種形式。正是在這個意義上，Wundt 才將他的心理學成爲「意志的」。統覺與意志非常類似，事實上它是意志的一個原始的（primordial）表達。統覺活動總是在意志的內部活動中組成的（Wundt, 1919）。然而，當統覺變得越來越強烈的時候，它似乎變得凌駕於表象之上，並開始意識到自身是一種純粹的活動和純粹的自我意識。「根源於統覺恆常的活動，自我意識完全退回到統覺自身之中，是故，在意識的發展完成之後，意志成爲自我意識的唯一內容」（Wundt, 1893）。由此，表現爲意志的自我現在作爲完全獨立於經驗的東西呈現給自身。這已經觸及到 Descartes 那個從經驗中分離出來的自我的邊界了。也許 Wundt 已經意識到了這一危險，他匆忙地將這一推論視爲幻覺，欲

蓋彌彰地接著說，「抽象的自我意識恆常地保持著經驗的自我意識的整個感覺背景」（Wundt, 1893）。Wundt 固然拒絕了 Wolff 的研究我思的理性心理學，但是現在看來，他那個完全獨立於經驗的統覺似乎擺脫不掉和我思的糾葛。最後，在 Wundt 斷言「外部世界這個表述指的是呈現於經驗中的所有客體的總和」時，他和 Descartes 的同構關係已經昭然若揭了：外部世界並不是經驗的意向性所指向的作為事情自身存在的世界，它們是而且僅僅是呈現於經驗中的，因而是被我思所設定的思想客體的總和。而這一點，正是 Descartes 形而上學心理學的全部祕密。

　　Wundt 在各種場合和各個時期的著作中對「現代心理學越來越認同，將心理學與自然科學區分開來的，不是經驗對象的差別，而是處理經驗的方式的差別。」（Wundt, 1897）。一次又一次地強調，也許正表明了他對實驗內省法能在多大程度上把握意識的能力的不確信，這一點也許能從他後來投身於民族心理學的研究得到證明。在 Wundt 那裡，意識的存在與否依賴於是以第一人稱的視角還是以第三人稱的視角處理經驗。而之所以說 Wundt 會有所猶疑，是因為他的基地容易被顛覆：只要停止對待經驗的第一人稱視角，轉而透過第三人稱視角審視它，意識的存在就被否定了。J. B. Watson（華生）的行為主義就是透過這種方式來反對 Wundt 心理學的。他採納了新實在論者的觀點，這種觀點認為在認識時，客體是直接呈現於意識之中的，客體本身就是意識的內容，乃至所謂心靈之中的事物與被認知的事物是直接同一的。這種觀點實際上就是透過第三人稱的視角處理經驗，它要求我們像物理學家那樣去對待意識，即只把意識看作對客觀事物的客觀經驗，而不是有關心理活動的主體經驗。如此，Watson 就否定了 Wundt 所謂直接經驗和間接經驗的區別，將 Wundt 研究的意識和物理學家研究的客觀事物等同起來了。這樣心理學的對象就不可能是第一人稱的經驗，而只能是第三人稱的腺體分泌和肌肉運動。質言之，Watson 主張的是透過第三人稱的視角研究第三人稱的經驗。在這個意義上，行為主義的確是足以毫無愧色的與自然科學並列了。A. Comte（孔德）也正是由此出發才肯定了未來的行為主義作為實證科學的合法性質，同時將所有內省的心理學貶低為新的形而上學。由於 Wundt 意識觀中的這個易被攻擊的漏洞，Brentano 才會認為意識內容不是心理學研究的對象，而是物理

學研究的對象，他認為作為心理學研究對象的只能是意動（acts）。Wundt 曾經試圖透過將實驗內省法限定於自然科學之內來彌補自身的漏洞。實驗內省法被認為只適於研究心靈的生理層面，而民族心理學的研究則針對複雜心理歷程（complex mental processes）。在研究複雜心理過程時要放棄實驗內省，並用民族心理學的歷史方法取而代之。「對這一科學幸運的是，在實驗法讓我們失敗的地方，還存在著客觀心理學知識的其他可得的來源。這就是共同的心理生活的產品……語言、神話和習俗……它們也依賴於普遍的心理學規律……民族心理學的方法構成了關於複雜心理過程的普通心理學知識的主要來源。這樣，實驗心理學和民族心理學組成了科學心理學的兩個主要分支。」（Wundt, 1999）。然而實際上，Watson 並不會反對民族心理學方法論意義上的心理學，因為這種心理學有一個和行為一樣可以外在觀察的第三人稱的對象。不得不提到的是，與 Wundt 相同的漏洞在 Watson 的心理觀中仍然未能避免，它只是表現在與 Wundt 相對的另一極。這是由於 Watson 的行為主義作為 Descartes 邏輯的必然結果仍然停留於 Descartes 的座架內：既然可以從第三人稱的視角處理第三人稱的經驗，為何不能將第一人稱的經驗也作為是第三人稱的呢？人固然是認識的主體，但同時也是自然中的一個對象。因此，為何不能轉換一下視角，即「機械主義地、原子論地、同質地、以偶然性為根據地去實現人的樣式」呢？Taylor（2002）在他的煌煌巨著《Hegel》中匪夷所思地說到，「內省法為行為主義方法奠定了基礎」。不從 Descartes 與 Wundt 一直到 Watson 的內部勾連出發（雖然 Taylor 並沒有做這一考證），他的話將完全無法被理解。因此這樣一個結論也是必然的：Wundt 完全也有同樣充分的理由來反對 Watson，因為他只要再一次強調用第一人稱的視角來處理經驗就可以了。

所以我們最終就可以明白，Wundt 的意識心理學和 Watson 的行為主義不過是作為 Descartes 遺產的意識內在性的內部辯論而已。而當 1960 年代以來興起的批判心理學（critical psychology）認為傳統心理學傾向於將世界視為完全外在於人的決定性的行為的條件時，它的對手正是 Watson 那樣的行為主義心理學。這種心理學被批判心理學稱為客體決定的第三人稱的「條件化話語」（conditioning discourse）。批判心理學試圖重新

回到第一人稱的視角，即與之相對的主體立場的「理由話語」（reason discourse）。這裡我們要提前預告的是，批判心理學的轉向既是革命性的，同時也是需要高超技藝的（因而也是極具挑戰性的）。如果它能完成Marx 的那種轉向，它就是革命的，而如果它所謂的主體立場只是轉向第一人稱視角，並停留於這一視角，那麼批判心理學就危險地和 Wundt，並最終是和 Descartes 走到了一起。

我們已經看到了 Descartes 如何透過 Heidegger 所指認的意識的內在性創造了一種新的人類學，從而使科學心理學以及其他經驗科學的誕生成為可能。正如 Taylor（2002）說的那樣，「十七世紀的現代哲學運動，這個運動將給經驗以榮耀。它將認真地對待並千方百計地關注經驗的和偶然的外在現實。現代哲學導致了一種欣欣向榮的經驗科學。」在這種意識內在性的框架內，Wundt 透過一種視角轉換發明了研究意識的現代心理學，從而繼承了 Descartes 的可能與界限。我們也已經初步提及了這種意識的內在性在心理學中如何遭遇了各種挑戰，比如 Watson 的行為主義、Brentano 的意動心理學，以及批判心理學等等。我們現在要談論的是，這些以及其他意欲擊穿 Descartes 以來意識的內在性的種種努力由於或者對 Descartes 的座架無思，或者超越了 Descartes 的座架，從而走向了何種命運迥異的思想旅程。這裡首先要揭示的是對這種意識內在性的最主要攻擊，那就是 Feuerbach。我們將看到 Feuerbach 是如何透過感性對象性（感性客體）來反抗這種內在性，但最終如何又仍深陷其內而將意識物化的。與之對照，Marx 則從 Feuerbach 繼續前行，透過感性對象性活動從 Descartes 的座架中一躍而出，由此為心理學超越在（Descartes 設定的）意識內在性之中左右互搏的怪圈創造了可能性。

解決意識的內在性問題的傳統方案

自從 Descartes 區分了思維和廣延、靈魂和形體這兩種彼此獨立的實體，從而在實質上劃分出了一個內部世界（主觀世界）和一個外部世界（客觀世界）之後，破解兩個世界如何在本體上重新關聯起來這一「世界之結」的努力從未止息。用 Hegel（1883/1978）的話說，就是「中世紀的

觀點認爲思想中的東西與實存的宇宙有差異，近代哲學則把這個差異發展成爲對立，並且以消除這一對立作爲自己的任務。」解開 Descartes 的世界之結通常有兩種方案。這兩種方案對我們說來可謂平淡無奇：一種是唯心主義的，一種是（機械）唯物主義的。貝克萊就是這樣一位典型的唯心主義者，他否認觀念在外部世界中還有一個原件，將第一性的質也作爲像第二性的質那樣的主觀觀念，這就是著名的「存在即被感知」，從而似乎的確是一舉解決了 Descartes 的難題。但是 Kant 不滿於冷酷的經驗主義者將一切都歸結於客體的印象或感覺的集合，他統一了 Descartes 的理性主義和英倫的經驗主義。Kant 不僅從經驗上去規範範疇，而且從理性的結構上去規範範疇，這意味著思想建構了經驗現實。但是對於 Kant 來說，外在於意識的現實、自在之物是概念難以企及的，自在之物區分於概念所能塑造的表象。最廣爲人知的唯心主義者當然是 Hegel。對 Kant 來說是心靈的建構的東西，對 Hegel 來說則變成了一個本體論的基礎。Hegel 將概念作爲萬物的基礎，而理念是設定現實的東西。Marx（1957）說，「在黑格爾的體系中有三個因素：斯賓諾莎的實體[12]、費希特的自我意識以及前兩個因素在黑格爾那裡的必然的矛盾的統一，即絕對精神。第一個因素是形而上學地改了裝的、脫離人的自然。第二個因素是形而上學地改了裝的、脫離自然的精神。第三個因素是形而上學地改了裝的以上兩個因素的統一，即現實的人和現實的人類。」Hegel 透過將 Spinoza 的實體理解爲主體，亦即把它理解爲從 Kant、Fichte 發展起來的自我意識，從而內在地實現了思維與存在的統一。但是實際上，Hegel 對思維與存在的對立問題的解決不過是將這種分裂轉移到了思維內部。在 Hegel 的哲學視圖中，世界的本質和唯一主體是絕對的理念，理念爲了實現自身而自我對象化爲物相，在自然對象和社會歷史的物化負載之後，再以具體的豐滿的自我意識歸於自身。這裡要注意的是，Hegel 的絕對理念設定的只是物相，而不是現實的物，Hegel 的對象化就是主體吞沒客體，客體是主體設定的物相，從而對象化就是異化。顯而易見，唯心主義直接地停留在意識的內在性之中了。

　　較之於精妙而炫目的唯心主義，致力於跳出意識內在性的（機械）唯物主義似乎顯得有些粗糙。唯物主義試圖透過將意識歸之於物質來解

決 Descartes 的二元論，亦即將意識解釋爲或者是腦的分泌物，或者是腺體收縮、肌肉運動，或者是電腦的資訊加工，或者是相應腦區的活動，但結局往往是以客觀的名義將意識還原爲物質，一種已被 Descartes 的二元論所設定的現成之物或固定之物，由此仍停留於 Descartes 的座架之內，即以將意識的內在性物化的形式從另一端重述了 Descartes。Collingwood（1999）辛辣地嘲諷到「透過爲自己開巨額支票去支付未到手的資產，唯物主義的科學信譽才得以維持。如果沒有實驗室裡實驗的確實性——像生物化學家成功地合成了尿素所提供的那種確定性——像大腦分泌思想正與膽囊分泌膽汁的方式完全一樣這種陳述，作爲一條宗教教義也許能說得過去，但如從科學角度上看簡直就是唬人。」當面對無法做到像物理學或化學處理一種天體運動或化合反應那樣確定地處理所謂的心理或者思想這一窘境時，唯物主義就以現在科學尚不發達來自我辯解。自從 Spinoza 在十七世紀提出心理不是脫離身體的某種東西，而是由大腦過程產生的，並且受決定論支配，到 La Mettrie 在十八世紀自然主義地大膽斷言人是一架機器，而靈魂只是一個空洞的孔隙，再到十九世紀 Helmholtz 毫不留情地鞭笞唯心主義哲學家，並透過生理學研究表明知覺僅僅依賴於肉體物質，最後到二十世紀最後 10 年野心勃勃地向腦科學進軍最後卻宣布失敗的「腦科學的 10 年」，唯物主義似乎並沒有最終破解意識之謎，至少它未能做到像物理學解釋和處理原子活動 [13] 一樣解釋和處理心理活動。

　　實際上，雖然這種唯物主義似乎訴諸與我思正相反的東西從而反對唯心主義，但這種反對卻正好是停留於 Descartes 所設置的同一建制中的彼此設定。Descartes 二元論的實體理論中存在著深重的內部歸謬（reductio ad absurdum）：精神只能知道它自身的狀況，而按假定物質世界又不是一種精神的狀況（Collingwood, 1999）。這一點正好說明，Descartes 那裡的物質世界不過是我思所設定的物質世界，實際上它不過是名爲物質世界的思想客體，而如果承認了這種物質世界，就意味著同時承認了設定它的那個東西，也就是我思，由此仍然座架在 Descartes 之內。當與 Descartes 通信最多的 Princess Elisabeth of Bohemia（伊莉莎白公主）表示她無法理解（非廣延和非物質的）靈魂如何能夠啟動軀體時，Descartes 就只能開始關心公主的健康了（Blom, 1978）。質言之，我思根本無法貫穿對象領域

去推動對象，所以對象領域只能是被我思所抽象設定的。而當機械唯物主義無批判地從現成性的物出發反對我思時，它一開始就被我思所牢牢捕捉了。唯物主義所現成把握的那種物，即一個不依賴於思想，或者不依賴於人的東西（無論這種物是抽象的還是具體的），不仍然是思想所構造或設想的嗎？這個現成的物如果不是我思所設定的，它還能是什麼呢？作為物性的物性和作為物體的物體恰恰正是我思所構造出來的抽象物，正是相對於我思方才成立的存在物。無論這種物的名字是叫實體[14]、自然界，現象界，物相，外部刺激，行為，資訊加工，腦活動還是別的什麼東西，它們都是我思所設定的思想客體。由此，唯物主義從另一端回到了 Descartes 所開闢的存在論上的現成之物（主體與客體、意識與存在、靈魂和肉體，即使唯物主義以後者反對前者）。無論是唯物主義將這裡的物視為抽象的實體，還是具體的一塊石頭、一棵樹、一種肌肉運動或者腦活動，在對物的現成性把握這個層面上，唯物主義都倒退到了 Kant 之前的水準，正是據此，Marx（1995, 2002）才將那些信奉實證主義的唯物主義稱為「非批判的」「僵死的事實的彙集」。而為唯物主義所沾沾自喜的「客觀」概念，似乎是指一種完全脫離人而存在的東西。但是這種脫離了人的存在只有上帝之眼或者代上帝之眼行事的我思才能看到。在此意義上，所謂的脫離於人而存在的客觀物質，不也正是我思所設定的思想客體麼？當 Watson 直接從現成性的肌肉運動和腺體收縮出發從而反對意識的內在性時，他所說的行為如果不是思想設定的客體，它還能是什麼呢？在行為主義從對象的現成性出發的意義上，質言之，行為不過是名為行為的思想物。如果說行為主義透過轉換視角否定了第一人稱的經驗，但結果不過是從另一端肯定了意識的內在性，那麼這就像用一般的物質否認一般的意識一樣，同樣是不成功的。而當認知心理學將意識視為資訊加工時，它仍然是由現成的物出發，將人的活動還原為可計算的或可遞歸的數據運算，由此，它不過是另一種形式更為精細的機械主義[15]。

　　而正是由於對這種現成性把握的唯物主義的不滿，才催生了所謂的後經驗主義方法論。比如杜恆─奎因命題（Duhem-Quine proposition）的提出。Quine（1987）認為，「我們關於外在世界的陳述不是個別地，而是僅僅作為一個整體來面對感覺經驗的法庭的。……總的來看，科學雙重地依

賴於語言和經驗，但這兩重性不是可以有意義地追溯到一個個依次考察的科學陳述的。具有經驗意義的單位是整個科學」。關於對象的知識是作為一個整體共同面對經驗的法庭的，而僅僅從現成的、固定之物出發的事實，並不能證實或者證偽一個普遍的結論。現成性把握的唯物主義試圖以最簡單、最直接和最基本的觀察命題為阿基米德點建立穩固的知識大廈的雄心壯志於此遭受了深重打擊。反對現成性把握，意味著個別命題的真假並不優先於，而是取決於整體的知識體系。Duhem 最早在 1906 年就於其《物理學理論的目的和結構》一書中提出了類似的觀點。這就是著名的杜恆—奎因命題。實際上，這樣一種反對現成性把握的整體觀在 Hegel 那裡就已經非常顯豁了。在 Hegel 的體系中，無所不包的絕對精神已經囊括了一切對象的邊界，乃至這一對象也不過是絕對精神外化開出的物相，而被現成性把握的東西是一個必將被絕對精神的自我運動揚棄的環節之一。Hegel 的這種極為澈底的整體主義正是現成性把握的唯物主義的大敵。而 Marx 正是批判地繼承了 Hegel 的這種整體觀。Marx 的視角就是以特定生產方式界劃開來的社會集團，即社會歷史的總體性。這個總體性因為特定的生產方式必然表現為從生產到生活乃至心理層面的總體性過程。而資本主義生產方式內在地導致生產勞動過程的碎片化（即高效的、合理的勞動分工），比如在經典的泰勒制（Taylor system）中，勞動被分解為若干動作的連續操作，然後推廣到整個生產部門。後來 Ceorg Lukacs（盧卡奇）試圖回到 Marx 的社會歷史總體性，堅持一種社會總體性—結構性—關係性過程的分析視角。Lukacs 早年曾借助 Webber 的觀察視角指認了這樣一個事實，即資本主義生產方式的合理化進程必然表現為從生產到生產之外社會生活方方面面的現成性把握的物化過程。這個物化過程滲透至人們的無意識層面，不僅表現為政治官僚的合理化科層制體系，也表現為人們日常生活中對於合理化的認同與無意識訴求。這種物化的心理（無意識）是與資本主義碎片化的生產方式同構的。而這種同構性在哲學上就表現為以 Kant 為代表的哲學體系（強調認知框架的先驗性與可靠性）；也表現為經驗主義與實證主義的認識論路徑（強調個體經驗的中心性）。Lukacs 說的這個物化過程產生的認知效應就是：大家習慣性地只見樹木不見森林。因為每個人都安然被置於複雜社會系統中的某個螺絲釘位置上，由此也習

慣於從這個位置看世界，並以為世界就是他在這個位置現成性地把握的理所當然的樣子。這種意識的物化所共同導向的就是對社會結構與關係總體性（過程的總體性）的埋葬，也是對集體性、總體性社會改造可能性的否決。當然，Lukacs 最大的失誤就是沒有將物化與異化區分開來。後來自己也承認 Hegel 在他早年思想中的樞軸地位，由於他試圖以 Hegel 的總體去反對意識的物化，用 Hegel 因素反對機械唯物主義的實體因素，用 Hegel 來反對 Spinoza，與其說他討論的是 Marx，不如說是用 Marx 填充的 Hegel。

機械唯物主義直接從物出發，而這種作為物性的物性和作為物體的物體恰恰正是我思所構造出來的抽象物，亦即正是相對於我思方才成立的存在物。雖然試圖以物來超越 Descartes 劃分的兩種實體的對立，並逸出意識的內在性，但是由於僅僅是從現成的、固定之物出發，因而機械唯物主義一開始就停留在思想的圓圈中，質言之，它不過是從另一極確證了Descartes 以來的意識的內在性，而他們標舉的物只是名為自然界的思想客體，無論它的名字是 Kant 的現象界，Hegel 的物相，經驗主義的經驗客體，還是實證主義的客觀現實。由此我們可以總結說，近代哲學唯物主義所把握的物質實體，質言之乃是思想客體，而不是感性客體。它是物的思維形式、概念形式（範疇），是物相。而不是真正的現實的物，不是感性對象。Feuerbach 試圖用直觀拯救感性客體。在他看來，直觀對象根本不從屬於意識領域，因而也不從屬於意識的表象領域。真正的對象或客體不是透過表象被構成的，它們是與思想客體不同的感性客體。十八世紀的唯物主義者和其他經驗論與感覺論者談論的仍然是思想客體，仍然陷在意識的內在性之中，否定意識的心理學和將意識進行唯物主義解釋的心理學在其對對象的現成性把握的意義上，它們談論的仍然是思想所設定的對象，由此也深陷在意識的內在性之內。Feuerbach 的直觀要求超出意識的表象領域，反對（抽象分裂和分割的）現成性的概念把握。Feuerbach 試圖以直觀反對抽象，為實踐和生活辯護。在他那裡，生活與實踐就是直觀，真實的客體是感性對象性存在。所謂的感性，就是人和自然的感性實在性的統一，而不是意識的內在性所設定的抽象實在性；而所謂的對象性，就是不僅以自然界為對象，還以上帝、他人為對象，由此 Feuerbach 特別提出

一種類意識的存在作爲人的根本特徵。總之，Feuerbach 旗幟鮮明地反對 Descartes 和他的我思所設定的一切，「實在，理性的主體只是人。是人在思想，並不是我在思想，並不是理性在思想……因此，如果舊哲學說：只有理性的東西才是眞實的和實在的東西，那麼新哲學則說：只有人性的東西才是眞實的和實在的東西。」（Feuerbach, 1984）。

　　Feuerbach 一方面拒斥始於 Descartes 至 Hegel 達到頂峰的、以思維吞噬存在爲特徵的唯心主義，另一方面攘除那種 Marx 在《神聖家族》中所批評的「片面的、敵視人的」唯物主義。這種唯物主義將人直接地、現成性把握地還原爲抽象物質。而這種抽象物質仍然只是名爲物質的思想客體，而不是感性客體。「感性失去了它的鮮明的色彩而變成了幾何學家的抽象的感性……幾何學被宣布爲主要的科學……唯物主義變得敵視人了……爲了在自己的領域內克服敵視人的、毫無血肉的精神，唯物主義者只好抑制自己的情欲，當一個禁欲主義者。它變成理智的東西，同時以無情的徹底性來發展理智的一切結論。」（Marx, 1957）。幾何學（geometry）的本義是測地術。geo 乃大地之義，而 metry 則意爲測量。如果「測地術」這個古老的詞本身還蘊含著古希臘的那種人與大地之間的緊密聯繫，揭示了人仍立足於大地之上（earth-bound）的存在性勾連，那麼在 Descartes 之後，幾何學由於它與感性大地脫離所僅剩的抽象性質，由於它對意識的自明性（因而是可靠性或眞理性），它從每一個方面表明人類處於地球之外的境況，以及地球和一切可能星球被還原爲人的心靈尺度的極端可能性。恰恰由於 Descartes 將阿基米德點移至心靈內部，地球之外的那個阿基米德點才得以可能。人將世界置入內心，自身卻處在世界之外無窮遠處。此時，正如 Feuerbach 所說的，人成爲一個對大地毫不關心的，從一個星球飄向另一個星球的流浪者。

　　但是，由於 Feuerbach 是從直觀出發，並僅僅是從直觀出發，所以當他試圖透過直觀到的感性對象性躍出意識的內在性時，他的直觀不過是這種內在性所設定的另一種東西。感性對象性在表面上與意識的內在性的對立之下，再次變成了抽象的物質，它內在地仍然是由自我意識設定的，由此最終成爲形而上學內部的東西。問題不在於感性對象性本身，而在於 Feuerbach 的出發點僅僅是直觀。Feuerbach 有意識地區分了 Descartes 的

思想客體與他說的感性客體，清醒地辨別了透過表象被把握的事物與事物自身（回到事情本身）。爲了逸出意識的內在性，Feuerbach 一味地強調對象性不依賴於我思的實在性，「沒有太陽光的神經的光就像沒有你的我，沒有男人的女人，反之亦然。把光的主觀感覺同客觀感覺等同看待，就等於把遺精和生孩子等同看待」。他甚至繼續推進到這樣一種程度，「感性是對象性的，是需要對象的；對象是我的另一半，是我的本質，我也是對象的本質。可喝的水是人的本質。意識與對象在開端就是一個整體了。」（Feuerbach, 1984）正是因爲這一點，Feuerbach 的哲學才被譏諷爲「我就是我吃的東西」。Feuerbach 試圖從意識的內在性中拯救出對象，並將之轉移到了直觀的感性對象性領域。但他所能憑藉的唯一武器就是直觀，不幸的是直觀並不是一種自立的不需要說明的東西，由於它缺乏那種立於自身之上的源初性質，所以它無法爲自身奠基。所以它仍然是一種思想所設定的抽象的意識。故而，這種直觀僅僅是我思所設定的一種理論的活動，而且仍然是對對象的現成性把握。尤其是當 Feuerbach 把人的本質理解爲「類」，理解爲一種內在的、無聲的、把許多人自然地聯繫起來的共同性時，這種類本質如果不是思想所設定的抽象物，它還能是什麼呢？

　　Feuerbach 對 Descartes 所開闢的二元論的貽害也有深刻的認識。他於1846 年旗幟鮮明地寫作了《反對身體和靈魂、肉體和精神的二元論》，一再強調「感覺與思想、感性與理性、心與腦的分裂應當統一」。（吳曉明，2006）從他一貫的感性直觀出發，腦是思想的感性對應物。於是腦被認爲是思想的眞正現實基礎。除了試圖透過當時的腦科學來解剖「思想」之外，Feuerbach 再沒有更多的想像力。「對我說來，即主觀上說來，是純精神的、非物質的、非感性的活動，那麼就其本身說來，即客觀上說來，是物質的、感性的活動。」（Feuerbach, 1984）而 Feuerbach 所倚重的這種作爲精神活動之「本身」的「物質的、感性的活動」所指謂的卻只是「腦的活動」。如此，Feuerbach 試圖超越 Descartes 以來意識內在性的努力的理論終局就是，它並不比上文曾提到的 Marx 所譏諷的那種醫生的心理學高明多少。腦固然是思想的器官，但是如果思想透過腦的活動就能得以說明，「那麼關於思想的科學就會由心理學變成生理學，並且最終應當變成物理學。」（吳曉明，2006）如此心理學的確是從根本上被取消

了。Feuerbach 所做的不過是將被囚禁在 Descartes 心靈孤島上的魯賓遜從松果腺的牢房又投到了腦的監獄。而窺伺這個隱祕監獄並完全把握它的企圖在《美麗新世界》這樣的反烏托邦小說中昭然若揭。在他們看來，腦內部好像在發生著什麼神祕的活動，它主宰了我們的一切現實生活。而一旦能破解其密碼，意識研究就會產生決定性的革命，一勞永逸地解決所有現實的難題（比如人們為何有不同的政治態度，並如何控制它），並把握關於人的全部祕密。「新時代的偽科學試圖利用電腦技術來破譯一些晦澀的暗號……透過這樣的一個例子就可以解釋人類的未來……相信某處存在著一些密碼可以破譯，無疑同相信某些大他者的存在極為相似：總而言之，就是想找到一個能給我們混亂社會生活帶來秩序的代理人。」（Žižek, 1999）被神祕化了的腦活動正是這種代理人，它從腦活動的現成性出發，將人的感性活動主要地把握為腦活動，並以科學的名義使我們拜倒在對其神祕性的解釋面前。這方面一個顯著而有趣的例子就是奧斯卡影帝 Tom Feilden（2011）最近在頂尖生物學學術期刊《Cell》子刊《Current Biology》上發表科研論文，他們試圖找出腦結構和決定政治態度的心理機制的關係。他們發現，「更強的自由主義與前扣帶皮層的灰質體積增加有關，而更強的保守主義與右側杏仁核體積增大有關。」這一研究似乎讓他們野心勃勃，他們認為「這將為在腦結構之上定位高級心理特徵，並透過腦功能來解釋社會學促動的構造開啟了一條嶄新的途徑」。當 Feilden 等人試圖透過功能性核磁共振（fMRI）找出政治態度的神經基礎時，由於僅僅是從對對象的現成性把握出發，他們在一開始就已經弄錯了。「不是眼睛看，而是人在眼睛的協助下看。也不是大腦看，而是人在大腦的協助下看。」（Rombach, 2009）政治態度只能是被具體的、歷史的、現實的政治活動決定的，而不是被腦活動決定的。其實 Marx 闡述得非常清楚，「不僅五官感覺，而且連所謂精神感覺、實踐感覺（意志、愛等等），一句話，人的感覺、感覺的人性，都是由於它的對象的存在，由於人化的自然界，才產生出來的。五官感覺的形成是迄今為止全部世界歷史的產物。」（Marx, 1995）不僅腦活動是感性對象性活動的結果，乃至腦活動所依賴的器官也是這種感性對象性活動的結果。腦和它的活動並不能為自身奠基，恰恰相反，只有置於具體的感性對象性活動中，前者才能得到

完全的說明。當然不能排除有人在定位了高級心理特徵的腦結構後（如果可能的話），透過控制它來干預政治態度，但是這已經和按住選民的雙手不讓他們表決相差無幾了。將感性對象性活動理解成腦活動，這正是 Feuerbach 只能作為 Marx 的施洗者約翰出現的原因。而如果有人仍然在以科學的名義重複 Feuerbach 的錯誤，這種現象就值得深思了。

意識的內在性問題的真正解決：「感性」的心理學

　　建立在對政治經濟學批判的深刻把握之上，Marx 公允地評價道，「費爾巴哈想要研究跟思想客體確實不同的感性客體：但是他沒有把人的活動本身理解為對象性的活動。因此，他在《基督教的本質》中僅僅把理論的活動看作是真正的活動，而對於實踐則只是從它的卑汙的猶太人的表現形式去理解和確定。因此，他不了解革命的、實踐批判的活動的意義。」（Marx, 1995）Marx 與 Feuerbach 及之前的唯物主義最根本的區別在於：從前的唯物主義的基點是直觀的一般對象物質，或者高級一點的感性—對象性的存在 [16]，而 Marx 透過政治經濟學批判走入歷史的深層，強調的是人們改變物質對象的歷史的、現實的、具體的感性對象性活動。Marx 的邏輯起點不是抽象的物質或者意識，而是感性對象性活動。「從前的一切唯物主義（包括費爾巴哈的唯物主義）的主要缺點是：對對象、現實、感性，只是從客體的或者直觀的形式去理解，而不是把它們當作感性的人的活動，當作實踐去理解，不是從主體方面去理解。」（Marx, 1988）如果說 Marx 之前的意識的內在性是透過表象活動來（現成地）把握對象，而 Marx 則是要透過感性對象性活動來把握對象。（由表象被構成的）對象是一個現代性的觀念。唯理論者談論的物質實體與經驗論者和感覺論者談論的物都是由這種表象活動被把握的。而實證主義則從這種表象的現成性出發來把握對象和事實。表象乃是優先於對象的先在者，而對象則是透過表象被把握的作為物性的物性或者作為現成性的對象和事實，它不可能首先由自身而在場。唯物論者就是借助於這種物性來反對唯心論者。質言之，在意識的內在性的邏輯內，事物總是被呈現為概念中的事物。這是一種我思的思想活動，（而不是感性對象性活動），由此它是概

念的、範疇的、反思的。在這種活動中，不是作爲主體的思想吞沒客體，就是客體憑藉它的物性或現成性否棄主體。Marx 的革命性意義在於，他完成了從我思的表象活動向感性對象性活動的躍遷——亦即前概念、前範疇、前反思的存在論變革。感性對象性活動由於其立於自身之上的源初的直接性，它就是自立的不需要說明的東西，感性對象性活動可爲自身奠基。而我思卻不能爲自身奠基。恰恰相反，我思只有在一定的感性對象性活動中才能獲得完全的理解，同樣，我思所現成性把握的那種客觀事實也總是需要在一定的感性對象性活動中才能得以說明。感性對象性活動不僅不預設任何固定和現成之物，而且由於它的前概念、前範疇、前反思的性質，其自身也根本不是某種現成之物。恰恰相反，它要把所有現成的、固定的死結重新解開。它不是閉鎖，而是開啟。它是疏鬆的、流動的、多孔的。它是褶皺。感性對象性活動絕不會說主體如何吞沒或把握客體（像理性主義哲學，Wundt，人本主義心理學那樣），或者主體如何被還原爲客體（像機械唯物主義，經驗論，行爲主義那樣），完全相反，它要具體地、歷史地、現實地分析在某種朝向對象的感性活動中生成了怎樣的主體和客體。所以這裡要分清兩種對象化，一個是 Hegel 的，一個是 Marx 的。Hegel 的對象化就是主體吞沒客體，客體是主體沉淪所設定的物相，所以對象化就是異化。但在 Marx 那裡，對象化就是感性對象性活動，對象並不是先在地由主體設定的東西，毋寧說，主體和客體都是感性對象性活動帶來的禮物。例言之，我們可以藉此對當下頗爲流行的各種愛情心理學作一分析，如著名的 Sternberg（1986, 2007）的愛情三元理論（triangular theory of love）。根據 Marx 的感性對象性活動來談論愛，就要把心理學的愛和 Marx 意義上的愛區分開。心理學的愛是範疇的、反思的、現成的、概念的，是對象性的。Sternberg 先在地將作爲親密關係的愛情分成三個固定的基本範疇：親密（intimacy）、熱情（passion）、承諾（commitment）。基於這三種愛情要素的不同組合，又得出愛情的八種固定形式（forms of love）：無愛（nonlove）、喜歡（liking）、迷戀（infatuated love）、空愛（empty love）、浪漫之愛（romantic love）、伴侶之愛（companionate love）、虛幻之愛（fatuous love）、圓滿之愛（consummate love）。對照這份現成的愛情表格就可以針對複雜多變的愛情按圖索驥了。而 Marx 意義

上的愛是前範疇，前反思，前概念的，它是讓愛在一定的感性對象性活動中顯現自身。易言之，心理學之愛是先設定了愛和愛者，然後沉淪於愛者之愛，Marx 之愛回到具體的感性對象性活動中談論所謂愛，從中開出愛者。現實的人與現實的世界感性對象性地以前概念、前邏輯和前反思的方式勾連著。總之，Marx 就是從這種感性對象性活動過程本身出發，而不是它的已經石化了的例如作為愛情關係的範疇，或者經濟關係的範疇，或者所有權關係的範疇當作這一活動本身。Marx 是透過感性對象性活動來把握這些範疇和概念的變遷。Marx 的感性對象性活動既沒有站在抽象的精神一邊，也沒有歸結為抽象的物質（這種物質仍然是由思想設定的），物質與精神都被放在具體的、歷史的、現實的感性對象性活動中被重新審視了。感性對象性活動是 Marx 哲學的邏輯起點，自然被作為一個先在的物質前提揚棄在感性對象性活動自身的內部。由此 Kant 那種現象界與物自體的對立被真正地解決了。尤其是當 Marx 要把握的對象不再是感性自然或抽象物質，而是對象性活動創造的社會存在時，這種解決就更容易理解了。Marx 所談論的物質也並不再是工業出現之前直接被給予的自然物質或者物質一般，或者在有限程度上被改變了的物質，而是人類自己創造的社會生活本身。「歷史唯物主義中的核心問題絕不是人與自然的一般關係，而是人類主體與同樣是他們創造出來的社會生活中的客觀物質力量與發展規律的關係。」（張一兵，2004）而且這樣一種關係只是在工業出現之後才現實地出現並主宰人類的生活的的。僅僅是在工業化進程中，世界才成為一個人的生產的對象世界。進而言之，如果在中世紀，「世界是呈現自然的符號秩序的一本書[17]」（Leahey, 1998），透過找出相似性就能解釋這種秩序從而打開這本書，而在 Descartes（1975）看來，「對於我來說，沒有一件東西比我的心靈更容易認識了」，於是「終極實在的本質是一本沒有向我們打開的書，並且是一本永遠不會向我們打開的書」（Taylor, 2002），由此「心靈只能認識它自身生產出的東西，並且在一定意義上始終保持在它自身範圍內的隱含假定之上」（Arendt, 2009），那麼「關於世界的可知性問題，它在 Marx 那裡，只有在世界是人的產品的時候才有意義。」（Schmidt, 1988）這樣 Descartes「內省的內在封閉領域」就被徹底地開啟了，「我們看到，工業的歷史和工業的已經生成的對象性的存在，

是一本打開了的關於人的本質力量的書，是感性地擺在我們面前的人的心理學」（Marx, 2002）。

　　Marx 為什麼要在這裡特別提到心理學呢？[18] 這是因為他所批評的正是 Descartes 以來作為「現代性的原則框架」（吳曉明，2006）的意識的內在性。正如上文已經論述的那樣，Descartes 的內省發現了作為內在感官的意識，「藉此，人可以感覺他的感覺，並把他的意識確立為世界實在性的唯一保證。」在這個意義上，Arendt 才會有這樣的論斷，自十七世紀以來，「大部分現代哲學確實是認識論和心理學」（Arendt, 2009）。Marx 正是由此接著往下說，他所批評的就是這種以意識的內在性為特徵的心理學。而如果心理學仍然對工業及其已經生成的對象性存在視而不見，「如果心理學還沒有打開這本書即歷史的這個恰恰最容易感知的、最容易理解的部分，那麼這種心理學就不能成為內容確實豐富的和真正的科學。」（Marx, 2002）也就是說，作為心理學的現代哲學只能停留於貧瘠的形而上學理論態度與認識論取向這個「寸草不生的絕望地基上」（Russell, 1918）。

　　而 Marx 所說的「感性」的心理學又是什麼意思呢？自從 Wolff 指認了兩種心理學，即理性心理學和經驗心理學以來，由於閉鎖於意識的內在性，這兩種心理學都是由我思的邏輯設定的抽象的心理學。前者是 Kant 說的那種抽象的沒有內容的研究我思的理性心理學，後者是同樣是抽象的經驗心理學。它包括兩種變形，一是將心理過程總體還原為簡單觀念英國聯想主義心理學，二是 Wundt 的意志心理學。質言之，兩者的研究內容都是我思所設定的（無論是簡單觀念還是直接經驗）。Marx 所說的感性心理學正是在與這兩種抽象心理學相區分的意義上提出來的。只有拋棄了這種抽象的心理學，心理學才會成為內容確實豐富的真正科學。這種心理學之所以被 Marx 稱為是感性的，是因為它由感性對象性活動為之奠基。正是由於建立在感性對象性活動的基礎上，這種心理學就成為歷史的科學。所謂的心理只能在具體的、歷史的、現實的感性對象性活動中才能真正得到說明。而在實證科學停留於對對象的現成性把握這一意義上，Marx 才說，只有一種科學，那就是歷史科學 [19]。而作為歷史科學的心理學，而不是作為實證科學的心理學，才是 Marx 心目中真正的心理學。

　　實際上，不要說心理學，甚至連自然科學都只能是「由於人們的感性活動才達到自己的目的和獲得自己的材料的」。只要是人去面對自然物質，就永遠只能是「從這些自然基礎以及它們在歷史進程中由於人們的活動而發生的變更出發」（Marx, 1988）。自然存在總是經過一定的感性對象性活動中介過的歷史性的自然存在，乃至如今這種自然存在越來越成為感性對象性活動本身的產品。自然科學的研究對象不是自有永有的（更不要說心理學的研究對象了），它是人類感性對象性活動的結果，因而就其本質而言是歷史的。而那個自律的、中立的自然科學的純粹領域根本就是一個幻想。這並不是說自然科學的純粹領域依賴於人的主觀性，而是說這個領域本身就是感性對象性活動的結果。Marx 歷史科學的考察方法正是從這種現實的感性對象性活動的前提出發，「這種考察方法所把握到的歷史，既不像唯心主義者認為的那樣，是想像的主體的想像活動，也不像那些本身還是抽象的經驗論者所認為的那樣，是一些僵死的事實的彙集。」（Marx, 1995）。對心理學而言，心理也總是被感性對象性活動中介過的心理，甚至可以說，心理本身正是具體的、歷史的、現實的感性對象性活動的歷史產品。

　　「在土地所有制處於支配地位的一切社會形式中，自然聯繫還占優勢。在資本處於支配地位的社會形式中，社會、歷史所創造的因素占優勢。」（Marx, 1995）。正如勞動在「資產階級社會的最現代的存在形式──美國」表現為「歷史產物」，而在（工業不發達的）俄羅斯人那裡卻「表現為天生的素質」那樣，心靈現象在工業時代是作為社會和歷史產物的「心理」，而在前工業時代卻被包含在作為自然的靈魂之中。且不說西方中心主義之外的「原始人」的「原始思維」（Lévy-Bruhl, 1995），單就「白種文明」內部而言，無論是 Homer 史詩中那種作為人身上的生命力的 psyche（Snell, 1953），或者古希臘的那種統一了一切生物個別過程的活力「anima」（Rombach, 2009），還是中世紀 Augustinus 的通過「祈求靈魂被主醫治」（Augustinus, 2008）內在地走向上帝，並「虔誠地為了上帝而生活」（Taylor, 2001）的目的論，乃至到了反現代性的 Vico（1986）追懷的那種「不說我發怒，而是唱我的血液在沸騰」，「把整個心靈沉浸到感官裡去」的詩性智慧，都表現出了與現代性的心理完全不同

的性質。如果說在前工業時代靈魂還依傍於無論是生命力、上帝，還是其他「堅固」的「實體」，那麼現在「一切堅固的東西都煙消雲散了」，心理透過自我中介以及研究它的心理學，而不是普遍的「永恆的絕對者」（eternal absolutes），就能獲得關於自身的全部祕密。作為一種現代的發明，心理第一次成為一種自明的僅依賴於自身的東西，並以此為中心創造了一個「為我」的環顧世界，而且這個世界必須透過這個「我」才能獲得說明。「勞動不僅在範疇上，而且在現實中都成了創造財富的一般的手段」（Marx, 1995），類似地，現在 Descartes 的自我不僅在範疇上，而且在現實中都成了一個孤立的隔絕的作為個體的自我。在放棄了那種堅固的作為自然的靈魂之後，作為補償，各式各樣的靈修理論則藏納了靈魂的殘餘。吊詭的是，這種依賴於靈魂概念的靈修，從 J. Krishnamurti 到 Satir（薩提爾）治療，乃至已經臭名昭著的 Tantra（譚崔）課程所借重的卻都是 Descartes 所發明的現代性的「自我」觀念[20]。我們馬上就會發現，這種前工業靈魂的殘餘是如何被利用來與資本同謀，瘋狂地抽乾那些可憐的「平面、無助、無意義、缺乏目的或空虛的」（Lasch, 1979；Malcom, 1982；Taylor, 2001）現代人的血液和財富的。[21]第三世界的現代人正遭受著雙重的後殖民，除了發達國家的現代人正在經歷的心理學對精神生活的內部殖民之外，他們還要以發達國家的心理學來塑形自己。較之於前現代的靈魂曾經給人類帶來的充實與豐盈，空虛還真是一個現代性的心理問題。可以說，對於中世紀的人而言，普遍存在的空虛的心理幾乎是一件不可思議的事情。所以，當 Erik Erikson 試圖透過現代的認同理論來研究中世紀的青年 Martin Luther（1483-1546）時，他無疑犯了一個時代錯誤（anachronism）。Erikson 將 Luther 作為一個經受著青春期晚期和成年早期的認同危機的青年人來研究，這個青年人試圖以一種精神方案解決自己正在罹患的衝突綜合症，而這種危機促使他發明了一種新神學（Erikson, 1958）。但是，對一個浸淫在中世紀的那種作為普遍性的「永恆的絕對者」（eternal absolutes）的靈魂中的人來說，完全建立在個體性的自我概念之上的認同理論是絕對不可想像的事情，前者是由以農業為主導的感性對象性活動所決定的前現代性的靈魂，而後者正是由以工業為主導的感性對象性活動所決定的現代性的心理，兩者在認識型上恰恰是不可通約的觀

念。正如 Taylor 所說，這種危機「對於路德而言，與其說是圍繞著無意
義、缺乏目的或空虛的現代含義的，不如說是圍繞著嚴厲的罪感和無可挽
回的被逐感的」（Taylor, 2001）。現實的工業使作為社會和歷史的心理開
始占優勢，而作為自然的靈魂則漸漸隱退。在德國哲學家 Heribert Boeder
（1997）看來，人類可以完全把握的東西只有歷史、世界和語言。但他還
遺漏了一個，這就是心理。如果說前現代的靈魂是人類不可能完全把握的
東西，那麼現代的心理往往表現為直接的可理解性，作為人自身的產品，
心理學家宣稱它可以被「描述、預測和控制」。Marx 所預言的「一切堅
固的東西都煙消雲散了」（Marx, 1972），其中就包括「堅固的」前現代靈
魂消散為現代性的「心理」這一暫時性的、碎片化的、現代性體驗。

　　綜上，可以發現意識（心理）不是一個自足自立的概念，它需要在具
體的、歷史的、現實的感性對象性活動中才能被充分說明。自然科學和心
理學的研究對象都是透過歷史的感性對象性活動才能被把握的，而不是現
成性地給定的。只有透過一定的感性對象性活動，它才能被呈現或者生產
出來。所以，當 Marx 在《德意志意識型態》中考察了四重生產之後，才
說「我們發現還有意識」，這難道只是偶然性地隨便說說麼？意識（心理）
並不是 Marx 的出發點，而且 Marx 已經發現它也不能成為出發點，而肯
定只能是最後談論的東西，意識（心理）要出場，必定要經過層層的歷史
性的感性對象性活動的中介。

心理出場的前提與界限：
「我對我的環境的關係是我的意識」

　　基於以上分析，我們就能理解 Marx 所說的「我對我的環境的關係是
我的意識」之意味。

　　首先，Marx 立足於人的在場性，他的出發點不是先在的自然，而是
「我的環境」，也就是（作為人的感性對象性活動的）工業及其生成的
對象性存在。而正是由於在 Feuerbach，甚至是前 Feuerbach 的 Thomas
Hobbes 和 La Mettrie 的地平上，把這種對象性存在理解為感性─對象性

的存在，甚至是抽象自然和物質一般，才導致了第二國際思想家機械反映論的錯誤。他們不明白，「周圍的感性世界絕不是某種開天闢地以來就直接存在的、始終如一的東西，而是工業和社會狀況的產物，是歷史的產物，是世世代代活動的結果」（Marx, 2003）。

其次，Marx 強調的是我與我的對象性存在（「我的環境」）的「關係」，而且這種關係是一種「對象性活動關係」。而 Feuerbach 哲學的致命缺陷就在於「他從來沒有把感性世界理解為構成這一世界的個人的全部活生生的感性活動」（Marx, 2003）。雖然並非所有的歷史階段都將人與物的關係理解為對象性活動關係，但是只有站在工業文明的高地上才能理解以往的各種「實踐」關係，即 Marx 說的，「人體解剖是猴體解剖的鑰匙」。Foucault 認為古典時代（始於十七世紀中葉）之前的認識型（episteme）是「直到十六世紀末，在西方文化知識中一直起著創建者的作用的相似性」。這種相似性無論表現為適合（convenientia）、仿效（aemulatio）、類推（l'analogie）、還是交感（les sympathies），都不過表現了人對完全獨立於他的自然的模仿。比如，正是由於烏頭「種子是嵌入白色表皮的小小的黑色的球狀物，其外形十分類似於罩著眼睛的眼瞼的外形」，所以烏頭有利於治療眼疾。（Foucault, 2001）這樣一種認識是靠天吃飯的農業文明的必然產物 [22]，當人們的感性對象性活動完全依賴於自然的饋贈 [23] 時，唯一可能的實踐方式就是拜倒在自然和它的創造者（上帝）腳下，而關心真理的觀看者則在沉思的一瞥中就能接收到在他面前敞開的實在，真理揭示自身 [24]。而在 Descartes 之後，相似性的感性對象性活動被表象（représentation）活動所取代，透過普遍懷疑，人從世界中無限退縮到自身內部的一個阿基米德點。人在自身之內獲得了他存在的確定性，而純粹的意識活動雖然可能無法確定給予感覺和理性的世界現實，卻無可置疑地確定了感覺和理性的真實存在，也就是內在表象活動的真實存在 [25]。由此，自然之書從此就向人類封閉了。為了獲得真理人不得不將自然放到拷問台上，他巧妙地設計工具（實驗）[26]，捕獲自然，迫使它說出自身的祕密，就像一個違背自身意願的動物落入陷阱。而數學，由於它對心靈的自明性，成為各門（拷問自然的）科學範疇對象的呈現方式，並透明地中介我們的生活。在否定了 Descartes 之前感官揭示實在的充分性後，我們

得到的是這樣一個宇宙──「我們對其性質的了解僅限於這些性質影響我們的測量器具的方式」（Arendt, 2009）。Plotinus（普羅提諾）所謂「人是萬物的尺度」由此再被提及，並第一次獲得了現實基礎──Hegel 意圖以絕對理念把自然一口吞下，而工業則在人類歷史上第一次現實地將自然整體吞進自己轟鳴的機器中，並吐出一個完全屬人的世界。工業由此就導致了 Descartes 與 Marx 的同構關係：對前者能理解的只有作為「我思」主體產品的表象，對後者要解決的是主體及其自身產品的關係。如果前者的懷疑導致了主觀與客觀兩個世界的分裂，而 Hegel 試圖以理念邏輯的圓圈使實體成為主體，從而透過絕對理念回歸自身的方式歸還世界，那麼後者則憑藉感性對象性活動再度將兩個世界彌合起來。甚至，這種活動具有如此原初性的地位，以至於它先於主觀與客觀的二分，或者說，這樣一種區分根本是可有可無的。

　　還需要強調的是，Marx 這種我對我的環境的「關係」是一種具有特別規定的「感性對象性活動關係」，而不是泛泛而談的一般的任意關係。「1845 年以後的馬克思在《關於費爾巴哈的提綱》中……走向……改變外部自然和社會生活本身的物質實踐的（praktische）活動，再與恩格斯一起在《德意志意識型態》一書中，從實踐活動中決定社會存在性質的物質生活條件的生產與再生產活動出發，以生產方式為基礎建構起我們周圍的世界。」（張一兵，2010）與之對照，在由牛津大學出版社出版的美國心理學家 Kenneth Gergen（格根）的新書《關係性存在：超越自我與社區》（2009）中，他試圖從對「關係性過程」的闡述來引出「單個的、隔絕的個體」或者「有界限的自我」（bounded selves），並矚望透過「關係意識的來臨」（the coming of relational consciousness）最終超越這種 Descartes 式的自我（cartesian self）。但是 Gergen 所謂的「關係意識」就其本質而言乃是一種「coordinated action」（協同行動），也即一種政治意識和政治行動，結果就將「關係意識」與感性對象性活動關係等同化了。Gergen 不能理解人與人的社會交往只能是在一定歷史條件下作為感性對象性活動的歷史具形的「生產方式的一個被決定的層面」。實際上，Gergen 的創見絕不是什麼太陽底下的新東西。早在 Marx 之前的 Moses Hess（赫斯）那裡，他就已經津津在樂道於將人的交往（verkehr）類本質和社會關聯

（zusammenhang）的「共同活動」指認為「個人的現實的本質（wirkliches wesen），是人的現實的能力（wirkliches vermgen）」（Hess, 2010）。Gergen 所倚重的「關係性存在」（relational being）質言之無非在心理學中炒了 Hess 的冷飯，由此就倒退到了前 Marx 的種無歷史的、前批判的主體性的交往活動水準，距離 Marx 的「感性對象性活動關係」還非常之遙遠。

再次，工業作為感性對象性活動的特殊形式，也僅僅是社會歷史發展到一定階段的產物，且其自身也將作為歷史的環節為人類新的對象性活動所取代。而正是由於不明白這一指認，諸如 Arendt 等人才認為 Marx 不過是接續了 Descartes 的主體主義，將內省轉換為勞動，從「現代早期對個人唯我的生命的強調，轉向現代晚期對社會生命和社會化的人的強調」（Arendt, 2009），即由一群無世界的人類物種成員組成的一個勞動者的大眾社會，由此仍然是囿於人為自然立法這樣一種無世界性狀態，最終「終結於歷史上已知的最死氣沉沉、最貧乏消極的狀態中。」實際上，Arendt 恰恰是把感性對象性活動一般地理解為已經物化了的勞動，把「作為活動的勞動」（Marx, 1979）理解為對象性活動的普遍形式，從而將「猴體」理解成了「人體」。

第四，所謂的意識（心理）只是作為人類在一定社會歷史條件下特定對象性活動的結果呈現的。一旦理解了這種特定的感性對象性活動，意識（心理）本身也就立即得到了理解，所以「意識在任何時候都只能是被意識到了的存在，而人們的存在就是他們的實際生活過程。」（Marx, 1995）意識（心理）本身並沒有任何神祕之處。由此我們也就能理解 Marx（1995）為什麼說意識「便失去獨立性的外觀……沒有歷史，沒有發展」。這並非是說具體的意識沒有歷史和發展過程，而是在存在論層次明確指認了意識作為對象性活動的結果的非本體地位。只有透過（改變世界的）具體的、歷史的、現實的對象性活動，Žižek 所謂的那種意識密碼才能真正被我們破解。在 Marx 看來，意識的內在性正是分工擴大的結果，只有當一些人從體力勞動中解放出來之後，「從這時候起意識才能真實地這樣想像：它是同對現存實踐的意識不同的某種其他的東西；它不想像某種真實的東西而能夠真實地想像某種東西。」（Marx, 1995）意識（心理）

正是由此才成爲一種具備自身邏輯的神祕力量。所以意識（心理）作爲一種現代的發明，它並不能爲自身奠基。相反，一旦離開了這種爲它奠基的「眞實的」具體的感性對象性活動，意識（心理）就會變得無法理解，從而被神祕化，只有被置於對後者的說明中意識才是合法的。由此我們就可以辨剖心理學中關於意識的各種難題。比如，心理學往往困惑於在因果閉合的物理世界中，心理現象如何具有因果效力。以 Jackson（1982）爲代表的副現象主義，將心理現象看作是完全沒有因果效力的，是附加在腦的某些物理過程之上的一種副現象。他仍是將腦活動一般地作爲感性對象性活動，從而將意識作爲腦的產物，因此自然無法透視意識的非本體性質。而 Levine（1983）曾於 80 年代提出「解釋的鴻溝」的概念：關於腦的物理的或功能的解釋和理解與我們關於意識經驗的解釋和理解之間有一條難以塡平的鴻溝。實際上，一旦理解了意識作爲感性對象性活動結果的根本屬性，這條由 Descartes 的我思所預設的想像中的鴻溝自然就消失了，而且他們更忘了，連這種不斷被神話化的腦也是由於感性對象性活動才不斷被塑造成形的。當然，Levine 的觀點值得肯定的地方就是，意識經驗的確是不能透過我們對大腦的物理的或功能的理解而得到解釋的，它只能在一定的感性對象性活動中才能被眞正說明。正是在這個意義上，Tom Feilden 的認知神經科學實驗犯了自然主義謬誤。

　　這裡我們也要對傳統的所謂 Marx 主義反映論做一反思。這一問題與心理學的相關性在於，在主流教科書中，意識被認爲是腦對客觀現實的主觀反映。在這種傳統的教科書體系中，Marx 的認識論被稱爲能動的反映論。爲了與那種強調物質對意識的機械決定作用的機械反映論進行區別，能動的反映論常常給自己添加許多限制條件，比如主動的，能動的，積極的，甚至實踐的。但是，即使附加了一些外在的和形式的補充，但這些補充往往並未實際地參與 Marx 存在論（ontological）基礎性變革的建構。實際上，反映論的正確與否依賴於反映是如何把握對象的。如果對象只被理解爲現成的一般抽象物或具體物，那麼即使給反映論加上能動的這個限定詞，這種能動也不過是外在的。實際上，這種名目一般而言並不錯，但它能否眞正觸及到 Marx 哲學的存在論根基呢？如果在這裡只是做加減法，Marx 的核心變革由此只是某個因素多多少或少少多少，彷彿加上能動

的就萬事大吉了，由此 Marx 的認識論就只能是機械唯物主義加能動性。而這種能動性（主觀的、能動的方面）還只是被抽象發展了的主觀方面，除了主體的自我意識之外它什麼都不是，這樣最終還是回落到 Descartes 的那個我思上了。實際上，Marx 的認識論是一種歷史認識論，而非機械反映論。正如我們一再強調的那樣，意識（心理）只是作為人類在一定社會歷史條件下特定感性對象性活動的結果呈現的。以農業為主導的感性對象性活動所產生的是前現代性的靈魂，而以工業為主導的感性對象性活動所產生的才是現代性的心理。而反映論本身作為認識論的一種形式，也只能在這種歷史認識論中才能獲得理解：反映論恰恰只能是一種現代性的認識論，Descartes 為它提供了理論基礎，工業為它提供了現實的可能性，因為正是 Descartes 發明了主體是如何表象客體的這種現代認識型，而只有在人類透過工業將整個自然界作為人類的感性對象性活動對象時，才可能產生人類主體與自然客體的二元對立的問題。在 Descartes 之前長期存在的認識型絕非是反映論，而應是前文提到的「相似論」。

　　最後，隨著人類生存的直接物質條件從自然經濟（以農業為主導的生產方式）中的自然物質向商品經濟（以工業為主導的生產方式）中的社會物質條件的轉變，如果在 Hegel 那裡，絕對理念試圖把存在一口吞下，那麼現在「物相第一次直接是人類實踐的世界圖景，人們面對能動的工業（科學技術）實踐，更深刻地超越感性直觀，面對周圍物質世界越來越豐富的本質和規律。」（張一兵，2005）但是，當人類將自然整體帶入人的對象性活動圖景時，這種對象性活動卻是以物化的形式表現出來，結果意識就表現為物化意識。在 Hegel 看來，作為世界本質的理念透過異化為物相從而顛倒地實現自身，由此 Napoléon（拿破崙）才被認為是騎在馬背上的世界精神，亦即理念實現自身的工具。Marx 在他的政治經濟學批判中發現了這種「理性的狡計」的現實邏輯運演，藉此勘破了 Hegel 思辨天國的世俗祕密。Adam Smith 所謂「看不見的手」正是這個狡猾理念的物化表現，它並不直接出場，而是透過市場中主體的自發盲目活動實現自身。所以 Marx 才說「資本家本身只有作為資本的人格化才是統治者……而生產資料，勞動的物的條件，也不表現為從屬於工人，而是工人從屬於生產資料，從屬於勞動的物的條件。資本使用勞動。這種簡單的關係已

經是物的人化和人的物化。」（Marx, 1995）作為人的本質力量的物化形式的資本使用勞動，「成為自我意志，成為自為的存在、有意識的目的本身」（Marx, 1995），而人卻成為資本實現自身目的的工具，「只表現為機器的有自我意識的器官（而不是機器表現為工人的器官），他們同死器官不同的地方是有自我意識，他們和死的器官一起「協調地」和「不間斷地」活動，在同樣程度上受動力的支配，和死的機器完全一樣。」（Marx, 1995）這樣一種顛倒正是 Marx 政治經濟學批判的深層蘊涵。參照 Marx 對 Hegel 的 Smith 化，或對 Smith 的 Hegel 化，我們就更能理解 Lacan 為何說「我思故我不在」，「我在我不在處思」。正是因為「在資產階級社會裡，資本擁有獨立性和個性，而勞動的個體卻被剝奪了獨立性和個性」（Marx, 1995），如果說在 Descartes 那裡，天真的我思主體還具有主動的地位，那麼在資本主義之下，除了作為 G－W－G' 過程的「有意識的承擔者」（Marx, 1995）之外，他什麼都不是。作為亦步亦趨地追隨資本大他者的物化意識映射，我是一個無，一個黑夜，一種敗壞了的無底根的症候（symptom），一道無法癒合的傷口，一張海灘上被潮水沖刷得越加模糊面孔。正是在這個意義上，Žižek（1989）才在其《意識型態的崇高對象》中一開始就說，「拉康認為，發現症候概念的人正是 Marx」。Žižek 在這裡對 Marx 的非本質主義指認無非是對 Lacan 那個大寫他者（the big other）之欲望對象的 Marx 重寫。在 Lacan 的視域中作為在黑暗處控制主體的大寫他者的話語殘渣的「人」，不過是 Marx 早就批判過的三大拜物教（商品拜物教、貨幣拜物教和資本拜物教）建構起來的物化意識症象物。

　　心理學就是直接從這種現成的物化意識出發的，它與 Kant 意義上的對對象的批判把握都相距甚遠，更何況 Marx 水準上的政治經濟學批判把握。信奉現成性把握的實證科學的「目光短淺的經驗論者」會認為「在經濟生活中的每一個情況、每一個統計數字、每一件素材中都能找到對他說來很重要的事實。他在這樣做時忘記了，不管對『事實』進行多麼簡單的列舉，絲毫不加說明，這本身就已經是一種『解釋』。即使是在這裡，事實就已為一種理論、一種方法所把握，就已被從它們原來所處的生活聯繫中抽出來，放到一種理論中去了。」（Lukacs, 1992）。這種所謂「自然科學的『純』事實，是在現實世界的現象被放到（在實際上或思想中）能夠

不受外界干擾而探究其規律的環境中得出的。這一過程由於現象被歸結爲純粹數量、用數和數的關係表現的本質而更加加強」，「當『科學』認爲這些『事實』直接表現的方式是科學的重要眞實性的基礎，它們的存在形式是形成科學概念的出發點的時候，它就是簡單地、教條地站在資本主義社會的基礎上，無批判地把它的本質、它的客觀結構、它的規律性當作『科學』的不變基礎。」（Lukacs, 1992），而這種現成性把握的實證科學正是資產階級的意識型態。

羨妒這種實證科學的心理學本身成爲對自身的前提和界限完全無批判的、維持現狀的工具，並且贊同現狀將永世長存的幻想，從而深深陷入資本主義物化意識之中。正是在對物化意識把握的現成性這個維度上，心理學就是對物化意識的觀察與規訓，它隱蔽地成爲資本主義全球布展的狡猾同謀，在世界範圍生產自己意圖研究的現象及其規律。從深陷於物化意識並維繫之這個角度而言，心理學成爲資本主義再生產的一個重要環節。作爲最具彈性的意識型態機器和 Marx 所矚望的革命的替代性方案，它不停地生產和再生產著適應資本主義全球體系的市民主體（citizen-subject），成爲資本主義的一種更具迷惑性的新的治理方式。在這個意義上，Parker（2007）的指認是正確的，他認爲心理學是對異化行爲的觀察和規訓。儘管他沒有考慮到異化概念在 Marx 的前後期視域中存在著人本學和歷史唯物主義之間的認識論斷裂。

結論

Marx（1995）曾有過這樣的表述，德國社會特殊的歷史發展，排除了「資產階級」經濟學在德國取得任何獨創的成就的可能性，但是沒有排除對它進行批判的可能性。我們發現對 Marx 批判政治經濟學的話稍微進行改編，就能用到對心理學的審視上：

心理學在長期以農業爲主導性的感性對象性活動的中國缺乏生存的基礎。它作爲成品是隨著中國的工業化浪潮，最早從日本，後來主要由美國輸入的。中國的心理學教授一直是學生。別國的現實在理論上的表現，在他們手中變成了現成的教條集成，被他們用包圍著他們的與工業實踐如影

隨形的現成性把握的實證精神去解釋，就是說，被曲解了。他們不能把在科學上無能爲力的感覺完全壓制下去，他們不安地意識到，他們必須在一個實際上不熟悉的領域內充當先生，於是就企圖用心理學家的美裝，或用科學的名義來加以掩飾。而甚至這種僞裝和掩飾，也是從美國人那裡抄襲來的。

從1840年起，資本主義生產在中國迅速地發展起來，現在正是它盛行的時期。但是我們的心理學家還是命運不好。當他們能夠公正無私地研究心理學時，在中國的現實中沒有爲資本主義工業所塑形的現代心理關係。而當這種關係出現時，他們所處的境況已經不再容許他們在伴隨資本主義發生的實證科學的視野之內進行公正無私的研究了。只要心理學是現成性把握的實證科學，就是說，只要它把作爲實證科學的心理學不是看作歷史上過渡的發展階段，而是看作心理學的絕對的最後的形式，那就只有在對實證心理學的全面批判處於潛伏狀態或只是在個別的現象上表現出來的時候，它還能夠是科學。

中國式的本土心理學革命只有在反抗資本主義全球化的意義上才能獲得全面的理解：基於對不同國家物質生產和經濟發展的政治經濟學的不同歷史性質的認識，Georg Friedrich List（李斯特）早就發現了從 Smith 到 David Ricardo（李嘉圖）構築的自由資本主義全球王國的不公正性，於是他反對在發達資本主義與後進國家之間的不平等交換，進而提出貿易保護主張，呼籲建設德國本土的資本主義。在這種不公正的政治經濟學結構下，文明之間的交流也是不公正的。從五四運動開始，中國人對自身可能性的全部想像力幾乎都來自西方。表現在心理學中就是西方（主要是美國）心理學壓倒一切的統治地位。對西方心理學的這種文化霸權要從兩個方面分析。

首先，如果我們承認社會意識是社會存在的結果，那麼當中國完全被捲入資本主義的全球布展之時，中國人的所謂心理也勢必將被這種社會存在所塑形，也就是說資本主義全球化生產了自己的心理現象和心理規律。在這個意義上，心理學發現的所謂客觀規律還眞是具有普遍性了，心理學的科學性反倒被實證地證實了，全球化的現實生產了全球性的心理學。而這種全球心理學的本質將是政治經濟學殖民基礎之上的心理殖民。

　　其次，任何對這種霸權的反抗的可能性恰恰建立在對這種霸權所創造的巨大的物質現實的超越之上。本土心理學的研究如果不能將自身建基在這個最現實的物質基礎之上，那它所有的成就充其量也不過是觀念的革命，終將「溺死在關於重力的觀念中」。（Marx, 1995）透過 Marx 歷史認識論的稜鏡，我們發現心理學並不只是一種純粹的觀念或思想。而心理學的美國化更不只是（甚至主要不是）因爲美國人多麼聰明地提出了一種革命性的心理學觀念，而是還在於美國心理學是包裹在「摧毀一切萬里長城 27、征服野蠻人最頑強的仇外心理的重炮」（Marx, 1995）上的一層糖衣。心理學本來是一個德國式的理念，世界各地的心理學學子都到德國朝聖，但是兩次世界大戰和納粹排猶運動摧毀了德國心理學，由於美國經濟與政治力量的崛起，心理學終於成爲一種美國式的遊戲。

　　但是，純粹的政治經濟力量的崛起也並不必然導致心理學的發達。就一般科學而言，西方的問題和方法都是普適的，它們可以直接平移到另一片完全陌生的國土上。但是就心理學而言，合法的西方只能是作爲方法的西方，而非作爲問題的西方。作爲方法的西方可以爲中國的問題提供方法論上的鏡鑒，但是西方的問題不能直接取代中國的問題成爲心理學研究的主題。正是由於不斷全球化的資本主義持續生成著全球化的心理學和心理規律，西方成爲幾乎所有後發國家的問題。將西方作爲問題而不只是方法，大多數非西方的心理學都是在對西方心理學亦步亦趨。這就是爲什麼，儘管日本和韓國的經濟擴張與現代化至少比中國早 50 年，但是他們並沒有貢獻出什麼值得非常注意的心理學新理念或者新思想。而印度早在一個世紀前的英國殖民時期就已經開始有心理學的研究，但是他們亦未能對西方心理學產生影響。然而這些國家卻的確對醫學、化學、物理學、數學、天文學、生理學、生物學以及其他領域在世界範圍內做出了巨大貢獻。這也說明心理學不是一門純粹的自然科學，而是一種由一定的政治經濟學狀況塑形了的思想的文化方式。

　　實際上，作爲一種思想的文化方式，不同心理學的興衰正是政治經濟學力量消長的文化表現。現在世界各地都在用美國進口的課本，請美國人講授心理學，但若在 1890 年，心理學教授就會是德國人，用德國進口的課本；如果是 1300 年，那就是來自法國的說拉丁語的教師，使用拉丁語

課本；而在西元 800 年，則是來自瓦倫西亞或者大馬士革的操阿拉伯語的老師；到了西元前 400 年，就成了說希臘語的希臘教師。我們希望有那麼一天，世界上的人們會使用著中國進口的心理學課本，請中國人講授心理學。

註釋

1 《馬克思恩格斯全集：第3卷》1979年版，34頁；《費爾巴哈》1988年版，34頁注1。其德語原文是「Mein Verhältnis zu meiner Umgebung ist mein Bewußtsein」，英譯爲「My relation to my environment is my consciousness」。Marx在手稿上把這段話劃去了，但根據張一兵教授的觀點，「這並不是因爲它不重要，而是因爲它已經在其他地方更確切地展開了（見《費爾巴哈》第199、286頁）」。參考張一兵（2011）：〈海德格爾的實際性解釋學與馬克思的實踐意識論〉。《馬克思主義研究》（大陸），10期，137-145。

2 心理學不太樂意談自己的歷史，但是它從一開始就很「倒霉」，注定要受歷史的糾纏。心理學很少考慮自己的傳統（比如它是怎樣作爲一種現代學科建制從哲學中獨立出來的），甚至認爲傳統對它的一再召喚是一種原罪或恥辱。因爲一門科學越成功，對它的過去遺忘就越快。很多大學都將心理學史作爲必修課，也有專門的心理學史學會組織和雜誌（如每年都召開年會的「國際行爲與社會科學史學會」（Cheiron: The International Society for the History of Behavioral and Social Sciences）及《行爲科學史雜誌》和美國心理學會《心理學史》雜誌），卻鮮見物理學史、化學史這樣的課程以及相關學會與雜誌。誠如Alfred Whitehead（1929/1979）所言：「不能爽快地遺忘其創始者的科學就是失敗的學門。」Jean-Baptiste Say更爲簡潔地說：「越完美的科學，歷史越短。」（Blaug, 2001）。自然科學很少追問自身的歷史，因此，爲了證明自己的確是一門眞正成功的科學，心理學不得不竭力忘掉自己的歷史，結果現在心理學史和理論的教學與研究越來越受排擠，得到的科學研究基金資助也越來越少。不過，實際上心理學是這樣一門學科，說它是科學，就像說被傳播了福音的野蠻人是基督徒一樣。雖然這樣說可能在政治上不正確，卻一語道出了以科學標榜的心理學的尷尬地位。按照Kuhn（1962）對科學的定義，心理學中沒有範式革命（paradigm revolution），因爲既然從來沒有心理學家共同體一致接受的一組假說、準則和方法，那就更談不上新

範式戰勝並最終取代充滿危機的舊範式，從而完成科學革命。心理學中只有流派衝突，因爲不同的流派之間常常勢若水火。所以我們看到的心理學地圖彷彿是由各式各樣的馬賽克拼貼出來的一個光怪陸離的世界，其中遊蕩者那些被遺忘的流派的幽靈。在某種程度上，心理學就是心理學史。當被問及心理學是什麼時，往往需要訴諸整個心理學的現在與過去，才能給出一個完整和誠實的回答。如果以爲只要撤出哲學的領域，撇開歷史的傳統，直接遁入實證科學的懷抱之中，就能夠在實質上從哲學中解放出來並成爲一門眞正的科學，那往往是一種思想上的天眞。

3　不少論者特別強調十九世紀是一個對心理學命運攸關的年代，因爲在他們看來，心理學的事業此時正從哲學轉變成自然科學（Green, Shore, & Teo, 2001）。他們重視的人物通常有Gustav Fechner，Hermann Helmholtz，Wilhelm Wundt，Hermann Ebbinghaus。即使Teo（2005）曾經質問過，在這些先輩之前發生了什麼？然而他所做的不過是將心理學的關鍵時刻追溯到Kant（在Kant第一次提出對心理的批判的意義上）。但是，在現代性的譜系上，沒有Descartes，何來Kant呢？

4　Wundt本人也很少提及Descartes。在手頭可得的幾本Wundt著作中，只有在其《生理心理學原理》（1874/1999）一書中有幾處提到Descartes。有意思的是，在批評Descartes二元論的地方，Wundt將Descartes僅僅作爲一位形而上學家，在批評作爲Descartes二元論的重要組成部分的松果腺計畫的時候，Wundt卻將Descartes僅僅作爲一位生理學家。在談到心靈之處所（the seat of mind）的問題時，Wundt認爲Descartes是第一個將腦視爲心身互動的器官的人，正是由於Descartes，心靈之處所的問題才成爲一個注定對哲學家和心理學家都至爲重要的問題。但是Wundt認爲Descartes在回答這一問題時犯了一個令人好奇的錯誤（the curious mistake）。這就是Descartes選擇一個並不屬於腦的退化的器官，脊椎動物古老的頂眼（parietal eye）的殘跡——松果腺作爲心靈的處所。考慮到Descartes曾親自解剖過不同動物的頭顱，以便解釋想像、記憶等東西是由什麼組成的（Gaukroger, 1995）。松果腺必定不是Descartes憑空想像出了一種心靈的處所。結合Collingwood（1999）的說法，Descartes明白自己的二元論不應該被推到極端，「形體和心靈必須以某種方式相聯結，但在宇宙論中，除上帝外，他不能找到任何聯繫。對於個體的人，他則大膽地做了一個權宜之計，找到了松果腺，他想松果腺一定是身體和心靈之間的連接器官，因爲作爲一個解剖學家，他再也找不出它的其他功能。」我們可以發現，正是由於松果腺是個沒有其他功能的器官，一如Wundt所說的那樣，是一個「根本不屬於腦的退化器官」，Descartes才認爲

它是心靈的場所。當Wundt說Descartes第一個使心靈之處所的問題在哲學和心理學上變得重要時，他又是對的。對古希臘人來說，自然科學是建立在自然界滲透或充滿著心靈這個原理之上的，因此心靈在什麼地方並不是一個在哲學上重要的問題——它可以在一切地方。而到了Descartes的時代（物理學的時代），心靈被從世界中「祛魅」（disenchanted）了，上帝被認為是個鐘錶匠，他創造物質和靈魂，而靈魂被閉鎖在身體之內，在身體之外是一個與人無關的機械論宇宙。因此外在的宇宙如何與內在的靈魂連接的問題就變得極為重要了，哲學家和心理學家必須回答這樣一種連接所發生的處所的問題。所以Taylor（2001）才會說：「Descartes的二元論需要肉體，而柏拉圖的則不需要。」Descartes已經具有了相當的神經解剖學知識。但是在那個物理學統治的時代，Descartes完全用物理學來解釋心理功能，用Collingwood的話說，Descartes試圖把動物視為自動機（automata），也就是想用新興物理學的術語來解釋生物學現象。Descartes（1975）是完全參照物理學的剛體運動來考察神經運動的，「形體的本性是這樣的，因此形體的任何一個部分如果為另一個離得稍遠的部分所推動，這兩個部分之間的任何一個部分就能以同樣的方式推動這個部分，縱然那個離得較遠的部分並不動。」Wundt將神經比喻成這樣一條繃緊的繩子，拉動末端頂端就動起來，其動法與拉動中間部分一樣。當我覺得腳上痛的時候，物理學告訴我，這個感覺是透過分布在腳上的神經傳來的。這些像繩子一樣的神經從腳上一直通到腦子裡，「當它們在腳上被牽動的時候，也同時帶動了腦子裡神經歸總的地方，並且在那裡激起一種運動；自然規定了這種運動使心靈產生疼痛的感覺，就好像疼痛是在腳上似的。而且拉動這根繩子經過腿部、臀部等的地方，心靈一樣會「覺得腳上痛，就好像腳上受了傷似的。」在Descartes的時代生物學尚未誕生，所以不能苛責他的物理學解釋。Wundt實際上提出了解二元論的一種生物學方案。在Wundt的時代，生物學已經獲得了巨大的勝利。生物學既獨立於物質科學，又獨立於精神科學。這樣它就能從形式上避免Descartes的二元論。Wundt將心理過程看作生命過程（按Wundt自己的話就是vital process）的一個方面（物理過程是與之伴隨的另一個方面），由此就以為他有效地解決了Descartes的二元論。但是他不明白，這種生物學的生命仍然是Descartes邏輯的必然結果，人在生物學中再次被拋回自身。在人之內我們重新找到了一個足以再次把人和外部世界聯繫起來的物質性東西，不過這次不是在他的心靈中，而是在他的身體過程中。在這個意義上，Arendt（2009）才說：「無論如何，現代始終都處在這樣一個假設之下；生命，而非世界，乃最高的善。」這意味著生物學的方案和物理學的方案一樣，它們都拋棄了世界。

5　按照Taylor（2002）的觀點，現代主體是自我規定的，而按照以前的觀點主體是在同宇宙秩序的關係中得到規則的。比如，在Aristotle看來，對這個秩序的沉思是人的最高級活動。實際上，這種自明性的主體正是現代性的根源，從這阿基米德點出發，它設定了一個只有廣延的客觀世界。我思是一個不可懷疑的絕對原點，這樣作爲思維活動的意識也就成了不需要說明的東西，研究這種意識的心理學也就獲得了自治的地位。而正是因爲這個客觀世界從本質上說乃是由我思所設定的，因此它不過是名爲世界的思想客體。這意味著，現在世界的再現必須被建構出來。觀念的秩序不再是某種我們發現的東西，而是我們建構的東西，它必須是一種適應主體要求的秩序。由此，人爲自然立法就成爲近代形而上學的主題。在這個意義上，研究人或者人性的科學，也就是心理學就成爲必要的了。如果說Descartes最先提出了一門研究人的科學的必要性，那麼正是Marx第一次確立了這門科學的科學性。

6　Descartes假借上帝獲得了上帝之眼。在他那裡上帝僅僅是一個必要的作爲解圍之神的假設。所以很自然地，到了唯物主義者Spinoza，就開始宣稱上帝就其本質而言乃是自然，而自然完全是受決定論支配的，這就是後來用以反對關於心靈的唯心主義的唯物主義基礎。而到了Laplace，當Napoléon問他爲什麼在其關於世界體系的巨著中沒有提到宇宙的創造者上帝時，他則公然說：「我不需要這個假設。」實際上，在Descartes的思想體系中，上帝已經被邏輯性地取消了。

7　Descartes在這裡是透過上帝實現這種和諧的，「上帝一方面把這些規律建立在自然之中，一方面又把它們的概念印入我們的心靈之中。」（Descartes, 1975）

8　之所以說已經成功測量了心理量值的Fechner仍然沒有發明現代科學心理學，所以科學心理學還停留在「地平線」上，是因爲Fechner對心理的研究只是爲了佐證他的神學式的宇宙意識觀。Fechner對心理學的這種神學式徵用（appropriation）可以從他於1848年發表的《論植物的靈魂生活》以及1851年的《關於天堂的事物與死後生活》兩部重要著作反映出來。Fechner反對將動物只看作反應機器的機械唯物主義觀點，在他看來，生命和心靈是同義詞，由此他將意識賦予動物，乃至賦予植物。出於這種普漏哲學，他甚至將意識賦予地球和其他天體。這樣，宇宙意識就成爲一個整體，而動物與植物中的意識不過是它的一部分。Fechner之所以持這種觀點，在於他認爲心理生活是不可能在某個時間和空間作爲全新的東西突然出現的。Descartes（1975）也認爲「理性心靈絕不能像我們所說過的其他事物一樣，從物質的力量派生出來，它顯然應當是創造出來的。」Wundt認爲關於意識起源的問題純粹

是形而上學的問題，已經遠遠超出了他那種只研究經驗問題的心理學的範圍了。他直接將呈現給我的第一人稱的經驗視爲意識。儘管如此，Wundt和Descartes一樣反對還原論，由此反對唯物主義（反對他的老師Helmholtz）。在他看來，心理因果性和物理因果性兩者之間無法彼此還原。二者作爲生命過程的兩個種類是共存的（coexistence）。「發生在意識中的東西總能在一定物理過程中找到其感覺基礎，而所有心理活動總伴隨著生理學的神經活動。」（Wundt, 1893）但是物理因果性無法解釋同時伴隨的心理功能。「必須訴諸我們自己的意識才能解釋這種功能」（Wundt, 1999）。綜上，Wundt是第一位清醒地將自己作爲一位透過實驗方法只研究（不可還原爲物質的）經驗的心理學問題的自我認同的心理學家。在這個意義上，他的確無愧於科學心理學之父的稱號（參見Fechner, 2010, 2012）。

9　這種肉體視角傾向於將客體視爲眞正帶有疼痛、色彩、聲音、氣味或者味道的性質。在這個意義上，Marx（1957）才說：「唯物主義在它的第一個創始人培根那裡，還在樸素的形式下，包含著全面發展的萌芽。物質帶著詩意的感性光輝對人的全身心發出微笑。」而Descartes則將這個詩意的感性的物質變成了我思所設定的抽象的物質，如此，這種被設定的物質不過是名爲物質的思想客體，它唯一的性質就是與人無關的廣延。而正是由於面對著我思設定的的機械世界圖景，Whitehead評論：「宇宙沉悶，失去聲響，沒有色彩，缺乏芳香；只有無窮無盡的沒有意義的物質來來往往」（Wilber, 2000/2006）。

10　這是一個本不應該被忽略的重要的學術公案。在這裡必須提到，Wundt的心理學實際上是對當時的哲學危機（從Descartes就開始深埋下的意識的內在性的危機）的一個回應。隨著傳統形而上學的領域相繼被（研究物質的）物理學、化學，乃至（研究生命的）生物學澈底占據，形而上學的傳統領地此番除了靈魂之外所剩無幾。正如Windelband（1892/1993）所言，哲學就像那個被女兒們奪去了一切財產然後逐到荒野之中的李爾王。Wundt並不像一般的自然科學家那樣拒斥形而上學，在他看來，心理學對哲學而言是一門準備性經驗科學（propaedeutic empirical science）（Wundt, 1897）。此判斷基於Wundt的這樣一種觀點，「用各種舊學派的唯理主義的方法，脫離自然科學而建立形上學的任何嘗試都是徒勞無益的。」（Wundt, 1919a）Wundt試圖透過「經驗」心理學的研究爲哲學的重新調整提供「準備」。這種心理主義的思路非常具有迷惑性，以致於Husserl開始也是一個心理主義者，並於1891年出版了《算術哲學》（1891/2003），將心理學作爲數學的基礎進行了說明。這本書引起了Frege（弗雷格）的注意並招致了他激烈的批評，Husserl由此才

從心理主義的迷夢中醒來。在1900年出版的《邏輯研究》中，Husserl與所有將邏輯和心理學歸於心理學的企圖劃清了界線。Husserl終於透過現象學找到了應對當時的哲學危機的超逸之途。

這個危機正是由Descartes開始就埋下的，那就是意識的內在性，而現象學回到事情本身的姿態，確實是要從這種意識的內在性中超逸而出。而Wundt，他始終是從這種內在性出發，並最終停留於其內。

11 Wolff區分了理性心理學和經驗心理學。從對形而上學概念得來，而獨立於經驗的關於精神生活的知識，就是理性心理學，它研究是就是Descartes的我思。由於這種我思並沒有內容，所以Kant才認為心理學不可能成為科學。這種形而上學的心理學為了存在不得不鬼鬼祟祟地侵入經驗領域。如此經驗心理學就有必要了。（Wundt, 1999）但是，Wolff認為，理性心理學所包含的經驗和經驗心理學一樣多，而經驗心理學所包含的形而上學和理性心理學一樣多。

12 這裡的實體乃是近代唯物主義所談的物質，即作為實體的自然界，或自然界的實體化。當Marx提及從前一切唯物主義的根本缺陷在於，只是從客體的或者直觀的形式去理解事物、現實、感性時，這裡所說的客體的或者直觀的形式，本質上正就是Spinoza的實體。

13 這裡舉原子的例子是出於這樣一種考慮，嘗試唯物主義地解釋心理活動的人又會反駁說，意識之謎之所以遲遲未能破解，是因為意識是看不見、摸不著的。然而，正如偉大的德國物理學家Mach（馬赫）在駁斥原子論的維護者說說的那樣：「你們看到過原子嗎？」（這使Mach成為一位反實在論者）。人們看不到也摸不著原子，但這並不妨礙物理學家充分解釋、操縱和控制原子的巨大力量。

14 甚至Wundt也並不反對這樣一種意見，儘管物理的和心理的指的是觀察一個同一世界或者存在兩個不可互相還原的視角，但他仍認為物質實體（material substance）是所有客觀現象的基礎，自然現象的普遍基質。只是這種物質實體可以解釋心理活動的物理因果性，卻無法解釋同時伴隨的心理功能。必須訴諸我們自己的意識才能解釋這種功能。（Wundt, 1999）。

15 Godel（哥德爾）明確地反對過這種生物學中的機械主義，不過他是從數理邏輯來進行思考的，從物質的隨機分布開始，按照物理規律，在地質年代的跨度內形成一個人體的概率幾乎等於零。他在回答王浩關於能否造出一台靠材料的性質能產生非遞歸數列的物理機器時，做了否定的回答（王浩，2002）。

16 這裡需要再強調一遍的是Feuerbach與之前的唯物主義的根本區別。如果將

Feuerbach降格到與強調一般物質，乃至石頭、大腦的優先性的一般唯物主義者相同的層次，那麼以他的唯物主義作爲Marx思想的所謂三大來源之一既侮辱了Feuerbach，更侮辱了Marx。在唯物主義與唯心主義的一般對立中，作爲物性的物性和作爲觀念的觀念是同一種東西。而且在這種物性的純粹抽象性意義上，它必定是沒有物質的物質。而Feuerbach所強調的物是感性一對象性存在，而人正是一種感性的對象，由此Feuerbach正是站到了現實的人的立場上，他「想要研究跟思想客體確實不同的感性客體。」（Marx, 1995）而Marx正是跟隨Feuerbach的腳步，並將他的感性的對象推進到了對象性的活動。

17 按照Taylor的說法，把世界看作一個文本，或者把宇宙看作一部書的這種關於事物的解釋性見解在許多前現代社會中曾經發揮過重要作用。從新教詩人Du Bartas（1979）在《神的工作日》這樣的創世記述史詩中所詠歌的「世界是一本對開的書，用大寫字母印著上帝的一切偉大著作：每個創造物占一頁，每個創造物都在扮演一個良好角色，沒有任何缺陷」，到伽利略所謂「自然這本大書是用數學語言寫成的」，再到Descartes，經過Kant、Hegel，最後到Marx，我們可以看到這本書如何是本來就打開，然後被闔上，最後再被打開的歷史變遷。

18 要知道Marx在寫下這段話時，現代心理學尚未誕生。然而在意識的內在性這個意義上，Marx所談論的心理與後來Wundt所研究的心理是同一種東西。兩者處在同一種問題式中。

19 Collingwood（1999, 2007, 2010）也提出過一種歷史性的要求，由此成爲一個需要特別澄清和認知對待的Marx的理論對手。在《形而上學論》（2007）一書中，Collingwood指認形而上學爲「論述作爲普通科學基礎的那些預設的科學」。它不是去證實或證僞各種預設，而是回答這樣一個歷史問題：在各種科學部門中，在它們的連續發展階段上，實際形成了什麼樣的預設，以及一套預設如何轉變成了另一套。這樣一種歷史性的視角被貫徹到了他的《自然的觀念》與《歷史的觀念》（生前未完成的）二書中。在前一本書裡，他提出自然科學並不是思想的唯一部門或唯一形式，甚至不是自足和自我包容的思想形式。自然依賴於歷史，自然科學爲了它的存在依賴於與它不同且不能轉變爲它的別的思想形式一歷史。這一論斷促使我們擯斥那種關於心理學的自律性和純粹性的天眞觀念，並且有助於理解何謂心理學這門學科自身的歷史性，這並不是說心理學是一門具有一個「過去」的科學，而是說心理學不是一門自有永有的學科，實際上，它的主題、方法和哲學都是歷史性地被束縛在某個時代的預設之中的。在後一本書中，Collingwood批評

研究人性（心靈）的科學以自然科學爲範例，結果走進了死胡同。「人性科學乃是意欲理解心靈本身的一種虛假企圖，其之所以虛假則在於它是對自然科學的模擬」。並且，研究自然的正確道路要透過那些叫做科學的方法，而研究心靈的正確道路則要透過歷史的方法。「唯一眞正的心理科學必定是歷史」（Collingwood, 1946）。柯氏的批評對我們來說更是司空見慣：心理學史上談論心理學的「物理學羨妒」的文章不可勝數。但是柯氏提醒我們這種羨妒本身也是歷史性的，如果只是就羨妒批評羨妒，那麼我們仍然是錯過了眞正的靶子：塑造了這種困局的歷史性預設。如斯，無論是羨妒，還是對羨妒的批評都失去了歷史性，終於迷失在心理學內部零星補綴的方法論爭辯中（用一種方法補充另一種方法，這正是自Wundt以來一貫的傳統，正如我們通常所了解的那樣：鑒於實驗內省法的不足，Wundt提出了民族心理學來補充）。柯氏的意義不在於他爲心理學提供了一種新的可供補充的局部方法，而是在於他超拔到歷史的高度審視心理學的總體，然後揭示了研究心靈的另一種可能性。Collingwood是看不起心理學的，稱之爲「思想的僞科學」。他認爲心理學誤用了關於心靈的名詞並且混淆了問題，「把一種它那存在和發展並不是自然的而是歷史的題材歸之於一種準自然主義的科學。但是如果心理學避免了這個危險並放棄干預嚴格說來是歷史學的題材的那種東西，它就很可能退回到純粹自然科學裡面去，而變成爲研究肌肉運動和神經運動的生理學的一個單純的分支」。一種反歷史的、科學的心理學最終只能是研究感覺與情感的生理科學（Connelly & Costall, 2000）。因爲這一點他招致了很多批評，如Ayer（艾耶爾）。但是，在Collingwood將科學知識與歷史知識分開（即使最後科學知識還要依賴於歷史性的預設）以保衛心靈的地方，在Collingwood將組成自然世界的事件的過程與組成歷史世界的思想的過程從性質上進行區別的地方，Marx聲稱我們「僅僅知道一門唯一的科學，即歷史科學」。這就是我們一再提到的那種把握了感性對象性活動的科學，如此心靈和心理學才能得到眞正的理解和對待。如果不立足於這種感性對象性活動，Collingwood的所謂心靈和Descartes的我思有什麼區別呢？如果不從這種感性對象性活動出發，Collingwood的歷史學家又如何能夠「在心靈裡重演各種思想」呢？正是由於Collingwood未能從感性對象性活動出發，而是從抽象的一般的歷史性出發，他的歷史的觀念才成爲一種「高深莫測」的東西。這裡還有必要指出一個理解Collingwood的通常的謬誤，那就是將歷史性理解爲（研究事件的）歷史學。當Ayer把歷史理解爲「過去」時，他沒有完全理解Collingwood；當《歷史的觀念》的中文譯者（北京大學出版社，2010年版）在關節處將history一般地翻譯爲歷史學時，他沒有意識到兩者的區別；當

《自然的觀念》的譯者（華夏出版社，1998年版本）在同樣的地方將history
處理成歷史，但在後記中又將自然觀念對應於文化背景時，他不知道自己
在做什麼；當葛兆光（2001）在其《中國思想史》中將Collingwood的「All
history is the history of thought」理解爲「科林伍德把思想史看作唯一的歷史」
時，他仍然是將歷史性理解成了歷史學。

20 如Krishnamurti的讀者是這樣評價他的——Rollo May：「如一種深奧而新穎
的自我認識之道，爲個人解脫及成熟之愛帶來更深的洞識。」Van Morrison：
「我認爲Krishnamurti爲我們這個時代所帶來的意義就是：人必須爲自己思
考，而不是被外在的宗教或靈性上的權威所左右」。Deepak Chopra：「在我
人生中，Krishnamurti曾深深地影響我，幫助我突破了重重的自我設限」。
參見臺灣「薩提爾人文發展中心」的課程介紹。其中亦提到，其課程的目的
是幫助「了解如何運用個人內在的資源來引導服務對象帶出改變……強調自
我一致性的重要，並透過體驗的方式帶出個人議題與自我省思……探索自
我、與他人建立健康的關係、重建內在資源力量、與生命連結、獲得心靈
自由。」特別值得一提的是，「薩提爾模式」「支援個案爲自己的認知、行
爲、感受和期待負責任」。這種自我負責的個頭恰恰是工業帶來的現代性的
啟蒙精神的核心概念。

21 《羊城晚報》的報導追蹤和分析了盛極一時的Tantra課程，據一位修煉者的
說法「這些外人眼裡普普通通的物件，蘊涵著治療和轉變人的「身心靈」的
強大靈性和能量。」很顯然，這不過是古希臘那種統一了一切生物個別過程
的活力的粗劣翻版。記者調查發現，「身心靈」熱除了帶旺相關培訓，也帶
火了另外兩個市場：「身心靈」產品和書籍。培訓、產品、書籍就像「身心
靈」熱的三駕馬車。而「身心靈」培訓的內容和產品則玄之又玄：通靈、神
祕主義、靈療……一名曾經的練習者直言：像被「洗腦」似的，頭腦一熱，
大把錢就花進去了。《廣州日報》的報導批評了Bert Hellinger的家庭系統排
列（family constellation）以及Satir。深受Hellinger理論影響的Satir說，「我
們星球上的人類都是相互聯繫的……治療人類的靈魂，透過宇宙生命力聯繫
彼此，對世界和平有著重大的意義。」爲了證明這種聯繫，家庭系統排列師
甚至祭出了量子力學的大旗。如果我們了解前工業時期那種統一了一切生物
個別過程的活力或者賦予信徒普遍的意義的上帝，那麼這種靈魂的相互聯繫
絲毫不神祕）。一位親身參加過Satir培訓的學員反思到，Bijan Anjomi「大
師」說「他可以感受到植物之間的交流」。這其實不過是作爲自然的靈魂
的殘餘，沒有任何神祕之處，甚至連佛儸倫薩的農民都能感覺到「田地『乾
渴』……葡萄長得『歡』，流脂的樹在『哭泣』」。（Vico, 1725/1986）。

而對現代人來說，這已經是一種非常疏遠的經驗。另外根據這位學員的觀察，「我個人覺得，他講的都是廢話，有一點點的宗教感覺，不過其他的很多人都相信他講的，一個個興致很高，有些人都激動的流眼淚……也讓我想起了一句話，人傻、錢多、速來。」……遺憾的是，雖然已經有很多的來自媒體乃至心理學專家的批評，但是他們鮮能結合基於政治經濟學的心理學史和資本主義生產方式分析來認識這些理論與實踐亂象，因此他們反對的力量仍然是遠遠不足的。比如《羊城晚報》記者援引「廣東省心理衛生協會理事、國家二級心理諮詢師」陳愛國的話：「身心靈培訓課程往往打著愛和心靈成長的幌子，對加入組織者洗腦，建立教主權威，使學員嚴重依賴教主，騙取學員錢財，使初學者成為某種教義的精神奴隸，人格更加不健康，自我更加不獨立。」而實際上這些培訓所借重的恰恰是學員的「人格」和「自我」。這位專家繼續評論道：「科學告訴我們，靈魂並不存在，但很多身心靈導師及課程都宣稱靈魂存在，這會使得被吸引進去的人們內心衝突矛盾，導致他們內心混亂，並引起他們的恐懼。」

是的，在工業時代靈魂的確不存在，存在的只是在資本促逼下對靈魂殘餘的崇拜和追懷。而這些崇拜者並不是因為相信靈魂存在才產生內心衝突、矛盾與混亂和引起恐懼，而正是因為他們已經內心衝突矛盾、混亂與恐懼，才去相信靈魂存在。另一位專家（中科院心理研究所學者羅非）評論道：

「至於心靈學這個名詞本身並沒有得到學術界的承認，也沒有人能夠準確定義『心靈』是什麼，它又是怎樣不同於『心理』的。毫無疑問，這個問題是值得深入研究和討論的，但目前的研究方法和方式令人擔憂……如果真的要發展這方面的科學，需要從基本現象、基本觀點、嚴格的基本實驗觀察開始。當前的這種形式，可以博一時眼球，但對它真正進入科學視野無益，對個人在這方面的探索也可能會有很多誤導的作用。」專家這次又錯了。研究心靈如何不同於心理的確需要深入研究和討論，但透過基本實驗觀察等科學方法來研究恰恰是誤入歧途。作為自然的靈魂怎麼可能透過科學實驗來把握呢？早在兩百多年前，Kant（1781/2004）就在《純粹理性批判》中談到了關於靈魂的科學的不可能性，對Kant來說，沒有什麼辦法能科學地研究靈魂。「我們有必要為知識劃定界限，以便給宗教和信仰留出空間。」科學心理學的可能性恰恰在於它聲稱其界限只能是經驗心理學，否則它就越界了。這種經驗心理學正是社會和歷史的產物。而停留於實證科學現成性把握的姿態只能是將形而上學的內容再次帶入自己的領域，即使它標榜自己是科學的。

22 而中醫所謂「醫者意也」指導下的遵循相似性原則的陰陽與五行學說，不正是中國悠久的農業文明的產物嗎？

23 乃至到了重農學派那裡，連地租都被認為是自然的饋贈。「在許多方面非常卓越的重農學派，不也是認為地租不是從人那裡取走的貢賦，相反，是自然本身給予所有者的禮物嗎？」（Marx, 1995）

24 此時終極實在對人是敞開的，「上帝為了發揮我們的聰明才智，只是在大自然上播下了種種供我們辯認的形式」。（Foucault, 2001）世界是充滿相似性的神祕空間，是一本用相似性的記號書寫的大書，而人所要做的就是發現、辯認、譯讀這些記號，由此真理就會向我們顯現出來。

25 弔詭的是，只有在這種看似唯心主義的認識型之基礎上，才有可能產生唯物主義的所謂反映論的認識論。因為主客二分只有在這種現代的對象性活動中才可能發生。而直觀唯物主義的企圖就是將主客二分統一於抽象物質。

26 藉助實驗，藉助在人為條件下對一個自然事物形成的「製造」過程的模擬，侵入了自然科學的過程。實驗生產著它自己的觀察對象，從而一開始就依賴於人的生產能力。人只能知道他自己製造的東西，因為這一信念意味著，對於人不能製造的東西，可以透過猜測和模擬它們的形成過程來認識它們。在實驗中重複和重新創造自然的過程時，自然才能為人所知，自然變成了一個過程（Arendt, 2009）。

27 「萬里長城」，Marx的這個隱喻足以讓中國的心理學研究者深思。

參考文獻

王波（2011）：〈西方心理學主體的神奇與腐朽〉。《應用心理研究》，*54*，133-174。

王波（2011）：〈美國心理學會2011年華盛頓年會綜述〉。《國外社會科學》，*6*，146-152。

王浩（2002）：《哥德爾》。上海譯文出版社。

王甯、薛曉源（1998）：《全球化與後殖民批評》。中央編譯出版社。

《羊城晚報》：http://news.qq.com/a/20120320/000969.htm，檢索於2012年6月10日。

吳曉明（2006）：《形而上學的沒落》。人民出版社。

張一兵（1989）：〈實踐功能度〉。《天府新論》，*2*，36-40。

張一兵（1992）：〈我對我環境的關係是意識〉。《天府新論》，*5*，39-46。

張一兵（1999）：〈從抽象到具體的方法與歷史唯物主義——《1857-1858年手稿》導言解讀〉。《馬克思主義研究》，*9*，82-89。

張一兵（2001）：〈馬克思哲學的當代闡釋——回到馬克思的原初理論語境〉。《中國社會科學》，3，4-11。

張一兵（2004）：《文本的深度耕犁：第一卷》。人民大學出版社。

張一兵（2005）：《回到馬克思：經濟學語境中的哲學話語》。江蘇人民出版社。

張一兵（2010）：〈交道與實踐：青年海德格爾與馬克思的相遇——海德格爾「那托普報告」的解讀〉。《馬克思主義研究》，9，62-69。

葛兆光（2001）：《中國思想史》。復旦大學出版社。

臺灣「薩提爾人文發展中心」課程介紹：http://www.shiuhli.org.tw/development/str_center_4.jsp，線上檢索於2012年6月1日。

《廣州日報》：http://news.163.com/12/0408/04/7UHRGGLC00014AED.html，檢索於2012年6月10日。

親身參加Satir培訓的學員反思，可見：http://blog.sina.com.cn/s/blog_519cc4f30100pkwz.html，檢索於2012年6月10日。

Althusser, L. (1971). Ideology and Ideological State Apparatuses (Notes towards an Investigation) in *Lenin and philosophy and other essays*. Monthly Review Press. Original work published 1968.

Arendt（2009）：《人的境況》（王寅麗譯）。上海人民出版社。（原著出版年：1958）

Augustinus.（2008）：《論自由意志》。江西人民出版社。

Ayer, A. (1984). *Philosophy in the twentieth century*. New York: Random House.

Baudrillard（2009）：《符號政治經濟學批判》（夏瑩譯）。南京大學出版社。（原著出版年：1972）

Baudrillard（2001）：《物體系》（林志明譯）。上海人民出版社。（原著出版年：1968）

Benjamin, W.（1999）：《本雅明文選》（陳永國、馬海良譯）。北京社會出版社。

Berger, P., & Luckmann, T. (1967). *The social construction of reality*. Anchor Press.

Blaug, M. (2001). No history of ideas, please, we're economists. *Journal of Economic Perspectives, 15*(1), 145-64.

Blom, J. (1978). *Descartes: His moral philosophy and psychology*. New York University Press.

Boeder, H. (1997). *Seditions: Heidegger and the limit of modernity* (M. Brainard, Trans.). SUNY Press.

Collingwood (1946). *The idea of history*. Clarendon.

Collingwood（1999）：《自然的觀念》（吳國盛、柯映紅譯）。華夏出版社。（原著出版年：1945）

Collingwood（2007）：《形而上學論》（宮睿譯）。北京大學出版社。（原著出版年：1940）

Collingwood（2010）：《歷史的觀念》（何兆武、張文傑、陳新譯）。北京大學出版社。（原著出版年：1946）

Connelly, J., & Costall, A. (2000). R.G. Collingwood and the idea of a historical psychology. *Theory & Psychology, 10,* 147-170.

De Vos, J. (2012). *Psychologisation in times of globalisation*. Routledge.

Descartes. (1911). *Principles, part 4, philosophical works*. Cambridge University Press.

Descartes（1975）：《十六—十八世紀西歐各國哲學》（北京大學哲學系外國哲學史教研室譯）。商務印書館。

Du Bartas, S. (1979). *The divine weeks and works of Guillaume de Saluste, Sieur du Bartas*. Oxford University Press.

Eisler, R. (1902). *Wundts philosophie und psychologie in ihren grundlehren dargestellt*. Barth.

Erikson, E. (1958). *Young man Luther: A study in psychoanalysis and history*. The Norton Library.

Fanon, F.（2005）：《黑皮膚，白面具》（萬冰譯）。譯林出版社。（原著出版年：1952）

Fechner. (2010). *Nanna oder über das Seelenleben der Pflanzen*. Nabu Press. (Original work published 1848)

Fechner. (2012). *Zend-Avesta oder über die Dinge des Himmels und des Jenseits*. Nabu Press. (Original work published 1851)

Fedier, F.（2001）：〈晚期海德格爾的三天討論班紀要〉。《哲學譯叢3》。（原著出版年：1977）

Feuerbach, L.（1984）：《費爾巴哈哲學著作選集·上卷》。北京：商務印書館。Foucault, M.（2001）：《詞與物》（莫偉民譯）。三聯書店。（原著出版年：1966）

Gaukroger, S. (1995). *Descartes: An intellectual biography*. Clarendon Press.

Georg Simmel. (2004). Edited by David Frisby Translated by Tom Bottomore and David Frisby from a first draft by Kaethe Mengelberg: *The philosophy of money*,

Third enlarged edition, 235-259. Routledge.

Gergen, K. J. (2001). Construction in contention: Toward consequential resolutions. *Theory & Psychology, 11*, 419.

Gergen, K. J. (2009). *Relational being: Beyond self and community*. Oxford University Press.

Harvey, D. (2000). *Spaces of hope*. University of California Press. Hayes, G. (2001). Marxism and psychology: A vignette. *Psychology in Society, 27*, 46-52.

Hegel（1978）：《哲學史講演錄：第4卷》（賀麟譯）。商務印書館。（原著出版年：1833）

Heidegger, M.（2003）：《尼采》（孫周興譯）。商務印書館。（原著出版年：1977）

Hess（2010）：《赫斯精粹》。南京大學出版社。

Husserl, E. (2003). *Philosophy of arithmetic, psychological and logical investigations- with supplementary texts from 1887-1901*. Series: Edmund Husserl Collected Works, Vol. X. Tr. Willard, Dallas. Kluwer Academic Publishers.

Husserl, E. (1900/2003). *Logical investigations*. London: Routledge. Hume（1996）：《人性論》（關文運譯）。商務印書館。（原著出版年：1739）

Hume, D. (2000). *A treatise of human nature*. Oxford University Press. (Original work published 1739)

Henri Lefebvre. (1991). *The production of space*. Blackwell.

Holzkamp, K. (1986). Die Verkennung von Handlungsbegründungen als empirische Zusammenhangsannahmen in Sozialpsychologischen Theorien: Methodologische Fehlorientierung infolge von Begriffsverwirrungen. *Zeitschrift für Sozialpsychologie, 17*, 216-238.

Holzkamp, K. (to appear). *Writings of Klaus Holzkamp*. Palgrave Macmillan.

Jackson, F. (1982). Epiphenomenal qualia. *The Philosophical Quarterly, 32*, 127-136.

Kant, I.（2004）：《純粹理性批判》（藍公武譯）。人民出版社。（原著出版年：1781）

Kellner & Best（2002）：《後現代理論：批判性的質疑》（張志斌譯）。中央編譯出版社。（原著出版年：1991）

Kuhn, T. S. (1962). *The structure of scientific revolutions*. University of Chicago Press.

Krishnamurti, J.（2011）：《生命之書》（胡因夢譯）。譯林出版社。（原著出

版年：1995）

Lasch, C. (1991). *The culture of narcissism: American life in an age of diminishing expectations*. Norton.

Le Bon, G.（2000）：《烏合之眾：大眾心理研究》（馮克利譯）。中央編譯出版社。（原著出版年：1966）

Le Bon, G.（2004）：《革命心理學》（佟德志等譯）。吉林人民出版社。（原著出版年：1913）

Levine, J. (1983). Materialism and qualia: The explanatory gap. *Pacific Philosophical Quarterly, 64*, 354-361.

Lévy-Bruhl.（1995）：《原始思維》（丁由譯）。商務印書館。（原著出版年：1922）

Leahey, T.（1998）：《心理學史》（李維譯）。浙江教育出版社。（原著出版年：1980）

Lilla Mark.（2008）：《維柯：反現代的創生》（張小勇譯）。新星出版社。（原著出版年：1994）

List, F.（1961）：《政治經濟學的國民體系》（陳萬煦譯）。商務印書館。（原著出版年：1841）

Lukacs（1992）：《歷史與階級意識》（杜章智、任立、燕宏遠譯）。商務印書館。（原著出版年：1923）

Malcolm, J. (1982). *Psychoanalysis. The impossible profession*. Vintage Books. Marx, K., & Engels, F.（1953）：《資本論：第三卷》。人民出版社。（原著出版年：1894）

Marx, K., & Engels, F.（1995）：《馬克思恩格斯全集》第1卷。人民出版社。（原著出版年：1955-1966）

Marx, K., & Engels, F.（1957）：《馬克思恩格斯全集》第2卷。人民出版社。（原著出版年：1955-1966）

Marx, K., & Engels, F.（1979）：《馬克思恩格斯全集》第3卷。人民出版社。（原著出版年：1955-1966）

Marx, K., & Engels, F.（1995）：《馬克思恩格斯全集》第4卷。人民出版社。（原著出版年：1955-1966）

Marx, K., & Engels, F.（1998）：《馬克思恩格斯全集》第31卷。人民出版社。（原著出版年：1955-1966）

Marx, K., & Engels, F.（1979）：《馬克思恩格斯全集》第42卷。人民出版社。（原著出版年：1955-1966）

Marx, K., & Engels, F.（1979）：《馬克思恩格斯全集》第46卷上冊。人民出版社。（原著出版年：1955-1966）

Marx, K., & Engels, F.（1995）：《馬克思恩格斯全集》第47卷。人民出版社。（原著出版年：1955-1966）

Marx, K., & Engels, F.（1995）：《馬克思恩格斯全集》第49卷。人民出版社。（原著出版年：1955-1966）

Marx, K., & Engels, F.（1988）：《費爾巴哈》。人民出版社。（原著出版年：1845）

Marx, K.（2000）：《1844年經濟學哲學手稿》。人民出版社。（原著出版年：1927）

Marx, K., & Engels, F.（1995）：《馬克思恩格斯選集》第1卷。人民出版社。

Marx, K., & Engels, F.（2003）：《德意志意識型態（節選本）》。人民出版社。（原著出版年：1845）

Painter, D., Marvakis, A., & Mos, L. (2009). German critical psychology: Interventions in Honor of Klaus Holzkamp. *Theory & Psychology, 19*(2), 140.

Papadopoulos, D. (2009). Klaus Holzkamp's critical social science. *Theory & Psychology, 19*(2), 162, 163, 165.

Parker, I. (2007). *Revolution in psychology*. Pluto Press.

Popper, K. (1968). *The logic of scientific discovery*. Hutchinson.

Quine（1987）：《從邏輯的觀點看》（江天驥、宋文淦、張家龍、陳啟偉譯）。上海譯文出版社。（原著出版年：1953）

Rombach, H.（2009）：《作為生活結構的世界──結構存在論的問題和解答》（王俊譯）。上海書店。（原著出版年：2003）

Russell, B. (1918). *Mysticism and logic and other essays*. Longmans, Green.

Ryle, G. (1949). *The concept of mind*. Barnes & Noble Books.

Kanai, R., Feilden, T., Firth, C., & Rees, G. (2011). Political orientations are correlated with brain structure in young adults. *Current Biology, 21*, 677-680.

Schmidt（1988）：《馬克思的自然概念》（歐力同、吳仲昉譯）。商務印書館。（原著出版年：1962）

Snell, B. (1953). *Homer's view of man in. the discovery of the mind: The Greek origins of European thought*. Harvard University Press.

Sternberg, Robert J. (1986). A triangular theory of love. *Psychological Review, 93*(2), 119-135.

Sternberg, Robert J. (2007). Triangulating love. In T. J. Oord (Ed.), *The altruism reader: Selections from writings on love, religion, and science* (p. 332). Templeton Press.

Taylor, C.（2001）：《自我的根源：現代認同的形成》（韓震等譯）。譯林出版社。（原著出版年：1989）

Taylor, C.（2002）：《黑格爾》（張國清等譯）。譯林出版社。（原著出版年：1975）

Teo, T. (2001). Karl Marx and Wilhelm Dilthey on the socio-historical conceptualization of the mind. In C. Green, M. Shore, and T. Teo (Eds.), *The transformation of psychology: Influences of 19th-century philosophy, technology and natural science* (p. 198). APA.

Teo, T. (2005). *The critique of psychology.* Springer.

Tolman, C. (2009). Holzkamp's Critical Psychology as a science from the standpoint of the human subject. *Theory & Psychology, 19*(2), 154.

Vico, G.（1986）：《新科學》（朱光潛譯）。人民文學出版社。（原著出版年：1725）

Whitehead, A. (1929/1979). *Process and reality: An essay in cosmology.* Free Press.

Wilber, K.（2006）：《萬物簡史》（許金聲譯）。人民大學出版社。（原著出版年：2000）

Windelband, W.（1993）：《哲學史教程：下卷》（羅達仁譯）。商務印書館。（原著出版年：1892）

Wittgenstein, L. (1968). *Philosophical investigations.* Basil Blackwell.

Wundt, W. (1893). *Grundzüge der physiologischen Psychologie* (4th ed., Vol. 2). Engelmann

Wundt, W. (1897). *Outlines of psychology.* Leipzig: Engelmann. 2012年3月8日線上檢索於

http://www.marxists.org/reference/subject/philosophy/works/ge/wundt.htm

Wundt, W. (1919a). *System der philosophie* (4th ed.). Kröner.

Wundt, W. (1919b). *Logik (Vol. 1).* Enke.

Wundt, W. (1913). *Die Psychologie im Kampf ums Daseins.* Alfred Kroner Verlag.

Wundt, W. (1999). *Principles of physiological psychology.*中國社會科學出版社（原著出版年：1874）

Wundt, W. (2006). *Wilhelm Maximilian Wundt..* Stanford Encyclopedia of Philosophy. http://plato.stanford.edu/

Zimbardo, P. G. (1969). The human choice: Individuation, reason and order versus de-individuation. In. J. Arnold & D. Levine (Eds.), *Nebraska symposium on motivation (Vol. 17)*. University of Nebraska Press.

Žižek, Slavoj. (1989). *The sublime object of ideology*. Verso Books.

Žižek, Slavoj. (1999). You may. *London Review of Books, 18* March.

國家圖書館出版品預行編目資料

一盞夠用的燈：兩岸參看的振動／王波，夏林
清著. －－初版. －－臺北市：五南圖書出
版股份有限公司, 2023.05
面； 公分
ISBN 978-626-343-804-0（平裝）

1.CST: 心理學　2.CST: 文集

170.7　　　　　　　　112001300

1B2K

一盞夠用的燈：兩岸參看的振動

作　　者 ― 王波、夏林清（436）

發 行 人 ― 楊榮川

總 經 理 ― 楊士清

總 編 輯 ― 楊秀麗

副總編輯 ― 王俐文

責任編輯 ― 金明芬

封面設計 ― 姚孝慈

出 版 者 ― 五南圖書出版股份有限公司

地　　址：106臺北市大安區和平東路二段339號4樓

電　　話：(02)2705-5066　　傳　　真：(02)2706-6100

網　　址：https://www.wunan.com.tw

電子郵件：wunan@wunan.com.tw

劃撥帳號：01068953

戶　　名：五南圖書出版股份有限公司

法律顧問　林勝安律師

出版日期　2023年5月初版一刷

定　　價　新臺幣520元

經典永恆・名著常在

五十週年的獻禮——經典名著文庫

五南，五十年了，半個世紀，人生旅程的一大半，走過來了。

思索著，邁向百年的未來歷程，能為知識界、文化學術界作些什麼？

在速食文化的生態下，有什麼值得讓人雋永品味的？

歷代經典・當今名著，經過時間的洗禮，千錘百鍊，流傳至今，光芒耀人；

不僅使我們能領悟前人的智慧，同時也增深加廣我們思考的深度與視野。

我們決心投入巨資，有計畫的系統梳選，成立「經典名著文庫」，

希望收入古今中外思想性的、充滿睿智與獨見的經典、名著。

這是一項理想性的、永續性的巨大出版工程。

不在意讀者的眾寡，只考慮它的學術價值，力求完整展現先哲思想的軌跡；

為知識界開啟一片智慧之窗，營造一座百花綻放的世界文明公園，

任君遨遊、取菁吸蜜、嘉惠學子！